UTB **1961**

Eine Arbeitsgemeinschaft der Verlage

Wilhelm Fink Verlag München
A. Francke Verlag Tübingen und Basel
Paul Haupt Verlag Bern · Stuttgart · Wien
Hüthig Fachverlage Heidelberg
Verlag Leske + Budrich GmbH Opladen
Lucius & Lucius Verlagsgesellschaft Stuttgart
Mohr Siebeck Tübingen
Quelle & Meyer Verlag Wiebelsheim
Ernst Reinhardt Verlag München und Basel
Ferdinand Schöningh Verlag Paderborn · München · Wien · Zürich
Eugen Ulmer Verlag Stuttgart
Vandenhoeck & Ruprecht Göttingen und Zürich
WUV Wien

Georg Kneer / Armin Nassehi /
Markus Schroer (Hg.)

Soziologische Gesellschaftsbegriffe

Konzepte moderner Zeitdiagnosen

2. Auflage

WILHELM FINK VERLAG MÜNCHEN

Die Deutsche Bibliothek – CIP-Einheitsaufnahme

Soziologische Gesellschaftsbegriffe: Konzepte moderner
Zeitdiagnosen / Georg Kneer ... (Hg.). –
München: Fink, 2. Auflage 2000
 (UTB für Wissenschaft: Uni-Taschenbücher: 1961)
 ISBN 3-8252-1961-5 (UTB)
 ISBN 3-7705-3164-7 (Fink)

© 1997 Wilhelm Fink Verlag GmbH & Co. KG
Ohmstraße 5, 80802 München
ISBN 3-7705-3164-7

Das Werk einschließlich aller seiner Teile ist urheberrechtlich geschützt. Jede Verwertung außerhalb der engen Grenzen des Urheberrechtsgesetzes ist ohne Zustimmung des Verlages unzulässig und strafbar. Das gilt insbesondere für Vervielfältigungen, Übersetzungen, Mikroverfilmungen und die Einspeicherung und Verarbeitung in elektronischen Systemen.

Printed in Germany.
Einbandgestaltung: Atelier Reichert, Stuttgart
Herstellung: Ferdinand Schöningh GmbH, Paderborn

UTB-Bestellnummer: ISBN 3-8252-1961-5

Inhaltsverzeichnis

Vorwort 7

Rolf Eickelpasch
Postmoderne Gesellschaft 11

Frank-Olaf Radtke
Multikulturelle Gesellschaft 32

Stefanie Ernst
Schamlose Gesellschaft 51

Georg Kneer/Gerd Nollmann
Funktional differenzierte Gesellschaft 76

Frank Hillebrandt
Disziplinargesellschaft 101

Stefanie Engler
Geschlecht in der Gesellschaft - Jenseits des 'Patriarchats' 127

Markus Schroer
Individualisierte Gesellschaft 157

Dirk Richter
Weltgesellschaft 184

Rolf Eickelpasch/Claudia Rademacher
Postindustrielle Gesellschaft 205

Georg Kneer
Zivilgesellschaft 228

Armin Nassehi
Risikogesellschaft 252

Klaus Kraemer
Marktgesellschaft 280

Harald Funke
Erlebnisgesellschaft 305

Manfred Faßler
Informations- und Mediengesellschaft 332

Vorwort der Herausgeber

Die Soziologie ist - 'mal wieder - ins Gerede gekommen. In einer großen deutschen Wochenzeitung begann im Januar 1996 eine Debatte darüber, ob die Soziologie *erstens* noch ausreichende Erkenntnismittel zur Hand habe, die Gesellschaft über sich selbst aufzuklären, ob sie *zweitens* sensibel genug sei, auf radikale Veränderungen der Gesellschaft selbst zu reagieren und ob sie *drittens* überhaupt noch gebraucht werde. Tenor der von Warnfried Dettling (DIE ZEIT 2/1996) eröffneten Abrechnung mit der Soziologie ist folgender: Nicht die Soziologen selbst seien schuld an ihrem Niedergang, ihnen sei schlicht ihr Gegenstand abhanden gekommen. Es gebe keine Gesellschaft "in dem gewohnten Sinne" mehr, "nur noch Individuen, die sich nicht länger in alten sozialen Formationen bewegen".

Dettling hat Recht - und doch irrt er gewaltig. In der Tat lassen sich heute kaum mehr kollektive politische Subjekte identifizieren, von denen man grundlegende Veränderungen, oder gar Verbesserungen der Gesellschaft erwarten könnte. In der Tat sieht die moderne Gesellschaft auf den ersten Blick so aus, als habe sich eine geschlossene gesellschaftliche Kollektivität zugunsten individualisierter Lebensformen aufgelöst, die durch kein gemeinsames sozialmoralisches Band mehr verbunden sind. In der Tat fallen wichtige Entscheidungen über politische Prozesse, riskante technische, wissenschaftliche und ökonomische Strategien in sozialen Räumen, die sich sozialem Protest, demokratischer Partizipation, ja sogar der Kontrolle durch soziologisch geschulte Experten entziehen. Und in der Tat hat jene Wissenschaftsgläubigkeit nachgelassen, die von sozialwissenschaftlichen Disziplinen wie selbstverständlich sozialtechnisches Wissen verlangte, um dem "Projekt der Moderne" auf die Beine zu helfen.

Dies alles konzediert, scheint es aber ein eklatanter Fehlschluß zu sein, daraus - wenn auch publikumswirksam - auf die Überflüssigkeit der Soziologie oder gar auf ein Verschwinden ihres Gegenstandes zu schließen. Dettling leistet sich in seiner Argumentation einen Kategorienfehler: *Einerseits* stellt er eine *soziologische* (sic!) Diagnose darüber, daß die moderne Gesellschaft sich offenbar nicht mehr jenem

Modell einer durch ein gemeinsames Band von moralischen Werten und Normen integrierten Einheit fügt. *Andererseits* wirft er der gegenwärtigen Soziologie vor, sie habe sich selbst entthront "mitsamt ihrer Hoffnung, das gesellschaftliche Drama verstehen und inszenieren zu können".

Womöglich besteht eine der Stärken der Soziologie als wissenschaftliche Disziplin darin, exakt diese *Nicht-Inszenierbarkeit der Gesellschaft* mit soziologischen Mitteln darstellen zu können. Anders als zu Beginn soziologischen Denkens im 19. Jahrhundert ist in Erwartung des 21. Jahrhunderts von soziologischer Seite kaum mehr der Anspruch zu hören, das gesellschaftliche Drama in toto inszenieren zu wollen, geschweige denn zu können. Die Rolle des Regisseurs wird nicht mehr vergeben - und auf soziologische Erkenntnis kann man gerade dort nicht verzichten, wo - insbesondere durch Politik und Militär - vermeintliche Regisseure auftreten und der *sancta simplicitas* einfacher Kausalitäten erliegen.

Das gesellschaftliche Drama *verstehen* zu wollen freilich, hat sich die Soziologie keineswegs versagt. Ob sie es auch kann? Um diese Frage zu beantworten, bedarf es sicher genauerer Überlegungen als des bloßen Hinweises darauf, daß die - vermeintliche - Eindeutigkeit in der sozialwissenschaftlichen Selbstbeschreibung der modernen Gesellschaft verlorengegangen ist. Wie das Signum des gegenwärtigen Zeitalters selbst durch Pluralität, Kontingenz, Perspektivität des Beobachterstandpunktes und damit - im besten Falle - Verabschiedung letzter Glaubens- und Lehrsätze gekennzeichnet ist, so gönnt sich auch die Soziologie keinen einheitlichen, monoparadigmatischen Blick auf die moderne Gesellschaft. Wer heute noch beklagt, daß es unterschiedliche Diagnosen sind, die die Soziologie von ihrem Gegenstand - der Gesellschaft - zeichnet, muß sich den Vorwurf gefallen lassen, noch allzu sehr vom bereits völlig leergefressenen Erbe von Theologie und Philosophie zehren zu wollen, das Einheit und Exklusivität gegen Differenz und Toleranz setzt.

Die hier versammelten Beiträge zur Diagnose der modernen Gesellschaft wollen einen Überblick darüber vermitteln, wie vielfältig und unterschiedlich, widersprüchlich und disparat die gegenwärtige soziologische Diskussion sich dem Phänomen *Gesellschaft* nähert. Die nachstehenden Analysen nehmen jeweils ein mehr oder weniger prominentes Label auf, das als Kompositum mit *Gesellschaft* versucht, die moderne Gesellschaft zwar je unter einem bestimmten Blickwinkel, aber doch mit dem Anspruch einer grundlegenden Charakterisierung der gegenwärtigen Gesellschaft *als* Erlebnisgesellschaft, Marktgesellschaft, Risikogesellschaft, Zivilgesellschaft etc. zu beschreiben.

Die Auswahl der Themen folgte zwei Prinzipien: *Erstens* sollten in der Tat nur solche Labels aufgegriffen werden, die den Anspruch einer gesamtgesellschaftlichen Diagnose zumindest ansatzweise erfüllen. *Zweitens* sollte es sich um solche Labels handeln, die in gegenwärtigen soziologischen Debatten eine bedeutende Rolle spielen. Wir hoffen, mit unserer Auswahl zeigen zu können, daß sich die Soziologie keineswegs davon verabschiedet hat, gesamtgesellschaftliche Diagnosen zu stellen, daß ihr keineswegs ihr Gegenstand abhanden gekommen ist. Nach der Lektüre der Beiträge sollte auch deutlich werden, daß sich die gegenwärtige Soziologie - allen Unkenrufen zum Trotz - durchaus einen kognitiven Erwartungsstil leistet und nicht nur normativ betrauert, daß man von ihr keine soziatechnologischen Rezepte mehr erwartet. Das mag manche Beobachter der Soziologie enttäuschen, andere womöglich überfordern. Jedenfalls scheinen wir es - das zeigen die verschiedenen hier aufgeführten Perspektiven - auch der Soziologie selbst verdanken zu dürfen, daß wir Kenntnis davon nehmen können, daß es "die Gesellschaft in dem gewohnten Sinne" vielleicht nicht mehr gibt, *Gesellschaft* aber sehr wohl.

Die Beiträge sind so gehalten, daß sie in der Lage sein sollten, von Anfängerinnen und Anfängern als Einführungen gelesen zu werden. Das sollte geübtere Beobachter nicht davon abhalten, sich einen Überblick über gegenwärtige Debatten zu verschaffen. Die Herausgeber hoffen jedenfalls, daß die Texte diesen Zweck erfüllen können.

Zu danken haben wir den Autorinnen und Autoren sowie dem Fink-Verlag für die freundliche verlegerische Betreuung.

Münster, im Juni 1996

Georg Kneer, Armin Nassehi, Markus Schroer

Rolf Eickelpasch
Postmoderne Gesellschaft

Es gibt wohl kaum einen Terminus, der die Diskursgemeinschaft der Intellektuellen aus den unterschiedlichsten kulturellen Bereichen und wissenschaftlichen Disziplinen seit nunmehr etwa zwei Jahrzehnten so sehr fasziniert und in Atem hält wie der Begriff "Postmoderne". Durch die unscheinbare Vorsilbe "post-", das "Schlüsselwort unserer Zeit" (Beck 1986: 12), transportiert das Emblem "Postmoderne" gemeinsam mit den anderen "postistischen" Etiketten - Posthistoire, poststrukturalistisch, postmaterialistisch, postindustriell etc. - eine tiefgreifende Krisenerfahrung kurz vor der Jahrtausendwende, ein diffuses Bewußtsein einer Epochenschwelle, das den bisherigen Zustand als überholt erscheinen läßt, das Neue aber noch nicht zu benennen vermag. "Vergangenheit plus 'post' - das ist das Grundrezept, mit dem wir in wortreicher, begriffsstutziger Verständnislosigkeit einer Wirklichkeit gegenüberstehen, die aus den Fugen zu geraten scheint." (Beck 1986: 12)

Die vielfach konstatierte und ironisch kommentierte Vieldeutigkeit und begriffliche Unschärfe des Terminus "Postmoderne" ist für die Bildung dieses Diskurszusammenhangs nicht etwa hinderlich, sondern geradezu konstitutiv. Gerade seiner Ambivalenz und Polysemie, dem Spiel mit der Mehrdeutigkeit, verdankt der "Passepartoutbegriff" (Eco 1984: 77) Postmoderne seine Faszinationskraft und seinen diskurskonstituierenden Signalwert in einer Epoche der "neuen Unübersichtlichkeit" (Habermas). Ohne letztlich zu entscheiden, ob mit der Postmoderne eine geradezu "rhapsodische Nobilitierung der Inhaltsleere" oder eine "frenetische Gegenstandsverflüchtigung" (Laermann 1985: 52) betrieben wird, kann man doch beobachten, wie "postmodern" als ominöses Sammeletikett gehandelt wird, mit dem man sich gegenseitig versichert, daß mit der Moderne irgendetwas nicht stimme und sie daher obsolet geworden sei.

Die Sozialwissenschaften hat das "Gespenst der Postmoderne" (Jauß 1983: 95) erst relativ spät - seit etwa 10 Jahren - erreicht, nachdem es bereits seit langem die engeren Diskussionszirkel der Literaturwissenschaft, der Architekturtheorie und der Philosophie verlassen und in Feuilleton und Kulturkritik ein lustvolles Gruseln erzeugt hatte. Daß die Soziologie von dem "Postmodernen" lange unbeeindruckt blieb, werten einige als Zeichen nobler Resistenz gegen modische Zeitgeistkonjunkturen, andere sehen darin eher den Ausdruck paradigmatischer Borniertheit. Von Marx über Tönnies, Durkheim, Simmel und Weber bis zu Parsons, Habermas und Luhmann sind die Theoretiker der Sozialwissenschaften stets als "Hohepriester der Moderne" (Vester 1993: 16) aufgetreten. Ob kritisch oder affirmativ, für den Mainstream der Soziologie blieb die Moderne der kaum hinterfragte Bezugsrahmen für die große Gesellschaftstheorie wie für die empirische Kleinarbeit.

Wenn seit einigen Jahren das Thema Postmoderne auch in der Soziologie mehr und mehr Beachtung gefunden hat,[1] so ist dies Ausdruck des Bemühens, sich dem "Risiko der Gegenwartsdiagnose" (Joas 1988) zu stellen und Anschluß zu gewinnen an einen interdisziplinären Diskurszusammenhang, in dem sich die kulturellen Krisenerfahrungen in den westlichen Industriegesellschaften artikulieren. Aktuelle soziokulturelle Entwicklungstendenzen, wie sie unter den Stichworten "Krise der Arbeitsgesellschaft" (Matthes 1987), "Wertewandel" (Klages 1986) oder "Individualisierung von Lebenslagen und Biographiemustern" (Beck 1986) diskutiert werden, erzeugen einen sozialwissenschaftlichen Deutungsbedarf, für den ein theoretisch gesichertes Analyseinstrumentarium nicht verfügbar ist. Charakteristischerweise ist daher in der soziologischen Postmoderne-Debatte die Selbstthematisierung soziologischer Theoriediskurse mit der Beschreibung und Analyse realer "postmoderner" Phänomene in Kultur und Gesellschaft verschränkt.[2] Der Terminus Postmoderne ist in der Soziologie zum semantischen Fokus einer Auseinandersetzung geworden, in der konkurrierende Gesellschaftsbeschreibungen und Selbstbeschreibungen der Sozialwissenschaften unentwirrbar miteinander verknotet sind. Fragt man sich, welche realgesellschaftlichen, empirisch darstellbaren Entwicklungstendenzen mit diesen Beschreibungen eingefangen

---

1 Vgl. etwa die Arbeiten von Bauman (1992), Crook/Pakulski/Waters (1992), Giesen (1991) und Vester (1993).
2 Exemplarisch hierfür ist die Arbeit von Giesen (1991).

werden, so gilt es dem banalen Sachverhalt Rechnung zu tragen, daß die Bezeichnung "postmodern" natürlich nicht einer veränderten gesellschaftlichen Realität anhaftet wie das Etikett der Weinflasche. Es handelt sich vielmehr um ein in professionellen Expertenkulturen gehandeltes Deutungsmuster, eine "Semantik" (Luhmann), die keine direkten Rückschlüsse auf die durch sie beschriebene Wirklichkeit zuläßt. Man kann dasselbe auf sehr verschiedene Weise beobachten, beschreiben und deuten, eine beobachtungsunabhängige vorgegebene Realität gibt es daher nicht. Wenn aber die "postmoderne Gesellschaft" - ebenso wie die "moderne", die "postindustrielle" oder die "Risikogesellschaft" - nichts ist, was so in der Wirklichkeit vorfindbar ist, dann bleibt uns, wollen wir uns dennoch einen Zugang zur gesellschaftlichen Realität eröffnen, nur die Möglichkeit, das semantische Feld der "Postmoderne" näher auszuleuchten, um zu beobachten, mit welchen Beobachtungen und Beschreibungen die "Hohenpriester der Postmoderne" operieren, was sie mit ihren Unterscheidungen sehen können und was nicht. "Das, was als Realität konstruiert wird, ist letztlich also nur durch die Beobachtbarkeit von Beobachtungen garantiert", wie Luhmann (1992: 45) sagt. Im folgenden kann es demnach nicht darum gehen, den vielfältigen Beschreibungen der "postmodernen Gesellschaft" eine weitere hinzuzufügen, vielmehr ist beabsichtigt, das in diesem Begriff enthaltene vielfältig changierende semantische Feld auszumessen und den Problemgehalt auszuweisen, in bezug auf den sich die jeweiligen Deutungskontroversen konturieren.

1. "Postmoderne" - Zur Karriere einer Metapher

Zu einem ersten Verständnis von Postmoderne gelangt man, wenn man sich vergegenwärtigt, wann dieser Begriff von wem und auf welche Weise in welche Debatte eingeführt worden ist und mit welchem Inhalt er versehen war.[3] Sieht man einmal von vereinzelten Verwendungen der Begriffe "postmodern" oder "Postmoderne" bei dem englischen Salonmaler Chapman im Jahre 1870, bei dem Kulturkritiker Rudolf Pannwitz im Jahre 1917, bei dem Literaturwis-

---

3 Ausführlichere Darstellungen der Genealogie des Terminus finden sich bei Welsch (1987: 12ff; 1988: 7ff) und Vester (1993: 9ff).

senschaftler Frederico de Oniz im Jahre 1934 oder bei dem Historiker Arnold Toynbee im Jahre 1947 ab, die eine ungeheure Unsicherheit und Disparatheit des Ausdrucks und kaum Parallelen zur heutigen Postmoderne-Debatte erkennen lassen, so findet die eigentliche Diskussion der Postmoderne ihren Ausgangspunkt und Hauptaustragungsort in der amerikanischen *Literaturdebatte* der 60er Jahre.

Um die Mitte der 60er Jahre machten sich die amerikanischen Literaturkritiker Leslie Fiedler und Susan Sontag dafür stark, den offenkundigen Zusammenbruch traditioneller Werte in der Literatur, den Irving Howe einige Jahre zuvor beschrieben und als "Erschlaffung" beklagt hatte, als etwas Positives zu interpretieren. Fiedler und Sontag gaben die Orientierung am Maßstab der klassischen Moderne auf. Die entscheidende Leistung der "postmodernen Literatur" sahen sie in der Feindschaft gegen "Bedeutungen", der "Flucht vor der Interpretation" (Sontag), in der Feier unmittelbarer, nicht intellektualistischer Erfahrung und der Einebnung der Kluft zwischen Elite- und Massenkultur.

In den 70er und 80er Jahren hat Ihab Hassan den anfänglich literarischen Begriff der Postmoderne in ein gesamtkulturelles, weitverzweigtes Konzept, in den Entwurf einer "postmodernen Episteme" überführt. Bei Hassan fallen die entscheidenden Stichworte, die bis heute die Postmoderne-Debatte bestimmen. Kennzeichnend für die "postmoderne Episteme" ist für ihn die Tendenz zur Pluralisierung, zur Dezentrierung und zur Bildung von Differenzen:

"In Wirklichkeit setzt sich diese Tendenz aus Subtendenzen zusammen, wie sie mit folgenden Begriffen assoziiert sind: Offenheit, Heterodoxie, Pluralismus, Eklektizismus, Ungerichtetheit, Revolte, Deformation. Allein letztere umfaßt ein Dutzend geläufiger Begriffe der Annullierung: 'Decreation', Desintegration, Dekonstruktion, Dezentrierung, Verlagerung, Differenz, Diskontinuität ... ". (Hassan: 1983 27/28)

Auf die *Architektur*, die üblicherweise als Wiege der Postmoderne gilt, wurde der Terminus erst 1975 durch den amerikanischen Architekten Charles Jencks übertragen. Doch gerade in der Architektur tritt die Hauptachse der Opposition von Moderne und Postmoderne besonders deutlich, im wörtlichen Sinn "greifbar", zutage. Gegen den Uniformismus und Funktionalismus der modernen Architektur, die Transparenz konstruktivistischer Glas-Stahl-Gebilde setzt die Postmoderne das Prinzip pluraler Gestaltung, das eklektizistische Spiel mit Formen und Stilelementen, die sich wechselseitig kommentieren, bestreiten, umdeuten, ergänzen. "Es entsteht ein Dialog der Sprachen - ohne Metasprache", wie Welsch (1987: 119) sagt. Die Pluralität von Bedeutungskodes und Geschmackskulturen erzeugt die "Doppelkodierung" der Postmoderne, d.h. eine "Architektur, welche die Elite und den Mann auf der Straße anspricht." (Jencks 1988: 88)

Die Absage an die großen Synthesen und Einheitsideen der Moderne und die Betonung der Multiperspektivität, Pluralität und Dezentrierung sind auch die Leitmotive der Postmoderne in der *Philosophie*. Als ausgearbeitete Konzeption taucht der Ausdruck "Postmoderne" in der Philosophie erst 1979 auf, in der Schrift *La condition postmoderne* (dt. *Das postmoderne Wissen*) des französischen Philosophen Jean-François Lyotard. "Postmoderne" wird bei Lyotard durch das "Ende der Meta-Erzählungen" definiert. Die großen Leitideen und "Meta-Erzählungen" der Aufklärung von Fortschritt und Emanzipation, vom Sinn der Geschichte, der Autonomie des Subjekts und der Beglückung aller Menschen waren nach Lyotard seit je mit dem Terror verschwistert. "Wir haben die Sehnsucht nach dem Ganzen und dem Einen, nach der Versöhnung von Begriff und Sinnlichkeit, nach transparenter und kommunizierbarer Erfahrung teuer bezahlt." (Lyotard 1988: 203) Den Einheits- und Vernunftobsessionen der Aufklärung hält er als Schlachtruf der Postmoderne entgegen: "Krieg dem Ganzen, zeugen wir für das Nicht-Darstellbare, aktivieren wir die Widerstreite, retten wir die Ehre des Namens." (Lyotard 1988: 203) An die Stelle der Einheitsprogramme und Totalitätsideen der Neuzeit-Moderne tritt bei Lyotard die Zustimmung zur irreduziblen Vielfalt lokaler und heterogener Sprachspiele, Handlungsformen und Lebensweisen. Signatur der "Postmoderne", die für Lyotard eher einen "Gemüts- oder Geisteszustand" (vgl. Welsch 1987: 35) bezeichnet als eine Epoche, ist der "Abschied vom Prinzipiellen"[4], der Affekt gegen das Allgemeine.

Zum engeren Umfeld der "Postmoderne", ohne daß sie sich selbst dieses Etiketts bedienen würden, gehören auch die französischen "Poststrukturalisten" wie Foucault, Deleuze oder Derrida. Schulenbildend ist für den Poststrukturalismus die strikte Absage an die neuzeitliche Subjektphilosophie sowie das Vernunft- und Ordnungsdenken

---

4 Die Losung "Abschied vom Prinzipiellen" stammt von Odo Marquard (1981), dessen Denken deutliche Nähe zu postmodernen Themen und Betrachtungsweisen aufweist.

der Humanwissenschaften, als dessen letzte Bastion der Strukturalismus begriffen wird. So wendet sich Foucault mit seiner "archäologischen" Diskurstheorie gegen die herkömmliche Geschichtsschreibung und -philosophie mit ihrer Illusion evolutionärer Kontinuität und eines "Sinns der Geschichte". Statt mit bedeutungsgeladenen, von Autoren geschaffenen und in Interpretationszusammenhängen überlieferten Dokumenten hat es die *Archäologie* mit einer heterogenen Vielfalt verstreuter und bedeutungsloser diskursiver Ereignisse zu tun, die es unter der Oberfläche aktuell gelebter Sinnzusammenhänge auszugraben gilt.[5] Wie es keinen Zentralsinn eines Textes gibt, so gibt es keine an und für sich und für alle Zeit geltende Interpretation des Seins und der Welt. "Jeder Sinn und jede Bedeutung und jede Weltansicht sind im Fluß, nichts ist dem Spiel der Differenzen entzogen", so lautet für Manfred Frank (1984: 85) das Credo des Poststrukturalismus, das eine deutliche Geistesverwandtschaft zum erklärten Postmodernismus Lyotards und seiner Feier der Vielheit und der Differenzen aufweist.

Zu den "anonymen" Postmodernisten kann neben den Poststrukturalisten auch der amerikanische Neopragmatist Richard Rorty gezählt werden. (vgl. Rorty 1989) Ausgangspunkt ist für ihn die Absage an jeden Wahrheits-, Vernunft- und Moraluniversalismus im Namen einer Anerkennung der radikalen "Kontingenz", d.h. der Sprachspielabhängigkeit der Erkenntnis und der Moral. An die Stelle rationaler Argumentation à la Habermas setzt die von Rorty propagierte "poetische Kultur" des neuen, selbstironischen Liberalismus intelligente Neubeschreibungen, die es nicht zu begründen, sondern attraktiv zu machen gilt: "Dich singe ich - Demokratie".[6] Der Utopie einer poetisierten Kultur liegt ein zentrales Motiv der Postmoderne zugrunde: die Öffnung der Gattungsgrenzen zwischen Wissenschaft, Kunst und Politik.

In den *Sozialwissenschaften* ist das postmoderne Virus erst auf dem Umweg über den philosophischen Zwischenträger virulent ge-

---

5 Vgl. Foucault 1988. Zur Einführung in das Denken Foucaults sei auf die Arbeiten von Dreyfus/Rabinow (1987), Kammler (1986) und Fink-Eitel (1989) verwiesen.
6 Vgl. hierzu kritisch Brunkhorst 1991.

worden, und das mit einer charakteristischen Zeitverzögerung.[7] Die Arbeiten von Derrida, Foucault, Lyotard und Rorty wurden in den Sozialwissenschaften hier und da als Geheimtip gehandelt, blieben aber doch im soziologischen Mainstream lange Zeit ziemlich wirkungslos. Von der postmodernen Infragestellung der universalistischen Begründungsfähigkeit des Begriffs wissenschaftlicher Rationalität fühlt sich die Soziologie in besonderer Weise bedroht, da sie historisch ihre disziplinäre Identität aus dem Interesse an einer rationalen Selbstvergewisserung der bürgerlichen Gesellschaft gewonnen hat.[8] Müßte dieses Projekt als gescheitert gelten, wie Denker der Postmoderne es behaupten, wäre das Selbstverständnis der sozialwissenschaftlichen scientific community im Kern tangiert. Nur sehr zögernd und abwartend öffnet sich daher der soziologische Mainstream für Importe aus der Postmoderne-Debatte, um den Anschluß an den interdisziplinären Diskurszusammenhang nicht zu verlieren. Zwei Ebenen der Rezeption lassen sich dabei unterscheiden.

Zum einen wird die Postmoderne-Diskussion als produktive "Herausforderung der klassischen Gesellschaftstheorie" (Giesen 1991: 776) und als "Provokation für die grundlagentheoretische Begrifflichkeit der Soziologie" (Joas 1992: 359) begriffen. Eingefordert wird hier eine radikale Selbstreflexion soziologischer Theorie hinsichtlich ihrer kategorialen Grundannahmen und der in eingelassenen Annahmen über Rationalität und Normativität. Vor allem in vier Punkten wird der paradigmatische Kern der klassischen Gesellschaftstheorie in Reaktion auf die postmoderne Kritik in Frage gestellt.

- Die dem Funktionalismus wie dem Marxismus zugrundeliegende Annahme einer selbstverständlichen *Totalität und Objektivität der*

---

7 Wenn Welsch (1987: 26ff) Konzepte der "postindustriellen Gesellschaft" bei Riesman, Touraine oder Bell in die soziologische Postmoderne-Debatte einreiht, so sehe ich darin mit Scherr (1990: 3) eine unangemessene Expost-Stilisierung. Die hier vertretenen Modelle einer "postindustriellen Gesellschaft" haben mit den späteren Konzepten einer gesellschaftlichen Postmoderne wenig mehr als das Präfix "post-" gemeinsam. Vgl. auch den Beitrag "Postindustrielle Gesellschaft" in diesem Band.
8 Nur so ist auch die Heftigkeit und Undifferenziertheit der Abwehrreaktionen zu erklären, mit denen Habermas im *Philosophischen Diskurs der Moderne* (1985) die postmodernen Theorieansätze von Foucault und Derrida als neokonservativ und irrationalistisch brandmarkt.

Gesellschaft und die Idee eines *gesellschaftlichen Zentrums* erscheinen im Lichte des postmodernen Dekonstruktivismus als unhaltbar und machen dem Konzept einer "Entdinglichung des Sozialen" (Giesen 1991: 777) Platz.

- Die Absage der postmodernen Philosophie an die Vorstellung letztgültiger Fundamente macht auch vor dem *Begriff des individuellen Subjekts* und dem Konzept eines "subjektiv gemeinten Sinns" (Weber) nicht halt. Kultur und Gesellschaft bestehen in postmoderner Sicht aus einer Vielzahl freischwebender Differenzen ohne Zentrum und ohne Grenzen, vor allem aber ohne die Verbindung zu einem subjektiven Handlungssinn oder zu einer übergeordneten Vernunft.[9]
- Die postmoderne Kritik am Kontinuitäts- und Fortschrittsdenken der Geschichtsphilosophie destruiert den utopischen Kern der klassischen Gesellschaftstheorie und führt zu einer radikalen *"Entzauberung der Zukunft"* (Giesen 1991: 777). Die Zukunft als offenes Feld der Emanzipation und des Fortschritts schlägt in die Zukunft des Risikos und der katastrophalen Bedrohung um.
- Der Abschied von den utopischen Fundamenten der Gesellschaftstheorie verändert auch die Gestalt der *soziologischen Kritik*. Mit der *Multiperspektivität* und *Multikulturalität* der Postmoderne wird die Annahme eines archimedischen Punktes, der kritische Distanz zu gesellschaftlichen Strukturen und Prozessen ermöglicht, fragwürdig. Anliegen soziologischer Kritik ist sub specie der Postmoderne "nicht mehr der Fortschritt und die Einheit der Gesellschaft, sondern das Anregen von Differenzen, das Erhalten von Vielfalt und das Überschreiten von Grenzen" (Giesen 1991: 779).

Die - nur zögernd einsetzende - Selbstreflexion der Gesellschaftstheorie als Reaktion auf die postmoderne Herausforderung soll hier nicht weiter verfolgt werden. Im vorliegenden Zusammenhang scheint es wichtiger, die Aufmerksamkeit auf die *zweite Ebene* der Rezeption der

---

9 Die Affinität dieser Idee eines freischwebenden Codeuniversums zu Luhmanns Konzept der "Autopoiesis" ist kaum zu übersehen. In der Tat läßt sich die Entwicklung der Luhmannschen Systemtheorie (vgl. 1984) auch als Transformation vom modernen zum postmodernen Denken (horribile dictu!) lesen. (Vgl. Vester 1993: 18)

Postmoderne-Diskussion durch die Soziologie zu lenken. Auf dieser Ebene werden von den Sozialwissenschaften einzelne Zentralbegriffe und Deutungsmodelle aus der Postmoderne-Debatte importiert, um einem Deutungsbedarf nachzukommen, der durch radikale und krisenhafte Veränderungstendenzen in den westlichen Industriegesellschaften erzeugt wird, für deren Analyse die Konzepte der soziologischen Orthodoxie nur begrenzt brauchbar sind. Im folgenden soll daher am Beispiel einiger dieser Entwicklungstendenzen der Frage nachgegangen werden, welche Konsequenzen für das Verständnis gegenwärtiger Sozialstrukturen und alltagskultureller Lebensstile aus dem Konzept Postmoderne folgen.

2. "Postmoderne" Umbrüche in der Industriegesellschaft

2.1 Pluralisierung von Lebensformen - Auf dem Weg zur "postmodernen Familie"?

Definiert man Postmoderne als "Verfassung radikaler Pluralität" (Welsch 1988: 4), so ist damit in soziologischer Perspektive das Problem der Relationierung von individueller Lebenspraxis und gesellschaftlicher Allgemeinheit aufgeworfen. Signum der Postmoderne ist in diesem Verständnis die Pluralität divergenter Lebensformen, die sich nicht an Bestimmungen übergreifender sozialer Strukturen und normativer Maßstäbe zurückbinden lassen. Eben dies macht die "transzendentale Obdachlosigkeit postmoderner Verhältnisse" (Giesen 1991: 779) aus.

Der soziologische Realitäts- und Problemgehalt der postmodernen Annahme radikaler Pluralität soll am Beispiel der Umbrüche einer Lebensform demonstriert werden, die über Jahrhunderte als die Kerninstitution und "Keimzelle" der modernen Gesellschaft galt: der bürgerlichen Familie[10].

Seit Beginn der 60er Jahre ist die bürgerliche Kernfamilie in allen westlichen Industriegesellschaften von einem rasanten Veränderungsprozeß erfaßt worden, der sich grob an folgenden Daten ablesen läßt:

---

10 Vgl. zum folgenden Rerrich 1988; Peuckert 1991; Eickelpasch 1989.

- Rückgang der Eheschließungen seit 1960 um mehr als ein Viertel;
- Verdoppelung der Scheidungsziffern im gleichen Zeitraum;
- Sprunghafter Anstieg der "Ehen ohne Trauschein". In der Bundesrepublik leben derzeit etwa 2,5 Millionen Menschen in einer nichtehelichen Lebensgemeinschaft.
- Rückgang der Geburtenziffer seit 1960 um mehr als ein Drittel;
- Anstieg der Einelternfamilien seit 1970 um mehr als ein Drittel. Zur Zeit leben mindestens 10% aller minderjährigen Kinder bei alleinerziehenden Müttern oder Vätern.
- Immer mehr Menschen leben allein. In den Großstädten sind etwa 40% aller Haushalte Einpersonenhaushalte.

Insgesamt signalisieren die genannten Daten eine wachsende Pluralität familialer Lebensformen, die mit dem Begriff Familie "so wenig einzufangen ist wie Ameisen mit einem Schmetterlingsnetz" (Beck 1991: 42). Die Kernfamilie, so hat es den Anschein, entwickelt sich langsam zu einer alternativen Lebensform bzw. zu einer befristeten biographischen Etappe. Tyrell (1988) spricht von einem Prozeß der *Deinstitutionalisierung*, d.h. der Auflösung des bürgerlichen Familienmusters, das mit seinem eindeutig zugeschnittenen Sinn- und Verweisungszusammenhang Liebe - Ehe - Sexualität - Elternschaft - Haushalt so etwas wie einen letzten Zufluchtsort, "a haven in a heartless world", in der rauhen Realität der Industriegesellschaft zumindest als Utopie versprach. Die im Zuge dieses Prozesses aufbrechende Vielfalt von Situationen, Verhältnissen und Optionen veranschaulicht Beck (1986: 190), sicher mit ironischer Übertreibung, durch folgende Rechenoperation:

"Ehe läßt sich von Sexualität trennen und die noch einmal von Elternschaft, die Elternschaft läßt sich durch Scheidung multiplizieren und das Ganze durch das Zusammen- oder Getrenntleben dividieren und mit mehreren Wohnsitzmöglichkeiten und der immer vorhandenen Revidierbarkeit potenzieren"

- anything goes. Voraussetzung und Folge der wachsenden Pluralisierung der Lebensformen, so jedenfalls die Deutung "postmoderner" Soziologen,[11] sind auf seiten des Individuums eine Freisetzung aus

---

11 Für den postmodernen Ansatz stehen etwa Beck 1986, Beck/Beck-Gernsheim 1990 (die allerdings nicht von "Postmoderne" sprechen, sondern von "reflexiver Modernisierung"), Wehrspaun 1988, Vester 1993.

traditionellen (vor allem geschlechtsspezifischen) Rollenzuweisungen, ein sprunghafter Anstieg von Wahlmöglichkeiten und Optionsspielräumen für die individuelle Lebensplanung. Der einzelne begreift sich im Zuge dieses Individualisierungsprozesses zunehmend als "Planungsbüro in bezug auf seinen eigenen Lebenslauf" (Beck 1986: 217).

Die hier in äußerster Knappheit skizzierten familialen Veränderungstendenzen werfen im vorliegenden Zusammenhang folgende Fragen auf:

- Sind die beschriebenen Entwicklungen so tiefgreifend, daß die Behauptung gerechtfertigt wäre, "daß wir im Vergleich zur Moderne in einer anderen Zeit mit anderen typischen Familienformen leben"? (Vester 1993: 142)
- Sind die Abweichungen vom Idealtypus der modernen Familie so signifikant, daß man ihnen mit dem Etikett "postmoderne Familie" (vgl. Lüscher/Schultheis/Wehrspaun (Hg.) 1988, Vester 1993: 131 ff.) gerecht würde?
- Läßt sich die These aufrechterhalten, daß der neue biographische Pluralismus der Lebensformen eine für die postmoderne Gesellschaft charakteristische "neue Unbeständigkeit" (Chopra/Scheller 1992) indiziert?

Ohne diese Fragen hier letztgültig entscheiden zu wollen, sei doch darauf verwiesen, daß sich unter der Oberfläche des postmodernen "anything goes" bei näherem Hinsehen handfeste ökonomische und gesellschaftliche Zwänge verbergen:

- Die Entscheidung, allein zu leben oder allein zu erziehen, ist, wie empirische Untersuchungen belegen, in vielen Fällen kein bewußter Entwurf eines alternativen Lebensmodells, sondern der Versuch, unter gesellschaftlichen Verhältnissen zurechtzukommen, die dieses private Zurechtkommen immer wieder vereiteln. (vgl. Krüger 1987; Napp-Peters 1986)
- Auch die nichteheliche Lebensgemeinschaft ist ein Projekt, das sich nur unter bestimmten sozio-ökonomischen Bedingungen realisieren läßt. (vgl. Meyer/Schulze 1989)
- Kinderlosigkeit in der Ehe ist, wie Untersuchungen belegen, in vielen Fällen "nicht die Option auf einen neuen Lebensstil, sondern die Reaktion auf ein gesellschaftliches Leben ohne tragfähige Op-

tionen" (Bösel 1993: 95).

Im Kern werden, wie es scheint, die neuen Lebensformen für die Erfüllung gesellschaftlicher Aufgaben ebenso vereinnahmt wie die traditionelle Familie. Unter der Oberfläche des bunten Collage-Bildes "postmoderner" Lebensstile, Patchwork-Identitäten und "Bastelbiographien" herrscht nur zu oft der fortdauernde "stumme Zwang der Verhältnisse" (Bösel 1993: 96).

2.2 Differenzierung sozialer Ungleichheiten - Jenseits von Klasse und Schicht?

Neben der Pluralisierung von Lebensformen ist der Bedeutungswandel sozialer Ungleichheit ein weiteres zentrales Problemfeld, für das in der neueren Soziologie der Begriff "Postmoderne" als analytische Perspektive beansprucht wird. Ausgelöst u.a. durch die Studien von Mooser (1983), Beck (1983, 1986) und Berger (1986) wurde die Frage aufgeworfen, ob die Kategorien Klasse, Schicht und Stand noch zur Beschreibung sozialer Differenzierungen in gegenwärtigen Industriegesellschaften tauglich seien.

Die Antwort von Beck, dem Urheber der "aktuellen" Individualisierungsthese,[12] läßt sich vereinfacht wie folgt zusammenfassen: Seit den 50er Jahren werden durch wachsende Bildungsabhängigkeiten, Mobilitätserfordernisse und die Ausdehnung von Konkurrenzbeziehungen traditionelle Binnendifferenzierungen und "sozial-moralische Milieus" (Mooser 1984: 227) kontinuierlich weggeschmolzen. In immer neuen Wellen werden die Menschen aus traditionalen, familialen, nachbarschaftlichen, beruflichen und kulturellen Bindungen herausgelöst und in ihren Lebenswegen und Lebenslagen durcheinandergewirbelt. Zwar bestehen die Ungleichheiten weiter fort, doch "verblaßt die Realität von Klassen zu letztlich nominellen, statistischen Gruppierungen ... ohne alltagsweltliche Evidenz" (Beck 1983: 53). An die Stelle ständisch-klassenkulturell geprägter Milieus treten in der "Nachklassengesellschaft" "immer feinkörniger privatisierte Lebenswelten" (Beck 1983: 54), in welchen die Einzelnen so sehr auf sich

---

12 Tatsächlich findet sich diese These schon bei den Klassikern Marx, Weber, Durkheim, Simmel und Mead in mannigfacher Variation (vgl. Müller 1992: 35; Joas 1988).

selbst zurückgeworfen werden, daß am Ende eine "neue Unmittelbarkeit von Individuum und Gesellschaft" entsteht in dem Sinne, "daß gesellschaftliche Krisen *als* individuelle erscheinen und nicht mehr oder nur noch sehr vermittelt in ihrer Gesellschaftlichkeit wahrgenommen werden" (Beck 1986: 159).

In Becks "postmoderner" Zeitdiagnose[13] überkreuzen sich vielschichtige Motive, deren Diskussion eine eigene Arbeit erfordern würden. Dennoch einige Anmerkungen:

(1) "Pluralisierung" im Sinne einer fortschreitenden Differenzierung gesellschaftlicher Verhältnisse und einer Vervielfältigung lebensweltlicher Bezüge und Lebensstile bezeichnet ein sinnfälliges, kaum bestreitbares Phänomen - eben dies macht die Eingängigkeit und den Charme der Beckschen Diagnosen aus. Die Einsicht in diesen offenkundigen Vorgang sagt jedoch, wie Jürgen Ritsert zu Recht hervorhebt, noch nichts über die entscheidende Frage, "ob er sich nun *in* einer Totalität oder *gegen* eine Totalität als deren Erosion, als 'Zersetzung des sozialen Bandes' abspielt" (Ritsert 1987: 9).

(2) Becks ambivalente und vielschichtige These einer Pluralisierung, Differenzierung und Individualisierung gesellschaftlicher Verhältnisse läßt eine schwache und eine starke Lesart zu. In einer *schwachen* Lesart besagt sie, daß die "lebensweltlichen Evidenzen" überlieferter Klassenkulturen ("ständisches Element der Klassen") erodieren, die Klassenstrukturierung ("Klassenlagen") als solche jedoch erhalten bleibt. In dieser schwachen Variante wäre die Becksche Individualisierungsthese plausibel, aber wenig originell. Schon 1942 hat Adorno von einer zunehmenden "Unsichtbarkeit der Klassen" inmitten ihrer realen "Versteinerung" (Adorno 1979: 376) gesprochen.

(3) In einer *starken* Lesart bedeutet die "Pluralisierung von Lebensformen und Lebensstilen" einen radikalen Erosionsprozeß, der nicht nur die "lebensweltlichen Evidenzen" überlieferter Klassenmilieus aushöhlt, sondern die Klassenstrukturierung selbst, ja letztlich das Soziale überhaupt. "Individualisierung" bedeutet hier die Herauslösung der Biographie des Einzelmenschen aus allen "vorgegebenen Fixierun-

---

13 Auch hier sei noch einmal betont, daß Beck selbst sich nicht des Begriffs "postmodern" bedient. Dennoch spricht einiges dafür, ihn zu den "anonymen" Postmodernen zu rechnen.

gen" (wie Klassenkulturen) mit dem extremen Ergebnis einer "kollektiv individualisierten Existenzweise" der Menschen, letztlich eines "Endes des Sozialen" (Featherstone 1987). In dieser extremen Fassung entbehrt die Individualisierungsthese jeder empirischen Evidenz und ist gesellschaftstheoretisch absurd. Selbst Lyotard, der in seiner Feier postmoderner Vielheit kaum zu übertreffen ist, äußert Reserven gegenüber Theoretikern, die die gesellschaftliche Entwicklung als "die Zersetzung des sozialen Bandes darstellen und als den Übergang der sozialen Gemeinschaften zu dem Zustand einer aus individuellen Atomen bestehenden Masse" (Lyotard 1984: 32). In letzter Konsequenz läutet mit der Vorstellung einer völlig strukturlosen Individualisierung "das Sterbeglöckchen für die Soziologie", wie Müller (1992: 38) zu Recht anmerkt.[14]

Fazit: Die Individualisierungsthese in der Beckschen Variante oszilliert unentschieden zwischen einer starken und einer schwachen Fassung. In der starken Lesart ist sie empirisch unhaltbar und theoretisch absurd. In der schwachen Lesart rennt sie bei Theoretikern sozialer Ungleichheit, soweit sie keine orthodox verknöcherte Klassentheorie vertreten, offene Türen ein.

2.3 Kulturalisierung des Alltags - Postmoderne als Lebensstil?
Pluralisierung und Diversifizierung schreiten, wie "postmoderne" Zeitdiagnosen besagen, nicht nur auf der Makroebene der sozialen Schichtung, sondern auch auf der Mikroebene individueller Lebensführung und Lebensverläufe voran. Biographien, so die Diagnose, werden im Zuge gesellschaftlicher Enttraditionalisierungs- und Individualisierungsprozesse "selbstreflexiv": Sozial vorgegebene wird in selbst hergestellte und herzustellende Biographie transformiert. "Im Übergang von der 'Normal- zur Wahlbiographie' bildet sich der konfliktvolle und historisch uneingeübte Typus der 'Bastelbiographie' heraus." (Beck

---

14 Müller versucht daher, mit einem komplexen und dynamischen Lebensstilkonzept einen Mittelweg zu finden zwischen den beiden extremen Gesellschaftsinterpretationen - der These von der unverminderten Fortexistenz einer Klassengesellschaft und der These einer hochdifferenzierten und individualisierten "Risikogesellschaft". Vgl. Müller 1992: 380.

1986: 217) Gefordert ist unter diesen Bedingungen ein "aktives Handlungsmodell des Alltags, das das Ich zum Zentrum hat" (ebd.). Das Verhältnis von Ich und Gesellschaft wird in dem "ichzentrierten Weltbild" der Postmoderne auf den Kopf gestellt: "Gesellschaft" wird unter den Bedingungen des selbst herzustellenden Lebenslaufs für die Zwecke der individuellen Lebensplanung handhabbar gemacht: Sie liefert die "Bausätze biographischer Kombinationsmöglichkeiten" (ebd.).

Wie die Gesellschaft wird nach dieser Diagnose auch die Kultur im Zuge fortschreitender Differenzierung und Dezentrierung als Variable individueller Lebensführung kleingearbeitet. Kultur, nach Parsons noch *die* zentrale Steuerungsinstanz der Gesellschaft, wird in der Postmoderne popularisiert und kommerzialisiert, als Ware auf den Märkten gehandelt.[15] Sie wird "im sozialen Austausch benutzt, um soziale Identitäten anzuzeigen, um eine soziale Position oder eine Rolle zu stilisieren. Kultur dient dem Self-Management und der Self-Promotion" (Vester 1993: 34). Die Identitäten der Menschen in der Postmoderne sind in dieser Sicht wie die Figuren in postmodernen Romanen "pasticheartige Gebilde, zusammengebraut aus kulturellen Versatzstücken und Vorbildern, aus frei-flottierenden Wünschen und Ängsten, aus Identifikationen mit konsumierbaren Objekten, handele es sich bei diesen um Pop-Idole oder Pop-Corn" (ebd.: 97).

Wurde in der Moderne das Individuum "a tergo" von der Lebenswelt getragen, wird diese in der Postmoderne "a fronte" zur eigenen Gestaltung freigegeben.[16] Im "Existenzdesign" der Postmoderne - so Kellner/Heuberger (1988: 334) - erscheint "letztlich die gesamte materiale Rationalität der Lebenswelt als Konstruktionsaufgabe." An die Stelle kulturell vordefinierter Identitätsmuster tritt die "freie Setzbarkeit im Existenzdesign, der genußvolle Einsatz von Mitteln der Lebensgestaltung" (ebd.: 335). Insbesondere in den manieristischen und postmodernen Jugendkulturen entstehen demnach - vorwiegend vermittelt über Mode, Medien, Musik und Outfit - "kurzfristige fragile

---

15 Was der "Apokalyptiker" Adorno in den 50er Jahren als "Kulturindustrie" und "Massenkultur" gebrandmarkt hatte, feiern die postmodernen "Integrierten" als Ausdruck von Vielfalt und Demokratie. Vgl. Eco 1984.
16 Zur Begriffspolarität "a tergo" und "a fronte" vgl. Habermas 1981: Kap III.

'Instant-Identitäten'" (Ferchhoff 1988: 1017).[17] "Die Struktur ist: Geltenlassen anderer und Ich-Zentrierung. Das Modell ist der postmoderne Diskurs. Er ist gekennzeichnet dadurch, daß er keine Verbindlichkeiten eingeht." (Baacke 1987: 149)

Derartige Sichtweisen "postmoderner" Identitätsbildung erwecken den Eindruck, als seien Güterkonsum und Lebensstilisierungen mittlerweile gänzlich in das Belieben des Geschmacks gestellt - unabhängig von sozialer Lage, kultureller Orientierung und wirtschaftlichen Ressourcen. (Horx 1987) Es scheint, als ob die theoretischen Beschreibungen auf der Grundlage postmoderner Begriffe großzügig ein höheres Maß an individueller Wahl- und Gestaltungsfreiheit einzuräumen geneigt sind, wo die empirische Forschung deutliche Abhängigkeiten sowohl der *Chancen* als auch der *Neigung* zur Lebensstilisierung von sozialen und wirtschaftlichen Faktoren feststellen muß. (Vgl. Müller 1992: 375ff.) Die Stilisierungschancen in einer Gesellschaft sind ganz entscheidend abhängig vom materiellen Wohlstand und der Verteilung von Lebenschancen nach Gütern, Bildung und Ressourcen. In modernen Gesellschaften ist daher die Konstruktion von "Patchwork-Identitäten" (Keupp 1992: 176) und "Bastelbiographien" ein Phänomen der Mittelschichten. In den Unterschichten oktroyieren "das Diktat der Notwendigkeit und der Zwang der materiellen Verhältnisse ... eine Lebensführung, die wenig Spielraum für Stilisierungsexperimente läßt" (Müller 1992: 375).

Auch hier wieder regiert also unter der glitzernden Oberfläche postmoderner Pluralität und Unverbindlichkeit der "stumme Zwang der Verhältnisse". "Postmoderne" Zeitdiagnosen sind offenbar mit einem spezifischen Mittelschichtbias behaftet. Sie beschreiben Lebensstile und Zeitgeistphänomene, die allenfalls in gewissen Teilkulturen der oberen Mittelschichten anzutreffen sind. Es scheint, als ob der entspannte Blick von "einem Hügel im Freien oberhalb des Starnberger Sees"[18] nur die Oberfläche der sozialen Realität wahrnimmt und das "Glitzern des Sees" zuweilen die Augen blendet.

---

17 Vgl. hierzu auch die Befunde der neueren Jugendsoziologie, etwa Baacke 1987, Baacke/Heitmeyer 1985.
18 So beschreibt Ulrich Beck (1986: 21) die ungewöhnliche Produktionsstätte seines Buches "Risikogesellschaft".

3. Soziologie der Postmoderne - Postmoderne Soziologie?

Der soziologische Problemgehalt der postmodernen Annahme radikaler Pluralität ist, wie an verschiedenen Gegenstandsbereichen aufgezeigt wurde, in der Herausbildung eines Perspektivenwechsels soziologischer Gesellschaftsanalyse zu sehen: In das Zentrum des Interesses rücken sub specie postmodernitatis gesellschaftliche Prozesse der Pluralisierung und Diversifizierung von Lebensformen, Lebensläufen und Lebensstilen, während übergreifende Strukturen des Zusammenhangs und der Vereinheitlichung tendenziell aus dem Blickfeld verschwinden. In der Berücksichtigung der Vielfalt divergenter Lebens- und Wissensformen und in der Betonung des Besonderen, Lokalen und Heterogenen verweist das "postmoderne Wissen" auf Defizite des klassischen Instrumentariums soziologischer Gesellschaftsanalyse: "Es verfeinert unsere Sensibilität für die Unterschiede und verstärkt unsere Fähigkeit, das Inkommensurable zu ertragen" (Lyotard 1986: 16)

In der Stoßrichtung gegen die Verdinglichung von Struktur, Institution und Gesellschaft treffen sich "postmoderne" Ansätze mit den verschiedenen Varianten einer "interpretativen Soziologie" in denen auf die Kontingenz der sozialen Wirklichkeit und ihre Abhängigkeit von subjektiven Definitionen, von Diskurskontexten, Ethnomethoden und kulturellen Codes hingewiesen wird.[19] Gesellschaft erscheint aus Sicht der "postmodernen" wie der "interpretativen" Soziologie "weder als reifiziertes Fundament noch als kategorialer Letztbezug der Analyse, sondern als ein erklärungsbedürftiges Ergebnis sozialen Handelns, als ein Nebenprodukt sozialer Routinen und lokaler Konstruktionsprozesse" (Giesen 1991: 775). Sie zerfällt in Fragmentarisches und Vorläufiges, in Gegenstände empirischer Forschung also, für die dem Objektivismus des "orthodoxen Konsensus" (Giddens) ein methodisches Instrumentarium fehlt.

So notwendig und produktiv das Anregungs- und Kritikpotential der Postmoderne-Debatte für die Gesellschaftstheorie ist, so problematisch scheint es jedoch, wenn Postmoderne, affirmativ gewendet, als Zustand beschrieben wird, der sich durch völlige Auflösung übergrei-

---

19 Vgl. hierzu einführend Eickelpasch 1994.

fender Strukturen auszeichnet, und die Soziologie sich selbst als Teil dieser "condition postmoderne" (Giesen 1991: 11) begreift. Wenn in gewissen postmodernen Strömungen auf analytische Begriffe bewußt verzichtet wird zugunsten eines Spiels mit Metaphern und einer Sprache des Ungefähren, wenn logisch-diskursive Argumentation ersetzt wird durch "Ironie, metasprachliches Spiel, Maskerade hoch zwei" (Eco 1983), dann stellt sich Postmoderne als Variante relativistischer Konzepte dar, die über keinerlei Möglichkeiten der kritischen Analyse mehr verfügen. Eine Begründungspflicht existiert in einem solchen postmodernen Sprachspiel nicht mehr, wie Laermann (1986: 53) betont, denn im Gegensatz zur diskursiven Ordnung der Rede erlauben Bilder keine Nachfrage: "Sie sind, wie sie sind. Einfach so."

Mit der tendenziellen Aufhebung der Unterscheidungsgrenzen zwischen Theorie und Ideologie, Realität und Fiktion, mit der einseitigen Verdammung begrifflichen Denkens und der Überhöhung des Bildhaften, Mythischen und Rhetorischen transportiert der postmoderne Diskurs zudem in einigen seiner Spielarten[20] eine politisch problematische gegenaufklärerische Stimmungslage.[21]

Eine Soziologie der Postmoderne im Sinne einer "postmodernen Soziologie", wie sie neuerdings von einigen Vertretern der Profession propagiert wird,[22] erscheint vor diesem Hintergrund äußerst bedenklich. Eine Soziologie, die die postmoderne Grundlosigkeit zum eigenen Prinzip erhebt und die kritische Distanz zwischen sich selbst und ihrem Untersuchungsgegenstand einzieht, muß jeden Erklärungs- und Kritikversuch unter den Verdacht des "intellektuellen Terrorismus" stellen und sich letztlich in der Darstellung eines beliebig konsumierbaren theoretischen Bilderbogens erschöpfen. Gegenüber allen Tendenzen zu einer "Postmodernisierung der Soziologie" (Vester 1993: 206) gilt es im übrigen daran zu erinnern, daß die Rettung des Nicht-Identischen (Adorno 1966), des Heterogenen und Besonderen, das

---

20 Am ehesten trifft das sicher auf das Denken von Jean Baudrillard (1982) zu.
21 Vor der Tendenz zu einem gegenaufklärerischen Rückzug in den Mythos und vor dem unkritischen Irrationalismus gewisser postmoderner Strömungen haben vor allem Habermas (1981, 1985) und Honneth (1984) gewarnt.
22 Vgl. etwa Crook a.a. 1992: 236f; Vester 1993: 206ff.

sich der Subsumtion unter ein zwanghaft verfaßtes Allgemeines entzieht, ursprünglich und prinzipiell zu den Leitmotiven einer gesellschaftskritisch ansetzenden Analyse der Moderne zählt.

Literatur

Adorno, Theodor W. 1979: Reflexionen zur Klassentheorie, in: ders.: Soziologische Schriften I, Frankfurt.
Baacke, Dieter 1987: Jugend und Jugendkulturen, Weinheim/München
Baacke, Dieter/Wilhelm Heitmeyer (Hg.) 1985: Neue Widersprüche - Jugendliche in den 80er Jahren, Weinheim/München.
Baudrillard, Jean 1982: Der symbolische Tausch und der Tod, München.
Baumann, Zygmunt 1992: Intimations of Postmodernity, London.
Beck, Ulrich 1983: Jenseits von Klasse und Schicht? In: Reinhard Kreckel (Hg.): Soziale Ungleichheiten. Soziale Welt, Sonderband 2, S. 35-74.
Beck, Ulrich 1986: Risikogesellschaft, Frankfurt.
Beck, Ulrich 1991: Von der Vergänglichkeit der Industriegesellschaft, in: ders.: Politik in der Risikogesellschaft, Frankfurt.
Beck, Ulrich/Elisabeth Beck-Gernsheim 1990: Das ganz normale Chaos der Liebe, Frankfurt.
Berger, Peter A. 1986: Entstrukturierte Klassengesellschaft? Opladen.
Bösel, Monika 1993: Die gesellschaftliche Konstruktion alternativer Lebensformen, in: Sozialwissenschaftliche Literaturrundschau, 16.Jg., H. 26, S. 84-98.
Brose, Hanns-Georg/Bruno Hildenbrand (Hg.) 1988: Vom Ende des Individuums zur Individualität ohne Ende, Opladen.
Brunkhorst, Hauke 1991: Metaphysik im Rücken des Liberalismus, in: Frankfurter Rundschau, 8.1.1991.
Chopra, Ingrid/Gitta Scheller 1992: Die neue Unbeständigkeit. Ehe und Familie in der spätmodernen Gesellschaft, in: Soziale Welt, H. 1, S. 48-69.
Crook, Stephen/Jan Pakulski/Melcom Waters 1992: Postmodernization. Change in Advanced Society, London.
Eco, Umberto 1984a: Apokalyptiker und Integrierte. Zur kritischen Kritik der Massenkultur, 2. Aufl., Frankfurt.
Eco, Umberto 1984b: Postmodernismus, Ironie und Vergnügen, in: ders.: Nachschrift zum 'Namen der Rose', München/Wien.
Eickelpasch, Rolf 1989: Abschied von der bürgerlichen Familie? Umbrüche im Modernisierungsprozeß, in: Hermann Flothkötter und Bernhard Nacke (Hg.) Zerreißprobe, Freiburg.
Eickelpasch, Rolf 1994: Handlungssinn und Fremdverstehen. grundkonzepte einer interpretativen Soziologie, in: Georg Kneer/Klaus Kraemer/Armin Nassehi (Hg.): Soziologie. Zugänge zur Gesellschaft, Bd. 1, Mün-

ster/Hamburg, S. 119-144.
Featherstone, Mike 1987: Lifestyle and Consumer Culture, in: Theory, Culture and Society, H. 4, S. 55-70.
Ferchhoff, Wilfried 1988: Abschied vom Mythos Jugend, in: Universitas, H. 9, S. 1001-1018.
Fink-Eitel, Hinrich 1989: Foucault zur Einführung, Hamburg.
Foucault, Michel 1988: Archäologie des Wissens, 3. Aufl., Frankfurt.
Frank, Manfred 1984: Was ist Neostrukturalismus? Frankfurt.
Giesen, Bernd 1991a: Entzauberte Soziologie oder: Abschied von der klassischen Gesellschaftstheorie, in: Wolfgang Zapf (Hg.): Die Modernisierung moderner Gesellschaften. Verhandlungen des 25. Deutschen Soziologentages, Frankfurt.
Giesen, Bernd 1991b: Die Entdinglichung des Sozialen. Eine evolutionstheoretische Perspektive auf die Postmoderne, Frankfurt.
Habermas, Jürgen 1981: Theorie des kommunikativen Handelns, Bd. 2, Frankfurt.
Hassan, Ihab 1983: Ideas of Cultural Change, in: Ihab Hassan und Sally Hassan (Hg.):
Innovation/Renovation: New Perspectives on the Humanities, Madison/Wis.
Horx, Matthias 1987: Die wilden Achtziger. Eine Zeitgeistreise durch die Bundesrepublik, München.
Jauß, Hans-Robert 1983: Der literarische Prozeß des Modernismus von Rousseau bis Adorno, in: Ludwig von Friedeburg und Jürgen Habermas (Hg.): Adorno-Konferenz 1983, Frankfurt.
Jencks, Charles 1988: Die Sprache der postmodernen Architektur, in: Welsch (Hg.) 1988.
Joas, Hans 1988: Das Risiko der Gegenwartsdiagnose, in: Soziologische Revue, 11. Jg., H. 3, S. 23-29.
Joas, Hans 1992: Die Kreativität des Handelns, Frankfurt.
Kellner, Hansfried/Frank Heuberger 1988: Zur Rationalität der "Postmoderne" und ihrer Träger, in: Hans-Georg Soeffner (Hg.): Kultur und Alltag. Soziale Welt, Sonderband 6, Göttingen, S. 325-340.
Keupp, Heiner 1992: Verunsicherungen. Risiken und Chancen des Subjekts in der Postmoderne, in: Thomas Rauschenbach und Hans Gängler (Hg.): Soziale Arbeit und Erziehung in der Risikogesellschaft, Neuwied.
Klages, Helmut 1984: Wertorientierungen im Wandel, Frankfurt.
Krüger, Helga 1987: Privatsache Kind - Privatsache Beruf, Opladen.
Laermann, Klaus 1986: Lacancan und Derridada. Frankolatrie: gegen die neueste Mode, den neuesten Nonsens in den Kulturwissenschaften, in: Die Zeit, 30.5.1986, S. 52-53.
Lüscher, Kurt/Franz Schultheis/Michael Wehrspaun (Hg.) 1988: Die "postmoderne" Familie. Konstanz.
Luhmann, Niklas 1984: Soziale Systeme, Frankfurt.
Luhmann, Niklas 1992: Beobachtungen der Moderne, Opladen.

Lyotard, Jean-François 1984: Tombeau de l'intellectuel et aitres papiers, Paris.
Lyotard, Jean-François 1986: Das postmoderne Wissen, Graz/Wien.
Lyotard, Jean-François 1988: Beantwortung der Frage: Was ist postmodern? In: Welsch (Hg.) 1988.
Marquard, Odo 1981: Abschied vom Prinzipiellen, Stuttgart.
Matthes, Joachim (Hg.) 1987: Krise der Arbeitsgesellschaft? Verhandlungen des 21. Deutschen Soziologentages, Frankfurt 1987.
Meyer, Sibylle/Eva Schulze 1989: Balancen des Glücks, München.
Mooser, Josef 1983: Auflösung der proletarischen Milieus. Klassenbildung und Individualisierung in der Arbeiterschaft vom Kaiserreich bis in die Bundesrepublik Deutschland, in: Soziale Welt, 34. Jg., S. 270-306.
Mooser, Josef 1984: Arbeiterleben in Deutschland 1900-1970, Frankfurt.
Müller, Hans-Peter 1992: Sozialstruktur und Lebensstile, Frankfurt.
Napp-Peters, Anneke 1986: Ein-Elternteil-Familie, Weinheim/München.
Peuckert, Rüdiger 1991: Familienformen im sozialen Wandel, Opladen.
Rerrich, Maria S. 1988: Balanceakt Familie. Zwischen alten Leitbildern und neuen Lebensformen, Freiburg.
Ritsert, Jürgen 1987: Braucht die Soziologie noch den Begriff der Klasse? - Über Max Webers Klassentheorie und neuere Versuche, sie loszuwerden, in: Leviathan, H. 1, S. 4 - 38.
Rorty, Richard 1989: Kontingenz, Ironie und Solidarität, Frankfurt.
Scherr, Albert 1990: Postmoderne Soziologie - Soziologie der Postmoderne? In: Zeitschrift für Soziologie, 19. Jg., H. 1, S. 3-12.
Tyrell, Hartmann 1988: Ehe und Familie - Institutionalisierung und Deinstitutionalisierung, in: Lüscher/Schultheis/Wehrspaun (Hg.) 1988.
Vester, Heinz-Günther 1993: Soziologie der Postmoderne, München.
Wehrspaun, Michael 1988: Alternative Lebensformen und postmoderne Identitätskonstitution, in: Lüscher/Schultheis/Wehrspaun (Hg.) 1988, S. 157 - 168.
Welsch, Wolfgang 1987: Unsere postmoderne Moderne, Weinheim.
Welsch, Wolfgang (Hg.) 1988: Wege aus der Moderne. Schlüsseltexte der Postmoderne-Diskussion, Weinheim.
Welsch, Wolfgang 1988: Einleitung, in: ders. (Hg.) 1988.

Frank-Olaf Radtke
Multikulturelle Gesellschaft

1. Pragmatische Polizeistrategien

In Paris erzählt man sich eine Geschichte, von der nur zu hoffen ist, daß sie nicht stimmt: die französische Polizei jagt einen Einbrecher, der sich in einen der charakteristischen, über mehrere Straßenzüge ausgedehnten Gebäudekomplexe geflüchtet hat. Das Gebäude hat viele Ausgänge und der Kommandeur vor Ort verfügt nur über wenig Personal. Also beschließt er, ein benachbartes, wesentlich kleineres Gebäude umstellen zu lassen.

Ganz ähnlich verfahren Wissenschaftler und Politiker in Fällen, in denen sie es mit unübersichtlichen Verhältnissen zu tun haben. Wenn (Sozial-) Forscher nicht wissen, welche Beobachtungen von Bedeutung sind, neigen sie dazu, diejenigen Variablen "zu umzingeln", die sie mit Hilfe ihrer Methoden und Instrumente erfassen und bewältigen können. Wenn Politiker keinen Konsens über eine Lagebeurteilung und die möglichen Abhilfen herbeiführen können, täuschen sie Aktivität vor in einem Feld, das sich öffentlichkeitswirksam zur Demonstration von Handlungsfähigkeit anbietet. Polizeiliche, wissenschaftliche und politische Praxis denkt, wie man nicht nur der Anekdote, sondern auch den täglichen Nachrichtensendungen entnehmen kann, jedenfalls in der Not, von ihren Mitteln her.

In der Diskussion um die Probleme der Einwanderungsgesellschaft und die Inklusion der Einwanderer in eine pluralistische Demokratie steht die Änderung des Asylrechtsartikels der Verfassung ebenso wie das Konzept der "multikulturellen Gesellschaft" für die Strategie, das "Gebäude nebenan" zu umstellen. Die Industrieländer, vielleicht mit Ausnahme Japans, stehen angesichts der nationalstaatlichen Entgrenzung der Waren- und Arbeitsmärkte weltweit vor der Notwendigkeit des Umbaus des nationalstaatlich verfaßten Wohlfahrtssystems, dessen Fortbestand in Kollision mit Prinzipien der politischen Teilhabe und der Garantie elementarer Menschenrechte geraten ist. Der Zwang zur Begrenzung von Leistungsansprüchen führt - in Kenntnis des weltweiten Elends - zur Verletzung von Grundprinzipien der Humanität und zur Beschädigung des demokratischen Selbstverständnisses. Das macht die internationale Migration zum signifikanten Merkmal eines Modernisierungsschubes, für dessen institutionelle Fassung bisher nur defensiv-rückwärtsgewandte Lösungsmodelle angeboten werden. Für den Fall der Grundgesetzänderung Artikel 16 liegt die Mittel-Zweck-Rationalität auf der Hand und ist hinreichend kritisiert worden. Daß die Beobachtung auch für das Phänomen des Multikulturalismus gilt, der im übrigen keine Erfindung von Soziologen ist, soll im Folgenden begründet werden.

2. Multikulturalismus als Kompromiß der Wohlmeinenden

Die Bundesrepublik ist seit 1949 objektiv, gemessen an ihren statistischen Einwanderungsgewinnen, ein Einwanderungsland. Sie hat nacheinander Vertriebene aus den bis 1945 zum Deutschen Reich gehörenden Gebieten, Flüchtlinge aus der Sowjetisch Besetzten Zone (SBZ) bzw. später der DDR, Gastarbeiter vor allem aus dem Mittelmeerraum, Asylsuchende und Flüchtlinge aus aller Welt und zuletzt sogenannte Spätaussiedler vor allem aus Polen, Rumänien und der (ehemaligen) Sowjetunion aufgenommen (vgl. Bade 1992). Die Tatsache der Einwanderung, die trotz günstiger ökonomischer Rahmenbedingungen erhebliche Integrationsanstrengungen erforderte, konnte über Jahre mit Hilfe ideologischer Konstrukte verleugnet werden. Die einen wurden kontrafaktisch als "Deutsche", die anderen euphemistisch als vorübergehende ausländische "Gäste" definiert. Die einen haben schon immer dazugehört, auch wenn ihre Vorfahren vor mehreren Generationen ausgewandert waren; die anderen können gemäß dem gültigen Abstammungsprinzip, das allein das deutsche Volk konstituiert, nie "wirklich" dazugehören. Deshalb mußte und konnte es auch keine Einwanderungspolitik geben. Die Politik der Bundesrepublik Deutschland lebte von der Fiktion einer nur vorübergehenden funktionalen Anwesenheit von Ausländern und der Beendigung ihres Aufenthalts, sobald der Aufenthaltszweck erfüllt wäre.

Anfang der 80er Jahre waren die Fakten nicht mehr zu übersehen.

Die Zahl der ausländischen Wohnbevölkerung war als paradoxe Folge des 1973 verfügten Anwerbestops um ein Vielfaches gestiegen. Genau zu diesem Zeitpunkt fing man in der uneingestandenen Einwanderungsgesellschaft der Bundesrepublik Deutschland an, über "Rückführung" und "Rückkehrförderung" zu diskutieren, aber auch sich selbst als "multikulturell" zu beschreiben (vgl. Geißler 1983). Der "Gast"-Status der angeworbenen Arbeiter hatte sich endgültig als Fiktion erwiesen. Die Immigranten selbst, die mittlerweile ihre Familien nachgeholt hatten, lebten immer weniger in der Illusion, wieder in ihre Herkunftsregionen zurückzukehren. Auch die deutschen Behörden konnten nicht länger die Augen davor verschließen, daß sich der Aufenthalt, wie es amtlich heißt, "verfestigt" hatte. Die zwangsweise Beendigung des Aufenthalts hätte einen tiefen Eingriff in Lebens- und Familiengeschichten bedeutet, der auch moralisch nicht mehr zu rechtfertigen war. Die Politik der Bundesrepublik geriet in die Lage, die faktische Einwanderung nicht länger verleugnen zu können und die damit entstandenen Probleme konstruktiv bearbeiten zu müssen. Man mußte die verbleibenden Optionen einer Politik gegenüber der faktischen Einwanderung neu sichten.

Die politischen Möglichkeiten bezogen auf die hier bereits ansässigen Migranten und ihre Familien ließen sich vor dem Hintergrund ökonomischer Notwendigkeiten und staatsrechtlicher Begrenzungen zwischen zwei Extremen anordnen, die zwischen Abstoßung und Vereinnahmung liegen und ein staatspolitisches Grundmuster des Umgangs mit Heterogenität zu beschreiben scheinen: *Rotation* auf der einen, *Assimilation* und daran anschließende Einbürgerung auf der anderen Seite, dazwischen *Ghettoisierung* oder die Zulassung von *Mehrfachstaatsbürgerschaften* (vgl. Geißler 1983). Vermischt und gegen einander ausgespielt werden in dieser Anordnung drei Dimensionen der Integration: die politische, die soziale und die kulturelle.

Die *Rotation* hatte sich - zumal aus der Perspektive der Arbeitgeber - nicht bewährt: die gerade eingearbeiteten und fachlich qualifizierten Arbeiter sollten nicht immer wieder durch qualifizierungsbedürftige Neuangeworbene ausgetauscht werden müssen. Die Industrie hatte also durchaus schon relativ früh ein Interesse an der Verfestigung des "Aufenthalts".

Assimilation ohne Einbürgerung erwies sich als nicht erreichbar. Verweigerte soziale und politische Integration und die Betonung ethnischer Differenz von Seiten der Mehrheit bewirkten eine Selbst-Ethnisierung auf Seiten der Minderheiten. Die Gewährung der vollen Staatsbürgerrechte ohne Assimilation wiederum schien im herrschenden Verständnis der Verfassung als Folge der Geltung des "ius sanguinis", des Abstammungsprinzips, nicht (oder nur in Ausnahmefällen, z.B. Heirat) möglich. Jedenfalls ist bis heute kein diesbezüglicher Konsens, der einer verfassungsändernden Mehrheit bedürfte, zu beschaffen. Das Bundesverfassungsgericht hat diese Auffassung im Urteil über die Einführung des Kommunalwahlrechts noch 1990 bestätigt.

soziale Ausgrenzung	Rotation/ "Rückkehrförderung"	Ghettoisierung		Doppelte Staatsbürgerschaft	Assimilation/ Einbürgerung	rechtliche Integration

Vor einer *Ghettoisierung* der Immigranten und ihrer Familien, also der Möglichkeit, nach dem südafrikanischen Apartheidsprinzip zu verfahren, warnten Kommunalpolitiker und Wohlfahrtsverbände: nicht nur aus moralischen Gründen sei diese Option zu verwerfen, sondern auf alle Fälle müsse der Gefahr des "sozialen Sprengstoffs" vorgebeugt werden, der entstehen müßte, wenn die Immigranten, und vor allem ihre Kinder in bestimmten Wohngebieten konzentriert, auf Dauer in ihren Lebenschancen behindert, d.h. von einer vertikalen sozialen Mobilität ferngehalten würden.

Die Möglichkeit der *doppelten Staatsbürgerschaft* schien ebenfalls aus verfassungsrechtlichen Überlegungen kein gangbarer Weg, zumal es eine internationale Selbstbindung der Bundesrepublik aus dem Jahre 1969 gibt, Doppelstaatsbürgerschaften möglichst zu minimieren, um zwischenstaatliche Verwicklungen (z.B. beim Wehrdienst, im Familien- und Erbrecht) zu vermeiden.

Aus dem Dilemma zwischen den unerwünschten Folgen von Abschiebung, Ausgrenzung und Ghettoisierung auf der einen Seite und dem fehlenden Konsens über eine vollständige rechtliche und staatsbürgerliche Integration schien das Konzept des *Multikulturalismus* einen Ausweg zu weisen. Multikulturalismus als ausländerpolitische

Option war der in der Mitte liegende Kompromiß. Weil die rechtliche Integration nicht möglich, die soziale Ausgrenzung nicht erwünscht war, wurde das Problem von der Ebene der *Struktur* in den Bereich der *Kultur* verschoben, wo Handlungsmöglichkeiten auf der Basis eines Minimalkonsenses gesehen wurden.

Statt eine Wohnungs- und Arbeitsmarktpolitik zu formulieren, die der auch rechtlichen Inklusion der Zuwanderer dienen müßte (für die es aber keine Mehrheit gibt oder zu geben scheint), kann man über Kultur und kulturelle Identität räsonieren und als Ziel eine *kulturelle* Integration formulieren, die mit Hilfe sozial- und schulpädagogischer Anstrengungen gegenüber Mehrheit und Minderheit erreicht werden soll (vgl. Radtke 1988).

soziale Ausgrenzung	Rotation/ "Rückkehrförderung"	Ghettoisierung	Multikulturalismus	Doppelte Staatsbürgerschaft	Assimilation/ Einbürgerung	rechtliche Integration

Das zentrale Problem der politischen und rechtlichen Gleichstellung kann ausgespart bleiben, kulturelle Differenz als Legitimation für den fortbestehenden Sonderstatus der Migranten weiterbenutzt, nun aber im Gewand der ausländerfreundlichen Toleranz und des Respekts vor kultureller Differenz vorgetragen werden.

Der Multikulturalismus hat in Deutschland in den letzten zehn Jahren eine große Karriere gemacht. Alle Wohlmeinenden, verteilt über das ganze politische Spektrum, vom ehemaligen CDU-Generalsekretär Heiner Geißler (Geißler 1990a: 177-218) bis zum grünen Kommunalpolitiker Daniel Cohn-Bendit (Cohn-Bendit/Schmid 1992), Vertreter der Kirchen und Gewerkschaften (Micksch 1991) nicht zu vergessen, haben sich hinter dem Programm der "Multikulturellen Gesellschaft" versammelt, gerade weil hier konstruktive und humane Handlungsmöglichkeiten zu liegen scheinen. Kritik an dem Konzept gilt schon als rückwärtsgewandte, uneinsichtige Miesmacherei, die die Zeichen der Zeit nicht erkennt. Dennoch ist, gerade auch mit Blick auf Erfahrungen in den klassischen Einwanderungsländern Australien, Kanada, den USA, aus denen das Konzept stammt, aber auch Großbritannien und den Niederlanden, Skepsis angebracht. Wie weit trägt das Konzept? Kann es die Probleme, die es vorgibt zu lösen, effektiv beeinflussen?

Um die Frage nach der Reichweite des Konzepts zu klären, ist es notwendig, die Redeweise, "in der Gesellschaft fängt man an, sich selbst als 'multikulturell' zu beschreiben", zu präzisieren. Wer in der Gesellschaft, welche sozialen Interessengruppen benutzen diese Beschreibung und welches Problem lösen sie damit? Um im Bild zu bleiben, kann man fragen: wer hat damit angefangen, das Nebengebäude zu umstellen, um Aktivität vortäuschend überhaupt etwas tun zu können?

Die ersten, die begonnen hatten, die Gesellschaft der 80er Jahre als "multikulturelle" zu beschreiben, waren Sozialarbeiter und Sozialpädagogen zumal aus den Verbänden der freien Wohlfahrtspflege, denen schon in den 60er Jahren die Sozialberatung und -betreuung der Migranten zugefallen war. Die konfessionell bzw. weltanschaulich orientierten Verbände hatten die Zuwanderer unter sich aufgeteilt und je nach ihrer konfessionellen Orientierung zugeordnet (vgl. Puskeppeleit/Thränhardt 1990, bes. 45-140). Die katholische CARITAS übernahm die Fürsorge für die katholischen Migranten aus Italien, später Kroatien, Spanien und Portugal. Die evangelische DIAKONIE übernahm die Beratung jener Migranten, die zwar christlich, aber nicht katholisch waren, also vor allem der Griechen; der dritte große Verband, die ARBEITERWOHLFAHRT übernahm folgerichtig alle nichtchristlichen, vorwiegend islamischen Immigranten, die im Laufe der Zeit die bei weitem größte Gruppe bildeten. Zugeschriebene religiöse Differenzen, die den Migranten selbst oft gar nichts bedeuteten, und sprachliche Gemeinsamkeiten, die weniger ein Identitätsmerkmal als Kommunikationsfähigkeit untereinander signalisierten, wurden nach Maßgabe der weltanschaulichen Orientierung der Wohlfahrtsverbände benutzt, um administrierbare *Kulturen* zu schaffen. Kulturelle Unterscheidungen nach Sprache und Religion, nicht aber professionstypische Kriterien wie Arbeitslosigkeit, Drogensucht, Schulversagen, Obdachlosigkeit etc. dienten dazu, die Klientel zu sortieren und effektiv zu betreuen. Die heimliche Landkarte der "multikulturellen Gesellschaft" in Deutschland folgt den Verwaltungs- und Betreuungsinteressen der Verbände, die die amorphen Gruppen von Zuwanderern, die auch als Arbeiter, Familienangehörige, Schüler, Schwangere, Alkoholiker oder in welcher Rolle auch immer beschrieben werden könnten, zu Repräsentanten ihrer nationalen Kultur machen. Die Verbände schafften sich - neben ihrer "regulären", an die Mehrheitsbevölkerung adressierten Sozialarbeit - ein eigenes Parasystem der Sozialbetreuung von Migranten, das in seinem Bestand gefährdet wäre, würde die Unterscheidung nach kulturellen Differenzen aufgegeben.

Zur Gruppe der um das Nebengebäude versammelten Sozialpädagogen gesellten sich alsbald die Schulpädagogen, die für den Umgang mit der neuen Klientel der Migrantenkinder in ihren Klassen eine passende Ideologie suchten, mit der sie sich in ein Verhältnis zu der von ihnen geübten Praxis der Aussonderung in "Vorbereitungs-" bzw. "nationale Regelklassen" setzen konnten (vgl. Schrader/Nikles/Griese 1976; selbstkritisch: Griese 1984). Die Unterscheidungen von "Kultur", "kultureller Identität" und der scheinbar unvermeidliche "Kulturkonflikt", dem durch "interkulturelles Lernen" begegnet werden soll, machen die Kinder für die Schule zum *Problem* und liefern zugleich das Deutungsinstrumentarium, das bis heute dazu dient, ihren mangelnden Schulerfolg plausibel zu erklären (vgl. Czock 1993).

Weiter schlossen sich Sozial- und Arbeitsmarktpolitiker an, die sich als Ideologieproduzenten im klassischen Sinne betätigten und zur Gewährleistung der Arbeitskraftreserven und vor allem der Beitragszahlung für die Systeme der sozialen Sicherung Einwanderung als Ausgleich für demographische Lücken propagierten (vgl. Wirtschaftswoche 1989: 14-24; Schumacher 1993). Die Idee der "multikulturellen Gesellschaft" soll in diesem Kalkul die notwendige Umorientierung der Gesellschaft vorbereiten, die aus eigenem, nüchtern rechnendem Interesse lernen muß, mit Fremden (Arbeitskräften) auf Dauer zu leben.

Schließlich meldeten sich vereinzelt Politologen zu Wort, die einen Umbau der politischen Institutionen im Sinne einer Ergänzung des politischen Pluralismus um das Element eines kulturellen Pluralismus forderten und nach Spielregeln für die von ihnen prognostizierte "Vielvölkerrepublik" suchten (Leggewie 1990; Schulte 1990). Multikulturalismus erscheint als eine den Bedingungen der Internationalisierung der Arbeitsmärkte angepaßte Form des Pluralismus, der einen auch innergesellschaftlich zu organisierenden Umgang mit ethnischer Differenz auf Dauer herausfordert. Multikulturalismus als Lebensform wird zu einem weiteren Signum der sich beschleunigenden Modernisierung des Kapitalismus, die nicht ohne Konflikte und Verwerfungen zu denken, der aber auch nicht auszuweichen sei.

Ganz zum Schluß blieben um den entstandenen Auflauf von Experten auch Soziologen stehen, die sich sogar von einem ihrer Protagonisten beschimpfen lassen mußten, daß sie sich nicht früher an der Debatte beteiligt hätten. Anläßlich des 26. Deutschen Soziologentages im Herbst 1992 schrieb der Soziologe Karl Otto Hondrich (1992: 68) seinen Kollegen ins Stammbuch, sie hätten eine gesellschaftliche Entwicklung, wenn nicht übersehen, dann "durch Erklärung verdrängt". "Wie konnten bei soviel kritischer Aufmerksamkeit (für die Paradoxien, Legitimationskrisen, Risiken der modernen Gesellschaft, d. Verf.) Gewaltpotentiale und ethnokulturelle Wir-Gefühle theoriepolitisch unbeachtet bleiben?" Unterschätzt hätten die Kollegen "die dauerhafte Macht und Prägekraft der kulturellen Wir-Gefühle, die fortdauernd, aber normalerweise unsichtbar, in der Latenz wirken". Weil aber das Individuum gerade in modernen Gesellschaften ohne "Ganzheitsbindungen wie die Nation oder Ethnie" nicht auskommen könne, müsse man den Tatsachen ins Gesicht sehen: "Die alten ethno-kulturellen Prägekräfte bleiben und bleiben und formen sich in immer neuen Erscheinungen aus." Es handele sich um "uralte Erfahrungen", um "elementare Kulturprodukte, unter ihnen vorrangig ethnische Identitäten und ritualisierte Gewalt", die sich, so fürchtet Hondrich, "unseren Machbarkeitswünschen" nicht beugen. Zu diesen Kulturprodukten, die dem unvermeidlichen Suchen nach Wir-Gefühlen Form geben, gehörten "Nationalismus und - horribile dictu - Volksbewußtsein," sowie "kollektive Affekte und Gewalt."(ebd.).

3. Die Wiederkehr des "Volkes" in den politischen Diskurs

Wer mit der Figur der "Verdrängung" operiert, hat immer schon recht. Die der Verdrängung Geziehenen können nur betreten in sich gehen, und alles, was sie als Gegenargumente vorbringen, wird weiter als Verleugnung Gegenstand therapeutischen Beistands sein.

Gewagt sei dennoch die Frage, ob Politiker und Soziologen gut beraten sind, wenn sie sich die Kategorien der Beschreibung sozialer Konflikte, die sie in der Gesellschaft vorfinden, analytisch zu eigen machen und Programme und Theoriegebäude darauf errichten. Theoriepolitisch jedenfalls scheint es riskant, aus der Tatsache, daß Straftäter ihre Brandanschläge oder Stammtischstrategen ihre Aversionen mit ausländerfeindlichen oder rassistischen Parolen rechtfertigen, zu schließen, dies hätte etwas mit den bleibenden Wir-Gefühlen, einem unübersehbaren Bedürfnis nach Abgrenzung und "Volksbewußtsein" zu tun. Man könnte auch von Delinquenz (vgl. Schumann 1993), "jugendlichem Irresein" (vgl. Rutschky 1992) oder von "Gelegenheitsstrukturen" (vgl. Bude 1993) sprechen. Dann käme man zu anderen Schlußfolgerungen beim Umgang mit den Tätern und zu anderen politischen Konsequenzen. Man müßte mit Polizei, mit Resozialisierung oder aber mit einer Mäßigung der politischen Rhetorik und realistischer Einwanderungspolitik reagieren.

Die Beobachtung und Analyse gesellschaftlicher Prozesse setzt nicht voraus, die Selbstbeschreibungen der sozialen Akteure für das letzte Wort zu halten. Weil immer und immer wieder ethnische Differenzen zum Anlaß von gewalttätigen Konflikten werden, muß nicht umstandslos unterstellt werden, dies sei eine anthropologische Konstante, mit der auch die Gesellschaftstheorie zu rechnen habe. Vielmehr wären methodologische Reflexionen geboten. Es könnte sich bei dem anthropologisierenden Vorgehen um eine Schlußfolgerung des Typs handeln, die Alchimisten im 17. Jahrhundert. die Durchsichtigkeit bestimmter Materialien mit der okkulten Eigenschaft "transpa" erklären ließen, oder den Doctor Georg Ernst Stahl 1697 zu der Annahme verleiteten, die Entflammbarkeit von Holz sei durch "Phlogiston" bedingt. Vielleicht ist es am Ende des 20. Jahrhunderts methodologisch sinnvoller, das, was man erklären will, nicht von Beginn an als gegeben zu postulieren. Man vermeidet Essentialismus und Reduktionismus (vgl. Hoyningen-Huene 1993).

Stattdessen könnte eine Soziologie, die vor den Ausbrüchen fremdenfeindlicher Gewalt nicht naturalisierend und anthropologisierend resigniert, beobachten, wie in eine Gesellschaft, die jahrzehntelang unter dem Druck eines nach dem 2. Weltkrieg errichteten Tabus darauf verzichtet hatte, ihre Wir-Gefühle "in die kulturelle Form des Nationalismus" zu gießen, sich Zug um Zug - unter Beteiligung der Soziologie - die Ressource "Volk" und "Nation" wieder erschließt. Unter diesem Gesichtspunkt ist nicht nur der Diskurs der Ausländer*feindlichkeit*, in dem über die Grenzen der finanziellen und kulturellen Belastbarkeit geredet wird, als gesellschaftliches Phänomen zu untersuchen (vgl. z. B. Geiger 1992), sondern auch der ausländer*freundliche* Diskurs des Multikulturalismus, der kulturelle und vor allem ethnische Unterscheidungen in die politische Diskussion wieder eingeführt und damit einer Ethnisierung sozialer Konflikte Vorschub geleistet hat.

Im Multikulturalismus geschieht die Wiederaneignung des "Volkes" in einer Form, der erst auf den zweiten Blick anzusehen ist, in welcher kategorialen Tradition sie steht. Die Rede ist von "anderen Kulturen, mit denen wir Anregungen, Impulse und geistige Herausforderungen verbinden", von "kultureller Vielfalt" eben, von "ständiger Kommunikation zwischen Einwanderern und Einheimischen", und von "gegenseitiger kultureller Bereicherung" (alle Zitate: Micksch 1991: 7-10). Der programmatische Charakter solcher Sätze liegt auf der Hand. Fast schwärmerisch wird erzählt von dem angeblich verbreiteten "Wunsch nach einem bunten Deutschland mit vielen Ausländern, weil die Erfahrung gemacht wurde, daß andere Traditionen integriert werden können und den Alltag lebendiger machen" (ebd.: 11). Kulturelle Vielfalt habe seit jeher die deutsche Geschichte bestimmt: "So vermischen sich z.B. in Bayern die unterschiedlichsten Stämme: Kelten, Römer und Sueben. Zu den Ahnen der Bayern gehören die Naristen und Varisten, Skiren und Slaven, Heruler und Hunnen. Sie brachten ebenso unterschiedliche kulturelle Traditionen mit wie die in den letzten Jahrzehnten zugewanderten Ausländer" (ebd.: 12).

Hervorgehoben wird bei der Beschreibung der Einwanderungsgesellschaft die *nationale Herkunft* der Zuwanderer, die zu kulturbedingten Konflikten führen werde. Zur Überwindung der nur konfliktverschärfend wirkenden Fiktion einer "rassisch-ethnischen Homogenität" soll nicht mehr mit der "Einheitsidee des Nationalstaates" operiert, sondern "Einheit in Vielfalt" organisiert und "als positiver Wert verständlich und erfahrbar" gemacht werden (ebd.). Was aber heißt das anderes als nach der Fiktion der nationalen Homogenität nun die Konstruktion *ethnischer Heterogenität* und nicht z.B. die soziale Lage, ökonomische Interessen oder politische Überzeugungen als gesellschaftskonstituierendes Prinzip zu postulieren. Die den Nationalismus stützende Idee der ethnischen Bindungen lebt in multiplizierter Form fort. Ethnien, d.h. Völker ohne Staat, die eine Erfindung des 19. Jhts. sind, werden essenzialisiert und sollen bewahrt und gleichberechtigt mit- und nebeneinander leben (ebd.: 13). Es entsteht mit dieser Programmatik die wiederkehrende Schwierigkeit, die zu beobachten ist, wenn ein Denkgebäude von den Füßen auf den Kopf gestellt werden soll: seine entscheidenden Kategorien bleiben erhalten. Wenn man sie beim Namen nennt, haben wir es mit "Volk", "Gemeinschaft", "ethnischen Unterschieden", "primordialen Bindungen", kurz mit einer "Kultur" zu tun, der eine Prägekraft zugeschrieben wird, die dem biologistischen Rassismus kaum nachsteht. Offenbar wird "Kultur" nicht als Instrument der Bewältigung von Lebenslagen verstanden, sondern als prägendes Erbe, das bis auf die Römer und ihre Nonchalance im Umgang mit ethnischen Differenzen zurückgeht.

Unschwer ist zu erkennen, welche biologistischen Vorstellungen hinter Heiner Geißlers Populismus stecken, wenn er im Spiegel schreibt: "Aber in der multikulturellen Gesellschaft (...) muß es der Hans nicht länger mit der Grete treiben. Klassische Musik ist wie Rock 'n Roll und Popmusik *rassenübergreifend* (Geißler 1990b: 167; Herv. v. mir, F.-O. R.). Es gibt offenbar nicht nur Ethnien - wie bei Micksch -, sondern auch so etwas wie "Rassen" in der Wirklichkeit unserer Gesellschaft. Und wie man früher "Rassen" gekreuzt hat, so kreuzt heute Heiner Geißler "Kulturen": "Die Mischlinge der neueren Zeit sind die Libudas und die Kuzorras" (ebd.: 170) - beides vermutlich Fußballer aus dem Ruhrgebiet der 60er Jahre.

Mit der direkten Verwendung der Kategorien "Volk" und "Gemeinschaft" werden Erinnerungen geweckt, die als Zukunftsvorstellungen einer modernen Gesellschaft wenig attraktiv sind. "Volk" und "Gemeinschaft" sind, bzw. waren bis 1989, als das "Volk" mit dem Ruf nach nationaler Einheit, der wirtschaftlichen Wohlstand meinte, die politische Bühne betrat, auch nach den Anstrengungen zur Normalisierung der deutschen Geschichte, für die "linke" Diskussion eine ziemlich unverdauliche Kost. Erst auf dem Hintergrund der zeitgeistigen Diskussionen um die sogenannte *Postmoderne* gewannen die Unterscheidungskategorien, die kulturelle Vielfalt, kulturelle Relativität, kulturellen Partikularismus und Differenz hervorheben, als eine Form des Anti-Ethno- und Eurozentrismus eine neue Zustimmungsfähigkeit. Postmodernismus und Multikulturalismus wirken, wenn es um "Volk" und "Gemeinschaft" geht, wie ein Bleichmittel. Die alten, abgeworfenen Kategorien Rasse, Volk und Gemeinschaft sind gleichsam durch den anglo-amerikanischen Diskurs wie durch eine chemische Reinigung gegangen und können nun im Kontext des fröhlich-verzweifelten Kultus der postmodernen Differenz und Individualisierung als Gegengift gegen Totalitarismus, Ethnozentrismus und die Überwältigung des Alltags durch das System vorgezeigt werden. Das Zeitalter der Seßhaftigkeit sei vorbei: "Wir, die ungezählten Millionen von Migranten (seien wir Fremdarbeiter, Vertriebene, Flüchtlinge oder ... Intellektuelle), erkennen uns dann nicht als Außenseiter, sondern als Vorposten der Zukunft" (Flusser 1994: 16). In den Zeitgeistmagazinen werden aus Geißlers "Mischlingen der neueren Zeit" sogenannte "Cross Culture People", die fast schon euphorisch ebenfalls als "Boten einer Welt der Zukunft" begrüßt werden. Cross Culture Mädchen "wuchern gern mit der Aura ihres ethnischen Geheimnisses", mit dessen Hilfe sie zudem noch Karriere machen. Sexismus und Rassismus gehen eine schon von Heiner Geißler nachgeschwätzte Synthese ein:

"In der multikulturellen Gesellschaft muß es nicht länger der Hans mit der Grete treiben. Da braucht nicht immer nur der Samen das Ei, da können sich zwei Kulturen befruchten (...) Mit Cross Culture sorgt die Natur dafür, daß die Fehlentwicklungen einander entfernter Stämme wieder aufgehoben werden." usf. (Thiede 1989: 58f).

Aber mit der "ethnischen Identität", dem "Eigenen" und der komplementären "Fremdheit" wird das Denkgebäude des Nationalismus fortgeschrieben, in dem sich die Mehrheit als Volk je schon in der Differenz zu den Fremden konstituiert hat (vgl. Hoffmann 1993).

4. Technikfolgenabschätzung

Bezogen auf die atavistische Dichotomie von Vereinnahmung und Ausstoßung, die sich in den oben angedeuteten Politik-Optionen manifestiert, könnte der Eindruck entstehen, die Kompromißformel der "multikulturellen Gesellschaft" breche die fatale Zweiwertigkeit der Logik des Umgangs mit den anderen zugunsten einer Drei- bzw. Mehrwertigkeit auf. Aus Xenophobie soll, wenn schon nicht Xenophilie, dann jedenfalls ein gelassener Umgang mit dem Fremden werden. Multikulturalismus wäre so gesehen ein zivilisierter bzw. zivilisierender Versuch, einen Weg des Umgangs mit den Anderen zu suchen, der Integration *und* Differenz zugleich ermöglicht. So ist das Konzept von seinen Propagandisten gemeint. Aber: die bundesrepublikanische Gesellschaft als multikulturelle zu beschreiben und nicht länger zum Beispiel als "Klassengesellschaft", als "Konsumgesellschaft" oder als

"postfordistische Industriegesellschaft" hat eine Reihe von unbeabsichtigten Nebenwirkungen. Drei seien genannt:
1. Als Folge des sich ausbreitenden Multikulturalismus kann man eine ethnische Formierung der Mehrheiten durch eine Konturierung und Stilisierung von Minderheiten beobachten, an der Politik und professionelle Interessen gleichermaßen beteiligt sind. Wo an den Hinzugekommenen das "Fremde" hervorgehoben wird, liegt es nahe, auch das "Eigene" in der politischen Auseinandersetzung mit neuem Nachdruck geltend zu machen. Das Eigene ist bei ethnischer Differenzierung nicht mehr der Beruf, die politische Überzeugung oder die Familie, sondern das "Deutsche", das im Zuge der nationalen Vereinigung - wie eh und je - soziale Differenz zu überbrücken hat. Die zynische Rede vom "Solidarpakt", der zur Finanzierung des Wohlstandsgefälles zwischen Ost- und West-Deutschland als "nationale Aufgabe" dargestellt und an dem alle politischen Parteien und Interessengruppen gleichermaßen mitzuwirken hätten, ist ein aktuelles Beispiel der Bezugnahme auf die Konstruktion des "Volkes" und der Instrumentierung der Politik durch nationale Symboliken. In einer Situation, in der das ganze "Volk" angehalten wird, "den Gürtel enger zu schnallen", liegt es auf der Hand, daß "Fremde", seien es Ausländer, Asylbewerber oder Flüchtlinge, nicht auch noch von den knappen Ressourcen bedient werden können. "Deutsch sein" heißt unter den Bedingungen des modernen Wohlfahrtsstaates, den eigenen Wohlstand verteidigen und Ansprüche anderer Gruppen abzuwehren. Das gilt zumal für die Armen und die Verlierer der nationalen Vereinigung (vgl. Otto 1990).

Das Programm der nationalen Vergemeinschaftung verheddert sich aber im Falle der sogenannten "Aussiedler" in seinen eigenen ideologischen Mythen. Die Einteilung der Zuwanderer nach "Kulturen" bzw. "Ethnien", die im Programm des Multikulturalismus positiv hervorgehoben werden, dient der um die Finanzierung des Sozialstaates besorgten staatlichen Politik dazu, das trennend *Fremde* an den anderen hervorzukehren. Anders als in den erklärten Einwanderungsstaaten USA, Kanada und Australien, aber auch im postkolonialen Großbritannien, ist die Einteilung nach "Kulturen" und "Ethnien" in Deutschland eine Formierung von oben, die der administrativen und rechtspolitischen Bearbeitung des "Ausländerproblems" dient. Dieser Formierung steht nach den Brandanschlägen eine Mobilisierung der Angegriffenen gegenüber, die ethnisierend zusammenzwingt, was sozial nicht zusammengehört. Ethnisierung und Selbst-Ethnisierung bedingen und verstärken einander (vgl. Bokow/Llaryora 1988, Bommes 1993). Weil Zuwanderer in der Bundesrepublik nicht einmal das Recht haben, politische Rechte zu haben, sind sie daran gehindert, sich nach sozialen, politischen und ökonomischen Interessen zu differenzieren und sich an der pluralen Kompromißbildung von Interessengegensätzen wirkungsvoll zu beteiligen. Stattdessen werden sie als "Kultur" in eine ethnische Auseinandersetzung mit der Mehrheit gezwungen. Die positive Bewertung ethnischer und kultureller Differenz im begleitenden Diskurs des Multikulturalismus unterstützt die Hervorkehrung von *Fremdheit*, die die Zugewanderten in allen Bereichen, in der Schule, in der Nachbarschaft, im Betrieb und in der Politik zu nicht integrierbaren "Fremdkörpern" macht, die allenfalls mit einem Extra-Aufwand an Toleranz und Gelassenheit ertragen werden können. Daß sie als Arbeiter, Taxifahrer, Pizza-Bäcker, Gemüsehändler, Ärzte, Schriftsteller und Ballettmeister in einer funktional differenzierten Gesellschaft ihren Dienst tun, wird dabei allzu leicht übersehen.

2. Eine weitere unbeabsichtigte Folge des Multikulturalismus zeigt sich bei dem aktuellen Versuch, zu politischen Strukturveränderungen vorzudringen. Die Umwandlung der (staatsrechtlichen) "Ausländer" in (kulturell) "Fremde", die sich im wohlmeinenden wie böswilligen öffentlichen Diskurs seit Mitte der 70er Jahre vollzogen hat, als aus den "Grenzen der finanziellen Belastbarkeit des Sozialstaates" die "Grenzen der kulturellen Belastbarkeit unseres Volkes" bzw. als Reaktion darauf der Multikulturalismus wurden, läßt aktuelle Anstrengungen der rechtlichen Integration der Ausländer durch die Gewährung einer "doppelten Staatsbürgerschaft" nun ins Leere laufen. Rechtliche Gleichstellung kommt zu spät, wenn die Zugewanderten längst als "Fremde" vorgeführt und konstituiert worden sind, die entweder "zu viel" oder "zu respektieren" sind, in jedem Fall aber fremd und damit diskriminierbar bleiben. Immerhin: Rechtlich gleichgestellte Staatsbürger könnten selbst gegen ihre Diskriminierung ankämpfen und müßten sich nicht paternalisieren und von Sozialarbeitern vertreten lassen.

3. Schließlich wird der Multikulturalismus zum ungewollten Türöffner für wissenschaftlich subventionierte Gesellschaftsbeschreibungen, die der Politik affirmativ ihre eigene nationale Melodie nachpfeifen und damit zusätzliche Legitimation verschaffen. Erst wird in der "Zeit" be-

klagt, daß die Soziologen das "Volksbewußtsein" als soziales Faktum übersehen hätten. Ein paar Monate später schreibt derselbe Soziologe nun im Spiegel, wo öffentliche Meinung gemacht wird, der Staat verstehe "das Volk mit seinen Sorgen und Wünschen" nicht. Noch fragt er rhetorisch und behauptet nicht: "Sind es tief in die Stammesgeschichte eingelassene Gruppen-Gefühle, die das Eigene bevorzugen und das Fremde abweisen? Kommen die im Nationalsozialismus pervertierten Wir-Gefühle wieder?" Dem anthropologisierenden Blick erscheint Nationalbewußtsein als etwas, das im Nationalsozialismus zeitweise pervertiert (und, darf man in der Logik der Argumentation bleibend vermuten, im Stalinismus oder Titoismus bloß gewaltsam stillgestellt war oder "geschlafen hat"). Es sei nach der Vereinigung der beiden deutschen Staaten die Kränkung "kollektiver Gefühle" durch Nichtanerkennung, die zu Wut und Gewalt führe als dem symbolischen Ausdruck von Enttäuschung und Überforderung. Heute gehe es darum, das Volk "anzunehmen", die Hypothek des Nationalsozialismus, "die Nichtannahme des deutschen Volkes durch seine Eliten" abzuwerfen und durch symbolische Akte, z.B. die Änderung des Grundgesetzartikels 16, Verständnis zu signalisieren. "Das Volk sieht darin auch eine Anerkennung seiner selbst" (alle Zitate: Hondrich 1993).

5. Regression in die Moderne

So ist nach Jahren der Abstinenz nach den Sozialpädagogen und Politologen auch der Soziologe wieder auf's Volk gekommen und macht sich publikumswirksam einer Politik dienstbar, die auf nationalistische Integration setzt, seit Jahren bei ihrem Spiel um Regierung und Opposition mit der Schaffung von Feindbildern operiert und dazu "die Ausländer" benutzt hat. Man kann als Soziologe über das "Volk" und seine Erfindung im 19. Jahrhundert mehr wissen, als die okkulten Annahmen, mit denen Hondrich hantiert (vgl. Hoffmann 1991), und man könnte sich reflexiver zu den politischen Folgen der eigenen Theorieangebote verhalten.

Die Protagonisten des Multikulturalismus können auf so viel Verständnis für das "Volk" nurmehr moralisch reagieren. So haben sie es nicht gemeint, als sie zu Respekt und Toleranz gegenüber ethnischen Gemeinschaften aufrufen und die Gesellschaft dazu aufforderten, für deren Erhaltung, etwa durch "muttersprachlichen Unterricht" oder die Förderung von Kultur-Veranstaltungen, etwas zu tun. Aber einen systematischen Einwand können sie gegen diese politische Regression nicht formulieren, bewegen sie sich doch selbst im Denkgebäude ethnischer Essentialisierung.

Aber sie konnten gewarnt sein. "Volk", "Gemeinschaft" und "Nation" waren die Bindemittel, mit denen im 19. Jahrhundert die völkische Mobilisierung gegen äußere Feinde und die soziale Integration nach innen bewerkstelligt wurden, als Religion und Tradition als Folge der Industrialisierung ihre Funktion einbüßten. Bereits 1893 beschrieb Emile Durkheim die als Folge der Arbeitsteilung gewachsene "Anomie", d.h. eine nachlassende Verbindlichkeit von sozialen Normen und Werten und ein Verblassen moralischer Solidarität. Er bot für die fällige Re-Integration klassenübergreifendes "Gemeinschaftsbewußtsein" an, das sich am *esprit national* orientieren sollte. Die unerwünschten Nebenfolgen dieses Typs sozialer und politischer Integration sind zur Hauptsache geworden. Sie haben das 19./20. Jahrhundert bis in die jüngsten Tage zum Jahrhundert der nationalistischen (Bürger-)Kriege gemacht.

Die Gesellschaften westlichen Typs sind, ebenso wie die aus dem Sowjetsystem entlassenen osteuropäischen, nach dem Ende des Ost-West-Konflikts, der mit dem Feindbild "Kommunismus" bzw. "Kapitalismus" klare Wertorientierungen zu liefern schien, in eine neue Phase der Orientierungslosigkeit eingetreten, in der sichtbar wird, daß Lösungen für zentrale Probleme globalen industriellen Wirtschaftens nicht verfügbar sind: weder das Problem der Naturzerstörung, noch die Fragen des sozialen Ausgleichs im Inneren und zwischen erster, zweiter und dritter Welt, noch die mit der Internationalisierung des Marktes einhergehenden Wanderungsbewegungen etc. können mit den herkömmlichen politischen Mitteln beherrscht werden. Die Politikverdrossenheit resultiert nicht zuletzt daraus, daß auch die politischen Eliten den Anschein, sie hätten Lösungen, nicht mehr aufrechterhalten können. Darauf aber zu antworten mit den Integrationskonzepten des 19. Jahrhunderts, mit "Volk" und "Nation", scheint wenig aussichtsreich. Wer nun nach "Bindungen" ruft, weil er angesichts krimineller Entgleisungen dem Individuum nicht zutraut, selbst einen vernünftigen Lebensentwurf zu verfertigen, und nach dem Angebot der "ethnischen Gemeinschaft", nun "Autorität" und ein "neues Nationalbewußtsein" auf der Basis des Territorialprinzips (vgl. Leggewie 1993, Schmid 1993) favorisiert, überschätzt die Möglichkeiten einer regressiven Rückkehr zu Formen der Vergemeinschaftung, die der vergangenen Moderne angehören. Die Fadenscheinigkeit solcher Angebote haben diejenigen längst durchschaut, die mit "Werten" und "Tugenden" wieder auf die Einhaltung von Regeln verpflichtet werden sollen, ohne daß ihnen etwas zur Lösung ihres Problems geboten würde: nichts zu haben, das - ideell oder materiell - ihnen gehört, also Identität stiftet.

Der Multikulturalismus aber hat sich mit der Hypostasierung ethnischer Differenz ungewollt als Ideologie etabliert, die regressiven Lösungen Vorschub leistet. Dies zeigt sich zur Kenntlichkeit gesteigert an dem Schrecken, der auf eine Erhebung ethnischer Selbstbestimmung zum kollektiven Menschenrecht folgt - in Ex-Jugoslawien heute, schon morgen vielleicht im Baltikum usf. Einig sind sich alle, die jetzt das "Volk" und die "Gemeinschaft" wiederentdecken, daß dem wiedereinmal orientierungslos gewordenen Individuum ein Angebot gemacht werden muß, um es zügeln, kontrollieren, beherrschen und dirigieren zu können. Die einen in wohlmeinend pädagogischer Absicht "um der Zivilisation willen", die anderen, um weiter Macht aus irrationalen Gefühlen beziehen zu können. Das aber endet bestenfalls in Folklore oder, um ein Wort Martin Walsers zu variieren, in Kostüm-Nationalismus, der nicht weniger gefährlich ist als sein historisches Vorbild.

Ungewollte Einwanderung ist in mehrfacher Hinsicht zu einem exemplarischen Problem geworden, an dem sich die Umbauschwierigkeiten und die Grenzen der Steuerungsfähigkeit moderner Industrie- und Sozialstaaten studieren lassen. An der kurzen Geschichte der gescheiterten Abwehr von Arbeitsmigranten und ihren Angehörigen seit Anfang der 70er Jahre kann man die Schwierigkeiten des politischen Umgangs mit Nicht-Steuerbarkeit und die Grenzen der Lernfähigkeit des politischen Systems wie unter einem Vergrößerungsglas beobachten. Die Optionen sind begrenzt. Eine Administration kann versuchen, die Einsicht in die Wirklichkeit ideologisch-programmatisch zu übergehen und die Steuerungsillusion, wenn auch nur in der Form symbolischer Politik, gegen die Fakten auf Biegen und Brechen (der Verfassung bzw. der Rechtsordnung) aufrecht zu erhalten - die Folgen sind in den Asylbewerberheimen, den Quartieren der Illegalen und den Abschiebeknästen zu besichtigen. Oder staatliches Handeln als die Kunst des Möglichen setzte auf die Strategie, das Unvermeidbare wahrzunehmen und in Übereinstimmung mit den eigenen sozialen Zielen und republikanischen Werten aktiv zu gestalten. Nur konsequente rechtliche Gleichstellung der bereits ansässigen und demokratisch gelassene Regulierung der hinzukommenden Migranten könnte eine kluge und weitsichtige Politik genannt werden.

Literatur

Bade, Klaus J. (Hg) (1992): Deutsche im Ausland - Fremde in Deutschland. Migration in Geschichte und Gegenwart, München.

Bukow, Wolf-Dietrich/Llaryora, Roberto (1988): Mitbürger aus der Fremde. Soziogenese ethnischer Minoritäten, Opladen.

Bommes, Michael (1993): Migration und Sprachverhalten - eine ethnographisch-sprachwissenschaftliche Fallstudie, Wiesbaden.

Bude, Heinz (1992): Eine abgewehrte soziale Bewegung? Der jugendliche Rechtspopulismus in der neuen Bundesrepublik, in: Merkur 47 (1993) 530, S. 444-449.

Cohn-Bendit, Daniel/Schmid, Thomas (1992): Heimat Babylon. Das Wagnis der multikulturellen Demokratie, Hamburg.

Czock, Heidrun (1993): Der Fall Ausländerpädagogik. Erziehungswissenschaftliche und bildungspolitische Codierung der Arbeitsmigration, Frankfurt a. M..

Flusser, Vilem (1994): Von der Freiheit des Migranten. Einsprüche gegen den Nationalismus, Bensheim

Geiger, Klaus (1992): Nationalistische und postnationalistische Diskurse im Verteilungskampf der Bundesrepublik Deutschland, in: Rassismus und Migration in Europa, Argument Sonderband AS 201, Hamburg, S. 273-287.

Geißler, Heiner (Hg) (1983): Ausländer in Deutschland - für eine gemeinsame Zukunkft, 2 Bände, München.

Geißler, Heiner (1990a): Zugluft. Politik in stürmischer Zeit, München.

Geißler, Heiner (1990b): Meise zu Meise? Plädoyer für eine "multikulturelle Gesellschaft", in: Der Spiegel Nr. 13/1990, S. 167-170.

Griese, Hartmut (1984): Der gläserne Fremde. Bilanz und Kritik der Gastarbeiterforschung und Ausländerpädagogik, Opladen 1984.

Hoffmann, Lutz (1991): Das "Volk" - Zur ideologischen Struktur eines unvermeidbaren Begriffs, in: Zeitschrift für Soziologie 20 (1991) 3, S. 191-208.

Hoffmann, Lutz (1993): Die Konstitution des Volkes durch seine Feinde, in: Benz, M. (Hg), Jahrbuch für Antisemitismusforschung 2, Frankfurt a. M., S. 13-37.

Hondrich, Karl Otto (1992): Wovon wir nichts wissen wollten, in: Die Zeit Nr. 40 vom 25. 9. 1992, S. 68.

Hondrich, Karl Otto (1993): Das Volk, die Wut, die Gewalt, in: Der Spiegel Nr. 1/1993, S. 29-30.

Hoyningen-Huene, Paul (1993): Zankapfel Reduktionismus, in: Merkur 47 (1993) 530, S. 399-409.

Leggewie, Claus (1990): Multi-Kulti. Spielregeln für die Vielvölkerpolitik, Berlin.

Leggewie, Claus (1993): Plädoyer eines Anti-Autoritären für Autorität, in: Die Zeit Nr. 10 vom 5. 3. 1993, S. 93.

Micksch, Jürgen (Hg) (1991): Deutschland - Einheit in kultureller Vielfalt, Frankfurt a. M..

Otto, Karl A. (1990): Westwärts, heimwärts? Aussiedlerpolitik zwischen "Deutschtümelei" und "Verfassungsauftrag", Bielefeld.

Puskeppeleit, Jürgen/Thränhardt, Dietrich (1990): Vom betreuten Ausländer zum gleichberechtigten Bürger, Freiburg.

Radtke, Frank-Olaf (1988): Ausländer-Pädagogik statt Struktur-Politik?, in: Neue Praxis 18 (1988) 4, S. 301-307.

Rutschky, Katharina (1992): Rechtsradikal oder irre?, in: Merkur 46 (1992) 521, S. 702-707.

Schmid, Thomas (1993): Ein Vaterland der Bürger, in: Die Zeit Nr. 10 vom 5. 3. 1993, S. 6.

Schrader, Achim/Nikles, Bruno/Griese, Hartmut (1976): Die zweite Generation. Sozialisation und Akkulturation ausländischer Kinder in der Bundesrepublik, Kronberg/Ts.

Schulte, Axel (1990): Multikulturelle Gesellschaft: Chance, Ideologie oder Bedrohung, in: Aus Politik und Zeitgeschichte (Beilage "Das Parlament) vom 1. 6. 1990.

Schumacher, Harald (1993): Einwanderungsland BRD - Warum die deutsche Wirtschaft weiter Ausländer braucht, Düsseldorf.

Schumann, Karl F. (1993): Schutz der Ausländer vor rechtsradikaler Gewalt durch Instrumente des Strafrechts?. in: Strafverteidiger 13 (1993) 6, S. 324-330.

Thiede, Roger (1989): Zukunftswelt: Cross Culture. Die Boten der multikulturellen Gesellschaft sind schon da, in: Wiener Nr. 8/1989, S. 58f.

Wirtschaftswoche (1989): Ausländer - Motor für die Wirtschaft, in: Wirtschaftswoche Nr. 7/1989, S. 14-24.

Stefanie Ernst
Schamlose Gesellschaft

Spätestens seit der massenmedial wirksamen, umstrittenen und juristisch gar als sittenwidrig eingestuften Werbekampagne eines weltweit erfolgreichen Pulloverproduzenten scheint die Vergewisserung der modernen Gesellschaften über das, was die Grenzen des 'guten Geschmacks' und der Scham ausmacht, ins Wanken geraten zu sein. In Feuilletons, Streitgesprächen und zusehends in wissenschaftlichen Publikationen werden die Scham-, Moral- und Verhaltensstandards der Gegenwartsgesellschaft überprüft. Zentrale Bezugspunkte finden die (Kultur-)Kritiken dabei in den Beobachtungen über Gewaltzunahme, sexuelle Permissivität, verrohte Umgangsformen, Verlust einheitsstiftender Tugenden und Werte wie etwa Solidarität etc. In der Durchbrechung tradierter *Scham- und Tabugrenzen* wird je nach Perspektive eine Gefährdung der 'zivilisatorischen', 'humanistischen' und/oder demokratischen Errungenschaften moderner, westlicher Industriegesellschaften gesehen. Das Selbstverständnis moderner Gesellschaften selbst scheint, auch was Schamgrenzen angeht, immmer mehr in Frage gestellt.

Die Sorge um den Zerfall bzw. Erhalt moderner Gesellschaften ist nicht erst in der jüngsten Zeit zu beobachten; sie begleitet die soziologische Disziplin von Anbeginn. Gegenwärtig wird jedoch besonders den *Massenmedien* und der *Werbung* ein zentraler Stellenwert zugeschrieben, weil gerade hier exemplarisch deutlich wird, inwiefern durch die öffentliche Einwirkung auf breite Massen Diskurse und Themen produziert werden. So wartete, um nur ein Beispiel anzuführen, 1992 das Magazin der *Süddeutschen Zeitung* mit einem Streitgespräch zwischen dem populären Medienkritiker Neil Postman und dem führenden Kampagnenmanager eines Textilkonzerns, Oliviero Toscani, auf. Bewegendes Thema des Disputs war die Frage, ob die Werbeindustrie mit ihren spektakulär scheinenden Inszenierungen Denkanstöße zu zentralen Problemlagen zu geben vermag, oder ob sie nicht vielmehr eine Tendenz dahingehend birgt, daß "uns ein totalitäres System [droht], das die Themen der gesellschaftlichen Diskussion bestimmt" (Süddeutsche Zeitung 1992: 45).

Jüngstes Beispiel für die Wirksamkeit von Massenmedien ist neben der amerikanischen Variante der Fernsehprediger das eifrig geschriebene Sittenporträt eines prominenten deutschen Fernsehmoderators, der sich durch die Formulierung 'moderner' Tugendkataloge für den 'Ehrlichen, der immer der Dumme bleibt', hervortut und damit sechsstellige Auflagenstärken erreicht. Andernorts wird gar eine neue "deutsche Etikette" (C. Stephan 1995) angemahnt.

Michael Rutschky beobachtet in der Werbung einen neuartigen Körper- und Heroenkult, der gewaltigen Gesprächsstoff für 'Kulturpessimisten' bietet. Ihre Klage über einen "zunehmenden Verfall aller Wertmaßstäbe, eine allgemeine Verwahrlosung, Verrohung, Sittenverfall" (1994: 14) und über den Fortfall aller Tabus sei derart stark zu vernehmen, daß "man ihr mißtrauen muß" (ebd.: 16). Zuweilen sind auch Zwischenrufe zu hören, die im Kontext einer allgemeinen 'sprachlichen Verrohung' auch der akademischen Streitkultur ein Klima "verbalen Totschlags" attestieren. Gefordert wird hier die Wahrung einer "intel-lektuelle(n) Scham" (U. Greiner 1994: 57). Rutschky interessieren hingegen weniger moralische Ermahnungen als vielmehr die Frage nach jenen gesellschaftlichen Prozessen, die die Diskursfähigkeit der Werbung indizieren und neue gesellschaftliche Trägergruppen und Kulturproduzenten hervorbringen.

Im Wochenmagazin *Der Spiegel* wird schließlich seit Ende der achtziger Jahre (1988, 1993, 1994a-c) vermehrt die grundsätzliche Frage diskutiert, ob und inwiefern von einer fundamentalen und "permanente(n) Orientierungskrise" (1994c: 168f.) der modernen Gesellschaft auszugehen sei: die "Sehnsucht nach verbindlichen Maßstäben, das Fehlen von Werten, ja Tugenden scheint zum globalen Dauerproblem aufgerückt" zu sein (ebd.) und erst jüngst wurde der "Siegeszug der Degoutanten" (Spiegel 1995: 96), der die "Kulturwächter kapitulieren" (ebd.) läßt, konstatiert: "Mieser Geschmack ist gut" verkündet die Schlagzeile und über die Veränderung der Fernsehunterhaltung wird bemerkt, daß *früher* zumindest "noch deutlich Spuren von Scham anzumerken" (ebd.: 97) waren: Der "Siegeszug der Trash-Kultur frißt sich von den Bildschirmen in die Gesellschaft" (ebd.).

Bei näherer Betrachtung drängt sich der Eindruck auf, daß die wissenschaftliche Expertenkultur vermehrt gefordert ist, auf die 'moralisch-ethische Krise' der Gesellschaft im Kontext "postmoderne(r) Beliebigkeit" (Spiegel 1994c: 169), *Pluralismus*, *Selbstverwirklichungsdrang* und *Egoismus*, sinnstiftend und orientierend zu antworten. Die grundsätzlichere Frage, ob tatsächlich "ein gesellschaftlich relevanter Tabubruch" zu konstatieren ist, der nicht das Ende der Kultur prophezeit, sondern vielmehr "Konsequenz der Kulturindustrie" ist, stellt der Sozialphilosoph Christoph Türcke (1994: 53). Er beobachtet bei aller 'Verrohung', die über die Bildschirme geht, keinen Tabubruch, der über den Stellenwert "privater Marotten und Empfindlichkeiten" (ebd.: 53) hinausgehe und den Fortbestand der Gesellschaft gefährden solle:

> "In der angeblich schamlos gewordenen Gesellschaft schämen sich zahllose ihrer ökonomischen Minderwertigkeit, wie man sich früher nur eines körperlichen Defekts oder Vergehens schämte. Und wo derart heftige, massenhafte Scham ist, da dürfte am ehesten noch das sein, was den Namen Tabu verdient." (ebd.)

Neben diesen populären Zeitdiagnosen zeigt ein Rückblick auf die soziologische Bearbeitung des Themas, daß Normen und Verhaltensstandards, um die es bei der Frage nach Sitte und Moral der Gesellschaft letztlich geht, zu den zentralen Themen soziologischer Reflexion zählen. So untersucht etwa Emil Durkheim 1893 das Problem gesellschaftlicher Anomie. Ferdinand Tönnies fragt nach den sozialen Veränderungen im Übergang von 'Gemeinschaft *zu* Gesellschaft' (1887). Explizit auf die 'Mannigfaltigkeit' und den gesellschaftlichen Kontext von *Schamgefühlen* bezogen, formuliert Georg Simmel 1907 eine "Psychologie der Scham" und ist hier als Vorreiter einer Soziologie der Scham zu verstehen. Und diagnostiziert noch 1918 der Kulturphilosoph Oswald Spengler den "Untergang des Abendlandes", so formulieren seit den fünfziger Jahren amerikanische Soziologen wie David Riesman mit "Die einsame Masse" (1953) oder Hans Freyer mit seiner "Theorie des gegenwärtigen Zeitalters" (1955) ihre Kritik an der Entwicklung der Moderne. Jüngstes prominenstes Beipiel ist Richard Sennett, dem - neben seinem Werk über "Verfall und Ende des öffentlichen Lebens: die Tyrannei der Intimität" (1993) - in seinen Untersuchungen über "Autorität" (1990) die *manipulativen* Formen der Autorität in einer "technologischen Gesellschaft (...) Sorge bereiten" (Sennett 1990: 15).

So unterschiedlich die einzelnen Analysen ausfallen, so deutlich und einheitlich sind ihre kulturkritischen Implikationen mit dem Befund, daß die Einheit der Gesellschaft gefährdet sei. Zentrum ihrer Analysen ist die Beobachtung bestimmter Verhaltensweisen und Normen, die als spezifisch moderne herausgearbeitet und kritisiert werden. Gegenwärtig wird diese Kritik erneut vorgebracht, und sie erfährt auch in der benachbarten psychologischen Disziplin eine besonders kulturpessimistische Wendung. Aufhänger der Kritik ist dabei das Schamverhalten, das auf der einen Seite nahezu zu einem Refugium intakter Gesellschaftlichkeit stilisiert wird: Der amerikanische Psychoanalytiker Leon Wurmser diagnostiziert zum Beispiel eine "Schamlosigkeit der Kultur" (1990), die die "schlimmste aller menschlichen Krankheiten" (ebd.: 393) darstelle. Sie sei für Phänomene wie wachsende Gewaltbereitschaft, Obszönität, Moralverlust, "masochistisches Zurschaustellen von Erniedrigung und das Provozieren von Demütigungen" (ebd.: 40) verantwortlich. Die *Scham* habe dabei ihre Funktion, "das getrennte private Selbst" (ebd.: 126) vor einem gesellschaftlichen Zugriff zu 'behüten', eingebüßt. Zusehends stelle sich die moderne Gesellschaft wie schon frühere Epochen zuvor (vom antiken Athen über Frankreich und Rußland im 19. Jahrhundert bis in die 20er-Jahre der Weimarer Republik) als eine Zeit dar, die "von Hohn (und) beißendem Spott" (ebd.: 395) erfüllt sei.

Auf der anderen Seite unterstellt sein Kollege Michael Lewis (1993) ebenso einen Konflikt zwischen 'Individuum und Gemeinschaft'; er diagnostiziert aber ein "Übermaß an Schamgefühlen". Antisoziales, aggressives oder depressives Verhalten sei gerade auf eine *erhöhte* 'Schamanfälligkeit' des einzelnen zurückzuführen. Der einzelne empfindet sich, "seit wir uns persönlicher Freiheit und Narzißmus zuwandten" (ebd.: 286), zusehends als Subjekt und Objekt zugleich. Von den religiösen Institutionen, "die die Scham absorbieren könnten", befreit, "fehlen vielen von uns die Mechanismen, die Vergebung garantieren" (ebd.: 286). Aussicht auf Besserung verspreche die Schaffung neuer, gemeinschaftsstiftender Werte und Verpflichtungen, die uns, "obwohl sie uns zu manchen Menschen in Gegensatz bringt", mit anderen verbänden: "Verpflichtung führt uns aus der Falle des sich selbst bespiegelnden Selbst hinaus und in die Freiheit gemeinschaftlicher Werte hinein" (ebd.: 292).

Ähnlich kulturkritisch, aber deutlich restriktiver gewendet, begreift der Soziologe Sennett die Funktion der Scham in der Industriegesellschaft:

> "Als alltägliche Form von Bestrafung hat das Schamgefühl in den westlichen Gesellschaften den Platz der Gewalt eingenommen. Der Grund hierfür ist einfach und kompliziert zugleich. Das Schamgefühl, das eine Person, die über Autorität verfügt, bei Unterlegenen hervorrufen kann, ist eine stillschweigende Kontrolle." (Sennett 1990: 116)

Scham als lautloses, alltägliches Disziplinierungsmittel verweist vorrangig auf Abhängigkeits- und Unterlegenheitsbeziehungen und ist für Sennett ein "Erbe, das die Industriegesellschaft des 19. Jahrhunderts an die unsere weitergegeben hat. In den Vereinigten Staaten begegnet man dieser Scham auf Schritt und Tritt" (ebd.: 58). Wurde jedoch in aristokratischen und traditionellen Gesellschaften Unterlegenheit und Schwäche letztlich nicht persönlich zugerechnet, sondern sozial vererbt, so zeichne sich die moderne Gesellschaft dadurch aus, "daß die Leute anfingen zu glauben, sie seien für ihren Platz in der Welt selber verantwortlich" (ebd.: 57) und sich ihrer Schwäche und Unterlegenheit schämten.

Diese unterschiedlichen und teilweise "aufgeregten Zeitdiagnosen" (R. Zill 1994: 10) weisen ein auffallendes Merkmal auf: Sowohl die als konservativ wie auch die als liberal zu verstehende Öffentlichkeit ist sich in ihrem Befund einig, daß die moderne Gegenwartsgesellschaft durch einen Verfall der Werte grundsätzlich gefährdet ist. Dabei mag diese Gefahr für die einen im Verlust des Solidaritätsprinzips, für die anderen in Disziplinlosigkeit, mangelndem Pflichtgefühl oder in einem Tugendverlust bestehen. Die zivilisationskritischen und kulturpessimistischen Betrachtungen können vielfach jedoch einer kritischen Betrachtung kaum standhalten, stehen sie doch für ein wenig reflektiertes Bild von Gesellschaft. Sie lassen vielfach eine differenziertere Betrachtung zu der Genese der Scham[1] vermissen, die weniger

---

1 Der Begriff 'Scham' geht auf die indogermanische und althochdeutsche Wurzel skam/scama (sich verdecken und verbergen) zurück und wird vorrangig in seiner individuellen, psychisch-physischen Erscheinungsform angeführt. Erröten, Erblassen und Blickvermeidung werden hier aufgeführt (vgl. Brockhaus 1992: 281). Ein Blick in soziologische Handbücher zeigt zwar einen Verweis auf die normative Komponente der Scham (vgl. Klima 1994: 578; Hillmann 1994); er bestätigt aber den Verdacht Neckels, daß "Scham für die Soziologie ein sperriges Thema" (1991: 17) bleibt, liegt sie

anthropologisch denn vielmehr historisch und gesellschaftlich zu fassen ist. Eine nähere Analyse dieser individuellen, sozial bedingten Empfindung kann jedoch lohnend sein und muß nicht an Differenziertheit verlieren. Sie kann vielmehr die recht populär geführte Debatte distanziert betrachten helfen und zu einer kritischen, soziologischen Betrachtung eines weitverbreiteten und vieldiskutierten Phänomens ermuntern.

Wenngleich ein explizit gesellschaftstheoretisches Label *schamlose Gesellschaft* nicht anzutreffen ist, so soll mit dieser Chiffre doch der Versuch unternommen werden, die Diskussion einer systematischen Betrachtung zu unterziehen und an einen der prominentesten Vertreter zu erinnern, der sich fundiert und ausführlich zur gesellschaftlichen und individuellen Ebene von Normen, Affekt- und Verhaltensstandards geäußert hat. Norbert Elias hat in seiner Theorie "Über den Prozeß der Zivilisation" (Elias 1989a,b) eine gesellschaftstheoretische Betrachtung der Moderne formuliert, in deren Zentrum die Frage stand, mit welchen Veränderungen der menschlichen Psyche die soziogenetische Entwicklung der abendländischen Gesellschaften verwoben war? Elias kommt dabei u.a. zu dem Ergebnis, daß Schamgrenzen spürbar vorangeschritten sind und eine spezifische Funktion für den Erhalt moderner Zivilisationsgesellschaften haben.

Im folgenden kann und soll es nicht darum gehen, zu überprüfen, ob und inwiefern *generell* von einem wachsenden Schamverlust gerade der modernen Gesellschaft auszugehen ist. Vielmehr interessiert die Frage, auf welchem theoretischen Konzept von Gesellschaft die Untersuchungen über die Scham basieren und ob sie einen plausiblen Zugriff für die Beschreibung der Gegenwartsgesellschaft bieten.

Der ebenso prominente wie umstrittene soziologische Ansatz von *Norbert Elias* soll hier zunächst eingeführt und diskutiert werden (I.). Er erfährt gegenwärtig nicht nur innerhalb der Soziologie eine Renaissance[2] und wird besonders von dem Ethnologen *Hans Peter Duerr* be-

---

doch im Persönlichen verborgen.
2 So auch jüngst der Beitrag von Hilge Landweer auf der Tagung "Zivilisierung des weiblichen Ich" vom 23.-25.6.1995 in Hamburg. Ihr Beitrag stellte sich der Frage, wie mit den Implikationen von Norbert Elias und Michel Foucault eine `Mikrophysik der Scham' für moderne Gesellschaften dahin-

stritten, so daß zentrale Punkte dieser zuweilen amüsant zu beobachtenden und recht polemisch ausgetragenen Debatte aufgegriffen werden sollen (II.). Sie kreist vorwiegend um die Bewertung jener Praktiken und Einstellungen, die sich auf körperliche und sexuelle Bedürfnisse beziehen und als schamlos oder obszön bezeichnet werden. Konfrontiert wird diese Frage mit dem Problem des staatlichen Gewaltmonopols und dem Theorem fortschreitender Zivilisierung und Pazifizierung. Dabei soll vermieden werden, die Frage zu beantworten, welcher der Protagonisten 'denn nun recht hat'. Dazu sei auf die ausführlichen und anwachsenden Rezensionsschriften verwiesen.[3] Hier kann es nur darum gehen, die Implikationen der Debatte für die hier anstehende Fragestellung zu diskutieren.

Der soziologische Beitrag von *Sighard Neckel*, der weniger an spektakulären denn an alltäglichen Schamphänomenen interessiert ist, soll die Diskussion um Scham in der Moderne abschließen (III.).

I.

Elias untersucht in "Über den Prozeß der Zivilisation" (1989a/b) die *strukturellen Zusammenhänge* von Scham- und Peinlichkeitsempfindungen und konzentriert sich dabei auf die "Wandlungen des Verhaltens in den weltlichen Oberschichten". Scham und Peinlichkeit sind für ihn psycho- *und* soziogenetisch verknüpft. Anhand materialreicher Studien weist er die historisch je spezifische Modellierung und soziale Funktion dieser Unlust- und Angsterregung nach. Sie stellt einen zentralen Aspekt im gesellschaftlichen Gefüge dar und weist auf unterschiedliche Macht- und Stärkeverhältnisse zwischen Gruppen.

Die soziologische Definition führt zu der Frage nach dem gesellschaftlichen Gefüge, das die Scham umgibt. Sie wird als eine "spezi-

---

gehend formuliert werden kann, daß Schamgefühle auf Machtverhältnisse verweisen.

3 Für eine dezidierte Auseinandersetzung mit der Kritik Duerrs sei hier neben Elias selbst (1988) und M. Schröter (1990) v.a. auf H. Kuzmics (1990: 244ff.) verwiesen, der auf die von Elias vorgenommene Eingrenzung hinweist und die Reichweite der Theorie für die Erklärung spätmoderner Erscheinungsformen relativiert. Zahlreiche Hinweise auf die Diskussion lassen sich desweiteren in Duerrs zweitem und drittem Band finden.

fische Erregung, eine Art von Angst, die sich automatisch und gewohnheitsmäßig bei bestimmten Anlässen in dem Einzelnen reproduziert" (1989b: 397), verstanden. Diese "Angst vor der sozialen Degradierung, oder allgemeiner gesagt, vor den Überlegenheitsgesten Anderer" ist gegenüber einem direkten körperlichen Zugriff durch einen Aspekt der Wehrlosigkeit gegenüber den jeweils überlegenen Gruppen gekennzeichnet. Da sich die überlegenen Gruppen im "Einklang mit dem eigenen Über-Ich des Wehrlosen und Geängstigten befinden" (ebd.: 398), verfügen sie über mehr Macht, Normen festzuschreiben. Während Schamgefühle auf die *eigenen* Verrichtungen ausgerichtet sind, die dem Anblick anderer unterliegen, treten Peinlichkeitsmomente als "Ausdruck der soziogenen Angst" (Elias 1989a: 247) auf, "wenn irgendetwas außerhalb des Einzelnen" (1989b: 404) gegen gesellschaftliche Verbote verstößt. Sie sind im jeweiligen Über-Ich des 'peinlich Berührten' repräsentiert.

Elias konzentriert sich in seinen historisch und psychologisch unterlegten soziologischen Studien zum Scham- und Peinlichkeitsverhalten besonders auf den Wandel der *Einstellungen* gegenüber den 'körperlichen Bedürfnissen', in die gesellschaftliche *Macht* eingeschrieben ist. Veränderungen äußern sich in bestimmten Distinktions- und Überlegenheitsgesten, in Habitus, Tischmanieren, Kleidung, Sprache und in den "Einstellungen zu den Beziehungen von Mann und Frau" (Elias 1989a: 230-263). Diese Einstellungen unterliegen einer Entwicklung, die als ein *Vorrücken* von Peinlichkeits- und Schamgrenzen des einzelnen beschrieben wird; sie birgt eine Tendenz zur 'Zivilisierung'. Der zentrale gesellschaftstheoretische Begriff der Zivilisation soll dabei trotz seiner problematischen Implikationen zunächst ausdrücken, daß sich im Laufe eines solchen Prozesses (...) die Strukturen der einzelnen Menschen in einer bestimmten Richtung" (Elias 1989a: XLVI) verändern. "Aber", so betont Elias weiter,

"bei der Untersuchung hat mich weder die Vorstellung geleitet, daß unsere zivilisierte Art des Verhaltens die fortgeschrittenste aller menschenmöglichen Verhaltensweisen sei, noch die Meinung, daß die 'Zivilisation' die übelste Lebensform und zum Untergang verurteilt sei. Alles, was sich heute sehen läßt, ist, daß mit der allmählichen Zivilisation eine Reihe von spezifischen Zivilisationsnöten auftreten" (ebd.: LXXX).

Historisch zeigt sich im Zivilisationsprozeß westlicher Gesellschaften deutlich die Veränderung der Schamgrenzen am Beispiel des Umgangs zwischen sozial Ungleichen. Die im absolutistischen Zeitalter

Schamlose Gesellschaft

vielfach anzutreffende Sitte der Entblößung des Königs gegenüber Untergebenen galt nicht nur als durchaus 'normale' Umgangsform. Sie hatte vielmehr noch die Bedeutung besonderer Großzügigkeit (vgl. Elias 1989a: 189). In modernen Gesellschaften ist dieses Verhalten vollends aus dem Erscheinungsbild der Öffentlichkeit verschwunden und unvorstellbar geworden. Heute würde dieses 'schamlose' Verhalten vielmehr noch Empörung hervorrufen und könnte rechtlich den Tatbestand einer 'sexuellen Belästigung' ausmachen. Ein weiteres Indiz voranschreitender Schamgrenzen ist das Geschlechterverhältnis, das sich u.a. im Vergleich zur Zeit der mittelalterlichen Badestuben jeweils verschieden darstellt.

> "Es erscheint im 19. Jahrhundert zunächst völlig unbegreiflich, daß die Menschen des Mittelalters sich nicht schämten, in größerer Anzahl nackt zu baden und zwar oft genug beide Geschlechter zusammen." (Elias 1998a: 324)

Motor dieses zivilisatorischen Wandels, früher erlaubtes Benehmen als beschämend zu sanktionieren, sind die Umschichtungen im Machtgefüge der Gesellschaft:

> "Wenn im Zuge der wachsenden Arbeitsteilung die Verflechtung der Menschen intensiver wird, werden immer stärker alle von allen, auch die sozial Höherstehenden von den sozial niedriger Rangierenden und Schwächeren abhängig." (1989a: 187)

Die gesellschaftliche Differenzierung von Schamstandards verläuft dabei keineswegs linear[4] (etwa im Sinne einer ungebrochenen Höherentwicklung zu etwas 'Besserem'). Sie steht im Kontext einer Transformation *gesellschaftlicher Fremd- in Selbstzwänge*, die sich sukzessive im 'Seelenhaushalt' des einzelnen einlagern und unbewußter werden. Rückläufige Entwicklungen und Gegenschübe sind dabei nicht

---

[4] Elias stellt fest, das sich der Zivilisationsprozeß eher zweischneidig und "keineswegs geradlinig" vollziehe: "Im einzelnen gibt es auf dem Wege der Zivilisation die mannigfachsten Kreuz- und Querbewegungen, Schübe in dieser und jener Richtung. Betrachtet man die Bewegung über größere Zeiträume hin, dann sieht man recht klar, wie sich die Zwänge, die unmittelbar aus der Bedrohung mit der Waffe, mit kriegerischer und körperlicher Überwältigung stammen, allmählich verringern und wie sich die Formen der Angewiesenheit und Abhängigkeit verstärken, die zu einer Regelung oder Bewirtschaftung des Affektlebens in der Form von Selbstzucht, von 'self-control', kurzum von Selbstzwängen führen" (Elias 1989a: 256, vgl. 1990: 228).

ausgeschlossen. Elias weist eine gewachsene Sensibilität gegenüber einer sich ausdifferenzierenden Vielfalt von Geboten aus. Sie ist eng mit der Zurückdrängung unmittelbar körperlicher Gewalt im Alltag der Menschen verbunden. Dieser Grad gesellschaftlicher *Pazifizierung* äußert sich darin, daß direkte Ängste vor permanent drohenden körperlichen Übergriffen - wie noch im 'Leben eines mittelalterlichen Ritters' (vgl. 1989a: 283-301) üblich - zugunsten größer werdender, indirekter und *innerer* Ängste zurücktreten. Bestandteil des Zivilisationsprozesses ist darüber hinaus eine *Rationalisierung* im zwischenmenschlichen Verkehr, die "ein Ausdruck für die Außenpolitik der gleichen Über-Ich-Bildung [ist], deren Innenpolitik in einem Vorrücken der Schamgrenze zum Ausdruck kommt" (Elias 1989b: 401).

Dieser Rationalisierungsprozeß "ist selbst eine psychische und eine gesellschaftliche Erscheinung zugleich" (ebd.: 386). Ihren vorläufigen Höhepunkt erreicht das Vorrücken der Schamschwelle in der 'bürgerlichen Gesellschaft', in der eine ungebrochene Einklammerung der Sexualität in der modernen Kleinfamilie und ein Unbewußtwerden der Gesellschaftsbezogenheit der Scham "über die ganze Gesellschaft hin" (Elias 1989a: 245) festzustellen ist.

Für die Gesellschaft des 20. Jahrhunderts seit der Nachkriegszeit wird eine Lockerung innerhalb der bislang erreichten Verhaltensstandards angenommen. Besonders in den Geschlechterverhältnissen, in der Sexualität und im Verkehr zwischen Übergebenen und Untergebenen zeigen sich sogenannte Tendenzen einer Informalisierung[5], von der auch die 'Schamstandards' berührt werden.

---

5 Informalisierung bedeutet, daß "früher ausgebildete, formelle Praktiken, in denen sich auf symbolische Weise bestimmte institutionalisierte Macht- und Abhängigkeitsverhältnisse ausdrücken, nicht länger berücksichtigt werden. Normalerweise ist dies die Folge der Tatsache, daß die machtschwächere Partei sich den 'guten Formen' nicht verpflichtet fühlt und die von altersher machtstärkere Partei nicht außerstande sieht, die Beachtung dieser Form weiterhin zu erzwingen" (Goudsblom, zit n. Wouters 1986: 527; vgl. Wouters 1994). Autoren, die auf der Zivilisationstheorie und der Informalisierungsthese aufbauen, versuchen die jüngsten Wandlungen der Moderne u.a. am Beispiel der Geschlechterbeziehungen zu analysieren. Sie beobachten eine Verlagerung vom 'Befehls- zum Verhandlungsprinzip' im ehelich/partnerschaftlichen und beruflichen Umgang der Geschlechter (vgl. de Swaan 1991, Kuzmics 1989, Ernst 1996).

"Die Freiheit, die Unbefangenheit, mit der man sagt, was zu sagen ist, und zwar ohne Verlegenheit (...) ist in der Nachkriegszeit offenbar größer geworden. Aber dies ist (...) in dieser Form nur möglich, weil der Stand der Gewohnheiten, der technisch-institutionell verfestigten Selbstzwänge, das Maß der Zurückhaltung des eigenen Trieblebens und des Verhaltens selbst entsprechend dem vorgerückten Peinlichkeitsgefühl zunächst im großen und ganzen gesichert ist. Es ist eine Lockerung im Rahmen des einmal erreichten Standards." (Elias 1989a: 190)

Um aber im einzelnen adäquate Aussagen über die Gegenwartsgesellschaft treffen zu können, ist es wichtig, die "Gleichzeitigkeit formeller und informeller Verhaltenssteuerungen in einer Gesellschaft oder, anders ausgedrückt, (...) das synchronische Gefälle von Formalität und Informalität" (ebd.: 41) zu berücksichtigen. Während etwa die Gesellschaft zur Zeit Mozarts noch durch die "Gleichzeitigkeit einer Formalität im Verkehr von sozial über- und untergeordneten Menschen charakterisiert war", die mit "zeremonieller Härte" (ebd.: 41) ausgeübt wurde, fällt gegenwärtig die Spanne zwischen Formalität und Informalität vergleichsweise geringer aus. In manchen gesellschaftlichen Bereichen ist durchaus eine strukturelle Verunsicherung bisher erreichter Standards anzutreffen, die im Zuge eines "funktionale(n) Demokratisierungsprozesses" auf tendenziell "gleiches Verhalten in allen Lebenslagen" (ebd.: 42) verweist. Trotzdem besteht in *jeder* Gesellschaft "ein spezifisches und mit hoher Genauigkeit bestimmbares Gefälle zwischen relativer Formalität und relativer Informalität (...), das größer oder kleiner werden kann" (ebd.: 44).

II.

Der Ethnologe Hans Peter Duerr will das Theorem der Zivilisierung, der wachsenden Selbstkontrollen und Schamgrenzen in modernen Gesellschaften grundsätzlich widerlegen und die Implikationen der Zivilisationstheorie über vormoderne Gesellschaften korrigieren. Dabei stellt er fest:

"Freilich ist es nicht meine Absicht, die Elias'sche Theorie vom Kopf auf die Füße zu stellen, also aus der gängigen Evolutionstheorie der Zivilisation eine Art 'Verfallstheorie' zu machen, nach der *wir* die Wilden und *sie* die Zivilisierten waren oder sind, obgleich es nicht wenige Argumente gibt, die sich zugunsten einer solchen These anführen ließen." (Duerr 1988: 12)

Vielmehr geht es ihm um eine kritische Reflexion des Zivilisationsbegriffes, der zur Selbststilisierung westlicher Gesellschaften gedient habe. Er will betonen,

> "daß diejenigen, die heute über einen Mythos wie den der *Genesis* lächeln, selber nichts anderes getan haben, als die Geschichte zu mythisieren, und daß dieser 'Mythos vom Zivilisationsprozeß' die Tatsache verschleiert, daß es aller Wahrscheinlichkeit nach zumindest innerhalb der letzten vierzigtausend Jahre weder Wilde noch Primitive, weder Unzivilisierte noch Naturvölker gegeben hat" (ebd.).

Über die Betrachtung des Schamverhaltens in außereuropäischen und europäischen, vorneuzeitlichen Gesellschaften kommt Duerr zu einem der Eliasschen Zeitdiagnose völlig konträren Befund: Nicht ein Voranschreiten der Schamschwellen, sondern ganz im Gegenteil, eine "Senkung von Scham- und Peinlichkeitsschwellen" (1988: 11) sei wie in kaum einer anderen Gesellschaft gerade in der Moderne zu beobachten: Wachsender Konsum und nicht Zurückhaltung sind die modernen Entwicklungen der Gegenwart, die bis hin zur "Liberalisierung" (1990: 261) und "Vermarktung der Sexualität" (ebd.: 260) reichen. Die moderne 'Konsumgesellschaft' ist dabei von Permissivität und einem sich "durchsetzenden Hedonismus" (ebd.: 260) gekennzeichnet. Nicht auf eine Verstärkung, sondern im Gegenteil: auf eine "Schwächung der Formen herkömmlicher sozialer Kontrolle" (ebd.: 8) sind diese Probleme zurückzuführen. Konsequenzen sind in der "Abwertung der Familie und der ehelichen Treue, der Virginität, aber auch des Alters" (ebd.: 260) zu sehen.

Um diese These zu belegen, wird zunächst die menschliche Schamhaftigkeit exemplarisch und materialreich anhand der 'weiblichen Genitalscham' beschrieben. Körperscham, so das Ergebnis, ist überall vorhanden und erscheint mithin 'natürlich', zumindest "nicht mehr *kultur*spezifisch, sondern charakteristisch für die menschliche Lebensform überhaupt" (1990: 8). "Sich seiner Nacktheit zu schämen, wie immer diese Nacktheit auch historisch definiert sein mag" (1988: 12), zeichnet das *Wesen*[6] des Menschen aus. Wie Elias also anzunehmen, daß frühere Gesellschaften aufgrund der geringeren Verflechtung keine Scham kannten, ist in der Lesart Duerrs eine Fehlinterpretation, die im nachhinein koloniale Eroberung rechtfertigt und dazu dienen

---

6   Duerr stellt wohl nicht ganz ohne Bedauern fest, daß die Frage nach dem "Wesen des Menschen", "nun gar nicht dem Zeitgeschmack entspricht, der immer noch das Veränderbare liebt" (1990: 20).

kann, zivilisiertes Verhalten als spezifische Errungenschaft moderner Industriegesellschaften auszugeben.

Daß gegenwärtig von einer fehlenden Rücksichtnahme im gesellschaftlichen Verkehr und von einer allgemein wachsenden Anonymität auszugehen ist, steht für Duerr dagegen fest. Wachsende Verflechtung führt nicht zu einer gegenseitig auferlegten Zurückhaltung und Selbstkontrolle im gesellschaftlichen Verkehr gerade urbaner, moderner Gesellschaften. In geringer verflochtenen, kleinen 'face-to-face-Gesellschaften' sind vielmehr auch größere Selbstkontrollen anzutreffen, da die Sozial- und Verhaltenskontrollen effektiver und umfassender wirken (vgl. Duerr 1988: 10ff., 1993: 459).

Duerr interpretiert die von Elias verarbeiteten Quellen aus einer neuen Perspektive. Nachdem im ersten Band, "Nacktheit und Scham" seiner Trilogie "Der Mythos vom Zivilisationsprozeß", das oben angeführte klassische Beispiel der mittellalterlichen Badestuben herangezogen wird (vgl. 1988: 47-58), um zu beweisen, daß Elias ein "Bild mit der Wirklichkeit verwechselt" (ebd.: 290) hat, versucht er im zweiten Band "Intimiät" (1990) anhand der "Kulturgeschichte der Scham der Frauen vor dem männlichen Arzt" (ebd.: 8) eine "Theorie der Körperscham" (ebd.: 256-269) zu entwickeln: Die eher spektakuläre Frage, warum Frauen sich schämen, "in der Öffentlichkeit ihre Genitalien sehen zu lassen", beantwortet er folgendermaßen:

> "Weibliche Genitalscham bedeutet nun nichts anderes, als daß die Frauen mit diesen Einladungen [zum Koitus] haushalten, daß sie sexuelle Reize nicht wahllos an jeden möglichen Sexualpartner, sondern auf bestimmte Partner beschränken." (1990: 257)

Scham privatisiert die 'reizenden Körperteile', und die Frau kann so "bis zu einem gewissen Grade die Sichtbarkeit ihrer Kopulationsbereitschaft" (ebd.) kontrollieren. Die Frage, warum dieses Verhalten funktional und positiv ist, wird mit der These beantwortet, daß weibliche Scham, "also die Restriktion der sexuellen Reizung der Männer" die "sexuelle Rivalität" unter ihnen reduziert und die "'dysfunktionalen' Konflikte() innerhalb der betreffenden Gesellschaften" (1990: 257) abgemildert werden. Daß beispielsweise die Soziogenese dieses spezifischen Schamgefühls mit "Wandlungen der Machtbalance zwischen den Geschlechtern" (Wouters 1994: 213) verknüpft ist, wird nicht problematisiert.

Darüber hinaus beinhaltet die 'Theorie der Körperscham' (ebd.:

256-269) die Antwort, "daß die Frage, ob die Körperscham 'genetisch fixiert' ist, gegenwärtig (nicht) entschieden werden kann" (ebd.: 269). Scham allerdings eliminieren zu wollen, muß scheitern, obschon die "allgemeine Erosion von Peinlichkeitsstandarden und Schamschranken in der modernen westlichen Gesellschaft" (ebd.: 269) dieser Annahme entgegensteht. Denn das menschliche Bedürfnis, "die gesellschaftliche Sphäre (...) in einen öffentlichen und in einen privaten Bereich zu teilen", ist in jeder Gesellschaft unabdingbar vorhanden. Für Duerr gehört es zu unserer "menschlichen *Identität*, daß wir den Zugang zu bestimmten Bereichen unseres Lebens kontrollieren" (ebd.: 258) wollen.

Sexualität als Bestandteil dieses Scham- und Privatbereiches wird gegenwärtig aber immer mehr kommerzialisiert, so die Ausgangsthese. Inwiefern die Kommerzialisierung der Sexualität jedoch als Liberalisierung zu verstehen ist, wird im folgenden leider nicht ausgeführt. Duerr widmet sich im dritten Buch Fragen von "Obszönität und Gewalt" (1993). Auch hier wird erneut das Geschlechterverhältnis und besonders seine physisch gewalthaften Erscheinungen wie Massenvergewaltigungen in kriegerischen Auseinandersetzungen betrachtet, um das Theorem der Zivilisierung[7], Affektbändigung und der wachsenden Schamkontrolle in der Moderne spektakulär und mit "erschreckende(m) Belegmaterial" (Schobert 1994: 834), zu widerlegen:

"Auch innerhalb der heutigen 'westlichen' Gesellschaft gibt es in den 'anonymen', relativ unüberschaubaren Großstädten eine wesentlich höhere Kriminalitätsrate als auf dem Lande, und zwar vor allem mehr *öffentliche* Gewaltverbrechen, namentlich Vergewaltigungen von Frauen." (Duerr 1993: 460)

Ursache dieser Gewaltzunahme ist mit wachsender Dichte die Heterogenität der Bevölkerungsstruktur:

"Mit steigender Bevölkerungszahl und Bevölkerungsdichte steigt auch die Zahl der *Kontakte mit Fremden* (Hervorh. von mir, S.E.) und die Interak-

---

7 Elias sah sich u.a. 1988 in einem Spiegel-Gespräch wohl aufgrund dieser Interpretation aufgefordert, zusätzlich zu seiner im zweiten Band bereits explizierten Aussage über die Relativität des heute erreichten zivilisatorischen Standards, hervorzuheben, daß wir uns gegenwärtig eher als "späte Barbaren" (1988) denn als durchgängig zivilisiert gebärdeten. In den 'Studien über die Deutschen' sind weitere Aussagen zur Janusköpfigkeit der Zivilisierung zu finden (1990: 227ff.).

tionen finden auch häufiger in der Öffentlichkeit statt. Im Vergleich zu den Menschen in kleinen, 'traditionellen' Gesellschaften, aber auch zur heutigen Dorfbevölkerung ist die der großen Städte heterogen, so daß sich das Konfliktpotential vergrößert." (ebd.)
Die Argumentation bleibt hier problematisch, denn es wird zum einen unterstellt, daß sowohl Anonymität als auch 'Fremdheit' zwangsläufig Konflikte hervorbringt. Zum anderen bleibt unklar, wie sich Fremdheit konstituiert und was der Begriff der Anonymität meint.

Die in diesem Zusammenhang interessant scheinende und spektakuläre Frage, "ob wirklich die Frauen in wesentlich geringerem Maße als vor 500 Jahren oder in 'primitiven' Gesellschaften als 'Objekte der sinnlichen Befriedigung' von Männern gesehen werden, ob sie weniger die Opfer von Nötigungen, Vergewaltigungen, Entwürdigungen und Demütigungen sind, wie Elias behauptet (...)" (Duerr 1993: 29), spricht die Problematik der Zivilisationstheorie an, den Widerspruch gebotener gesellschaftlicher Pazifizierung gegenüber faktischer, individueller Gewaltanwendung im innerstaatlichen Geschlechterverhältnis auszublenden. Eine überzeugende Argumentation, die, jenseits moralischer Empörung und beeindruckender Auflistung von Zahlenmaterial, diese Frage analytisch zu fassen vermag, bietet Duerr leider nicht. Auf dieser Ebene kann m.E. lediglich gezeigt werden, inwiefern durch die gesellschaftliche Ächtung sexueller Gewalt auf eine Verschiebung im gesellschaftlichen Machtgefüge der Geschlechter zu schließen ist.[8]

Indem die apriorische Unterstellung einer Wesenhaftigkeit der Scham formuliert wird, die zudem als geschlechtsspezifisch verschieden unterstellt wird, erübrigt sich für Duerr die soziologisch interessante Frage nach der je spezifischen Funktion von Scham, die nicht nur positiv, sondern vielmehr ambivalent ist (vgl. Duerr 1993: 16; Schröter 1990: 58). Es erübrigt sich auch die Frage nach der gesellschaftlichen Prägung von Kontrollen und ihrer historischen, schichten-

---

8 Dann verweist das Beispiel Duerrs (vgl. 1993: 365ff.), daß Vergewaltigung im Mittelalter noch Schande für das Opfer bedeutete und seinen sozialen Tod auslöste, nicht nur auf diese Machtverschiebung. Es zeigt vielmehr, daß dieses Thema recht öffentlich war - ein Phänomen, das heute gerade durch seine Tabuierung widersprüchliche Problemstellungen evoziert und das Schutzfunktionen und Vermeidungsfunktionen zugleich birgt.

und geschlechtsspezifisch verschieden verlaufenden Ausprägung. Auch wenn eindrucksvolle Belege geliefert werden, um die Trennung von Privatheit und Öffentlichkeit in einfachen Gesellschaften aufzuzeigen, werden soziologische Fragestellungen, die an dieses nicht nur sexuell ausgeprägte Phänomen herangetragen werden können, nicht verfolgt. Zwar ist es ein Gemeinplatz, daß in jeder Gesellschaft das Bedürfnis besteht, eine Privatsphäre von einer öffentlichen Sphäre zu scheiden, sonst wäre es kein spezifisch menschliches Bedürfnis; daß dieses Bedürfnis *selbst* allerdings verschieden ausfällt und spezifisch unterschiedlich modelliert ist, wird übersehen.

Die Thesen zur weiblichen Genitalscham verweisen darüber hinaus auf die Frage nach der gesellschaftlichen Machtverteilung im Geschlechterverhältnis. Sie wird jedoch negiert und Duerr stellt vielmehr die Annahme in Frage, "die Körperscham als solche als ein Angstgefühl des Unterlegenen gegenüber einem sozial Höherrangigen zu bezeichnen oder die Körperscham als einen Sonderfall jener Art von Scham zu sehen, die man empfindet, wenn man bestimmten gesellschaftlichen Normen nicht genügt oder gegen sie verstoßen hat" (1990: 17).

Abschließend wird gegen die Zivilisationstheorie die polemische Frage eingebracht, "wieso mit der Nivellierung von Macht- und Herrschaftsbeziehungen die Schamschranken wachsen und nicht sinken sollen", wenn es doch "gar niemanden mehr gibt, der sie [die Menschen, S.E.] beherrscht oder auf sie Macht ausübt" (Duerr 1990: 18).

Duerr formuliert, so ist zusammengefaßt festzuhalten, einen engen, normativen und universalen Schambegriff, der sich nur auf sexuelle Scham bezieht. Die Ambivalenz moderner Schamstandards wird nicht thematisiert. Zugleich ist aber der Anspruch erkennbar, verallgemeinernd Schamverluste der modernen Gesellschaft zu diagnostizieren. Wenn es zuträfe, was zu überprüfen bleibt, daß sexuelle Schamschwellen gesunken sind, könnte im Duerrschen Sinne in der Tat von wachsender Schamlosigkeit gesprochen werden. Selbst dann aber bezöge sich dieser Tatbestand nur auf einen Teilbereich der Gesellschaft. Die 'Theorie der Körperscham' und die Begründung der Ausgangsthese, daß eine "unübersehbare Tatsache der neuerlichen Senkung der Scham- und Peinlichkeitsstandarde (...) einerseits durch den sich durchsetzenden Hedonismus der Konsumgesellschaft, andererseits durch die für die neuzeitliche Gesellschaft charakteristische Schwächung der Formen herkömmlicher sozialer Kontrolle" (ebd.: 8) zu erklären ist, bleibt wenig plausibel und überzeugend.

Indem die Argumentation darüber hinaus mit ontologischen und apodiktischen Prämissen versehen wird, kann der Ethnologe Duerr sich nicht auf Analysen einlassen, die das soziale Machtgefüge beleuchten, das sich hinter einer subjektiv scheinenden und variationsreichen Empfindung verbirgt. Schröters Frage, ob Duerr letztlich nicht so verfahre, "daß er seine Ausführungen als Kritik an einem Autor anlegt, auf den er sich gar nicht einläßt" (1990: 65), erhält dadurch erneut Berechtigung, und der Eindruck, es handle sich um eine theoretisch wenig gehaltvolle, dafür aber empirisch eindrucksvolle "wahre Materialschlacht" (Schobert 1994: 833), bleibt bestehen.

III.

Einem weitaus subtileren Aspekt der Scham geht dagegen Sighard Neckel nach. Er fragt auf dem "Weg zu einer soziologischen Theorie des Schämens" (1991: 105) inwiefern sich in "individualisierten Klassengesellschaften" Scham in einer sozial ungleichen Gesellschaft in symbolischer und *machtvoller* Form konstituiert und reproduziert. Die gegenwärtige Aufgabe der Soziologie liegt für ihn darin, die im "Alltagsleben, in der Gesellschaft häufig verdeckte Scham zu erkennen und in ihren Ursachen, Bedeutungen und Funktionen zu analysieren" (ebd.: 40), um dabei in das "Innerste einer Gesellschaft" (ebd.: 18) vorzudringen. Die sich im modernen Individuum reproduzierende Scham verweist immer schon auf die "Geltung jeweils spezifischer Normen" (ebd.: 18) und Funktionen in 'Klassengesellschaften'.

Das "Spektrum der sozialen Reaktionsweisen auf Scham" (ebd.: 79) zeigt sich in Selbstzerstörung, Haß, Konformität, Bescheidenheit bis hin zur Selbststigmatisierung, in Gehorsam und Unterordnung. Scham stellt sich vermehrt als "emotionale() Last sozialer Auf- und Absteiger" (ebd.: 80) dar, die sich aus einer zunehmenden Individualisierung ableitet. Gerade in modernen Gesellschaften tritt Unterlegenheit als ein Aspekt der Scham deutlich hervor. Sich zu schämen, stellt nicht nur eine Beschämung dar; Beschämung ist vielmehr selbst ein "Indiz von Unterlegenheit" (ebd.: 178).

Neckel erklärt dieses Phänomen mit einem gewachsenen Individualismus. Gegenüber einer aus 'kulturkritischer' Perspektive gleichlautenden *Erklärung* will er sich jedoch abgrenzen: Diese 'konservativen Kritiker' konstatieren eine Schamlosigkeit der modernen Gesellschaft und zielen darauf ab, geltende Normen und Konventionen durch Schamangst zu verfestigen. Aufgezeigt werden soll jedoch die *Funktion* der Scham im Prozeß 'kapitalistischer Vergesellschaftung':

> "Der utilitaristische Individualismus, der die Spannung zwischen Über- und Unterlegenheit betont und Beschämungen zu seinem eigenen sozialen Nutzen einsetzt, steht den Maximen der Gesellschaft, die ihn hervorgebracht haben, nicht als kultureller Verfall gegenüber. In ihm kommt das Prinzip kapitalistischer Marktvergesellschaftung vielmehr auch in den kulturellen Deutungsformen[9] und den sozialen Sinnstrukturen zu sich selbst." (ebd.: 176)

Unterlegenheit fungiert in der Moderne als "symbolische Klassifikation einer defizitären Individualität" (ebd.: 177), die schamvoll verdeckt wird.

Es sind weniger die "spektakulären Vorgänge" wie beispielsweise die Inszenierungen der Werbeindustrie oder ein vermeintlich 'schamloser' Umgang mit der Sexualität, die Neckel interessieren. Auch wenn er mit Duerr und Elias übereinstimmt, daß eine "Lockerung bestimmter Selbstzwänge in der gegenwärtigen Gesellschaft, die Senkung der Scham im Anblick von Nacktheit etwa" (ebd.: 140) festzustellen ist, untersucht Neckel Ereignisse, die "*gerade* jenseits von ihnen" stattfinden. Moderne Formen der Beschämung haben "ihren Anlaß im sozialen Status von Individuen und Gruppen" (ebd.: 16). Mit der Unterscheidung von *sozialer*, *normativer* und *moralischer* Scham werden unterschiedliche *Bezugspunkte* von Scham benannt, die sich geändert haben. Soziale Scham leitet sich aus einem sozialen Beziehungsgeflecht ab, das ein geringes "Maß an Anerkennung" enthält, während sich ihre normative Implikation auf ein Idealbild des einzelnen bezieht, von dem die "Person dann beschämend abfallen kann" (ebd.: 16). Die moralische Bedeutung und ihre besonders neuartige Erscheinungsform gewinnt Scham in der spezifischen Verarbeitungweise der Betroffenen: Scham zu empfinden, zieht einen persönlichen Wertver-

---

9 Kulturelle Deutungsformen sind Geschlecht, Alter und Klasse. Sie bewirken gleichsam als Filter des Individuums Unterschiede in der Bewertung dessen, was als beschämend empfunden wird (vgl. ebd.: 135).

lust nach sich und "ist immer auch von dem Gefühl begleitet, daß man sich etwas zu Schulden kommen ließ, für seinen selbst empfundenen Mangel auch selbst verantwortlich ist" (ebd.: 16f.). Während der Psychologe Lewis noch wachsende Schamkonflikte auf den Verlust vormoderner Instanzen zurückführte, die den einzelnen von Scham und Schuld entlasten, sieht Neckel eine spezifisch moderne *Verarbeitungsform* gesellschaftlicher Konfliktpotentiale. Eine "institutionelle Sicherung der sozialen Ehre" (ebd.: 79), die in archaischen und vormodernen Gesellschaften durch Rituale gesichert ist, entfällt in der Moderne, und jeder einzelne ist gezwungen, seinen Status selbst wiederherzustellen. Die den Schamgefühlen zugrundeliegenden Normen und Werte sind wie "ehedem" vorhanden. Sie haben jedoch ihren "kollektiven, moralischen Charakter" verloren und sich "stattdessen mit den gestaffelten instrumentellen Werten der gesellschaftlichen Prestigeskala" (ebd.: 79) aufgeladen.

In der Auseinandersetzung mit Elias (vgl. Neckel 1991: 140 ff.) bemängelt Neckel v.a. einen fehlenden zeitdiagnostischen Gehalt der Zivilisationstheorie. Elias nimmt einen "analytischen Kurzschluß von Verflechtung und Verinnerlichung" (ebd.: 141) bei der Erklärung von Scham vor. Dadurch wird die Möglichkeit, vorrückende Schamschwellen als Resultat eines "gewandelte(n) Individualitätsbewußtsein(s)" (ebd.: 140) zu verstehen, versperrt. Impliziert ist hier die Vorstellung, daß die bei Elias wie auch bei Duerr konstatierte fortschreitende gesellschaftliche Verflechtung sich zugunsten einer Individualisierung verändert: Die kollektive Bindungskraft von Normen wird eingebüßt und ihre Durchbrechung wird verschieden zugerechnet und verarbeitet. Der einzelne ist für die Einhaltung oder Durchbrechung von Normen zugleich *ursächlich* verantworlich aber auch *haftbar*.

Ein Normverstoß veranlaßt dann zur Scham, "wenn entweder fremde oder (...) eigene Erwartungen an das Verhalten enttäuscht und einem diese Enttäuschung von anderen oder/und einem selbst als ursächlich zugerechnet werden kann" (ebd.: 104f.). Folge im interaktiven Gefüge ist ein Machtverlust, der sich in der "negativen Selbstbewertung eines Subjekts dokumentiert" (ebd.: 106). Die Bedingung, einen Normverstoß als ursächlich selbstverschuldet erklären zu können, basiert auf der Annahme, in einer *individualisierten* Gesellschaft zu leben, die sich u.a. durch die Erodierung sozialmoralischer und Klassenmilieus auszeichnet. Daß dagegen mit dem Befund einer Klassengesellschaft, die sich ja durch die Fortexistenz kollektiver Milieus auszeichnet und damit quasi 'klassenspezifische' Bewältigungsstrategien von Scham und Beschämung bieten, von dem Bewußtsein ausgegangen werden kann, man sei für die Normverstöße *ursächlich* selbst verantwortlich, bleibt ein Widerspruch in Neckels Ansatz.

Während Sennett sieht, daß in vormodernen Gesellschaften Unterlegenheit und Schwäche nicht persönlich zugerechnet, sondern sozial vererbt wurden, beschreibt Neckel auf gleicher Ebene aber eindringlicher die "Vielfalt der Erscheinung von Schamgefühlen in unserer Industriegesellschaft" (Kuzmics 1994: 54) und die Wirksamkeit von Scham als 'lautloses Disziplinierungsmittel' in modernen Industriegesellschaften wird spürbar. Die Rezeption der in diesem Kontext zentralen Zivilisationstheorie verdeutlicht jedoch nicht, inwiefern Neckel die Spezifik der Schamzwänge in modernen Gesellschaften neuartig analysiert: Elias unterscheidet zwischen Peinlichkeit und Scham und analysiert soziale Scham (vgl. Elias 1989a: 398ff.). Insofern ist die Kritik Neckels, daß die zeitdiagnostische Reichweite der Zivilisationstheorie eingebüßt wird, wenig überzeugend. "Über den Prozeß der Zivilisation" läßt sich, so bemerkt Kuzmics, zunächst als der "höfische() Teil der Vorgeschichte 'moderner' Gesellschaften" (Kuzmics 1994: 55) lesen. Die Zivilisationstheorie weist bewußt nicht den Klassenbegriff auf, sondern spricht von gesellschaftlichen Gruppen. Damit kann Scham durchaus als Machtphänomen analysiert werden.[10]

V.

Die vielfach zu vernehmende Rede von einem wachsenden Schamverlust der modernen Gesellschaft beinhaltet unterschiedliche und zumeist generalisierende Gesellschaftsbilder. Partielle soziale Phänome-

---

10 Diese unterschiedlichen Deutungen hängen jedoch mit einem unterschiedlich verwendeten Machtbegriff zusammen. Während der Macht- und Gesellschaftsbegriff der Zivilisationstheorie figurational ist und sich auf soziale Gefüge und Interdependenzen bezieht, wendet Neckels einen praxistheoretischen Begriff an, mit dem Macht auch dann lokalisiert wird, "wenn es kein soziales Handeln" (Neckel 1991: 152) ist.

ne (vorrangig das Sexualverhalten) werden auf die gesamte Beschreibung der Gesellschaft übertragen. *Ambivalente* Erscheinungen, die die Spanne zwischen Formalität und Informalität des Schamverhaltens in der Moderne anzeigen, werden nicht erklärt und dem Bild einer ursprünglichen und psychisch notwendigen Schamhaftigkeit subsumiert, die entgegen allen gesellschaftlichen Wandlungsprozessen unverändert gleich zu bleiben scheint. Hier erweist sich das Label *schamlose Gesellschaft* als wenig geeignet, um die jeweiligen sozialen Ursachen, Funktionen und Formen der Scham zu erklären. Fern ab der Spekulation, ob insbesondere die Moderne schamloser oder schamvoller geworden ist, kann jedoch die zivilisationstheoretische Diskussion über den Wandel von Verhaltensstandards in der modernen Gesellschaft[11] mit der These eines "stärkeren Trends zur Informalisierung" (Wouters 1982: 294) auf die Vor- und Gegenbewegungen im gesellschaftlichen Machtkonflikt hinweisen. Aus dieser Perspektive kann untersucht werden, ob in bestimmten Bereichen der Gesellschaft, wie etwa in den Umgangsformen, in der Sexualität, im Geschlechterverhältnis und besonders in den Medien eine Lockerung im Duerrschen Sinne als schamlos oder, analytischer ausgedrückt, als Informalisierung erscheint. Beobachtet man die zunehmende Tendenz zur öffentlichen Zurschaustellung privatester Empfindungen und Versagensängste in den Medien, so kann darin insofern ein Trend zur 'Schamlosigkeit' konstatiert werden als die Grenzen persönlicher Integrität und Intimität zusehends medial verändert werden.

Für diese lohnenden Analysen ist dabei aber besonders zu fragen, ob, und wenn ja, *inwiefern* in *welchen* gesellschaftlichen Bereichen ein 'Unbewußtwerden' der Scham anzutreffen ist. Wer sind die Trägergruppen dieser Entwicklung, und wie folgenreich wirken sich heute ihre spezifisch individualisierten Verarbeitungsmechanismen aus? Versteht man Scham in einem explizit machtsoziologischen Sinn,

---

11 Vgl. etwa Cas Wouters (1995), Helmut Kuzmics (1989) und Abram de Swaan (1991). Der von Hermann Korte herausgegebene Sammelband über "Gesellschaftliche Prozesse und individuelle Praxis" vermittelt darüber hinaus einen guten Überblick über die Anwendbarkeit der Zivilisationstheorie auf gegenwärtige soziologische Problemstellungen, etwa Fragen der Stadtentwicklung, des Geschlechterverhältnisses im Wissenschaftsbetrieb oder der Bevölkerungsentwicklung.

kann je nach Betrachter eine anhaltende soziale Ungleichheit als Manifestation sozialer Schichtung und Hierarchisierung beobachtet werden. Die soziale Funktion, Status und Macht anzuzeigen, hat Scham in der Moderne nicht eingebüßt. Zivilisationstheoretisch kann hier u.a. nach dem gesellschaftlichen Wandel in den Einstellungen gegenüber Über- und Unterlegenheit gefragt werden. So erlaubt die These über das gleichartige Schamverhalten, die Beobachtung, daß nach wie vor soziale Ungleichheit präsent ist, eine offene Zurschaustellung von Prestige und Status aber gesellschaftlich sanktioniert und mehr oder minder schamvoll verdeckt wird (vgl. Wouters 1995). Ob allerdings die Tendenz im Umgang mit wachsender Verarmung und Arbeitslosigkeit nicht umgekehrt gerade auf eine Schamlosigkeit schließen läßt, die mehr oder minder offen zur Schau gestellt wird, bleibt zu diskutieren. Wohl kaum ein anderer Begriff wie der der *verdeckten Arbeitslosigkeit* bringt diese Mehrdeutigkeit zum Ausdruck und verweist auf anhaltende Schamgefühle der Betroffenen.

Es dürfte deutlich geworden sein, daß die pauschale Rede von der "schamlosen Gesellschaft" zu wenig Tiefenschärfe besitzt, um als gesellschaftstheoretisches Label zu taugen. Demgegenüber ist die Frage der sozialen Funktion von Scham sehr wohl ein lohnendes soziologisches Thema zur Beschreibung ungleicher Sozialverhältnisse und von Machtstrukturen. Von einem Verschwinden der Scham kann jedenfalls - mutet man sich einen genaueren Blick zu - nicht gesprochen werden. Die vorschnelle Rede von der "schamlosen Gesellschaft" würde sich in solchen Analysen womöglich als ziemlich schamloser Versuch herausstellen, Kulturpolitik per Moral zu betreiben.

Literatur

Brockhaus Enzyklopädie 1992: Band 19 (18.Aufl.), Mannheim.
Duerr, Hans Peter 1988: Nacktheit und Scham. Der Mythos vom Zivilisationsprozeß I, Frankfurt a.M.
Duer, Hans Peter 1990: Intimität. Der Mythos vom Zivilisationsprozeß II, Frankfurt a.M.
Duer, Hans Peter 1993: Obszönität und Gewalt. Der Mythos vom Zivilisationsprozeß III, Frankfurt a.M.
Durkheim, Emile 1988: Über soziale Arbeitsteilung. Studie über die Organisation höherer Gesellschaften, Frankfurt am Main (1893).

Elias, Norbert 1988: "Wir sind die späten Barbaren". Der Soziologe Norbert Elias über den Zivilisationsprozeß und die Triebbewältigung, in: Der Spiegel, Nr.21, Hamburg, S.183-190.

Elias, Norbert 1989a: Über den Prozeß der Zivilisation. Soziogenetische und psychogenetische Untersuchungen. Erster Band. Wandlungen des Verhaltens in den weltlichen Oberschichten des Abendlandes, Frankfurt a.M. (14. Aufl.).

Elias, Norbert 1989b: Über den Prozeß der Zivilisation. Soziogenetische und psychogenetische Untersuchungen. Zweiter Band. Wandlungen der Gesellschaft. Entwurf zu einer Theorie der Zivilisation, Frankfurt a.M. (14.Aufl.).

Elias, Norbert 1990: Studien über die Deutschen. Machtkämpfe und Habitusentwicklung im 19. und 20. Jahrhundert, hg.v. Michael Schröter, Frankfurt a.M.

Ernst, Stefanie 1996: Machtbeziehungen zwischen den Geschlechtern. Wandlungen der Ehe im 'Prozeß der Zivilisation', Opladen.

Freyer, Hans 1955: Theorie des gegenwärtigen Zeitalters, Stuttgart (1967).

Greiner, Ulrich 1994: "Wie man in Deutschland das letzte Wort behält. Auschwitz aus dem Sack", in: Die Zeit, Nr. 50, vom 9. Dezember 1994, S. 57.

Hillmann, Karl-Heinz 1994: Wörterbuch der Soziologie (4. überarb. Aufl.), Stuttgart.

Klima, Rolf 1994: Art. "Scham", in: Lexikon zur Soziologie (3. überarb. Aufl.), hg. v. Werner Fuchs-Heinritz, Rüdiger Lautmann, Otthein Rammstedt, Hanns Wienold, Opladen (1973/1978), S.578.

Korte, Hermann (Hg.) 1990: Gesellschaftliche Prozesse und individuelle Praxis. Bochumer Vorlesungen zu Norbert Elias' Zivilisationstheorie, Frankfurt a.M.

Kuzmics, Helmut 1989: Der Preis der Zivilisation. Die Zwänge der Moderne im theoretischen Vergleich, Frankfurt a.M./New York.

Kuzmics, Helmut 1994: Einzelbesprechung: Sighard Neckel, Status und Scham. Zur symbolischen Reproduktion sozialer Ungleichheit, in: Soziologische Revue 17, München, S. 53-56.

Landweer, Hilge 1995: Mikrophysik der Scham. Elias und Foucault im Vergleich. Vortrag auf der Tagung anläßlich des bevorstehenden 100. Geburtstages von Norbert Elias "Zivilisierung des weiblichen Ich" in Hamburg, vom 23. bis 25.06.1995.

Lewis, Michael 1993: Scham. Annäherung an ein Tabu, Hamburg.

Neckel, Sighard 1991: Status und Scham. Zur symbolischen Reproduktion sozialer Ungleichheit, Frankfurt a.M./New York.

Riesman, David 1953: Die einsame Masse: eine Untersuchung der Wandlungen des amerikanischen Charakters, Hamburg (1961).

Rutschky, Michael 1994: "Nichts als Helden. Der Mann hat die Werbung erobert - heroisch, martialisch, nackt. Mehr als nur ein Essay", in: Zeitmagazin vom 3.März 1994, S.12-17.

Schobert, Alfred 1994: Besprechung zu Hans Peter Duerr: Obszönität und Gewalt. Der Mythos vom Zivilisationsprozeß III, in: Das Argument 206,

36.Jg., Heft 4/5, S.833-835.
Schröter, Michael 1990: Scham im Zivilisationsprozeß. Zur Diskussion mit Hans Peter Duerr, in: Hermann Korte (Hg.): Gesellschaftliche Prozesse und individuelle Praxis. Bochumer Vorlesungen zu Norbert Elias' Zivilisationstheorie, Frankfurt a.M., S. 42-86.
Sennett, Richard 1990: Autorität, Frankfurt am Main (1980).
Sennett, Richard 1993: Verfall und Ende des öffentlichen Lebens: die Tyrannei der Intimität, Frankfurt am Main.
Simmel, Georg 1986: Zur Psychologie der Scham, in: ders.: Schriften zur Soziologie. Eine Auswahl, Frankfurt am Main, S. 140-150.
Spengler, Oswald 1989: Der Untergang des Abendlandes. Umrisse einer Morphologie der Weltgeschichte, München (1918).
Spiegel, Der 1993: "Das Gewissen hat versagt". Spiegelgespräch mit dem Ethnologen Hans Peter Duerr über Kulturverfall und das Unbehagen an der Moderne, Nr. 2, S. 170-173.
Spiegel, Der 1994a: "Wo lernt man das denn? Im Superwahljahr ist die Furcht vor Gewalt an die Spitze der Bürgerängste gerückt...", Nr. 3, S. 70-78.
Spiegel, Der 1994b: "Ich gegen meinen Bruder". Ariane Barth über Aggression und Zivilisation, Nr. 3, S. 78-91.
Spiegel, Der 1994c: "Böse Zeiten für das Gute". Soviel Sorge war selten: Haß und Verrohung, Korruption und Eigennutz zerrütten die moderne Gesellschaft. Nr. 4, S. 168-174.
Spiegel, Der 1995: "Mieser Geschmack ist gut". Nr. 41, S. 96-103.
Stephan, Cora 1995: Neue deutsche Etikette, Hamburg.
Süddeutsche-Zeitung-Magazin 1992: "Darf man mit diesem Photo für Pullover werben?". Im Streit: Kulturphilosoph Neil Postman und Oliviero Toscani, Erfinder der umstrittensten Anzeigenkampagne der Welt, Nr. 41 vom 9.10.1992, S. 38-46.
Swaan, Abram de 1991: Vom Befehlsprinzip zum Verhandlungsprinzip. Über neuere Verschiebungen im Gefühlshaushalt der Menschen, in: Helmut Kuzmics, Ingo Mörth (Hg.), Der unendliche Prozeß der Zivilisation. Zur Kultursoziologie der Moderne nach Norbert Elias, Frankfurt a.M., S. 173-198.
Tönnies, Ferdinand 1988: Gemeinschaft und Gesellschaft. Grundbegriffe der reinen Soziologie (Neudruck der 8. Aufl.von 1935/2. unver. Auflage), Darmstadt.
Türcke, Christoph 1994: Tabu, in: Die Zeit, vom 2.09.1994, Nr. 36, 49. Jg., S. 53.
Wouters, Cas 1982: Informalisierung und der Prozeß der Zivilisation, in: Peter Gleichmann, Johan Goudsblom, Hermann Korte (Hg.), Materialien zu Norbert Elias' Zivilisationstheorie (1979), Frankfurt a.M., S. 279-298.
Wouters, Cas 1986: Informalisierung und Formalisierung der Geschlechterbeziehungen in den Niederlanden von 1930 bis 1985, in: Kölner Zeitschrift für Soziologie und Sozialpsychologie, 38. Jg., Heft 3., Opladen, S. 510-528.

Wouters, Cas 1994: Duerr und Elias. Scham und Gewalt in Zivilisationsprozessen, in: Zeitschrift für Sexualforschung, Jg. 7, Heft 3, S. 203-216.

Wouters, Cas 1995: Etiquette Books and Emotion Management in the 20th Century: Part One- the integration of social classes, in: Journal of Social History, Vol. 29, Nr. 1, S. 107-124.

Wurmser, Leon 1990: Die Maske der Scham. Die Psychoanalyse von Schamaffekten und Schamkonflikten, Berlin.

Zill, Rüdiger 1994: Warum soll ein Pazifist nicht schmatzen dürfen? Zylinder des Zauberers oder alter Hut? Zivilisation: zwischen Kampfbegriff und Forschungshypothese, in: Frankfurter Rundschau vom 8.2.1994, Nr. 32, Frankfurt a.M., S. 10.

Georg Kneer/Gerd Nollmann
Funktional differenzierte Gesellschaft

Der Vorgang der zunehmenden Arbeitsteilung, der relativen Trennung und Verselbständigung von Berufstätigkeiten, Arbeitsgängen und Fertigkeiten ist ein bekanntes Phänomen moderner Gesellschaften. Adam Smith hat schon 1776 in seiner *Untersuchung über die Natur und die Ursachen des Nationalreichtums* darauf hingewiesen, daß die betriebliche Institutionalisierung von Arbeitsteilung eine erhebliche Steigerung wirtschaftlicher Produktivität ermöglicht. Seine berühmte Beschreibung der arbeitsteiligen Stecknadelfabrikation zeigt, wie durch die Zerlegung des Arbeitsprozesses in kleinere Einheiten funktionale Spezialisierungen vorgenommen werden. Dem einzelnen Arbeiter bleiben nur noch ausschnitthafte Arbeitsgriffe und eng umgrenzte Aufgaben zu bewältigen, die sich im gesamten Produktionsvorgang zur Einheit des Produktes verbinden.

In den Sozialwissenschaften wird der Begriff der funktionalen Differenzierung verwendet, um die Beschreibung vergleichbarer Arbeitsteilung und Aufgabenspezialisierung auf gesamtgesellschaftlicher Ebene zu ermöglichen. Betrachtet man die Diskussion über den Begriff einer funktional differenzierten Gesellschaft, so lassen sich zwei Besonderheiten konstatieren. *Erstens*: Während ein Großteil der in diesem Band versammelten zeitdiagnostischen labels - zu denken ist nur an die Konzepte der Risikogesellschaft, der Postmoderne oder der Zivilgesellschaft - gerade auch in feuilletonistisch unterlegten Diskussionskreisen lebhaft und kontrovers diskutiert werden, findet die Debatte über den Differenzierungscharakter der modernen Gesellschaft (fast ausschließlich) innerhalb der sozialwissenschaftlichen Fachöffentlichkeit statt. Bei dem Begriff der funktional differenzierten Gesellschaft handelt es sich somit nicht, anders gewendet, um einen Topos, der auch einem breiten Publikum wohlvertraut ist. In der soziologischen bzw. sozialwissenschaftlichen Literatur findet der Begriff hingegen umso häufiger Verwendung, ja, man kann ohne Übertreibung das Konzept funktionaler Differenzierung als Schlüsselkategorie der fachwissenschaftlichen Bemühung um eine Theorie moderner Gesellschaften ansehen. So ist es etwa in der soziologischen Profession weithin anerkannt, gegenwärtigen Sozialordnungen im Vergleich zu früheren Gesellschaftsformationen ein anderes bzw. höheres Differenzierungsniveau zu attestieren und in den Prozessen der funktionalen Spezialisierung ein Charakteristikum des gesellschaftlichen Modernisierungsvorganges zu sehen.

Eine genauere Betrachtung des sozialwissenschaftlichen Diskurses zeigt freilich *zweitens*, daß die häufige Verwendung differenzierungstheoretischer Konzepte keineswegs zu einer klaren begrifflichen Durchgestaltung auch nur der Grundannahmen des Theorems funktionaler Differenzierung geführt hat. Hartmann Tyrell (1978: 176) kommt bei seiner Ende der siebziger Jahre durchgeführten Sichtung wichtiger Beiträge zur Theorie gesellschaftlicher Differenzierung dann auch mit Recht zu dem Ergebnis, daß das Konzept beträchtliche Unschärfen, Ausarbeitungs- und Systematisierungsdefizite aufweist. So gesehen scheint der Begriff der funktionalen Differenzierung lange Zeit den Status eines unhinterfragten Grundbegriffes besessen zu haben.

Erst in jüngster Zeit hat sich die Situation gewandelt. In den letzten Jahren ist eine Fülle von neuen, begrifflich zum Teil sehr anspruchsvollen Beiträgen zur Theorie funktionaler Differenzierung vorgelegt worden. Besondere Aufmerksamkeit hat dabei Niklas Luhmanns Neufassung des Differenzierungskonzepts gefunden. In der von Luhmann vorgeschlagenen Version wird die Annahme einer funktionalen Ausdifferenzierung gesellschaftlicher Subsysteme dahingehend radikalisiert, daß eine (weitgehende) Verselbständigung der eigenlogisch operierenden Teilbereiche behauptet wird. Im Anschluß an Luhmanns Vorschlag hat sich eine lebhafte, gegenwärtig noch andauernde Auseinandersetzung über Art und Ausmaß der innergesellschaftlichen Differenzierung entwickelt.

Die folgenden Überlegungen haben sich zum Ziel gesetzt, in die Debatte über das zeitdiagnostische label 'funktional differenzierte Gesellschaft' einzuführen. Wir beginnen mit einigen kurzen Bemerkungen zur Verwendung des Differenzierungskonzepts bei den soziologischen Klassikern (I). Daran anschließend behandeln wir wichtige Grundannahmen der Gesellschaftstheorie und Zeitdiagnose Luhmanns sowie einige kritische Einwände, die dagegen vorgetragen worden sind (II). Einen eigenen Abschnitt widmen wir Jürgen Habermas' Versuch, den Modernisierungsprozeß als Entkoppelungsvorgang von System und Lebenswelt zu interpretieren (III). Wir schließen mit einem kurzen Resümee (IV).

I.

Das Konzept der gesellschaftlichen Differenzierung gilt als das Kernstück einer spezifisch soziologischen Gesellschafts- und Evolutionstheorie (vgl. Tyrell 1978). Bereits die Klassiker der Soziologie, also u.a. Herbert Spencer, Emile Durkheim, Georg Simmel und Max Weber, wählen bei der Beschreibung des gesellschaftlichen Modernisierungsprozesses einen *differenzierungstheoretischen Bezugsrahmen* (vgl. Schimank 1996: 26ff). In ihren Augen ist die moderne Gesellschaft durch die Herausbildung unterschiedlicher, auf die Erfüllung bestimmter Aufgaben spezialisierter Handlungsfelder, Institutionen und Teilbereiche charakterisiert; Ergebnis des Differenzierungsvorganges ist in ihren Augen eine gesellschaftliche Aufgaben- und Arbeitsteilung, die es in dieser Form in vormodernen Gesellschaften nicht gegeben hat. Das Bild, das die klassische Soziologie von der Moderne zeichnet, kommt somit dem recht nahe, was seit Talcott Parsons allgemein mit dem Begriff der *funktional differenzierten Gesellschaft* bezeichnet wird. Dieser Aussage ist allerdings hinzuzufügen, daß die soziologischen Gründungsväter das Konzept der Funktionsdifferenzierung nicht bzw. nicht durchgängig verwenden; überhaupt muß festgehalten werden, daß Spencer, Durkheim, Weber und Simmel - wenngleich sie von einer mehr oder weniger einheitlichen Grundfigur der Moderne ausgehen (vgl. Berger 1988: 225) - bei ihrer Beschreibung und Analyse der modernen Gesellschaft auf divergierende Begrifflichkeiten bzw. Konzepte zurückgreifen.

Spencer bedient sich in seinen *Principien der Soziologie* biologischer Modelle und Annahmen. Er betont, daß zwischen organischen und sozialen Einheiten vielfältige Parallelen existieren; die Analogien, die sich zwischen lebenden und sozialen Körpern beobachten lassen, sind seines Erachtens so fundamental, daß er die Gesellschaft kurzerhand als einen *sozialen Organismus* bezeichnet. Lebewesen und Gesellschaften tendieren, so Spencer, gleichermaßen zum Wachstum, wobei die Entwicklung von einfachen zu komplexen, von homogenen zu heterogenen Einheiten verläuft. Die fortschreitende Differenzierung ist mit einer Spezialisierung der einzelnen Subeinheiten verbunden: Die ungleichen Teile des Gesamtaggregats konzentrieren sich auf unterschiedliche Aufgaben, so daß von einer fortschreitenden "Differenzirung der Functionen" (Spencer 1885: 6) gesprochen werden kann. Spencer erläutert den Begriff der funktionalen Differenzierung am Beispiel der Arbeitsteilung. Auf einer rudimentären Stufe ist "eine Gesellschaft als Ganzes noch Krieger, Jäger, Hüttenbauer, Waffenverfertiger usw. zugleich" (ebd.: 8), während sich auf einer fortgeschrittenen Gesellschaftsstufe spezielle Einrichtungen herausbilden, die auf die Erfüllung jeweils einer Aufgabe zugeschnitten sind. Gleichzeitig kommt es nach Spencer zu einer größeren Abhängigkeit der einzelnen Subeinheiten: Ebenso wie die einzelnen Körperorgane, also etwa Lunge, Herz, Magen usw., wechselseitig aufeinander angewiesen sind, bleiben die sozialen Subsysteme gerade *aufgrund* ihrer funktionalen Spezifizierung voneinander abhängig.

Durkheim skizziert in seiner Schrift *Über soziale Arbeitsteilung* den evolutionären Übergang von einfachen zu höher entwickelten Gesellschaften. Einfache Gesellschaften, die sich durch eine geringe Größe auszeichnen, bestehen aus homogenen Segmenten, während höher entwickelte Gesellschaften ein "System von verschiedenen Organen" (Durkheim 1988: 237) bilden, "von denen jedes eine Sonderrolle ausübt" (ebd.). Durkheim knüpft bei der Beschreibung moderner Gesellschaften unmittelbar an Spencers Organismusanalogie an, im Gegensatz - und bewußter Distanz - zu dem Engländer zieht er jedoch den Begriff der Arbeitsteilung dem der Differenzierung vor.[1] Moderne

---

[1] Genauer müßte man sagen, daß Durkheim, anders als Spencer, sorgfältig zwischen den Begriffen Arbeitsteilung und Differenzierung unterscheidet: Während der (positiv konnotierte) Begriff der Arbeitsteilung dort Verwendung findet, wo die zunehmende Spezialisierung neue Formen der Solidarität stiftet, greift Durkheim auf den Begriff der Differenzierung bei der Beschreibung *anomischer* Formen der funktionalen Aufteilung zurück. "Man könnte versucht sein, zu den irregulären Formen der Arbeitsteilung den Beruf des Verbrechens und die anderen schädlichen Berufe zu zählen. Sie sind die reine Verneinung der Solidarität, gleichwohl bestehen sie aus ausschließlich speziellen Tätigkeiten. Um aber genau zu sein, handelt es sich nicht um Arbeitsteilung, sondern schlicht und einfach um Differenzierung"

Gesellschaften sind arbeitsteilige Gesellschaften: Die handelnden Akteure gruppieren sich nicht länger nach Abstammungsbeziehungen, sondern nach Berufsgruppen; der Platz eines jeden Individuums ergibt sich hier "vermittels der Funktionen, die es ausübt" (ebd.: 238). Durkheims primäres Interesse gilt den jeweiligen gesellschaftlichen Solidaritätsformen, d.h. der Frage, welche sozialen Beziehungen und Bindungen die Menschen untereinander eingehen. Einfache Gesellschaften sind durch Formen *mechanischer Solidarität* integriert; die Ähnlichkeit und Gleichheit der Gesellschaftsmitglieder garantiert eine starre wechselseitige Bindung. Mit der Vergrößerung und Verdichtung der Gesellschaft löst sich die mechanische Solidarität auf. An deren Stelle tritt die *organische Solidarität*, die nach Durkheims (idealtypischer) Perspektive unmittelbar aus der gesellschaftlichen Arbeitsteilung resultiert, die also auf Formen der Differenz bzw. der Nicht-Identität basiert.

In Simmels gesellschaftstheoretischen und zeitdiagnostischen Beiträgen bildet der Begriff der *sozialen Differenzierung* eine Schlüsselkategorie (vgl. Simmel 1989: 109ff.). Mit sozialer Differenzierung sind gleichermaßen Prozesse der Arbeitsteilung, der Rollendifferenzierung und der funktionalen Gesellschaftsgliederung gemeint (vgl. Müller 1993: 132). Die soziale Aufgaben- und Arbeitsteilung bietet nach Simmel evolutionäre Vorteile, insbesondere eine Wachstums- und Produktivitätssteigerung (*Prinzip der Kraftersparnis*). Zugleich fördert in seinen Augen die zunehmende Differenzierung die individuelle Freiheit, ja, bringt Individualität,[2] strenggenommen, überhaupt erst hervor; durch die Partizipation an immer mehr Handlungsbereichen und an immer längeren Handlungsketten eröffnen sich dem Handelnden individuelle Wahl- und Entscheidungsmöglichkeiten (vgl. Simmel

---

(Durkheim 1988: 421). Zum Verhältnis von Spencer und Durkheim vgl. auch Rüschemeyer 1988, Tyrell 1988.

2 In diesem Zusammenhang müßte, strenger formuliert, von einer *quantitativen* Individualität die Rede sein, der Simmel in seinen philosophischen Arbeiten die sogenannte *qualitative Individualität* gegenüberstellt: Während die quantitative Individualität von sozialen Differenzierungsprozessen hervorgebracht wird, also gesellschaftlich bedingt ist, ist mit qualitativer Individualität jener Teil der Persönlichkeit gemeint, der vom Vergesellschaftungsprozeß gerade nicht erfaßt, geformt bzw. konstituiert wird.

1989: 375ff.). Simmel ist freilich darum bemüht, den zutiefst *ambivalenten* Charakter dieser Entwicklung herauszuarbeiten: Die Individualität und Freiheit der Menschen ist durch Nivellierungs- und Entfremdungsprozesse zugleich wieder gefährdet, die Diskrepanz zwischen individueller und objektiver Kultur droht immer größer zu werden (*Tragödie der Kultur*).

Weber hat insbesondere in seinen vergleichenden religionssoziologischen Betrachtungen den Prozeß der gesellschaftlichen und kulturellen Modernisierung als *Ausdifferenzierung* eigensinniger Wertsphären bzw. Lebensordnungen beschrieben. Mit der fortschreitenden Entzauberung der Welt zerfallen einheitliche Wertvorstellungen und Weltbilder. An deren Stelle treten unterschiedliche Wertsphären, die in der Folgezeit "nach ihren Eigengesetzlichkeiten rationalisiert und sublimiert" (Weber 1988a: 544) werden. Ergebnis der Durchgestaltung und Entfaltung "der spezifischen Eigenart jeder in der Welt vorkommender Sondersphäre" (ebd.: 571) ist eine Steigerung des gesellschaftlichen Rationalitäts- und Komplexitätsniveaus. Weber hat freilich kein harmonisches Bild dieses Vorgangs gezeichnet, sondern dessen *paradoxen* Charakter betont: In Folge der Ausdifferenzierung und rationalen Bearbeitung der einzelnen Wertsphären treten immer deutlichere Spannungen zwischen ihnen hervor; Weber spricht plastisch von einem unüberbrückbar tödlichen Kampf, der unter Bedingungen der Modernität zwischen den einzelnen Wertorientierungen geführt wird. Die moderne Gesellschaft verfügt über keine Zentralinstanz, die die Konkurrenz zwischen den Wertorientierungen schlichten bzw. verbindlich entscheiden könnte; über deren Kampf waltet, so Weber, kein Gott, keine Vernunft und keine Wissenschaft, sondern allein das Schicksal (vgl. Weber 1988b: 604).

Resümierend läßt sich festhalten, daß die Gründungsväter der Soziologie das Konzept der gesellschaftlichen Differenzierung ihren jeweiligen Analysen des Modernisierungsprozesses zugrunde legen. Der Begriff der Differenzierung bleibt freilich relativ unbestimmt; er bezeichnet u.a. eine Entflechtung traditionaler (multifunktionaler) Einheiten, eine fortschreitende Arbeits- und Rollenteilung, eine zunehmende Spezialisierung, eine Trennung der Wertsphären sowie die Institutionalisierung funktionsspezifischer Handlungsfelder. Erst mit Parsons, der die Beiträge der klassischen Soziologie aufnimmt und weiterführt, erhält das Konzept der *funktionalen Differenzierung* eine genauere begriffliche Fassung und wird zur Schlüsselkategorie der Gesellschafts- und Evolutionstheorie. Funktionale Differenzierung meint bei Parsons, daß sich eine soziale Einheit in mehrere Subsysteme aufteilt, "die sich hinsichtlich ihrer Struktur *sowie* ihrer funktionalen Bedeutung für das größere System unterscheiden" (Parsons 1975: 39). Diese Auffassung liegt auch dem Vier-Funktionen-Schema zugrunde, demzufolge sich soziale Systeme in genau vier Teilsysteme dekomponieren, die auf je eine der vier folgenden elementaren Funktionen ausgerichtet sind: *Anpassung, Zielerreichung, Integration* und die *Erhaltung struktureller Muster*. Nach Parsons lassen sich nun in allen Gesellschaften vier Teilsysteme identifizieren, wobei im Verlauf der sozialen Evolution der *Grad der Differenzierung* zwischen den gesellschaftlichen Subsystemen zunimmt (vgl. Parsons 1975: 43).

Dieser kurzen Skizze ist freilich hinzuzufügen, daß in der Evolutionstheorie von Parsons der Vorgang der funktionalen Differenzierung "nur einen von *vier* primären Prozessen strukturellen Wandels" (Parsons 1985: 40) bildet, daneben nennt er *Standarderhebung* durch Anpassung, *Integration* über Inklusion und *Wertverallgemeinerung*. Dies mag mit ein Grund dafür sein, daß bis heute umstritten ist, welchen Wert Parsons dem Prinzip funktionaler Differenzierung bei der Beschreibung moderner Sozialordnungen beigemessen hat. Richard Münch (1988: 59ff.) etwa hat vorgebracht, daß für Parsons nicht die Entkoppelung und Verselbständigung, sondern die *Interpenetration* der ausdifferenzierten Subsysteme das entscheidende Strukturmerkmal moderner Gesellschaften darstellt. Wie immer man sich zu dieser Frage verhält, unumstritten aber dürfte sein, daß Parsons bei der konzeptionellen Ausarbeitung des Theorems funktionaler Differenzierung eine Protagonistenrolle zukommt.

II.

Luhmann hat seine Auffassung einer funktional differenzierten Gesellschaft auf der Basis einer allgemeinen Theorie sozialer Systeme skizziert. Diese theoretische Konzeption geht, in aller Kürze formuliert, von der Auffassung aus, soziale Systeme als selbstreferentiell-geschlossene, autopoietische Einheiten zu begreifen.³ Aus der Übertragung des Autopoiesis-Begriffes auf soziale Zusammenhänge folgt, daß soziale Gebilde als geschlossen operierende Einheiten begriffen werden, die sich mittels der fortlaufenden Produktion ihrer Elemente selbst erzeugen und erhalten. Elemente von sozialen Systemen sind, so Luhmann, nicht etwa Menschen oder Handlungen, sondern Kommunikationen. Soziale Systeme reproduzieren sich dadurch, daß sie in einem dynamischen Dauerprozeß ereignishafte Kommunikationen an Kommunikationen anschließen. Jede Kommunikation erzeugt, mit anderen Worten, fortlaufend neue Folgekommunikationen - oder das System hört auf zu existieren. Soziale Systeme beziehen sich dabei auf sich selbst; sie sind insofern *operativ geschlossen*, als sie ihre Elemente nicht aus der Systemumwelt beziehen, sondern mittels eigener Operationen selbst herstellen.

Eine zweite Überlegung leitet bereits zum Begriff der Differenzierung über. Soziale Systeme verfügen über die Möglichkeit, *interne* System-Umwelt-Differenzen zu etablieren. Differenzierung wird also innerhalb der Theorie sozialer Systeme als *Systemdifferenzierung*, genauer: als "Wiederholung der Systembildung in Systemen" (Luhmann 1984: 37) definiert. Der Prozeß der Systemdifferenzierung stellt somit einen Vorgang dar, durch den es innerhalb des Gesamtsystems zur Konstituierung (einer Vielzahl) von Subsystemen kommt. Das Gesamtsystem übernimmt "damit die Funktion einer 'internen Umwelt' für die Teilsysteme, und zwar für jedes Teilsystem in je spezifischer Weise" (ebd.). Jedes Subsystem verfügt, anders formuliert, über eine eigenständige *systeminterne* Umwelt. Die Einheit von Teilsystem und interner Umwelt ergibt wiederum das Gesamtsystem - wenngleich in je verschiedener teilsystemrelativer Perspektive.

Luhmann bringt diese allgemeinen Annahmen der Theorie sozialer Systeme in evolutions- und gesellschaftstheoretische Überlegungen ein. Dabei unterscheidet er drei verschiedene Formen der *primären* Differenzierung des Gesellschaftssystems. *Segmentäre Differenzierung* bedeutet die Ausdifferenzierung der Gesellschaft in *gleiche* Teil-

---

3 Eine detaillierte Einführung in Grundbegriffe und Grundannahmen der Theorie sozialer Systeme von Luhmann findet sich bei Kneer/Nassehi 1994.

systeme, etwa in Stämme, Clans oder Dörfer. *Stratifikatorische Differenzierung* meint die Einteilung der Gesellschaft in *ungleiche* Schichten, etwa in Adel, Bürger, Bauern und Besitzlose. Der Begriff der *funktionalen Differenzierung* schließlich bezeichnet die Konstituierung von gesellschaftlichen Subsystemen entlang spezifischer Bezugsprobleme des Gesamtsystems. Die funktional differenzierte Gesellschaft ermöglicht, bezogen auf ihre Subsysteme, somit Gleichheit und Ungleichheit zugleich: Die einzelnen Teilsysteme sind, da sie sich alle auf die Bearbeitung einer gesellschaftlichen Funktion konzentrieren, in einer wesentlichen Hinsicht *gleich*. Und sie sind zugleich *ungleich*, da sie jeweils unterschiedliche Funktionen erfüllen.

Nach Luhmann ist die Differenzierung in gesellschaftliche Funktionssysteme "nur ein einziges Mal realisiert worden: in der von Europa ausgehenden modernen Gesellschaft. Diese Gesellschaft hat infolge ihrer Differenzierungsform einzigartige Züge, die historisch ohne Parallele sind." (Luhmann 1980: 27) Die immanenten Entwicklungsgrenzen traditionaler Gesellschaften werden mit dem Übergang zur modernen Gesellschaft weggesprengt durch die Umstellung der primären Differenzierungsform von stratifikatorischer auf funktionale Differenzierung. Seit dem 16. Jahrhundert läßt sich, so Luhmann, die Ausbildung von gesellschaftlichen Teilbereichen beobachten, die sich nicht mehr an gesamtgesellschaftlichen Oben-Unten-Vorgaben orientieren, sondern den Weg einer *Verselbständigung* und *Autonomisierung* einschlagen. Im Gefolge von Reformation und der europäischen Religionskriege macht sich eine gewisse Entfernung politischer Handlungsmuster von religiösen Vorgaben bemerkbar. Die ehedem gesamtgesellschaftlich dominante religiöse Autorität wird durch die Konfessionalisierung der Territorien politischen Zusammenhängen untergeordnet. Spätestens als es dem jeweiligen Regionalfürsten als Träger der sich ausdifferenzierenden Territorialstaaten möglich wurde, seinen Untertanen seine Konfession zu oktroyieren, müssen Religion und Politik als zwei aufeinander bezogene, jedoch deutlich zu unterscheidende Bereiche angesehen werden: Sie orientieren sich nicht mehr an einer für alle gesellschaftlichen Bereiche verbindlichen Grundsymbolik, sondern übernehmen die exklusive Kompetenz für bestimmte, füreinander nicht substituierbare gesellschaftliche *Funktionen*. Die Politik etwa konzentriert sich auf die Aufgabe, kollektiv verbindliche Entscheidungen zu treffen und entdeckt dabei in *Staatsräson* und *Souve-*

ränität diejenigen Begriffe, die eine eigenständige Interessenlage des Staates gegenüber der Gesellschaft und die Unabhängigkeit der Politik von Papst und Bischöfen zum Ausdruck bringen (vgl. auch Stichweh 1991). Das sich ausdifferenzierende politische System stellt von *Fremdreferenz* auf *Selbstreferenz* um: Nicht mehr die religiöse Gesamtdeutung der Welt ist Richtmaß politischen Handelns. Vielmehr wird der Staat selbst zum letzten Fluchtpunkt politischen Räsonnierens (vgl. Luhmann 1990: 433).

Die Ausbildung von sozialen Subsystemen auf der Basis einer je eigenen exklusiven Kompetenz für eine bestimmte gesellschaftliche Funktion läßt sich in der Folge auch in anderen Bereichen beobachten. So löst sich die Erziehung vom Modell stratifikatorischer Ordnung und findet in der Pädagogik eine Reflexionstheorie, die auf die Ausdifferenzierung eines Erziehungssystems antwortet (vgl. Luhmann/Schorr 1979). Die Wirtschaft kann sich von religiösen und moralischen Beschränkungen freimachen, ökonomische Beziehungen werden durchgehend monetarisiert (vgl. Luhmann 1988). Das Recht entfernt sich von der Politik (vgl. Luhmann 1993); das System der modernen Wissenschaften entsteht (vgl. Luhmann 1990). Spätestens seit Beginn des 20. Jahrhunderst hat sich die funktionale Differenzierung als primäre Differenzierungsform der Weltgesellschaft[4] durchgesetzt.

Mit dem Übergang zu einer primär funktional differenzierten Gesellschaft entfällt die konkurrenzfreie Repräsentation der Einheit der Gesellschaft. Der Differenzierungstyp der Moderne schließt privilegierte Positionen aus; die Einheit der Gesellschaft zerfällt in eine Pluralität teilsystemspezifischer Beobachtungsverhältnisse. Zwar fertigt jedes Funktionssystem ein Bild der Gesellschaft an, aber es ist jeweils *sein* Bild, also ein Bild, das nur für das jeweilige Subsystem und nicht für die Gesellschaft insgesamt eine Vorrangstellung beanspruchen kann. In der Moderne kommt es insofern nicht nur zu einer Multiplikation von funktionsspezifischen Beobachtungsperspektiven, vielmehr gilt zusätzlich, daß die Form der modernen Gesellschaft, also das Prinzip funktionaler Differenzierung, eine Bündelung bzw. Gleichschaltung der Perspektiven ausschließt. Die moderne Gesellschaft verfügt

---

4 Zum Begriff der Weltgesellschaft vgl. den Beitrag von Dirk Richter in diesem Band.

über keine privilegierte Position, über kein Zentrum und keine Spitze; insofern findet sich in der Moderne kein Ort, an dem konkurrenzfreie, verbindliche Repräsentationen vorgenommen werden könnten. In den Worten von Luhmann: Mit dem Übergang zur Moderne hat sich eine *azentrische* oder *polyzentrische* Gesellschaft formiert, die keine bindende, Autorität gebende Instanz mehr zuläßt. "Das hat zur Folge, daß sich kein Standpunkt mehr festlegen läßt, von dem aus das Ganze, mag man es Staat oder Gesellschaft nennen, richtig beobachtet werden kann." (Luhmann 1984: 629)

Die funktional ausdifferenzierten Subsysteme sind, wie alle Sozialsysteme, operativ geschlossene Einheiten. Der Begriff der operativen Schließung besagt, wie angedeutet, daß Systeme im Selbstkontakt operieren und daß sie sämtliche Komponenten, aus denen sie bestehen, als *emergente* Einheiten selbst herstellen. Funktionssysteme sind somit geschlossen operierende Systeme, die auf ein spezifisches Bezugsproblem der Gesellschaft ausgerichtet sind. Für den Vorgang der operativen Schließung scheint die Orientierung an einer gesellschaftlichen Funktion jedoch nicht auszureichen; hinzukommen muß eine zweite Errungenschaft, nämlich die *binäre Codierung* des Systems.[5]

Mit dem Begriff des Codes sind beobachtungsleitende *Grundunterscheidungen* gemeint. Codes sind strikt *zweiwertige* Unterscheidungen, die über einen positiven und einen negativen Wert verfügen. Dritte Werte sind somit ausgeschlossen. So ist für Wirtschaft entscheidend, ob man zahlt oder nicht, für Wissenschaft, ob eine Aussage wahr ist oder unwahr, für Recht, ob etwas als rechtmäßig angesehen wird oder nicht, für Religion, ob etwas dem Heil dient oder nicht. Dabei ist zu bedenken, daß die binären Codierungen nicht irgendwelche Beobachtungsgeneratoren sind, die in der Wirtschaft, in der Wissenschaft, im Recht, in der Religion etc. neben anderen vorkommen. Der Code bildet vielmehr den grundlegenden Zuordnungsmechanismus der gesellschaftlichen Autopoiesis. Immer dann, wenn beispielsweise auf

---

5   Luhmann hebt hervor, daß die funktionale Ausdifferenzierung von gesellschaftlichen Subsystemen, historisch betrachtet, nicht primär durch den Funktionsbezug, sondern durch die Ausrichtung an einem binären Code evoziert wurde. "Die Ausdifferenzierung dieser Systeme wird nicht durch den Einheitsgesichtspunkt der Funktion, sondern durch das Differenzschema eines Codes ausgelöst." (Luhmann 1987: 20)

wahr oder unwahr referiert wird, ordnet sich eine solche Kommunikation dem Wissenschaftssystem zu. Insofern ist es der binäre Code, der die operative Schließung des Systems garantiert. Dabei gilt, daß Funktionssysteme jeweils nur über einen und ausschließlich einen Code verfügen.

Die binären Codes stecken den Rahmen ab, innerhalb dessen die einzelnen Funktionssysteme operieren. Dabei ist zu beachten, daß die Codes keine Kriterien vorgeben, welcher der beiden Codewerte im Einzelfall zu wählen ist. Die wissenschaftsrelevante Unterscheidung zwischen wahr und unwahr etwa enthält keine Direktiven darüber, ob eine bestimmte Hypothese als wahr oder unwahr zu bestimmen ist. Die Kriterien für die Anwendung des Codes finden sich nicht auf der Ebene der Codierung, sondern auf der der *Programmierung*. Programme sind, kurz gesagt, Zuordnungsregeln; sie bestimmen, welche Seite des Codes gewählt und aktualisiert werden soll. In der Wissenschaft etwa sind *Theorien* und *Methoden* die Programme, die über wahr und unwahr entscheiden, in der Wirtschaft enthalten *Investitionsprogramme* Angaben darüber, ob gezahlt werden soll oder nicht, im Recht geben *Gesetze* und *Verordnungen* Auskunft über Recht und Unrecht.

Binäre Codes und Systemprogramme bilden ein komplementäres Verhältnis. Der Code ist auf Programme angewiesen, weil der Code selbst keine Auskunft darüber erteilt, welcher Codewert zu wählen ist. Und umgekehrt sind Programme auf binäre Codes angewiesen, weil Programme eben Anweisungen für die Wahl eines Codewerts enthalten. Dabei gilt, daß die strikte Zweiwertigkeit der binären Codes ein Kreuzen zwischen den beiden Seiten erleichtert. Die Negation der Wahrheit etwa legt unmittelbar die Unwahrheit nahe - aber nicht dritte Werte. Die auf der Ebene der Codes ausgeschlossenen dritten Möglichkeiten können auf der Ebene der Programme wieder ins System eingeführt werden, ohne daß die Binarität der Codes aufgegeben werden müßte.

"Bei aller Brisanz neuer Themen: man kann nicht zu einem Dreiercode, etwa wahr/unwahr/Umwelt oder Recht/Unrecht/Leid übergehen; aber man kann Umweltprogramme zum Gegenstand von Forschungsprogrammen oder menschliches Leid und seine Verhinderung zum Gegenstand rechtlicher Regulierungen machen." (Luhmann 1986: 84)

Daß die von der Theorie sozialer Systeme eingenommene Perspektive durchaus ungewöhnlich ist, zeigt die weitverbreitete, bisweilen hitzige

Diskussion um Luhmanns Neufassung der Differenzierungstheorie. Oft wird die These der funktionalen Differenzierung in der Luhmannschen Variante dahingehend scharf kritisiert, daß die (unterstellte) Autonomie der gesellschaftlichen Subsysteme theoretisch zu strikt angesetzt wird. So sieht etwa Münch (1991: 23) in der Moderne eine Gesellschaftsform, "in der sich immer mehr in den Zonen der Interpenetration der Subsysteme und immer weniger in den Reservaten ihrer Eigenlogik abspielt". Behauptet wird damit eine Verzahnung und Überlagerung der Funktionsbereiche, so daß sich zugleich Möglichkeiten der Konditionierung und wechselseitigen Steuerung ergeben. Gerade im Bemühen politischer, kultureller, ökonomischer, religiöser und wissenschaftlicher Akteure und Organisationen, ihr Handeln aufeinander abzustimmen und so zumindest zu einer virtuell gemeinsamen Perspektive zu gelangen, zeigt sich für Münch ein Gegenbeweis gegen Luhmanns Behauptung der operativen Autonomie der Funktionssysteme.

In eine ähnliche Richtung weisen die Einwände des Politologen Fritz W. Scharpf, der die Möglichkeit wechselseitiger Einflußnahme gleich an mehreren Beispielen illustriert:

"Die Wirtschaft bietet trotz aller Proteste bleifreies Benzin an, wenn die Umweltpolitik das so vorschreibt; das Bildungssystem hat in Reaktion auf politische Interventionen die neue Mathematik eingeführt und dann wieder abgeschafft; die politischen Bemühungen um Kostendämpfung im Gesundheitswesen haben beispielsweise in Großbritannien zum faktischen Verzicht auf Organtransplantationen und teure Apparatemedizin geführt" (Scharpf 1989: 12).

Scharpf kommt angesichts dieser Befunde zu dem Ergebnis, daß es keinen theoretischen Grund gibt, die Möglichkeit einer absichtsvollen und im Sinne der eigenen Ziele erfolgreichen Intervention der Politik in die Strukturen und Prozesse der Wirtschaft und anderer Funktionssysteme auszuschließen (vgl. ebd.: 18). Die Luhmannsche Theorie unterschätzt, so Scharpf, das Koordinations- und Integrationspotential moderner Gesellschaften, da sie sich zu sehr auf die funktionale Dimension autonomer Teilsysteme konzentriert und personale und organisatorische Ebenen der Vernetzung ausblendet.[6]

---

6 Eine ähnliche Kritik aus der Sicht der empirischen Wissenschaftsforschung hat Karin Knorr-Cetina (1992) vorgelegt. Einen mangelnden Akteurbezug

Noch einmal etwas anders gelagert sind die Überlegungen von Helmut Willke. Willke vertritt ebenfalls die These einer Steuerung und Koordination der einzelnen Teilbereiche, zugleich hält er jedoch an der Auffassung der operativen Autonomie der funktionalen Teilsysteme fest. Willke diagnostiziert den Übergang von der funktional differenzierten Gesellschaft hin zu einer neuen Form der gesellschaftlichen Differenzierung, die auf die Vernetzung der verschiedenen Bereiche abstellt.

> "Ich nenne diese Form 'organisierte Differenzierung', um hervorzuheben, daß das für die Gesellschaft insgesamt riskante Auseinandertreiben der Funktionsbereiche jedenfalls punktuell und teilweise in organisierten Vernetzungen aufgefangen wird." (Willke 1992: 183; vgl. dazu auch Kneer 1993)

So plausibel die an Beispielen illustrierten wechselseitigen Interdependenzen der Funktionssysteme und die auf der personalen und organisatorischen Ebene zu beobachtenden Abstimmungen und Vernetzungen erscheinen, so wenig werden sie von Luhmann bezweifelt, sondern ganz im Gegenteil durch weitere Beispiele ausgearbeitet. Im Unterschied zu seinen Kritikern sieht Luhmann jedoch keine Relativierung der These einer funktionalen Ausdifferenzierung operativ geschlossener Subsysteme. Er betont, daß die einzelnen Teilsysteme der modernen Gesellschaft gerade *aufgrund* ihrer funktionalen Spezifizierung aufeinander angewiesen, ja voneinander abhängig bleiben.

> "Solche Abhängigkeiten werden oft als Beschränkungen der Autonomie, wenn nicht gar als Symptome einer Entdifferenzierung interpretiert. Das Gegenteil trifft zu. Gerade funktionale Differenzierung steigert Interdependenzen und damit eine Integration des Gesamtsystems, weil ja jedes Funktionssystem voraussetzen muß, daß andere Funktionen woanders erfüllt werden." (Luhmann 1986: 86f.)

III.

Der Sozialphilosoph Jürgen Habermas, der als der derzeit bekannteste Vertreter der Kritischen Theorie bzw. Frankfurter Schule gilt, greift in seiner Theorie und Diagnose moderner Gesellschaften ebenfalls auf

---

der Luhmannschen Differenzierungstheorie sieht auch Schimank (1985, 1988). Vgl. zusammenfassend Bendel 1993.

das Theorem funktionaler Differenzierung zurück. Das mag zunächst überraschen, gilt Habermas doch zu Recht als der große Antipode zu Luhmann. Eine genauere Betrachtung zeigt dann auch, daß Habermas' Konzeption einer funktional differenzierten Gesellschaft an entscheidenden Punkten von der Luhmanns abweicht.

Im Mittelpunkt der ordnungs- und gesellschaftstheoretischen Überlegungen von Habermas steht die Explikation eines zweistufigen, die Paradigmen von *Handlung* und *System* verknüpfenden Gesellschaftskonzepts. Den beiden Paradigmen entsprechen zwei Formen der gesellschaftlichen Integration, nämlich *Sozial-* und *Systemintegration* (vgl. Habermas 1981: 223ff.). Die Mechanismen der sozialen Integration, die an den Handlungs*orientierungen* der Akteure ansetzen, stellen gesellschaftliche Ordnung über Werte, Normen und sprachliche Verständigungsprozesse her. Die Mechanismen der systemischen Integration, etwa Tausch- und Machtmechanismen, greifen hingegen durch die Handlungsorientierungen der Akteure hindurch und integrieren *nicht-intendierte Handlungszusammenhänge* durch die *funktionale Vernetzung* von Handlungs*folgen*. Während sozialintegrierte Interaktionszusammenhänge den Handelnden zumindest intuitiv gegenwärtig bleiben und somit aus der *Teilnehmerperspektive sinnverstehend* erschlossen werden können, entziehen sich systemintegrierte Funktionszusammenhänge dem (Selbst-)Verständnis der Agierenden und lassen sich nur aus der *Beobachterperspektive erklären*. Insofern können den beiden Integrationsmechanismen, so Habermas, zwei unterschiedliche Gesellschaftsbegriffe zugordnet werden:

"Am Leitfaden der Sozialintegration stößt man, entlang den Strukturen verständigungsorientierten Handelns, auf das implizit zugrundeliegende Konzept der *Lebenswelt*; am Leitfaden der Systemintegration stößt man, entlang den funktional zusammenhängenden Handlungsfolgen, auf das implizit zugrundeliegende Konzept des grenzerhaltenden *Systems*." (Habermas 1986: 380f.)

Es ist wichtig zu betonen, daß Habermas die gesellschaftstheoretischen Begriffe der Lebenswelt und des Systems zunächst als analytische Ordnungskonzepte verwendet. Das heißt, es ist "immer *dieselbe* Gesellschaft" (Habermas 1986: 380), die mit Hilfe unterschiedlicher Begrifflichkeiten beschrieben wird. Einmal wird Gesellschaft aus der Innenperspektive der Aktoren als soziokulturelle Lebenswelt, ein zweites Mal aus der Beobachterperspektive als grenzerhaltendes System erschlossen. Aus der Kombination der beiden Auffassungsweisen ergibt sich, daß sich Gesellschaften - und zwar ausnahmslos *alle* Gesellschaften - als *"systemisch stabilisierte* Handlungszusammenhänge *sozial integrierter* Gruppen" (Habermas 1981: 228) begreifen lassen.

Bei der Beschreibung und Erklärung moderner Gesellschaften weicht Habermas von einer rein analytischen Verwendungsweise des zweistufigen Gesellschaftskonzepts ab und gebraucht die Konzepte der Lebenswelt und des Systems in einem *essentialistischen* Sinne. Mit den Begriffen Lebenswelt und System sind somit nicht länger nur divergierende Perspektiven der soziologischen Betrachtung, sondern unterschiedlich integrierte Handlungsbereiche moderner Gesellschaften gemeint. Habermas behauptet, daß es im Prozeß der sozialen Evolution zu einer Ausdifferenzierung von Lebenswelt und System kommt: Während in einfachen Stammesgesellschaften die Formen der Sozial- und Systemintegration noch eng miteinander verschränkt sind, lösen sich im Zuge der gesellschaftlichen Entwicklung die systemintegrativen Mechanismen in immer stärkerem Maße von den sozialintegrativen Mechanismen ab. Mit dem Übergang von traditionalen zu modernen Gesellschaften erfolgt, so Habermas, eine weitgehende Entkoppelung der beiden Prinzipien der Vergesellschaftung; in posttraditionalen, gegenwärtigen Gesellschaften stehen sich mit System und Lebenswelt zwei unterschiedlich integrierte Bereiche oppositionell gegenüber.

Privatsphäre und politisch-kulturelle Öffentlichkeit gelten Habermas als die institutionellen Ordnungen der kommunikativ strukturierten Lebenswelt. In diesen lebensweltlichen, primär sozial integrierten Handlungsbereichen erfolgt die *symbolische Reproduktion* der Gesellschaft, d.h. die Tradierung und Erneuerung kulturellen Wissens, die soziale Integration und die Sozialisation. Außerhalb der Lebenswelt sind kapitalistische Wirtschaft und staatliche Administration situiert, die Habermas als gesellschaftliche Subsysteme begreift. Die beiden Teilsysteme, die durch die "sprachunabhängigen Steuerungsmedien" (Habermas 1981: 470) Geld und Organisationsmacht integriert werden, sind auf die Aufgabe der *materiellen Reproduktion* der Lebenswelt spezialisiert. Dabei gilt, daß zwischen der Wirtschaft und den privaten Haushalten einerseits, der staatlichen Verwaltung und der kulturell-politischen Öffentlichkeit andererseits Austauschbeziehungen existieren. Habermas begreift Ökonomie und Politik somit als *offene* Systeme, die mit ihrer sozialen Umwelt einen *intersystemischen* Austausch unterhalten. Aus Sicht von Wirtschaft und Politik schrumpft die Lebenswelt somit zu einem gesellschaftlichen Subsystem (vgl. Habermas 1981: 258). Aus der umgekehrten lebensweltlichen Perspektive erscheint der ökonomisch-administrative Komplex als ein versachlichter, organisationsförmiger Lebens- und Handlungszusammenhang, der sich dem (intuitiven) Verständnis der Aktoren weitgehend entzieht.

Die Beschreibung der medienvermittelten Austauschbeziehungen zwischen Lebenswelt und System hat bereits einen Hinweis dafür geliefert, daß die Entkoppelung von sozial und systemisch integrierten Handlungsbereichen auch in gegenwärtigen Gesellschaften nicht als vollständig zu denken ist. Der ökonomisch-administrative Komplex bleibt, so Habermas, auch insofern an die kommunikative Alltagspraxis angeschlossen, als die systemischen Steuerungsmedien Geld und Organisationsmacht einer institutionellen Verankerung innerhalb der sozial integrierten Ordnungen der Lebenswelt bedürfen. Zwischen kommunikativer Alltagspraxis einerseits, kapitalistischer Wirtschaft und politischer Administration andererseits existiert somit ein asymmetrisches Verhältnis; selbst in modernen Gesellschaften bleibt die Lebenswelt im Vergleich zum System, in den Worten von Habermas (1986: 394), "das umfassendere Ordnungskonzept": Die in der Lebenswelt verankerten rechtlichen Institutionen ermöglichen überhaupt erst die "Einrichtung von Märkten und die Organisation einer Staatsgewalt" (Habermas 1992: 59); insofern erweisen sich die systemisch integrierten Handlungsbereiche als rechtlich *konstituiert*. Habermas (1992: 21) hat insbesondere in seiner rechtsphilosophischen Studie *Faktizität und Geltung* herausgestellt, daß "die Theorie des kommunikativen Handelns der Kategorie des Rechts einen zentralen Stellenwert einräumt". Das moderne Recht ist demzufolge mit der Lebenswelt ebenso wie mit den beiden mediengesteuerten Subsystemen verzahnt; diese besondere Stellung, die das Recht einnimmt, setzt es zugleich in die Lage, *Vermittlungsfunktionen* zwischen sozial und systemisch integrierten Handlungsbereichen zu übernehmen: Lebensweltliche Botschaften sind, damit sie von Wirtschaft und Staat überhaupt verstanden und dort verhaltenswirksam operationalisiert werden, zunächst in die Sprache des Rechts zu übersetzen; insofern funktioniert das moderne Recht wie ein Transformator, der sicherstellt, daß "normativ gehaltvolle Botschaften *gesellschaftsweit* zirkulieren" (ebd.:

78) können.

Einmal vorausgesetzt, man akzeptiert das zweistufige Gesellschaftskonzept von Habermas bei der Beschreibung und Erklärung des Modernisierungsprozesses, inwiefern lassen sich moderne Gesellschaften dann als funktional differenzierte Ordnungszusammenhänge begreifen? Als Funktionssysteme im engeren Sinne gelten offensichtlich zunächst einmal kapitalistische Wirtschaft und staatliche Administration. Bei diesen beiden Komplexen handelt es sich nach den Grundannahmen der Theorie des kommunikativen Handelns um *funktional spezifizierte Subsysteme*, die über die Steuerungsmedien Geld und Organisationsmacht aus der Lebenswelt *ausdifferenziert* sind. Während Parsons, wie gesehen, entsprechend dem Vierfunktionen-Schema vier gesellschaftliche Subsysteme unterscheidet und Luhmann gleich eine Vielzahl von Funktionssystemen identifiziert, beläßt es Habermas somit bei genau zwei funktional ausdifferenzierten Teilsystemen der Gesellschaft.

Die Lebenswelt bildet für Habermas dagegen kein Funktionssystem. Sie besteht auch nicht aus mehreren funktional ausdifferenzierten Teilsystemen, vielmehr läßt sich die "Lebenswelt *negativ* als die Gesamtheit der Handlungsbereiche definieren, die sich einer Beschreibung als mediengesteuerter Subsysteme nicht fügen" (Habermas 1986: 387). Dieser Aussage ist jedoch hinzuzufügen, daß mit der (weitgehenden) Entkoppelung von Lebenswelt und System die sozial integrierten Handlungszusammenhänge sich ebenfalls auf die Erfüllung funktionaler Anforderungen konzentrieren, nämlich auf die *symbolische Reproduktion*. Mit dem Begriff der symbolischen Reproduktion ist jedoch offensichtlich nicht allein eine Funktion, sondern eine Vielzahl von Funktionen gemeint; Habermas nennt im einzelnen, wie angedeutet, die Funktionen der *kulturellen Reproduktion*, der *sozialen Integration* und der *Sozialisation*. Darüber hinaus lassen sich auch *innerhalb* der Lebenswelt "funktionale Spezifizierung(en)" (Habermas 1992: 77) beobachten: Die Lebenswelt gliedert sich, so Habermas (1988: 99), in die drei Komponenten *Kultur, Gesellschaft* und *Person*; zudem bilden sich mit dem Erziehungssystem, dem Recht und der Familie einzelne Handlungsfelder bzw. Institutionen aus, die sich auf die Funktionserfüllung jeweils einer der drei Aufgaben, die innerhalb der Lebenswelt bearbeitet werden, in hohem Maße konzentrieren. Nach Habermas bleiben die lebensweltlichen Komponenten bzw.

Handlungsfelder über das Medium der Umgangssprache jedoch miteinander *verschränkt*, so daß von einer Verselbständigung der spezifizierten Handlungsbereiche nicht gesprochen werden kann. Die *multifunktionale* Umgangssprache setzt, so seine Argumentation, einer (weitergehenden) funktionalen Differenzierung der Lebenswelt enge Grenzen:

> "Auch Handlungssysteme, die auf kulturelle Reproduktion (Schule) oder Sozialintegration (Recht) oder Sozialisation (Familie) in hohem Maße spezialisiert sind, operieren nicht trennscharf. Über den gemeinsamen Code der Umgangssprache erfüllen sie nebenher die jeweils anderen Funktionen gleichsam mitlaufend und halten so einen Bezug zur Totalität der Lebenswelt aufrecht." (Habermas 1988: 99)

Innerhalb der Lebenswelt kommt es somit zu einer funktionalen Spezialisierung einzelner Handlungsbereiche, die jedoch über das Medium der Umgangssprache ineinander verzahnt bleiben. Mit Blick auf die Öffnung und die wechselseitige Durchdringung der lebensweltlichen Handlungsfelder bzw. Diskurse spricht Habermas (1985: 418) von der "Fähigkeit zur intersubjektiven Selbstverständigung" moderner Gesellschaften: Die Grenzen zwischen den sozial integrierten Bereichen sind durchlässig; alle lebensweltlichen "Teilöffentlichkeiten verweisen auf eine umfassende Öffentlichkeit, in der die Gesellschaft im ganzen ein Wissen von sich ausbildet" (ebd.). Die kommunikativ strukturierte Lebenswelt bildet zwar nicht das Steuerungszentrum, aber doch den Ort einer höherstufigen Intersubjektivität, gleichsam das Beobachtungs- und Reflexionszentrum, an dem das reflexive Wissen der Gesamtgesellschaft zu sich selbst kommt.[7] Das in den sozial integrierten Handlungsbereichen situierte Vernunftpotential sieht Habermas jedoch als hochgradig gefährdet an; in seiner Zeitdiagnose weist er darauf hin, daß die kommunikative Infrastruktur der Lebenswelt von Prozessen der systemischen *Kolonialisierung* und *Fragmentierung* gleichermaßen bedroht wird.

Gegen das von Habermas skizzierte Bild einer modernen, funktional differenzierten Gesellschaft sind von verschiedensten Seiten Einwände formuliert worden. Drei Kritikpunkte sollen kurz erwähnt

---

7 Vgl. zur Unterscheidung zwischen dem Steuerungszentrum einerseits, dem Beobachtungs- und Reflexionszentrum andererseits den Beitrag von Georg Kneer zur Zivilgesellschaft in diesem Band.

werden.[8] Erstens ist die Aufnahme systemtheoretischer Konzepte in eine kritische Gesellschaftstheorie auf Widerspruch gestoßen; Hans Joas (1986: 144) etwa spricht mit Blick auf die Zusammenführung handlungs- und systemtheoretischer Modelle von einer "unglückliche(n) Ehe von Hermeneutik und Funktionalismus". Kritisiert worden ist zweitens der (überhöhte) Normativismus der Theorie des kommunikativen Handelns, der in gesellschaftstheoretischer Hinsicht u.a. in der Auffassung zum Ausdruck kommt, daß der sozial integrierten Lebenswelt, die doch offensichtlich nur einen Teil moderner Gesellschaften ausmacht, ein vernünftiges, gesamtgesellschaftlich repräsentatives Reflexionspotential zugeschrieben wird. Ein dritter Einwand bezieht sich auf die *kategoriale* Unterscheidung zwischen funktional spezifizierten Subsystemen und funktional spezifizierten Handlungsbereichen der Lebenswelt, also u.a. auf die Auffassung von Habermas, daß Erziehung, Recht und Familie, anders als Wirtschaft und Administration, nicht als Funktionssysteme begriffen werden können. Nach Meinung der Kritiker läßt sich allenfalls ein *gradueller* Unterschied zwischen den einzelnen Bereichen formulieren, da auch innerhalb von Erziehung, Recht und Familie nicht-intendierte Handlungsfolgen auftreten und die Subsysteme Ökonomie und staatliche Verwaltung ebenfalls auf das Medium der Umgangssprache angewiesen bleiben (vgl. McCarthy 1986: 209ff.).

In der Theorie des kommunikativen Handelns finden, wie gesehen, handlungstheoretische Überlegungen ausgiebig Berücksichtigung. Bei der Beschreibung funktional ausdifferenzierter Interaktionssphären greift Habermas jedoch nicht auf ein handlungstheoretisches, sondern auf ein *system*theoretisches Instrumentarium zurück. Davon zu unterscheiden ist eine Vorgehensweise, die die Differenzierungsthematik mit einem handlungstheoretischem Begriffsinventar zu reformulieren sucht (vgl. Schimank 1985, Joas 1992, Schwinn 1995b, Schimank 1996: 204ff.). Ausgangspunkt ist dabei die Auffassung, daß sich Differenzierungsprozesse nicht qua Systemlogik automatisch einstellen, sondern auf bestimmte Trägergruppen angewiesen sind, also durch das

---

8 Eine systematische Auseinandersetzung mit der von Habermas formulierten Vernunft-, Handlungs- und Gesellschaftskonzeption kann an dieser Stelle nicht geleistet werden; vgl. dazu Kneer 1996.

interessegeleitete Handeln gesellschaftlicher Akteure herbeigeführt werden. Funktionale Differenzierung meint aus dieser Perspektive die Konstituierung von spezialisierten Sphären, die sich nach Handlungstypen bzw. Handlungsorientierungen voneinander abgrenzen lassen. Die Arbeiten in dieser Richtung beschränken sich jedoch zumeist auf bereichsspezifische Analysen, so daß bislang, wie von ihrer Seite selbst eingeräumt wird, allenfalls "Konturen einer handlungstheoretischen Differenzierungskonzeption" (Schwinn 1995b: 26) zu erkennen sind; gemessen an Ausarbeitungsgrad und Differenziertheit können handlungs- bzw. akteurstheoretische Konzeptionen bislang (noch) nicht mit systemtheoretischen Differenzierungsmodellen konkurrieren.

IV.

Leben wir gegenwärtig in einer funktional differenzierten Gesellschaft? Eine Antwort auf die Frage wird u.a. davon abhängen, welcher Begriff funktionaler Differenzierung zugrunde gelegt wird. Mit Blick auf die thematisierten Ansätze und Beiträge zu einer Theorie der gesellschaftlichen Differenzierung läßt sich u.E. freilich sagen, daß das Konzept der Funktionsdifferenzierung wichtige Einsichten und wertvolle Beschreibungspotentiale für die gegenwärtige Gesellschaft eröffnet. So scheint die Auffassung, *daß* in der modernen Gesellschaft Freiräume für die differenzierende Entfaltung von eigenlogischen Sphären entstanden sind, nach wie vor mit einer breiten Zustimmung in der soziologischen Fachöffentlichkeit rechnen zu können. Gleichzeitig sind die Art und Weise dieser Differenzierung und die bei ihrer Beschreibung zur Anwendung kommenden theoretischen Modelle höchst umstritten. Des weiteren verbinden sich mit der Theorie funktionaler Differenzierung zahlreiche theoretische Anfragen und Desiderata, die bis heute kaum als geklärt bzw. abgearbeitet anzusehen sind. So gibt es, um nur einen Punkt herauszugreifen, ganz unterschiedliche Vorstellungen darüber, von welchen und von wievielen ausdifferenzierten Subsystemen der modernen Gesellschaft auszugehen ist. Während neben Ökonomie und administrativer Politik auch noch Recht, Wissenschaft und Religion zum engeren Kreis der Kandidaten zählen dürften, lassen sich für Kunst, Massenmedien, Erziehung, Sport, soziale Hilfe etc. berechtigte Zweifel am Teilsystemcharakter dieser Bereiche anführen. Skeptisch stimmt in diesem Zusammenhang besonders das

Beispiel der Familie. Hatte noch Tyrell (1978: 189) unter Anführung einschlägiger Forschungen angenommen, die Familie sei als funktionsspezifisches Teilsystem unbestritten, so ist in jüngster Zeit von dieser scheinbar sicheren Erkenntnis angesichts verstärkter Individualisierungstendenzen bzw. postmoderner Einbrüche in die Familie nicht mehr in dieser Selbstverständlichkeit die Rede.

Der rasche Wandel der differenzierungstheoretischen Interpretation moderner Familienverhältnisse verweist auf ein weiteres, selten thematisiertes Problem. Spricht man von einer funktionalen Differenzierung der modernen Gesellschaft, also einer je exklusiven Zuweisung einer bestimmten, gesamtgesellschaftlichen 'Funktion' zu einem Teilbereich, so stellt sich die Frage, ob die Theorie funktionaler Differenzierung einen gesamtgesellschaftlichen Funktionshaushalt, gleichsam ein Set primärer sozietaler Aufgaben, postulieren muß. Nun betont zwar Luhmann (1976: 291), daß ein solcher Funktionsbestand stets nur als historisches Resultat der sozio-kulturellen Evolution aufgefunden werden kann. Jedoch gerät man, wie Tyrell (1978: 185) zu Recht anmerkt, mit den Fragen, ob die funktionale Differenzierung den gesellschaftlichen Funktionshaushalt gänzlich ausschöpft, ob heute weitere Funktionssysteme auffindbar sind oder ob schließlich in Zukunft mit weiteren Ausdifferenzierungen gerechnet werden darf, schnell ins Spekulative. Der theoretische Status des Begriffs der gesellschaftlichen Funktion ist bislang offensichtlich nicht hinreichend geklärt; zumindest gibt es keine allgemein nachvollziehbaren und zwingenden Kriterien für das Auffinden einer gesamtgesellschaftlichen Funktion. Wenn man am Ende stichwortphaft das unklare Verhältnis der Theorie funktionaler Differenzierung zur breiten Diskussion über soziale Ungleichheit sowie die weitgehend fehlende historische Aus- und Aufarbeitung der gesellschaftsgeschichtlichen Differenzierungsprozesse als Schwachpunkte nennt, so zeigt sich, daß das Konzept einer funktional differenzierten Gesellschaft kein label für eine fertige, ausformulierte Zeitdiagnose oder gar Gesellschaftstheorie abgibt, sondern eher einer forschungsprogrammatischen Baustelle gleicht, die die sozialwissenschaftliche Diskussion auch in Zukunft beschäftigen wird.

Literatur

Bendel, Klaus 1993: Funktionale Differenzierung und gesellschaftliche Rationalität. Zu Niklas Luhmanns Konzeption des Verhältnisses von Selbstreferenz und Koordination in modernen Gesellschaften, in: Zeitschrift für Soziologie 22, S. 261-278.

Berger, Johannes 1988: Modernitätsbegriffe und Modernitätskritik in der Soziologie, in: Soziale Welt 39, S. 224-236.

Durkheim, Emile 1988: Über soziale Arbeitsteilung. Studie über die Organisation höherer Gesellschaften, Frankfurt/M. (Frz. Original von 1893).

Habermas, Jürgen 1981: Theorie des kommunikativen Handelns. Band 2, Zur Kritik der funktionalistischen Vernunft, Frankfurt/M.

Habermas, Jürgen 1985: Der philosophische Diskurs der Moderne. Zwölf Vorlesungen, Frankfurt/M.

Habermas, Jürgen 1986: Entgegnung, in: Honneth, Axel/Hans Joas (Hg.): Kommunikatives Handeln. Beiträge zu Jürgen Habermas' "Theorie des kommunikativen Handelns", Frankfurt/M., S. 327-405.

Habermas, Jürgen 1988: Nachmetaphysisches Denken. Philosophische Aufsätze, Frankfurt/M.

Habermas, Jürgen 1992: Faktizität und Geltung. Beiträge zur Diskurstheorie des Rechts und des demokratischen Rechtsstaats, Frankfurt/M.

Joas, Hans 1986: Die unglückliche Ehe von Hermeneutik und Funktionalismus, in: Honneth, Axel/Hans Joas (Hg.): Kommunikatives Handeln. Beiträge zu Jürgen Habermas' "Theorie des kommunikativen Handelns", Frankfurt/M., S. 144-176.

Joas, Hans 1992: Die Kreativität des Handelns, Frankfurt/M.

Kneer, Georg 1993: Ironie, Selbstreferenz und Supervision. Systemtheoretische Beobachtungen des modernen Staates, in: Sozialwissenschaftliche Literaturrundschau 16, S. 18-26.

Kneer, Georg 1996: Rationalisierung, Disziplinierung und Differenzierung. Zum Zusammenhang von Sozialtheorie und Zeitdiagnose bei Jürgen Habermas, Michel Foucault und Niklas Luhmann, Opladen.

Kneer, Georg/Armin Nassehi 1994: Niklas Luhmanns Theorie sozialer Systeme. Eine Einführung, München^2.

Knorr-Cetina, Karin 1992: Zur Unterkomplexität der Differenzierungstheorie. Empirische Anfragen an die Systemtheorie, in: Zeitschrift für Soziologie 21, S. 406-419.

Luhmann, Niklas 1980: Gesellschaftsstruktur und Semantik. Studien zur Wissenssoziologie der modernen Gesellschaft, Bd. 1, Frankfurt/M.

Luhmann, Niklas 1982: Liebe als Passion. Über die Codierung von Intimität, Frankfurt/M.

Luhmann, Niklas 1984: Soziale Systeme. Grundriß einer allgemeinen Theorie, Frankfurt/M.

Luhmann, Niklas 1986: Ökologische Kommunikation. Kann die moderne Gesellschaft sich auf ökologische Gefährdungen einstellen?, Opladen.

Luhmann, Niklas 1987: Soziologische Aufklärung, Band 4. Beiträge zur funktionalen Differenzierung der Gesellschaft, Opladen.

Luhmann, Niklas 1988: Die Wirtschaft der Gesellschaft, Frankfurt/M.

Luhmann, Niklas 1990a: Die Wissenschaft der Gesellschaft, Frankfurt/M.

Luhmann, Niklas 1990b: The Paradox of System Differentiation und the Evolution of Society, in: Alexander, Jeffrey C./Paul Colomy (Hg.), Differentiation Theory and Social Change, New York., S. 409-440.

Luhmann, Niklas 1991: Steuerung durch Recht? Einige klarstellende Bemerkungen, in: Zeitschrift für Rechtssoziologie 12, S. 142-146.

Luhmann, Niklas 1993: Das Recht der Gesellschaft, Frankfurt/M.

Luhmann, Niklas/Karl Eberhard Schorr 1979: Reflexionsprobleme im Erziehungssystem, Stuttgart.

McCarthy, Thomas 1986: Komplexität und Demokratie - die Versuchungen der Systemtheorie, in: Honneth, Axel/Hans Joas (Hg.): Kommunikatives Handeln. Beiträge zu Jürgen Habermas' "Theorie des kommunikativen Handelns", Frankfurt/M., S. 177-215.

Müller, Hans-Peter 1993: Soziale Differenzierung und Individualität. Georg Simmels Gesellschafts- und Zeitdiagnose, in: Berliner Journal für Soziologie, S. 127-139.

Münch, Richard 1988: Theorie des Handelns. Zur Rekonstruktion von Talcott Parsons, Emile Durkheim und Max Weber, Frankfurt/M.

Münch, Richard 1991: Dialektik der Kommunikationsgesellschaft, Frankfurt/M.

Parsons, Talcott 1975: Gesellschaften. Evolutionäre und komparative Perspektiven, Frankfurt/M.

Parsons, Talcott 1985: Das System moderner Gesellschaften, Weinheim, München (Original: 1966).

Rüschemeyer, Dietrich 1985: Spencer und Durkheim über Arbeitsteilung und Differenzierung: Kontinuität oder Bruch?, in: Luhmann, Niklas (Hg.), Soziale Differenzierung. Zur Geschichte einer Idee, Opladen, S. 163-180.

Scharpf, Fritz W. 1989: Politische Steuerung und Politische Institutionen, in: Politische Vierteljahresschrift 30, S. 10-21.

Schimank, Uwe 1985: Der mangelnde Akteurbezug systemtheoretischer Erklärungen gesellschaftlicher Differenzierung - Ein Diskussionsvorschlag, in: Zeitschrift für Soziologie 14, S. 412-434.

Schimank, Uwe 1988: Gesellschaftliche Teilsysteme als Akteurfiktionen, in: Kölner Zeitschrift für Soziologie und Sozialpsychologie 40, S. 619-639.

Schimank, Uwe 1996: Theorien gesellschaftlicher Differenzierung, Opladen.

Schwinn, Thomas 1995a: Funktion und Gesellschaft. Konstante Probleme trotz Paradigmenwechsel in der Systemtheorie Niklas Luhmanns, in: Zeitschrift für Soziologie 24, S. 196-214.

Schwinn, Thomas 1995b: Funktionale Differenzierung - wohin? Eine aktualisierte Bestandsaufnahme, in: Berliner Journal für Soziologie, Heft 1, S. 25-39.

Simmel, Georg 1989a: Gesamtausgabe, Bd. 2: Aufsätze 1887-1890. Über soziale Differenzierung. Die Probleme der Geschichtsphilosophie (1892), Frankfurt/M.

Simmel, Georg 1989b: Gesamtausgabe, Bd. 6: Philosophie des Geldes, Frankfurt/M. (Erstveröffentlichung: 1900).

Smith, Adam 1963, Eine Untersuchung über das Wesen und die Ursachen des Reichtums der Nationen, Bd. 1, Berlin (Erstveröffentlichung: 1776).

Spencer, Herbert 1885: Die Principien der Soziologie, 2. Band, Stuttgart.

Stichweh, Rudolf 1991: Der frühmoderne Staat und die europäische Universität. Zur Interaktion von Politik und Erziehungssystem im Prozeß der Ausdifferenzierung (16-18. Jahrhundert, Frankfurt/M.

Tyrell, Hartmann 1978: Anfragen an die Theorie der gesellschaftlichen Differenzierung, in: Zeitschrift für Soziologie 7, S. 175-193.

Tyrell, Hartmann 1988: Emile Durkheim - Das Dilemma der organischen Solidarität, in: Luhmann, Niklas (Hg.), Soziale Differenzierung. Zur Geschichte einer Idee, Opladen, S. 181-250.

Weber, Max 1988a: Gesammelte Aufsätze zur Religionssoziologie I, Tübingen[9] (Erstausgabe 1920).

Weber, Max 1988b: Gesammelte Aufsätze zur Wissenschaftslehre, Tübingen[8] (Erstausgabe 1922).

Willke, Helmut 1992: Ironie des Staates. Grundlinien einer Staatstheorie polyzentrischer Gesellschaft, Frankfurt/M.

Frank Hillebrandt
Disziplinargesellschaft

Die Maximen der westlichen Welt: Freiheit, Gleichheit, Brüderlichkeit und die inzwischen vorherrschende Gegenwartsdiagnose, das moderne Leben zeichne sich durch eine nie gekannte individuelle Entscheidungsfreiheit und Pluralität aus, legen nahe, Disziplinierung als ein Übergangsphänomen zu begreifen, das zunehmend an Bedeutung verliert und nur noch in eng begrenzten Räumen wie Gefängnissen, Geheimdiensten, militärischen Organisationen, diktatorischen Staaten und Schulen zu beobachten ist. Freizügigkeit und Selbstbestimmung, die scheinbar nicht mit Disziplinierung kompatibel sind, gelten in der Gegenwartsgesellschaft als hohe zu verteidigende Werte. Offensichtlich ist diese Beschreibung allerdings in sich ambivalent: In enger Verbindung mit Freiheits- und Selbstbestimmungspostulaten sind in der Gegenwartsgesellschaft alle Lebensbereiche erfassende Überwachungsmechanismen wirksam, die nicht nur vom regulierenden Staat eingesetzt werden, um soziale Sicherheit zu gewährleisten und soziales Chaos zu vermeiden. Materielle wie immateriellen Werte sollen so vor Übergriffen einzelner geschützt werden. Zudem werden aus ähnlichen Gründen persönliche Daten der Bevölkerung in Datensystemen gespeichert und verfügbar gehalten. Der Begriff *Überwachungsstaat* ist eine Formel, die diese Phänomene in der politischen Diskussion kritisch reflektiert. Neben Fragen des Datenschutzes veranlaßt die allseits zu beobachtende Regulierung des alltäglichen Lebens durch fremdbestimmt festgesetzte Arbeitszeiten, überindividuell geltende Öffnungszeiten der Freizeit- und Konsuminstitutionen, festgeschriebene Schulein- und -austrittszeiten und Lebensarbeitszeiten zu der nicht unplausiblen Annahme, das Leben sei heute durch Regulierung und Disziplinierung der individuellen Freiheit gekennzeichnet. Freizügigkeit und Selbstbestimmung sind als Eigenwerte der Gegenwartsgesellschaft offenbar nur möglich, indem sie mit ihrem Entstehen durch Disziplinierung des einzelnen eingeschränkt und begrenzt werden.

Im Spannungsfeld dieser kontroversen Reflexion der modernen

Gesellschaft ist eine soziologische Denkrichtung angesiedelt, die den Begriff der Disziplin in den Mittelpunkt ihrer Gegenwartsdiagnose stellt. Das soziologische Konzept der Disziplinargesellschaft entlarvt die verbreitete Sicht, die moderne Gesellschaft zeichne sich durch individuelle Freiheit und Pluralismus aus, mittels einer Analyse der gesellschaftlichen Disziplinarpraktiken als vordergründig. Die Grundstruktur der Disziplin erscheint im Kontext dieser Gegenwartsdiagnose nicht nur als repressive Zwangsstruktur. Disziplinierung wird als viel tiefer liegende Struktur begriffen, die das moderne Individuum entscheidend determiniert, ohne daß dies den sich selbst vorwiegend als frei beschreibenden Individuen bewußt ist.[1]

Zur Rekonstruktion dieser Gegenwartsdiagnose werden in einem ersten Teil die historische Entstehung und ausgewählte historische Verwendungsweisen des Begriffs der Disziplin nachgezeichnet, um den vielschichtigen Gehalt und die Bedeutung der Disziplinstruktur allgemein zu verdeutlichen (1). Auf dieser Grundlage wird über die Zivilisationstheorie Norbert Elias' die soziologische Bedeutung der Disziplin eingegrenzt (2). Daran anschließend läßt sich ausgehend von Max Weber und Michel Foucault das zeitdiagnostische Konzept der Disziplinargesellschaft rekonstruieren, das Disziplin als eine alles durchdringende gesellschaftstragende Struktur mit produktiven und destruktiven Wirkungen faßt (3). Dieses Konzept wird abschließend in einer kurzen Schlußbemerkung theoretisch eingeordnet (4).

1. Historische Bedeutung der Disziplin

Disziplin (lat. disciplina= Schule, Unterweisung, Zucht, Ordnung) meint allgemein ein auf Ordnung bedachtes Verhalten, das sich durch Unterordnung oder *bewußte* Einordnung auszeichnet. Dabei gelingt diese Unterordnung durch äußere Zucht aber auch durch freiwillige Selbstzucht. Disziplin dient in diesen beiden Aspekten des Begriffs zur Sicherung einer Ordnung, der sich Individuen (Menschen) freiwillig und/oder unfreiwillig in einer Gemeinschaft unterwerfen. Ein weiterer für die Diskussion des Begriffs der Disziplin wichtiger Gesichtspunkt

---

1 Vgl. zum Begriff des Individuums bzw. der individualisierten Gesellschaft den Beitrag von Markus Schroer in diesem Band.

ist die innere Zucht, Beherrschtheit oder auch Selbstzucht, die jemand zu besonderen Leistungen befähigen soll. Disziplin erscheint in diesem Zusammenhang als ein ethisches Verhalten, den Drang, von Regeln abzuweichen, zu meistern (Immanuel Kant), nicht nur um eine bestehende soziale Ordnung zu sichern, sondern auch, um die Effizienz des eigenen, individuellen Handelns zu erhöhen. Der Begriff Disziplin ist in all diesen Facetten eng mit der Entwicklung der modernen Gesellschaft verbunden, obwohl die Grundstruktur der Disziplin auch in vormodernen Gesellschaftsstrukturen bekannt, hier allerdings vorrangig auf religiöse und militärische Spezialorganisationen (Klöster, Heere) sowie pädagogische Handlungsfelder (discipulus = Schüler) begrenzt ist.

Durch eine langsame Auflösung der kirchlichen Ordnungsfunktionen im späten Mittelalter (v.a. bedingt durch einen allgemeinen Ordnungsschwund in der Renaissance) geraten die bis dahin von der Kirche maßgeblich getragenen Fragen von Zucht und Sitte mehr und mehr in den Zuständigkeitsbereich weltlicher Gewalten. Das im ausgehenden Mittelalter neu entstehende gesellschaftliche Ordnungsproblem führt dazu, daß die primär auf religiöse Praktiken ausgerichtete Disziplinstruktur sich auf den Gesellschaftskörper auszudehnen beginnt. Die städtischen, also weltlichen Obrigkeiten reagieren auf die Minderung religiöser Ordnungsleistungen "mit einer Ausweitung ihrer Normproduktion" (Breuer 1986: 53). Dadurch wird das wirtschaftliche, soziale, sittliche und moralische Verhalten zunehmend Ordnungen unterworfen, die sich über weltliche, nicht von Gott gegebene Gesetze legitimieren. Der Staat avanciert im Verlauf dieser Entwicklung zu einem wichtigen Instrument der Disziplinierung. Thomas Hobbes formuliert bereits 1651 zur Ursache der Entstehung des Staates als alles beherrschenden und regulierenden Leviathan folgendes:

> "Die Absicht und Ursache, warum die Menschen bei all ihrem natürlichen Hang zur Freiheit und Herrschaft sich dennoch entschließen konnten, sich gewissen Anordnungen, welche die bürgerliche Gesellschaft trifft, zu unterwerfen, lag in dem Verlangen, sich selbst zu erhalten und ein bequemeres Leben zu führen; oder mit anderen Worten, aus dem elenden Zustand eines Krieges aller gegen alle gerettet zu werden." (Hobbes 1970: 151)

Der frühmoderne Staat zeichnet sich, wie diese Aussage zeigt, durch eine Regulierung des menschlichen Verhaltens aus, um eine soziale Ordnung dauerhaft zu sichern. Disziplinierung ist dabei erst dann gegeben, wenn der äußere, man könnte sagen, repressive Zwang durch einen Zwang ergänzt wird, der die Individuen zwingt, sich selbst zu disziplinieren. Disziplin erlangt erst durch die gesellschaftsweite Durchdringung des Lebens mit disziplinierenden Regulierungen, also mit der massenhaften Züchtigung der Individuen seine historische Bedeutung: Nicht allein die Festlegung von Verhaltensregeln durch einen regulierenden Staat führt zur Disziplinierung der Bevölkerung, sondern erst die Verbindung repressiver Disziplinarmaßnahmen mit der Vermittlung normativer Sittengesetze durch weltliche Obrigkeiten (zunächst städtische Magistrate und Anstalten, später komplexe überregionale Staatsgebilde) führt zur sozialen Disziplinierung der dem Staat zugeordneten Menschen (vgl. auch Oestreich 1969: 199f.; Breuer 1986: 53).[2]

Dieser kurze Blick auf die Entwicklung und gesellschaftsweite Verbreitung der Disziplin in der frühen Neuzeit zeigt, daß mit dem Begriff Disziplin nicht nur eine repressive, zwanghafte Unterwerfung von Menschen unter Herrschaftsgebilde gemeint sein kann. Ordnungsprobleme der sich schnell wandelnden Gesellschaft im Übergang zur Neuzeit, die im Mittelalter in kirchlicher Zuständigkeit auf nicht selten rabiate Weise (Exkommunikation, die den Tod des Exkommunizierten bedeutete) gelöst wurden, werden mit dem Zerfall der mittelalterlichen Ordnung auf eigens dafür eingerichtete Organisationen (Anstalten, Magistrate und später Staatsgebilde) verlagert, die als funktionale Äquivalente einer religiös geprägten Ordnungsstiftung angesehen werden können, da sie zur Disziplinierung und Normalisie-

---

2 Disziplin ist z.B. in den Städten des Spätmittelalters, deren Magistrate als Vorstufen des frühmodernen Staates angesehen werden können, eng mit dem normativen Ziel der allgemeinen Wohlfahrt und der Abwendung von Armut und Not verbunden, wie sich beispielhaft an der Entwicklung der frühneuzeitlichen Armenfürsorge ablesen läßt (vgl. Jütte 1984; Sachße/Tennstedt 1980). Disziplin erscheint als Ordnungskategorie, um Chaos und Anomie von der Allgemeinheit abzuwenden. Das programmatische Ziel der sich in diesem Kontext ausdifferenzierenden Spezialorganisationen (Zucht-, Arbeits- und Armenhäuser) ist es, die zu disziplinierenden Individuen über Zucht und Arbeit zu "humanen Menschen" zu erziehen und dadurch von ihrer Sündhaftigkeit zu befreien. Die als sündhaft beschriebenen Individuen sollen beginnen, sich über repressive Disziplinierung selbst zu disziplinieren.

rung des Verhaltens entstehen und auf diese Weise eine sich verändernde gesellschaftliche Ordnung sichern sollen.³

Die Aufklärung, die sich die individuelle Freiheit des einzelnen als Ziel setzt und den frühmodernen monarchischen Absolutismus letztlich überwindet, bleibt in bezug auf Disziplin nicht frei von Ambivalenzen. Sie überwindet nicht die Disziplinstruktur, sondern etabliert sie in neuer Weise. Die Aufklärung erfindet zwar die Freiheit des einzelnen. Sie bringt aber gleichzeitig neue Formen der Disziplinierung hervor. Diese Ambivalenz läßt sich beispielhaft an der in der Aufklärung einsetzenden Umstellung des Naturrechts auf ein Vernuftrecht verdeutlichen. Immanuel Kant bringt die disziplinierenden Aspekte des Vernuftrechts, also der bürgerlichen Verfassung der Gesellschaft wie folgt auf den Punkt:

"Recht ist die Einschränkung der Freiheit eines jeden auf die Bedingung ihrer Zusammenstimmung mit der Freiheit von jedermann, in sofern diese nach einem allgemeinen Gesetze möglich ist; und das öffentliche Recht ist der Inbegriff der äußeren Gesetze, welche eine solche durchgängige Zusammenstimmung möglich machen. Da nun jede Einschränkung der Freiheit durch die Willkür eines anderen Zwang heißt: so folgt, daß die bürgerliche Verfassung ein Verhältnis freier Menschen ist, die (unbeschadet ihrer Freiheit im Ganzen ihrer Verbindung mit anderen) doch unter Zwangsgesetzen stehen: weil die Vernunft selbst es so will..." (Kant 1968: 289f.)⁴

Die bürgerliche Gesellschaft ist, wie dieses Zitat zeigt, schon in ihrer Entstehungsphase von einer Ambivalenz durchzogen, da sie individuelle Freiheit und zugleich gesellschaftsweiten Schutz dieser Freiheit durch Zwang garantieren will. Zwang und Disziplinierung sind z.B. für Kant Bedingungen der Möglichkeit zur Aufrechterhaltung einer bürgerlichen Vertragsgesellschaft.

Mit der Industrialisierung weitet sich die soziale Struktur der Disziplin auf den Produktionsbereich der Gesellschaft aus, wie bereits Karl Marx in kritischer Perspektive betont: Die Maschinisierung der Arbeit ist das Ergebnis ihrer Teilung, die über die industrielle Maschinerie zur Disziplinierung der Arbeitskräfte führt. Eng festgesetzte Fa-

---

3 Philip Gorski spricht in diesem Zusammenhang von einer "disciplinary revolution", die sich in einer rapiden und fundamentalen Transformation des Sozialen in der frühen Neuzeit zeigt (vgl. Gorski 1993: 271).
4 Gegen Hobbes setzt Kant neben den Staat das Recht, um letztlich das gleiche Ziel zu erreichen.

brikordnungen, auf die sich Marx in seiner Reflexion der Industrialisierung der menschlichen Arbeit bezieht (vgl. Marx 1983: 381f.), schränken die individuellen Bedürfnisse der Arbeiter ein. Aber erst die Maschinen zwingen zur Selbstdisziplin, indem sie den Zeitablauf der Arbeit und die Arbeitsschritte detailliert regulieren: Die Maschinenabhängigkeit der Arbeit macht die Regulierung der Arbeit zunehmend überflüssig, "weil die Abhängigkeit des Arbeiters von der kontinuierlichen und gleichförmigen Bewegung der Maschine hier längst die strenge Disziplin geschaffen hatte" (ebd.: 433), die viel tiefer reicht als eine über Regeln erzeugte Disziplinierung. Ein Blick auf die gegenwärtigen Arbeitsbedingungen zeigt, daß die Fabrikarbeit zu diszipliniertem Verhalten zwingt: Pünktliches Erscheinen wird durch Stechuhren erzwungen, da jede Minute, die man später kommt, vom Arbeitslohn abgezogen wird. Fließbandarbeit zwingt zur ständigen Gleichförmigkeit der Arbeitsschritte. Pausen können nur dann gemacht werden, wenn die Maschine abgestellt wird usw. Die Marxsche Diagnose des Arbeitslebens hat somit auch heute noch Aktualität, wenn er z.B. folgendes behauptet:

"Die technische Unterordnung des Arbeiters unter den gleichförmigen Gang des Arbeitsmittels und die eigentümliche Zusammensetzung des Arbeitskörpers aus Individuen beider Geschlechter und aller Altersstufen schaffen eine *kasernenmäßige Disziplin*, die sich zum vollständigen Fabrikregime ausbildet und die schon früher erwähnte Arbeit der Oberaufsicht, also zugleich der Teilung der Arbeiter in Handarbeiter und Arbeitsaufseher, in gemeine Industriesoldaten und Industrieunteroffiziere, völlig entwickelt." (Ebd.: 446f., Hervorh. von mir, F.H.)

Wie diese Beispiele der Verwendung des Disziplinbegriffs in der Reflexion moderner gesellschaftlicher Strukturen zeigen, ist die Disziplinstruktur ein wichtiger Bestandteil der modernen Gesellschaft. Sie kann zum einen als notwendige Ordnungsstruktur angesehen werden (Hobbes, Kant). Zum anderen wird sie als Zwangsmechanismus thematisiert, der die individuelle Freiheit einschränkt und die Entfaltung eines selbstbestimmten Lebens entscheidend hemmt (Marx).

2. Soziologische Bedeutung der Disziplin

Ganz im Sinne dieser Bandbreite der historischen Verwendung des Disziplinbegriffs, die auf seine Bedeutung für die moderne Gesellschaft hinweist, entwickeln sich auch in der soziologischen Forschung zwei zu unterscheidende Verwendungsweisen: Disziplin wird zum einen als Struktur zur Sicherung sozialer Ordnung angesehen. Sie erscheint als Möglichkeit zur Strukturierung des Sozialen, um Anomie und Barbarei von der Menschheit abzuwenden und um die Leistungsfähigkeit der einzelnen zu erhöhen (Selbstdisziplin). Zum anderen entstehen zugleich Theorien, die Disziplin über die ordnungsstiftenden Aspekte hinaus als Ausdruck von Machtmechanismen begreifen. Disziplin destruiert in diesem Verwendungszusammenhang die individuelle Freiheit des einzelnen, um Herrschaftsverhältnisse zu stabilisieren. Selbstdisziplin erscheint hier als Ausdruck der Internalisierung von Herrschaft. Disziplin wird somit primär als destruktive Struktur begriffen, die die Entfaltungsmöglichkeit des einzelnen (die Kreativität) mindert und zur Vermassung der Menschen führt.

Die häufige und unterschiedliche Verwendung des Disziplinbegriffs zur Beschreibung der Gegenwartsgesellschaft verweist auf einen Zusammenhang zwischen der Zunahme der Differenzierung und Komplexität einer Gesellschaft und der Zunahme der Disziplinierungen, die eine Gesellschaft hervorbringt. Darauf weist v.a. Norbert Elias hin. Zur Eingrenzung dessen, was mit dem Begriff Disziplinargesellschaft gemeint ist, scheint es mir daher zunächst sinnvoll zu sein, die Zivilisationstheorie Elias' kurz zu umreißen, um Evidenzen für ein Konzept der Disziplinargesellschaft zu verdeutlichen.[5] Daran anschließend läßt sich auf der Folie der Zivilisationstheorie das Konzept der Disziplinargesellschaft profilieren.

Die Zivilisationstheorie Elias' ist für eine Diskussion des Disziplinbegriffs in gesellschaftstheoretischer Perspektive deshalb von Bedeutung, weil sie zeigt, daß Psychogenese und Soziogenese sich gegenseitig bedingen. Die Entstehung und Änderung gesellschaftlicher Institutionen bis hin zum Staat (Soziogenese) erscheint als eng verflochten mit der Änderung der Psychostruktur (Psychogenese), denn "das Werden von Persönlichkeits- und Gesellschaftsstrukturen vollzieht sich im unlösbaren Zusammenhang beider miteinander" (Elias 1992/1: XX). Elias sieht im Kontext dieser Grundannahme den "Zivilisationsprozeß" eng mit dem Aufkommen massenhafter Disziplinie-

---

5 Vgl. zu Elias' Zivilsationstheorie den Beitrag von Stefanie Ernst in diesem Band.

rung verbunden. Nur duch massenhafte Internalisierung von Affektkontrolle, die durch gesellschaftliche Zivilisierungsprozesse erzwungen wird, ist eine weitere Soziogenese der abendländischen Zivilisationsordnung möglich und umgekehrt. Der Prozeß der mscnhlichen Zivilisation ist, wenngleich als ganzer ungeplant, nicht ohne eine eigentümliche Ordnung: Das gesamte Trieb- und Affektleben wird einer zunehmenden Selbstkontrolle unterworfen (vgl. ebd.: 313).

Zivilisation erscheint als Begriff zur Beschreibung der Veränderung des menschlichen Verhaltens von Affektiertheit zur Affektkontrolle. Mit der Zunahme gesellschaftlicher Differenzierungsprozesse, also mit der Zunahme gesellschaftlicher Komplexität wird der einzelne gezwungen, "sein Verhalten immer differenzierter, immer gleichmäßiger und stabiler zu regulieren" (ebd.: 317). Die so entstehende "Selbstkontrollapparatur" (ebd.: 320) ist für Elias eine notwendige Folge des gesellschaftlichen Wandlungsprozesses, also der Soziogenese. Nur die massenhaft internalisierte Selbstkontrolle erlaubt es nämlich, die Anforderungen, die eine komplexe Gesellschaft den Individuen stellt, zu bewältigen. "Mit der Differenzierung des gesellschaftlichen Gewebes wird auch die soziogene, psychische Selbstkontrollapparatur differenzierter, allseitiger und stabiler" (ebd.: 319f).

Obwohl Elias den Begriff der Disziplin nie explizit benutzt und schon gar nicht von einer Disziplinargesellschaft spricht, zeigt seine Zivilisationstheorie deutlich auf, welche Aspekte ein soziologischer Disziplinbegriff mit gesellschaftstheoretischer Reichweite zwingend thematisieren muß, um eine umfassende Beschreibung der Disziplinstruktur leisten zu können: Ein soziologischer Disziplinbegriff muß zum einen die gesellschaftsstrukturellen Voraussetzungen der Disziplin thematisieren (Soziogenese). Zum anderen muß er die umfassenden Wirkungen der Disziplinstruktur auf die psychischen Dispositionen der in der modernen Gesellschaft lebenden Menschen aufzeigen (Psychogenese). Ein so gefaßter Disziplinbegriff ermöglicht es, Disziplin als gesellschaftstragende Struktur zu erfassen und auf diese Weise in den Mittelpunkt der Gegenwartsdiagnose zu stellen. Nur wenn dies plausibel gelingt, kann ein Konzept der Disziplinar*gesellschaft* entworfen werden, das nicht nur die Ordnungsleistungen der Disziplin thematisiert, sondern Disziplin als *alles durchdringende Struktur der modernen Gesellschaft* beschreibt, die alle Dispositionen und Handlungen der in dieser Gesellschaft lebenden Menschen entscheidend determiniert.

3. Diagnose der Gesellschaft als Disziplinargesellschaft

In der soziologischen Theoriebildung müssen v.a. zwei Theoretiker genannt werden, die Disziplin in dieser Weise zu einer gesellschaftstragenden Struktur erheben. Bereits Max Weber entwirft über einen zeitdiagnostischen Disziplinbegriff die Disziplinargesellschaft, nicht explizit, sondern, wie zu zeigen sein wird, implizip als düsteres Zukunftsszenarium (3.1.). Michel Foucault entwickelt ein über Webers Disziplinbegriff hinausreichendes Konzept der Disziplin, über das er plausibilisieren will, daß sich die Disziplinargesellschaft in der Gegenwart irreversibel durchgesetzt hat (3.2.). Diese beiden Konzepte bestimmen entscheidend die aktuelle, z.Zt. etwas ruhiger gewordene Diskussion um den Begriff der Disziplinargesellschaft.

3.1. Disziplin als sich verselbständigende gesellschaftstragende Struktur

Max Weber faßt Disziplin in der soziologischen Forschung erstmals systematisch als wichtige Kategorie zur Beschreibung der modernen Gesellschaft (vgl. Breuer 1986: 45). Disziplin wird zum einen als Herrschaftsprinzip verstanden, das die individuelle Freiheit einschränkt. Zum anderen erscheint sie als Prinzip der Lebensführung (Selbstdisziplin), das in den Dienst rationaler Herrschaft gestellt wird. Dieser doppelte Disziplinbegriff, der sowohl den außengeleiteten Fremd- als auch den von innen geleiteten Selbstzwang thematisiert, ist zentral für die Webersche Gegenwartsdiagnose, da er zur idealtypischen[6] Charakterisierung des modernen Menschen dient, der in einem

---

6 Der Idealtypus vereinigt als Gedankenbild "bestimmte Beziehungen und Vorgänge des historischen Lebens zu einem in sich widerspruchslosen Kosmos *gedachter* Zusammenhänge. [...] In seiner begrifflichen Reinheit ist dieses Gedankengebilde nirgends in der Wirklichkeit empirisch vorfindbar. [...] Er [der Idealtypus] ist nicht eine *Darstellung* des Wirklichen, aber er will der Darstellung eindeutige Ausdrucksmittel verleihen." (Weber

Anstaltsstaat lebt, ohne sich aus dem "stahlharten Gehäuse der Hörigkeit" (Weber) befreien zu können.

Im Kontext der Weberschen Herrschaftssoziologie wird Disziplin zunächst als Spezifikation der Herrschaft definiert, die ihrerseits eine Spezifikation von Machtverhältnissen ist: "Disziplin soll heißen die Chance, kraft eingeübter Einstellung für einen Befehl prompten, automatischen und schematischen Gehorsam bei einer angebbaren Vielheit von Menschen zu finden" (Weber 1980: 28). War Herrschaft noch als Chance begriffen worden, "für einen Befehl bestimmten Inhalts bei angebbaren Personen Gehorsam zu finden" (ebd.), funktioniert Disziplin offenbar nur dann, wenn die Einstellung, einem bestimmten Prinzip oder einer bestimmten Person zu gehorchen, *internalisiert* ist.

Die Tragweite des Begriffs der Disziplin für die Gegenwartsdiagnose Webers erschließt sich nur über sein Verhältnis zum Rationalitätsbegriff. Webers Theorie kreist um den Begriff der Rationalisierung. Dem Idealtypus der rationalen Herrschaft kommt in diesem Zusammenhang eine Schlüsselrolle zur Diagnose der modernen Gesellschaft zu. Weber (vgl. 1980: 124) unterscheidet rationale Herrschaft von traditionaler und charismatischer Herrschaft, die sich jeweils unterschiedlich legitimieren. Die Legitimitätsgeltung traditionaler Herrschaft beruht auf den Alltagsglauben an die Heiligkeit von jeher geltender Traditionen (vgl. Weber 1980: 124). Die Legitimitätsgeltung charismatischer Herrschaft stützt sich auf die nicht alltägliche Hingabe an die Heiligkeit, Heldenkraft oder/und die Vorbildlichkeit einer Person und der durch sie festgelegten Ordnungen (vgl. ebd.). Ganz im Gegensatz dazu legitimiert sich rationale Herrschaft zum einen aus dem Glauben an die Legalität einer *gesatzten Ordnung* und zum anderen aus dem Anweisungsrecht derjenigen, *die durch die gesatzte Ordnung zur Herrschaftsausübung berechtigt sind* (vgl. ebd.: 125). Rationale Herrschaft, die Weber zuweilen exklusiv legale Herrschaft nennt (vgl. ebd.), ist dadurch auf Verwaltung und Bürokratie angewie-

---

1988a: 190f.) Der Idealtypus ist somit eine Methode zur Objektivierung sozialwissenschaftlicher Erkenntnisse, der die Eigenarten sozialwissenschaftlicher Zusammenhänge "pragmatisch *veranschaulichen* und verständlich machen" (ebd.) will. Er hat nichts mit dem Entwurf eines idealen Zustandes zu tun.

sen, die Weber als den "technisch reinsten Typus der legalen Herrschaft" (Weber 1988a: 477) bezeichnet. Die nicht rationalen Formen der Herrschaft werden für Weber in der Moderne zusehends in den Hintergrund gedrängt, da sie den Rationalitätsgesichtspunkten einer kapitalistischen Wirtschaftsordnung nicht genügen. In der modernen Gesellschaft genügt das Handeln in rationalen Herrschaftskonstellationen vorwiegend zweckrationalen Gesichtspunkten. In den unterschiedlichsten Erscheinungsformen rationaler Herrschaft, die sich in bürokratischer Vergesellschaftung verwirklicht, macht Weber die Grundstruktur der Disziplin aus. Disziplin ist in diesem Kontext eng mit *zweckrationalem Handeln* verknüpft. Sie erscheint in Webers idealtypischer Definition als die mechanisierte, quasi verselbständigte handlungsleitende Dimension der rationalen Herrschaft. Disziplin kann in dieser Definition als internalisierte Unterordnung allen Handelns unter ein unpersönliches Herrschaftsprinzip verstanden werden (vgl. Weber 1980: 681), wobei dieses Herrschaftsprinzip nicht auf politische und militärische Verwaltungen beschränkt ist (vgl. ebd.: 123, 128).

Mit zunehmender Rationalisierung aller Lebensbereiche steigt für Weber auch die gesellschaftsstrukturbildende Kraft der Disziplin, da Disziplin das Ergebnis einer rationalen Vergesellschaftung ist, die traditionale und charismatische Herrschaft zunehmend in den Hintergrund rückt und die Herrschaftsformen versachlicht. Dies bewirkt "eine Zurückdrängung der Tragweite individuellen Handelns" (Weber 1980: 681) und hat entscheidenden Einfluß auf die Entwicklung gesellschaftlicher Strukturmerkmale: Die Gesellschaft entwickelt sich von Abstammungsgemeinschaften über Imperien hin zum Anstaltsstaat, in dem rationale Organisationen, die sich massenhaft ausdifferenzieren, das gesellschaftliche Ordnungsproblem zu lösen versuchen. Diese Ordnungsleistung gelingt in der modernen Gesellschaft nicht zuletzt durch die massenhafte Durchsetzung eines sich *Selbstdisziplin* auferlegenden Lebensstils.

Nicht nur in der Weberschen Herrschaftssoziologie wird der Disziplinbegriff an zentraler Stelle plaziert, auch die Webersche Religionssoziologie verwendet einen Disziplinbegriff, der sich auf die Konstitution einer sich Selbstdisziplin auferlegenden modernen Lebensführung bezieht. Wie Wolfgang Schluchter (vgl. 1979: 15; 1988: 425ff) richtig feststellt, ist Webers Thema nämlich nicht nur die Beschreibung des okzidentalen, bürgerlichen Betriebskapitalismus. Er behandelt diesen von Beginn an in historischer Perspektive als Organisationsproblem, um die Gründe seiner Entstehung zu analysieren. Webers Werk bezieht sich in diesem Zusammenhang primär auf den modernen kapitalistischen "Geist" und auf die durch ihn bedingte Lebensführung, ohne die für Weber die rationale Struktur der modernen Gesellschaft nicht denkbar ist. Erst der Geist des Kapitalismus, dessen Weichensteller nach Weber die aus dem protestantischen Weltbild abgeleitete Idee einer disziplinierten Lebenführung mit innerweltlicher Askese zur diesseitigen Vergewisserung über das Auserwähltsein ist, gibt dem okzidentalen Kapitalismus seine spezifische Formung, die ihn zum herrschenden Strukturierungsprinzip der Gesellschaft werden läßt. Nicht der rücksichtslose, sich innerlich an keine Norm bindende Erwerb, den es zu jeder Zeit gegeben hat (vgl. Weber 1988c: 42f.), sondern der kulturelle Vorrat, der eine asketische Lebensführung vermittelt, bringt einen disziplinierten Berufsmenschen hervor - und damit eine Persönlichkeitsstruktur, die dem rationalen Prinzip der kapitalistischen Vergesellschaftung strukturgenau entspricht: Der "Kapitalismus kann den praktischen Vertreter des undisziplinierten 'liberum arbitrium' als Arbeiter nicht brauchen..." (ebd.: 42). Erst die massenhafte Hervorbringung einer sich selbst disziplinierenden Lebensführung ermöglicht daher nach Weber den "take off" des Kapitalismus.

Zur Eingrenzung dessen, was unter Selbstdisziplinierung idealtypisch gemeint ist, wählt Weber das anschauliche Beispiel des Mönches, der im Kontext einer rationalen Organisation (des Klosters) eine "von Stufe zu Stufe steigende Rationalisierung der Askese zu einer immer ausschließlicher in den Dienst der Disziplinierung gestellten Methodik" (Weber 1980: 698) entwickelt. Das Gelübde zum bedingungslosen Gehorsam als frei gewählte Lebensform, die sich Disziplin auferlegt, um bestimmte Zwecke, z.B. Gewißheit über die individuelle Gottesnähe, zu erreichen, ist für Weber eine reine Form der selbstauferlegten Unterordnung unter ein Herrschaftsprinzip, die durch Einübung einer ganz speziellen Einstellung gelingt. Diese Selbstdisziplinierung prädestiniert den Mönch, "als Werkzeug jener bürokratischen Zentralisierung und Rationalisierung der Herrschaftsstruktur der Kirche zu dienen ..." (ebd.: 699). Der Mönch ist für Weber der Idealtypus des sich selbst disziplinierenden Menschen, der spezifisch methodisch, mit eingeteilter Zeit und ständiger Selbstkontrolle, unter Ablehnung alles unbefangenen Genießens und aller nicht dem Zweck seines Berufes dienenden Inanspruchnahme durch menschliche Pflichten ausschließlich als Berufsmensch lebt (vgl. ebd.).

Eine derartig disziplinierte Lebensführung entwickelt sich nach Weber erst über die protestantische Ideenwelt in der Frühmoderne massenhaft. Die Struktur der Selbstdisziplin ist jetzt nicht mehr auf die Organisationsstruktur der Kirchen und Klöster begrenzt. Durch die über den Protestantismus vorangetriebene Verlagerung des Ortes der Askese von den Klöstern in die Welt avanciert die Selbstdisziplin zum kulturellen Motor und Strukturierungsprinzip des Kapitalismus. Das handlungsleitende Prinzip einer disziplinierten Lebensführung als innerweltliche Askese verselbständigt sich in der weiteren Entwicklung des modernen Gesellschaftssystems zu einem "Gehäuse", aus dem der religiös-ethische "Geist" (Weber 1988c: 204), der das Gehäuse der Hörigkeit ursprünglich erst ermöglicht hatte, am Ende vollständig entweicht. Dieser Gedanke Webers, mit weitreichenden Konsequenzen für seine Gegenwartdiagnose, zeigt sich in der folgenden berühmten Passage aus seinem Aufsatz "Die protestantische Ethik und der Geist des Kapitalismus" (Weber 1988c: 17ff.):

> "Der Puritaner wollte Berufsmensch sein, - wir müssen es sein. Denn indem die Askese aus den Mönchszellen heraus in das Berufsleben übertragen wurde und die innerweltliche Sittlichkeit zu beherrschen begann, half sie an ihrem Teile mit daran, jenen mächtigen Kosmos der modernen, an die technischen und ökonomischen Voraussetzungen mechanisch-maschineller Produktion gebundenen, Wirtschaftsordnung erbauen, die heute den Lebensstil aller einzelnen, die in dies Triebwerk hineingeboren werden - nicht nur der direkt ökonomisch erwerbstätigen -, mit überwältigendem Zwang bestimmt und vielleicht bestimmen wird, bis der letzte Zentner fossilen Brennstoffs verglüht ist." (Ebd.: 203)

Für Weber erfaßt die Disziplinierung des modernen Menschen alle Lebensbereiche, indem die Selbstdisziplin sich in den Dienst rationaler Herrschaft, also in den Dienst der Fremdbestimmung stellt. Die durch das "wie eine technisch rationale Maschine" (Weber 1980: 469) funktionierende Recht legitimierte moderne Bürokratie entspricht nämlich strukturgenau dem massenhaft verinnerlichten disziplinierten Lebensstil des modernen Menschen, sie erzeugt ihn zugleich immer wieder aufs neue. Die moderne Ordnung des Sozialen materialisiert sich somit nach Weber in *doppelter Weise*: Sie zeigt sich in einem dichten Gefüge rationaler bürokratischer Organisationen (Schulen, Ämter, Krankenhäuser usw.) *und* in der Fähigkeit der auf diese Weise Organisierten zur "inneren Gleichschaltung mit der geltenden Ordnung, zur Maschinisierung und Instrumentalisierung der eigenen Person, zur Identifikation mit der jeweiligen Funktion" (Breuer 1991: 213) der einzelnen rationalen Organisationen. Weber behauptet einen Zusammenhang zwischen äußerer und innerer Disziplinierung, da in der modernen Gesellschaft der Selbstzwang durch den Fremdzwang der Bürokratien und Herrschaftsapparate aufrecht gehalten wird.

Die in Webers Sicht für die Reproduktion der modernen Gesellschaft notwendige soziale Ordnungsleistung der Bürokratien und Anstalten und der modernen, sich Selbstdisziplin auferlegenden Lebensführung geschieht um einen hohen Preis: Erst der "geronnene Geist" der Bürokratien erzeugt die "leblose Maschine" einer rationalen Herrschaft, der sich die Menschen, "wie die Fellachen im altägyptischen Staat, ohnmächtig zu fügen gezwungen sein werden, wenn ihnen eine rein technisch gute und das heißt: eine rationale Beamten-Verwaltung und -Versorgung der letzte und einzige Wert ist, der über die Art der Leitung ihrer Angelegenheiten entscheiden soll" (Weber 1980: 835). Die bürokratische Organisation ist für Weber dabei, "das Gehäuse jener Hörigkeit der Zukunft herzustellen" (ebd.), in dem alles Verhalten einem unpersönlichen Prinzip genügt und individuelle Handlungsfreiheit zur Bedeutungslosigkeit verkommt. Das Ergebnis ist eine Gesellschaft, die sich allein durch Gehorsam und Selbstdisziplin reproduziert, eine Disziplinargesellschaft, in der sich alles Handeln einer sich verselbständigenden rationalen Vergesellschaftungsform unterordnet. Individuelles Handeln entwickelt sich in dieser Konstellation zu einem bloßen sich-Verhalten, während die rationale Organisation des gesellschaftlichen Lebens sich letztlich nur noch durch rechtlich determinierte Verfahren zu legitimieren imstande ist. Der Mensch wird durch den rationalen Kalkül zu einem "Rädchen" (Weber 1988b: 413) in der leblosen Maschine der disziplinierenden Rationalität und ist "innerlich zunehmend darauf abgestimmt, sich als solches zu fühlen und sich zu fragen, ob er nicht von diesem kleinen Rädchen zu einem größeren werden kann" (ebd.). Der einzelne verliert sich in diesem Getriebe, so daß die "letzten Menschen" im "stahlharten Gehäuse" zu "Fachmenschen ohne Geist" und "Genußmenschen ohne Herz" werden und sich dabei noch einreden "eine nie vorher erreichte Stufe des Menschentums erstiegen zu haben" (Weber 1988c: 204).[7]

Weber geht in seiner so explizierten Gegenwartsdiagnose nicht über die Eingrenzung dieses historisch-deutenden Idealtypus des modernen Menschen hinaus und skizziert daher in seiner Theoriebildung nie wirklich eine begrifflich klar umrissene Theorie der Gesellschaft, obwohl er eine umfassende Diagnose der modernen gesellschaftlichen Verhältnisse betreibt. Diese entwickelt er aus seinen soziologischen Grundbegriffen, um in verstehender Perspektive einen Idealtypus des modernen Menschen zu zeichnen, der sich in einem stahlharten Gehäuse der Hörigkeit befindet, aus dem es kaum ein Entrinnen gibt. In Webers Gegenwartsdiagnose bleibt das Bild einer Disziplinargesellschaft somit letztlich aus methodischen Gründen wenig präzise und erscheint zuweilen mit teilweise unklaren Konturen als düstere Zukunftsvision, der Weber mit unterschiedlichen Mitteln, v.a. durch die Aufwertung des Charismas, entgegentreten will (vgl. de Sousa 1991).

3.2. Metagefängnis Gesellschaft

Für Michel Foucault hat sich die Disziplinargesellschaft längst umfassend und *irreversibel* realisiert, und über eine methodisch völlig anders angelegte Genealogie der Gegenwartsgesellschaft führt Foucault die bei Weber vorgedachten Prämissen zur theoretischen Eingrenzung der massenhaften Disziplinierung des modernen Menschen mit modifizierten Begriffen fort. Die begriffliche Neuorientierung der Foucaultschen Genealogie erlaubt ein über Webers Gegenwartsdiagnose hinausreichendes Konzept der Disziplinargesellschaft, das über eine begriffliche Spezifikation der Grundstruktur der Disziplin entwickelt wird.

Im Foucaultschen Bild der modernen Gesellschaft weiß sich diese ausschließlich über vielschichtige Disziplinartechniken selbst zu ordnen. Sie wird quasi als Metagefängnis verstanden. Um den über We-

---

7 Die Analogien zu Nietzsche sind v.a. in diesen Passagen sehr deutlich. Nietzsche beurteilt die "letzten Menschen" der modernen Kultur ähnlich despektierlich. Seinen Propheten Zarathustra läßt er z.B. folgendermaßen über den "letzten Menschen" urteilen: "Kein Hirt und eine Herde! Jeder will das gleiche: wer anders fühlt, geht freiwillig ins Irrenhaus." (Nietzsche 1930: 14) Zu den Einflüssen Nietzsches auf Weber vgl. auch Peukert 1989.

bers Gegenwartsdiagnose hinausreichenden theoretischen Gehalt dieses Konzeptes zu rekonstruieren, muß zunächt festgehalten werden, daß Foucaults theoretisches Werk, das durch zahlreiche Brüche und Diskontinuitäten gekennzeichnet ist, erst über die Analyse der "Geburt" des Gefängnisses in "Überwachen und Strafen" (Foucault 1977) und der Sexualität in "Der Wille zum Wissen" (Foucault 1983) einen eindeutig zeitdiagnostischen Gehalt erreicht, während Foucault sich vor diesen beiden Studien v.a. mit der Analyse von Diskurspraktiken befaßt. Erst mit der Foucaultschen Interessensverlagerung von der Erforschung der "Ordnung des Diskurses" (Foucault 1991a), die v.a. in "Archälogie des Wissens" (Foucault 1981) ihren Höhepunkt erlangt, hin zu einer Genealogie (vgl. Foucault 1991b) gesellschaftlicher Praktiken, die in "Überwachen und Strafen" erstmals umfassend angewendet wird, richtet sich Foucaults Werk gesellschaftstheoretisch aus (vgl. auch Honneth 1989: 168 und Kneer 1996: 239).[8]

Um dem dadurch sichtbar werdenden zeitdiagnostischen Gehalt der Foucaultschen Theorie auf die Spur zu kommen, ist es im folgenden notwendig, zunächst den Foucaultschen Machtbegriff zu rekonstruieren, der die gesellschaftstheoretischen Prämissen der Genealogie fundiert (1), um diesen dann in Beziehung zu den Machtpraktiken der modernen Gesellschaft zu setzen (2). Diese beiden Argumentationsschritte ermöglichen eine Rekonstruktion des Foucaultschen Konzeptes einer Disziplinargesellschaft, die sich über moderne Spielarten der Macht konstituiert (3).

---

8   Damit soll hier keineswegs behauptet werden, Foucaults Archäologie des Wissens sei für die spätere Genealogie gesellschaftlicher Praktiken unbedeutend. Es wird vielmehr die Auffassung vertreten, daß die methodischen Prämissen der Archäologie, die Selbstausweisung der Denkmöglichkeiten im modernen Diskurs, die Foucault in diesem Stadium seines Werkes vornimmt, die Genealogie erst ermöglichen. Foucault stellt seiner Genealogie ganz im Sinne dieser Auffassung den folgenden Satz voran: "Das Problem, das fast all meine Bücher bestimmt: wie ist in den abendländischen Gesellschaften die Produktion von Diskursen, die (zumindest für eine bestimmte Zeit) mit einem Wahrheitswert geladen sind, an die unterschiedlichsten Machtmechanismen und -institutionen gebunden." (Foucault 1983: 8)

(1) Ähnlich wie Weber geht es auch Foucault in seiner Gegenwartsdiagnose nicht nur darum, repressive Disziplinartechniken aufzuzeigen. Sein Interesse ist es, die Disziplinierung des modernen Individuums bis in die letzte Instanz, die Hervorbringung der Selbstdisziplinierung, nachzuzeichnen. Um dies mit gesellschaftstheoretischer Reichweite leisten zu können, leitet Foucault das Vorhandensein sozialer Ordnung aus einem "differenzlosen" (Kneer 1996: 239) Machtbegriff ab, der sich um vier definitorische Kristallisationspunkte konstituiert: Macht ist für Foucault erstens kein Privileg von Personen oder Personengruppen, da es zweitens keinen machtfreien Raum gibt. Daher beginnt drittens die Produktion von Wissen nicht an einem Punkt, wo die Macht aufhört, sondern Wissen und Macht sind genuin ineinander verschränkt. Dadurch hat Macht viertens nicht nur repressive Wirkungen, sie ist vielmehr primär produktiv und bringt etwas hervor (vgl. hierzu auch Kneer 1996: 240-245). Foucault definiert den Begriff Macht, ganz im Gegensatz zu Weber, als "Vielfältigkeit von Kräfteverhältnissen, die ein Gebiet bevölkern und organisieren", als ein "Spiel, das in unaufhörlichen Kämpfen und Auseinandersetzungen diese Kräfteverhältnisse verwandelt, verstärkt, verkehrt" (Foucault 1983: 113). Diese Kräfteverhältnisse stützen oder isolieren sich gegenseitig nicht über geplante Machtausübung, sondern "indem sie sich zu Systemen verketten" (ebd.) bzw. sich in Verschiebungen und Widersprüche gegeneinander aufheben. Zur Macht gehören nach Foucault im Kontext dieses Spiels der Kräfteverhältnisse schließlich auch "die Strategien, in denen sie [die Kräfteverhältnisse, H.H.] zur Wirkung gelangen und deren große Linien und institutionelle Kristallisierungen sich in den Staatsapperaten, in der Gesetzgebung und in den gesellschaftlichen Hegemonien verkörpern" (ebd.: 113f.). Die Macht ist dadurch nichts, was man besitzen könnte. Sie ist etwas, "was sich in unzähligen Punkten aus und im Spiel ungleicher und beweglicher Beziehungen vollzieht" (ebd.: 115). Über diese theoretische Bestimmung des Machtbegriffs entwickelt sich Macht in Foucaults Theorie zur Schlüsselkategorie der Reproduktion des Sozialen. Dies erlaubt eine gesellschaftstheoretische Ausrichtung des Foucaultschen Werkes, da jetzt die Kategorie gefunden ist, die die gesellschaftlichen Praktiken ordnet, mischt

und bestimmt.⁹ Der so gefaßte, differenzlose Machtbegriff ist darauf zugeschnitten, "die Transformation der Machtmechanismen im Verlauf des gesellschaftlichen Modernisierungsprozesses nachzuzeichnen" (Kneer 1996: 245).

(2) Die wichtigsten, weil den gegenwärtigen "Gesellschaftskörper" bestimmenden Transformationsstellen der Machtmechanismen sind für Foucault die Techniken der Disziplin, die sich erst in der modernen Gesellschaft zu gesellschaftstragenden institutionellen Kristallisierungen entwickeln. Der entscheidende Durchgangspunkt zur systematischen Formierung dieser Disziplinartechniken, die zur Formung der modernen Gesellschaft als Disziplinargesellschaft eine tragende Rolle spielen, ist nach Foucault die "Geburt des Gefängnisses", die das moderne Strafsystem hervorbringt. Hier werden um die Mitte des 18. Jahrhunderts die strukturbildenden Weichen für eine Disziplinierung der gesamten Gesellschaft gestellt, indem neuzeitliche Techniken der Disziplin, die sich schon in der frühen Neuzeit vereinzelt in anderen gesellschaftlichen Bereichen (Pestbekämpfung, Krankenanstalten usw.) ausdifferenzieren, systematisch in einem eng begrenzten Raum umgesetzt werden.

Die erste Stufe der Durchsetzung dieser Disziplinartechniken sieht Foucault in der räumlichen Aufteilung und Parzellierung der Körper. Über die Anordnung der Körper in einem fest umgrenzten Raum (v.a. im modernen Gefängnis aber auch in Klöstern, Internaten, Fabriken, Schulen usw.) organisiert die Disziplin über Einschließung (Klausur) einen analytischen Raum, der zum einen die Leistungsfähigkeit der Individuen steigern soll, indem er zur effektiven Ausbeutung und Kontrolle der körperlichen Kraft die Individuen auf Funktionsstellen verteilt und die Körper der Individuen auf Funktionen reduziert. Darüber hinaus dient die Parzellierung der Körper zur Schaffung eines therapeutischen Raums, "der die Körper, die Krankheiten, die Symptome,

---

9 Die Machtkategorie erscheint in Foucaults Werk gleichzeitig als Motor sozialen Wandels: "Die Menschheit schreitet nicht langsam von Kampf zu Kampf bis zu einer universellen Gegenseitigkeit fort, worin die Regeln sich für immer dem Krieg substituieren; sie verankert alle ihre Gewaltsamkeiten in Regelsystemen [der Macht, F.H.] und bewegt sich so von Herrschaft zu Herrschaft." (Foucault 1991b: 78)

die Leben und die Tode zu individualisieren sucht und ein wirkliches Tableau von aneinandergereihten und sorgfältig voneinander geschiedenen Besonderheiten bildet" (Foucault 1977: 185).

Diese Besonderheiten werden in Wissenssystemen kategorisiert, um der normierenden Tätigkeit der Disziplin Wissensbestände zur Verfügung zu stellen. Diese Wissensbestände bringen das moderne Individuum erst hervor, um es analysieren zu können. Hier zeigt sich die Produktivität der Macht: "Sie produziert Gegenstandsbereiche und Wahrheitsrituale: das Individuum und seine Erkenntnis sind Ergebnisse dieser Produktion" (ebd.: 250). Auf der Grundlage dieser Wissensproduktion im Dienste der die Machtverhältnisse kristallisierenden Disziplin läßt sich das Individuum durch die Disziplinartechniken therapieren und abrichten, indem es auf der Bühne des Wissens erscheint.

Die Mittel der guten Abrichtung sind für Foucault die Techniken der Kontrolle und fortlaufenden Überprüfung der Individuen, die in hierarchischer Überwachung, normierender Sanktion und in der Prüfung am sichtbarsten zum Ausdruck kommen. Die Körper der den Disziplinartechniken unterworfenen Individuen werden von einem kontrollierenden Blick erfaßt, der jede Geste des Körpers in ein System von der Disziplinargewalt dienlichen Normen einordnet, um eine Abweichung von diesen Normen sanktionieren zu können. Durch die Sanktionierung jeden Verhaltens, das von den Normen abweicht, konstituiert die Disziplin eine feste Ordnung, die über die Technik der Prüfung, die die hierarchische Überwachung und die normierende Sanktion zusammenführt, effektiviert wird.

Erst durch das panoptische Prinzip erreichen die beschriebenen Disziplinartechniken eine über den eng begrenzten Raum der Anstalten hinausreichende gesellschaftsstrukturbildende Wirkung. Das Panoptikon symbolisiert für Foucault als architektonische Neuordnung des Gefängnisses den "Traum von einer disziplinierten Gesellschaft" (ebd.: 255), da es den kontrollierenden Blick der Disziplin für den Kontrollierten unsichtbar macht. Die Zellen der Gefangenen werden für den disziplinierenden Blick durchsichtig, ohne daß die Gefangenen wissen, wann der kontrollierende Blick auf sie gerichtet ist. Dadurch zwingt das moderne Strafsystem die vereinzelten Gefangenen dazu, sich selbst als Individuen hervorzubringen: "Derjenige, welcher der Sichtbarkeit unterworfen ist und dies weiß, übernimmt die Zwangsmittel der Macht und spielt sie gegen sich selber aus" (ebd.: 260). Der objektivierende, analytisch zerlegende, kontrollierende und alles durchdringende Blick gewinnt so eine strukturierende Kraft (vgl. Habermas 1985a: 288). Das panoptische Prinzip des durchsichtigen Gefangenen macht die Macht unsichtbar und konstruiert dadurch die Individuen als Objekte der disziplinierenden Überwachung. Um dem unsichtbaren Blick der Disziplin zu entkommen, bleibt den Individuen, diese ist m.E. das wichtigste Ergebnis der Foucaultschen Genealogie des Strafsystems, nichts anderes übrig, als sich selbst als Subjekte zu konstituieren: Nur das durch die Subjektwerdung des Individuums entstehende Wissen über das eigene Selbst erlaubt es dem einzelnen zu erkennen, was der disziplinierende Blick erfaßt, wenn er sich auf das Individuum richtet.

(3) Zur gesellschaftstragenden Struktur avancieren die Disziplinartechniken, indem ihre Prinzipien in den gesamten Gesellschaftskörper eindringen. Die Disziplinartechniken des sich an "Strafmilde" orientierenden modernen Strafsystems ordnen, zusammenfassend gesagt, die Körper der einzelnen Individuen im Raum an und zwingen zudem die auf die Bühne der Justiz gezwungenen "Seelen" (Foucault 1977: 34) der Individuen dazu, sich selbst zu disziplinieren. "Die Disziplin organisiert einen analytischen Raum" (ebd.: 184), um die Individuen kontrollieren und verändern zu können. Diese planmäßige Anordnung der Körper in einem durchsichtigen Panoptikon, die im modernen Gefängnis erstmals programmatisch umgesetzt wird, bewirkt, daß die "Mittel der guten Abrichtung" (ebd.: 220), also die Disziplinartechniken, neue konstruktive Mechanismen der normierenden Sanktion hervorbringen. Diese Entwicklung determiniert eine Ausweitung und Intensivierung der Macht- und Kontrollmechanismen im Prozeß der gesellschaftlichen Modernisierung. Es kommt zu einer für die Individuen unsichtbaren Biopolitik der Macht, die in die letzten Poren der Gesellschaft eindringt, ohne daß es für die Individuen eine Möglichkeit gibt, dieser Mikrophysik der Macht zu entkommen. Sie müssen über die gesellschaftsweite Durchsetzung des panoptischen Prinzips ständig damit rechnen, analysiert zu werden und sind so gezwungen, sich selbst zu disziplinieren, da sie nur so den aus dem analytischen Blick abgeleiteten normierenden Sanktionen entkommen können. In den Worten Foucaults:

"Eine bestimmte Politik des Körpers, eine bestimmte Methode, die Anhäu-

> fung der Menschen gefügig und nützlich zu machen, machte die Eingliederung bestimmter Wissensbezüge in die Machtverhältnisse erforderlich; sie verlangte nach Techniken zur Verflechtung der subjektivierenden Unterwerfung und der objektivierenden Vergegenständlichung: sie brachte neue Verfahren der Individualisierung mit sich." (Foucault 1977: 393f)

Individualisierung ist für Foucault somit die moderne Form der Disziplinierung, ohne die die Konstitution der modernen Gesellschaft als Disziplinargesellschaft nicht möglich ist. Die zunächst diskursive Konstruktion von homogenen Bezugsfeldern, die das Verhalten von Individuen in Leistung übersetzbar und zugleich meßbar, vergleichbar und im Falle signifikanter Abweichungen vom Durchschnitt sanktionierbar (normalisierbar) macht, wirkt unmittelbar auf die außerdiskursive Realität der erfaßten Individuen, die ihre Selbstpraktiken im Sinne der Inanspruchnahme durch die diskursiven Normalisierungsdispositive ordnen und ausrichten, indem sie sich selbst als disziplinierte Individuen konstituieren (vgl. auch Wagner 1994: 291). In seiner Analyse des Sexualitätsdispositivs (vgl. Foucault 1983: 187) weist Foucault ganz im Sinne seiner Genealogie der modernen Disziplinartechniken mit Nachdruck darauf hin, "daß die sogenannte sexuelle Befreiung der Menschen im 19. und 20. Jahrhundert lediglich als Nebeneffekt einer Rationalisierung im Verfahren staatlicher Kontrolle aufgefaßt werden kann" (Schneider 1994: 306). Über das Dispositiv des Geständnisses entfällt der direkte Zugriff auf das Individuum durch vielfältige moralische Kontrolle zugunsten einer 'biopolitique', die den einzelnen nur noch als Element von Stichproben zählt, weil sie die Gesamtheit der Bevölkerung im Auge hat (vgl. ebd.). Das Geständnis über die Sexualität liefert die Nahrung für die Intensivierung der disziplinierenden Durchdringung der Intimsphäre des modernen Menschen, die ihn der "kargen Alleinherrschaft des Sexes" (Foucault 1983: 190) unterwirft. Das Sexualitätsdispositiv, das sich durch das Geständnis reproduziert, macht den Individuen dabei glauben, daß es bei der Freisetzung der Sexualität um ihre individuelle Befreiung geht (vgl. ebd.), obwohl und gerade weil es letztlich nur dazu dient, die Biopolitik der Macht in allen Lebensbereichen der Gesellschaft zu etablieren.

In Foucaults zeitdiagnostischer Sicht leben wir somit "in der Gesellschaft des Richter-Professors, des Richter-Arztes, des Richter-Pädagogen, des Richter-Sozialarbeiters; sie alle arbeiten für das Reich des Normativen; ihm unterwirft ein jeder an dem Platz, an dem er steht, den Körper, die Gesten, die Verhaltensweisen, die Fähigkeiten, die Leistungen" (Foucault 1977: 392f). Diese Diagnose der modernen Gesellschaft wird theoretisch aus der Herleitung minutiöser Disziplinartechniken abgeleitet. Die Genealogie des "humanen" Strafsystems analysiert, wie die modernen Individuen über moderne Disziplinartechniken hervorgebracht werden und wie sie sich innerhalb des Disziplinarsystems selbst als Subjekte hervorbringen, ohne daß es hierzu eine Alternative gibt (vgl. Kögler 1990: 204). Die Genealogie der Sexualität zeigt zudem, daß selbst die intimsten Bereiche des menschlichen Lebens in den Dienst der Disziplinargesellschaft gestellt sind. Allein die konstruktiven Wirkungen der modernen Kristallisationspunkte der Machtverhältnisse, also der Disziplinartechniken, die das moderne Individuum als Unterwerfungsprodukt erst hervorbringen, ermöglichen die irreversible Konstitution der Disziplinargesellschaft. Die Disziplinstruktur täuscht dabei in ihrer Reproduktion den Individuen vor, es ginge bei ihrer massenhaften Disziplinierung um eine Steigerung individueller Freiheit, um genau dadurch die individuelle Freiheit zu destruieren. Aus dieser Absurdität der modernen Gesellschaftsstruktur gibt es nach Foucault kein entrinnen. Einzig eine Aufwertung der individuellen Selbstpraktiken, die Foucault v.a. in seinen politischen Schriften und Äußerungen einfordert (vgl. hierzu Schmid 1991)[10], scheint ihm ein Weg zu sein, den modernen gesellschaftlichen Verhältnissen mit größerer ironischer Gelassenheit zu begegnen, ohne dadurch die Struktur der Disziplinargesellschaft wirksam ändern zu können. Denn wir sind als Individuen "nicht auf der Bühne oder auf den Rängen" (Foucault 1977: 279) der Disziplinargesellschaft. Wir sind in Foucaults Sicht der modernen Gesellschaft "eingeschlossen in das Räderwerk der panoptischen Maschine, das wir selbst in Gang halten - jeder ein Rädchen" (ebd.).

---

10 "Wir müssen uns das, was wir sein können, ausdenken und aufbauen, um diese Art von politischem 'double-bind' abzuschütteln, der in der gleichzeitigen Individualisierung und Totalisierung durch die modernen Machtstrukturen besteht." (Foucault 1987: 250)

4. Schluß

Die Theorien Webers und Foucaults zeigen, daß die moderne Gesellschaft nicht ohne massenhafte Disziplinierung der in ihr lebenden Individuen denkbar ist. Die Disziplinstruktur erscheint dabei nicht nur als Bedingung der Möglichkeit zur Aufrechterhaltung der gesellschaftlichen Ordnung. Sie wird gleichzeitig als eine Struktur begriffen, die über ihre Verselbständigung und massenhafte psychische Internalisierung individuelle Freiheit bis zur Unkenntlichkeit destruiert. Insbesondere Foucault zeigt über seine Genealogie, daß die massenhafte Internalisierung der Disziplin zu einer Vermassung des modernen Menschen führt, die als solche den Individuen nicht bewußt ist. Die moderne Gesellschaft wird auf diese Weise in zeitdiagnostischer Überspitzung als Disziplinargesellschaft bestimmt.[11] Die radikale Fassung der Disziplinstruktur als die gesamte Gesellschaft durchdringender Zwangsmechanismus erlaubt trotz oder gerade ihrer Radikalität wegen einen nüchternen Blick auf die ambivalente Struktur der modernen Gesellschaft. Die Theorie der Disziplinargesellschaft ist nämlich eine soziologische Theorievorgabe, die die Entstehung und Entwicklung gesellschaftlicher Strukturen in ihren Wirkungen auf die Formen des Verhaltens und Handelns der unter den Bedingungen der modernen Gesellschaft lebenden Menschen entzaubern will. Die modernen "Errungenschaften" wie Wohlstand, Pluralismus, Demokratie usw., die nicht selten in postmoderner Emphase gepriesen werden, sind in einem so verstandenen Konzept der Disziplinargesellschaft zwingend mit der massenhaften Disziplinierung der Bevölkerung in Schulen, Fabriken, Anstalten, Bürokratien usw. verbunden. Sie sind letztlich nur über die die individuelle Freiheit begrenzende Wirkung der Disziplin möglich und erscheinen so als Produkte der die menschlichen Ent-

---

11 In der Sekundärliteratur betont v.a. Jürgen Habermas (vgl. 1985b; Breuer 1992: 54), daß das Konzept der Disziplinargesellschaft die pathologischen, destruktiven Wirkungen der gesellschaftlichen Struktur der Disziplin überzeichnet, ohne das Nebeneinander emanzipatorischer und pathologischer Züge des Modernisierungsprozesses hinreichend zu thematisieren. Eine derartige Kritik übersieht aber, daß mit dem Begriff der Disziplinargesellschaft, wie hier gezeigt werden konnte, sehr wohl auch die konstruktiven Wirkungen der Disziplin erfaßt werden.

faltungsmöglichkeiten einschränkenden Disziplinstruktur.[12] Dadurch, daß die Disziplin auf diese Weise zugleich als produktive und destruktive Struktur der modernen Gesellschaft beschrieben wird, zwingt die Theorie der Disziplinargesellschaft dazu, den gesellschaftlichen Modernisierungsprozeß kritisch zu reflektieren. Das Theorem der Disziplinargesellschaft kann somit als Grundlage einer kritischen Gesellschaftstheorie angesehen werden, deren Prämissen Thema ständiger theoretischer Weiterentwicklung sein sollten.

Literatur

Breuer, Stefan 1986: Sozialdisziplinierung. Probleme und Problemverlagerungen eines Konzepts bei Max Weber, Gerhard Oestreich und Michel Foucault. In: Sachße, Christoph/ Tennstedt, Florian (Hg.) 1986: Soziale Sicherheit und soziale Disziplinierung. Beiträge zu einer historischen Theorie der Sozialpolitik, Frankfurt/M., S. 45-69.

Breuer, Stefan 1991: Zur Herrschaftssoziologie Max Webers. Frankfurt/M.

Breuer, Stefan 1992: Die Gesellschaft des Verschwindens. Von der Selbstzerstörung der technischen Zivilisation. Hamburg.

Elias, Norbert 1992 (zuerst 1939): Über den Prozeß der Zivilisation. Soziogenetische und psychogenetische Untersuchungen, 2 Bde., 17. Auflage, Frankfurt/M.

Foucault, Michel 1977 (franz. Orginal zuerst 1975): Überwachen und Strafen. Die Geburt des Gefängnisses, Frankfurt/M.

Foucault, Michel 1981 (franz. Orginal zuerst 1969): Archäologie des Wissens, Frankfurt/M.

Foucault, Michel 1983 (franz. Orginal zuerst 1976): Sexualität und Wahrheit 1. Der Wille zum Wissen, Frankfurt/M.

---

12 In der aktuellen Diskussion um den Begriff Disziplinargesellschaft wird inzwischen vorwiegend nach Auswegen aus der in der modernen Gesellschaft massenhaft wirksamen Disziplinierung gesucht (vgl. z.B. Kögler 1990, Schmid 1991, Schroer 1996), ohne das Konzept der Disziplinargesellschaft mit neuen soziologischen Impulsen zu versehen. Die dabei unter emphatischen Begriffen wie "Ästhetik der Existenz", "Lebenskunst", "Postmoderne Utopie" usw. angedachten Lösungsvorschläge vernachlässigen in soziologischer Perspektive, daß jeder Versuch, die Disziplinarstrukturen über neue individuelle Selbstentwürfe zu umgehen, gleichzeitig die Techniken der Disziplin intensiviert. Hier kann beispielhaft an die Selbstverwirklichungsszene gedacht werden, die längst für die Intensivierung der gesellschaftlichen Disziplinarpraktiken nutzbar gemacht wird.

Foucault, Michel 1987 (engl. Orginal zuerst 1983): Das Subjekt und die Macht. In: Dreyfus, Hubert L./Rabinow, Paul 1987: Michel Foucault. Jenseits von Strukturalismus und Hermeneutik, Frankfurt/M., S. 243-261.

Foucault, Michel 1991a (franz. Orginal zuerst 1970): Die Ordnung des Diskurses, Frankfurt/M.

Foucault, Michel 1991b (franz. Orginal zuerst 1971): Nietzsche, die Genealogie, die Historie. In: Foucault, Michel 1991: Von der Subversion des Wissens, Frankfurt/M., S.69-90

Gorski, Philip S. 1993: The Protestant Ethic Revisited: Disciplinary Revolution and State Formation in Holland and Prussia. In: American Journal of Sociology 99, S. 265-316.

Habermas, Jürgen 1985a: Vernunftkritische Entlarvung der Humanwissenschaften: Michel Foucault. In: Habermas, Jürgen 1985: Der philosophische Diskurs der Moderne. Zwölf Vorlesungen, Frankfurt/M., S. 279-312.

Habermas, Jürgen 1985b: Aporien einer Machttheorie. In: Habermas, Jürgen 1985: Der philosophische Diskurs der Moderne. Zwölf Vorlesungen, Frankfurt/M., S. 313-343.

Hobbes, Thomas 1970 (zuerst 1651): Leviathan. Übersetzung von Jacob Peter Mayer, Stuttgart.

Honneth, Axel 1989 (zuerst 1986): Kritik der Macht. Reflexionsstufen einer kritischen Gesellschaftstheorie, Frankfurt/M.

Jütte, Robert 1984: Obrigkeitliche Armenfürsorge in den deutschen Reichsstädten der frühen Neuzeit. Städtisches Armenwesen in Frankfurt am Main und Köln, Köln/Wien.

Kant, Immanuel 1968 (zuerst 1793): Über den Gemeinspruch: Das mag in der Theorie richtig sein, taugt aber nicht in der Praxis. In: Kants Werke, Bd. VIII, Berlin 1968.

Kneer, Georg 1996: Rationalisierung, Disziplinierung und Differenzierung. Zum Zusammenhang von Sozialtheorie und Zeitdiagnose bei Jürgen Habermas, Michel Foucault und Niklas Luhmann. Opladen.

Kögler, Hans-Herbert 1990: Fröhliche Subjektivität. Historische Ethik und dreifache Ontologie beim späten Foucault. In: Erdmann, Eva et.al. (Hg.): Ethos der Moderne. Foucaults Kritik der Aufklärung, Frankfurt/M./New York, S. 202-226.

Luhmann, Niklas 1989: Staat und Staatsräson im Übergang von traditionaler Herrschaft zu moderner Politik, in: ders.: Gesellschaftsstruktur und Semantik. Studien zur Wissenssoziologie der modernen Gesellschaft, Band 3, Frankfurt/M., S. 65-148.

Marx, Karl 1983: Das Kapital. Kritik der politischen Ökonomie, Bd.1, MEW 23, Berlin.

Nietzsche, Friedrich 1930 (zuerst 1885): Also sprach Zarathustra. Ein Buch für alle und keinen, Leipzig.

Oestreich, Gerhard 1969: Geist und Gestalt des frühmodernen Staates. Ausgewählte Aufsätze, Berlin.

Peukert, Detlev J.K. 1989: Max Webers Diagnose der Moderne, Göttingen.
Sachße, Christoph/Tennstedt, Florian 1980: Geschichte der Armenfürsorge in Deutschland, Bd. 1, Stuttgart/Berlin/Köln/Mainz.
Schluchter, Wolfgang 1979: Die Entwicklung des okzidentalen Rationalismus. Eine Analyse von Max Webers Gesellschaftsgeschichte, Tübingen.
Schluchter, Wolfgang 1988: Religion und Lebensführung. Bd. 2: Studien zu Max Webers Religions- und Herrschaftssoziologie, Frankfurt/M.
Schmid, Wilhelm 1991: Auf der Suche nach einer neuen Lebenskunst. Die Frage nach dem Grund und die Neubegründung der Ethik bei Foucault, Frankfurt/M.
Schneider, Manfred 1994: Der Mensch als Quelle. In: Fuchs, Peter/Göbel, Andreas (Hg.) 1994: Der Mensch - das Medium der Gesellschaft?, Frankfurt/M., S. 297-322.
Schroer, Markus 1996: Ethos des Widerstands. Michel Foucaults postmoderne Utopie der Lebenskunst. In: Eickelpasch, Rolf/Nassehi, Armin (Hg.) 1996: Utopie und Moderne, Frankfurt/M. (im Erscheinen).
Souza, Jessé de 1991: Überleben im stahlharten Gehäuse. Eine häufig übersehene Seite der Persönlichkeitsethik Max Webers. In: Eickelpasch, Rolf (Hg.) 1991: Unübersichtliche Moderne? Zur Diagnose und Kritik der Gegenwartsgesellschaft, Opladen, S. 125-136.
Wagner, Benno 1994: Von Massen und Menschen. Zum Verhältnis von Medium und Form in Musils *Mann ohne Eigenschaften*. In: Fuchs, Peter/Göbel, Andreas (Hg.) 1994: Der Mensch - das Medium der Gesellschaft?, Frankfurt/M., S. 264-296.
Weber, Max 1980 (zuerst 1921): Wirtschaft und Gesellschaft. Grundriß der verstehenden Soziologie. 5., rev. Auflage besorgt von Johannes Winckelmann, Tübingen.
Weber, Max 1988a (zuerst 1922): Gesammelte Aufsätze zur Wissenschaftslehre, Tübingen.
Weber, Max 1988b (zuerst 1924): Gesammelte Aufsätze zur Soziologie und Sozialpolitik, Tübingen.
Weber, Max 1988c (zuerst 1920): Gesammelte Aufsätze zur Religionssoziologie, Bd. 1, Tübingen.

Steffani Engler

Geschlecht in der Gesellschaft - jenseits des 'Patriarchats'

Die Suche nach einem Label, in dem erstens Geschlecht und Gesellschaft aufeinander bezogen sind, das zweitens als moderne Zeitdiagnose bezeichnet werden kann und über das drittens eine breite, weit über das wissenschaftliche Feld hinausgehende Debatte geführt wird, weckt Erinnerungen an vergangene Zeiten: Vor 20 Jahren wäre bei solchen Ansprüchen die Wahl sicherlich auf Patriarchat oder patriarchale Gesellschaft gefallen. Gegenwärtig prägen Begrifflichkeiten wie *Geschlechterverhältnisse*, *Geschlechterdifferenz*, *Geschlechterbeziehungen* oder *System kultureller Zweigeschlechtlichkeit* und *soziale Konstruktion von Geschlecht* die wissenschaftlichen Debatten. Dabei finden sich Termini wie Konstruktion von Geschlecht bis in die Feuilletonspalten verschiedenster Zeitungen und Zeitschriften.

Was unter Patriarchat verstanden wurde und wie es dazu kam, daß dieses Label, das den oben angeführten Ansprüchen genügen würde, in der gegenwärtigen Frauen- und Geschlechterforschung selten benutzt wird und auch nicht durch ein anderes zentrales Label abgelöst wurde, diesen Fragen möchte ich in einem ersten Schritt nachgehen. Anschließend werde ich auf ein weit verbreitetes Verständnis von Geschlecht eingehen, das durch die Unterscheidung "sex" und "gender" gekennzeichnet ist. Danach werden zwei Grundrichtungen der Thematisierung und Theoretisierung von Ungleichheiten zwischen den Geschlechtern in differenzierten Gesellschaften vorgestellt. Zum einen geht es um eine Richtung, hinter der sich unterschiedliche Konzepte verbergen, die jedoch zusammenfassend als Differenzkonzepte bezeichnet werden können und deren zentraler Ausgangspunkt charakterisiert werden kann durch "Geschlechterdifferenz". Zum anderen geht es um jene Richtung, deren Verständnis von Geschlecht umschrieben werden kann mit "soziale Konstruktion von Geschlecht". Diese beiden Grundrichtungen unterscheiden sich nicht nur darin, was unter Geschlecht verstanden wird bzw. wie Geschlechterverhältnisse in der Gesellschaft betrachtet und analysiert werden, sondern auch im Hinblick auf die gesellschaftliche Zeitdiagnose. Doch diese Zeitdiagnosen sind in den Konzepten verborgen und müssen herausgefiltert werden. Hier wird ein Unterschied zu den meisten anderen Beiträgen, die in diesem Band versammelt sind, deutlich. Diese haben ein "Label" zum Ausgangspunkt, das im Sinne einer gesellschaftlichen Zeitdiagnose zu verstehen ist. Bezogen auf den Gegenstand "Geschlecht in der Gesellschaft" liegt ein solches Label nicht vor, d.h. es gilt herauszuarbeiten, was bei den anderen Beiträgen vorausgesetzt werden kann. Es wird daher gefragt: Wie wird die Gegenwartsgesellschaft aus der Perspektive von Konzepten beurteilt, in denen Geschlecht als zentrale Kategorie betrachtet wird und welche Zeitdiagnosen lassen sich daraus ableiten? Zu welchen Zeitdiagnosen im Hinblick auf die Bedeutung von Geschlecht gelangen die beiden als Grundrichtungen benannten Varianten?

Diesseits und jenseits des 'Patriarchats"

Der Begriff Patriarchat wurde in der neuen Frauenbewegung Anfang der 70er Jahre - und in der sich entwickelnden Frauenforschung - genutzt, um jene Herrschaftsverhältnisse sichtbar zu machen, die mit der Geschlechtszuweisung Frau bzw. Mann verbunden sind. Unterdrückung, Benachteiligung und Diskriminierung von Frauen in der von Männern beherrschten Gesellschaft wurden in lauten Tönen angeklagt. Patriarchat fungierte als ein Label für männliche Herrschaft und der damit verbundenen Unterdrückung von Frauen, die alle Lebensbereiche durchzieht.[1] Die enge Verknüpfung von Frauenbewegung und Frauenforschung schlägt sich in so mancher Beschreibung dessen nieder, was unter Patriarchat gefaßt wurde.

"Ein 'Kampfbegriff' der neuen Frauenbewegung ist das Patriarchat als System der Vater- bzw. Männerherrschaft. (...) Das Patriarchat ist eine Form der Geschlechterhierarchie, die alle gesellschaftlichen Bereiche durchzieht, aber selbst historisch gesellschaftlichen Wandlungen unterworfen ist und über Zwang und Gewalt, aber auch Verinnerlichung, d.h. Psy-

---

[1] Vgl. zum Wandel des Verständnisses und des Gebrauchs des Begriffes Patriarchat seit dem 19. Jahrhundert Hausen 1986. Doch nicht nur dieser Begriff änderte sich, auch Geschlecht erfuhr durch die Jahrhunderte hindurch unterschiedliche Ausdeutungen (vgl. Frevert 1995).

chologisierung der Über- und Unterlegenheitsstrukturen, bei Männern und Frauen aufrechterhalten wird. (...) Unbeschadet individueller Ausprägungen und Ablehnung genießen Männer in patriarchalischen Verhältnissen einen Statusvorteil aufgrund ihres Geschlechts." (Metz-Göckel 1987: 28).
Sowohl in der Frauenbewegung als auch der Frauenforschung war vom Patriarchat die Rede. Doch lassen sich neben Gemeinsamkeiten in der Gebrauchsweise des Begriffs auch wesentliche Unterschiede benennen, die im obigen Zitat verschwimmen. In der Frauenbewegung wurde der Begriff Patriarchat für Gesellschaften benutzt, deren Hauptmerkmal Frauenunterdrückung ist, und "die Frauenbefreiung" bzw. "die Selbstbestimmung der Frau" als politisches Ziel benannt. Angeklagt wurde die Herrschaft von Männern über Frauen, wie sie beispielsweise anhand des §218 zum Ausdruck kam und immer noch kommt, aber auch im Ehe- und Familienrecht. Patriarchat war nicht nur ein Label für eine die ganze Gesellschaft durchziehende Frauenunterdrückung und Männerherrschaft, es war zugleich ein affektiv besetzter Begriff, der als Erkennungszeichen fungierte und Auskunft gab über die Beurteilung der Situation von Frauen. Doch als gesellschaftliches Etikett weist Patriarchat in erster Linie auf die Existenz eine Problems hin, als Analysebegriff war dieses Verständnis von Patriarchat nicht tauglich.

Ähnlich wie in der Frauenbewegung wurde auch in der Frauenforschung Patriarchat als ein Kampfinstrument benutzt. Über die Festsellung hinausgehend, daß unsere Gesellschaft als patriarchale zu bezeichnen ist, ging es darum, Patriarchatsanalysen durchzuführen. Im Zentrum der theoretischen Auseinandersetzungen standen vor allem das Verhältnis von Patriarchat und Kapitalismus sowie der Stellenwert von Hausarbeit bzw. Reproduktionsarbeit und das sogenannte "weibliche Arbeitsvermögen". Hierbei boten Patriarchatskonzepte einen Bezugsrahmen, um beispielsweise jene über Jahrzehnte in der marxistischen Denktradition gängige Sichtweise, in der "Frauenunterdrückung" als Nebenwiderspruch kapitalistischer Produktionsverhältnisse gefaßt wurde, einer kritischen Betrachtung zu unterziehen. Während in traditionellen Theorien Frauenunterdrückung als "historisches Relikt" früherer Gesellschaftsformen gesehen wurde, erklärten Wissenschaftlerinnen "das Patriarchat" und die damit verbundene Arbeitsteilung zwischen den Geschlechtern zur Voraussetzung des Kapitalismus. Somit wurde Geschlecht zum zentralen Organisationsprinzip auch von modernen Gesellschaften erklärt.

In der Debatte über die Hausarbeit ging es um die Sichtbarmachung und Anerkennung dieser nicht marktvermittelten Tätigkeiten als Arbeit. Denn die in der Privatsphäre geleistete Arbeit wurde in den vorhandenen Gesellschaftstheorien und Konzepten als auf "natürlicher" Arbeitsteilung zwischen Frauen und Männern beruhend angesehen, als "private" und "persönliche" Angelegenheit betrachtet und nicht als Arbeit thematisiert. Diese Betrachtungsweise wurde als androzentrisch kritisiert, und es wurde gezeigt, daß die im privaten Bereich geleistete Hausarbeit eine zentrale Voraussetzung für das Funktionieren moderner Gesellschaften ist. Somit wurde jene "vernachlässigte" (Haus-)Arbeit ins wissenschaftliche Blickfeld gerückt. So haben Patriarchatskonzepte in den Auseinandersetzungen mit "großen Theorien" einen Bezugsrahmen geboten, um jene Herrschaftsverhältnisse, die mit der Geschlechtszuweisung Frau verbunden sind, ins Blickfeld wissenschaftlicher Analysen zu rücken, was sich auf das Verständnis der Funktionsweise moderner Gesellschaften auswirkte und wirkt.

Jene Stimmen, die das Patriarchat als politischen Kampfbegriff führten, sind verhallt. Auch in der Frauen- und Geschlechterforschung ist selten von Patriarchat und Patriarchatskritik die Rede. Darin kommt jedoch nicht nur eine Distanzierung von einem weit verbreiteten und plakativen Verständnis von Patriarchat zum Ausdruck, sondern vielmehr eine kritische Betrachtung von Patriarchat verstanden als ein globales, historisch konstantes Erklärungsmodell. Kritisiert wird daran, daß dieses Verständnis impliziert, von historisch stabilen Verhältnissen auszugehen, partikulare Aussagen zu universalisieren und somit losgelöst vom jeweiligen Kontext Aussagen über das Herrschaftsverhältnis zwischen den Geschlechtern zu machen. Den Gebrauch des Begriffs Patriarchat historisch nachzeichnend und Nutzen und Nachteil des Konzeptes abwägend, schreibt Karin Hausen:

> "Die konkrete Aussagekraft eines Begriffs oder Konzepts wird zwangsläufig umso geringer, je breiter damit die Palette der erfaßbaren historischen und aktuellen Wirklichkeiten ist. Als universalhistorische Kategorie ist Patriarchat schon deshalb von zweifelhaftem Nutzen" (Hausen 1986: 19).[2]

---

2 Ob es heute noch sinnvoll ist, das Konzept des "Patriarchats" zur kritischen Gesellschaftsanalyse zu verwenden, darüber gibt es auch andere Ansichten, die wiederum mit dem Verständnis von "Patriarchat" zusammen hängen.

Die Abwendung von Konzepten, die auf universalhistorischen Annahmen basieren, bezieht sich im Rahmen der Frauen- und Geschlechterforschung nicht nur auf Patriarchatskonzepte, sondern auch auf sogenannte "große Theorien", die universelle Gültigkeit beanspruchen (z.B. was Normen und Werte betrifft) und vorgeben, ebenso universalistische Aussagen treffen zu können, was (moderne) Gesellschaften anbelangt. Das im Titel geführte "jenseits des Patriarchats ist daher zu lesen als ein jenseits von jenen Konzepten, die Patriarchat als universalhistorische Kategorie begreifen, aber auch als ein jenseits von "großen Theorien".

Jenseits des Patriarchats und "großen Theorien" ist im Feld der Frauen- und Geschlechterforschung von Geschlechterdifferenz, Geschlechterverhältnissen und Geschlechterhierarchie sowie von der sozialen Konstruktion von Geschlecht etc. die Rede. Doch was unter Geschlecht zu verstehen ist, darüber gehen die Ansichten weit auseinander. Während in einigen Konzepten implizit oder explizit Geschlecht unterschieden wird in biologisches (sex) und soziales (gender), wird in anderen diese Unterscheidung in Zweifel gezogen und Geschlecht wird konstruiert, dekonstruiert, rekonstruiert. Der gemeinsame Bezugspunkt jener Konzepte, die mit Geschlecht operieren und die hier vorgestellt werden sollen, sind Unterschiede, Differenzen, Ungleichheiten zwischen den Geschlechtern in modernen Gesellschaften. Da Geschlecht in diesen Konzepten unterschiedlich gefaßt wird, ist zu erwarten, daß sich die Zeitdiagnosen im Hinblick auf Geschlechterverhältnisse in der modernen Gesellschaft unterscheiden lassen und daß diese Unterschiede mit dem jeweiligen Verständis von Geschlecht verknüpft sind.

Um einem Mißverständnis vorzubeugen: Geschlecht wird in diesem Beitrag als ein Label verwendet für jene Konzepte, in denen es um die Analyse von Geschlechterverhältnissen geht und Geschlecht als zentrale Kategorie sozialer Ungleichheit thematisiert, analysiert und theoretisiert wird. D.h. aber auch, im Unterschied zu den anderen

---

Gerhard (1993) lehnt eine Bezugnahme auf das Patriarchat als ein globales, historisch konstantes Erklärungsmodell ab. Sie hält jedoch an der Brauchbarkeit von Patriarchatskonzepten, die historische Veränderbarkeit berücksichtigen und zur analytischen Kennzeichnung eines Herrschaftsverhältnisses zwischen den Geschlechtern dienen, fest.

in diesem Band versammelten Beiträgen, werden hier keine unterschiedlichen Konzepte vorgestellt, die sich auf ein gemeinsames Label beziehen, das im Sinne einer gesellschaftlichen Zeitdiagnose zu verstehen ist und diskutiert wird. Ein solches Label, dies dürfte deutlich geworden sein, findet sich in der gegenwärtigen Diskussion bezogen auf Geschlecht nicht.[3]

Geschlecht - Sex und gender

Unterschiede zwischen den Geschlechtern wurden lange Zeit als natürliche Unterschiede betrachtet und ungleiche gesellschaftliche Möglichkeiten und Chancen als Resultat der natürlichen Überlegenheit des Mannes beschrieben (vgl. Frevert 1995). Diesem Alltagsverständnis stellte die Frauenforschung von Anfang an historische Untersuchungen entgegen, die zeigten, daß es sich bei Geschlechtsdifferenzen nicht um Effekte natürlicher Unterschiede handelt, sondern um Ergebnisse von historischen Entwicklungen wie der gesellschaftlichen Arbeitsteilung. Ein begriffliches Instrumentarium zur Unterscheidung von biologischen Geschlechtsmerkmalen einerseits und bisher als angeboren betrachteten Verhaltensweisen und Eigenschaften andererseits bot die aus der angloamerikanischen Diskussion stammende Unterscheidung sex und gender.

Sex - als biologische, natürliche Merkmale fassend - konnte auf sprachlicher Ebene abgegrenzt werden von gender als sozial oder kulturell erworbenem Status. Diese Unterscheidung bot die Möglichkeit, jene ausschließlich biologischen Betrachtungsweisen abzuwehren, die Geschlechtsunterschiede in der Nähe der Frau zur Natur verankert wissen wollten und in der Gebärfähigkeit die natürliche Bedingtheit von sozialen Unterschieden zwischen den Geschlechtern sahen und Veränderungsbestrebungen mit dem Hinweis auf die Biologie der Frau abwehrten. Wie das Verhältnis zwischen natürlichem und sozialem Geschlecht sich gestaltet, welches als das grundlegende, primäre zu begreifen ist, konnte letztlich nicht geklärt werden. So gab und gibt es

---

3 Konzepte moderner Zeitdiagnosen wie beispielsweise "Risikogesellschaft" werden vielmehr daraufhin betrachtet, ob und wie bestehende Geschlechterverhältnisse reflektiert werden. Vgl. Beer 1992.

immer wieder Konzepte, in denen das natürliche, biologische Geschlecht als grundlegend und maßgebend für Geschlechterunterschiede betrachtet wird, und ebenso Konzepte, wie das "weibliche Arbeitsvermögen," in denen das soziale Geschlecht als Ursache für Unterschiede zwischen den Geschlechtern gesehen wird. Trotz dieser Unterschiede, was die Gewichtung von biologischem bzw. sozialem Geschlecht anbelangt, ist diesen Konzepten die Annahme gemeinsam, daß es Frauen und Männer gibt und diese immer schon verschieden sind. Konzepte, die von diesem Bezugspunkt ausgehen, werden als Differenzkonzepte bezeichnet.

Nachdem die Auseinandersetzungen um die Gewichtung von biologischen und sozialen Geschlechtsunterschieden beinahe verstummt waren (und sich die sozialwissenschaftliche Frauenforschung mehrheitlich mit empirischen Analysen und Theoretisierungen von gender befaßte), mehrte sich Kritik an jenen Konzepten, wie dem "weiblichen Arbeitsvermögen", und es mehrten sich Stimmen, die jene Unterscheidung sex und gender in Frage stellten und kritisierten. Doch bevor es um die letztgenannten Konzepte geht, soll herausgearbeitet werden, zu welchen Zeitdiagnosen jene Konzepte gelangten, die als Differenzkonzepte bezeichnet werden. Dies soll exemplarisch an einem weit verbreiteten Konzept erfolgen.

Geschlechterdifferenz als Konzept

Eines der frühen Konzepte in der sozialwissenschaftlichen Frauenforschung war das Ende der 70er Jahre von Elisabeth Beck-Gernsheim und Ilona Ostner formulierte Konzept des "weiblichen Arbeitsvermögens". Da dieses Konzept nicht nur weit verbreitet ist, sondern sich daran auch Struktureigentümlichkeiten aufzeigen lassen, die Differenzkonzepten gemeinsam sind, wird es stellvertretend für diese Grundrichtung vorgestellt. Zudem hat Ilona Ostner eine Aktualisierung des Konzepts aufgrund der vielfältigen Kritik vorgenommen, anhand derer eine Zeitdiagnose herausgeschält werden kann.

Das Konzept des "weiblichen Arbeitsvermögens" wurde in gesellschaftskritischer Absicht entwickelt, "gegen die Einseitigkeit von Erwerbs- und Hausarbeit in unserer modernen Marktökonomie" (Ostner 1992: 108). Durch die historisch bedingte Beschränkung von Frauen auf Hausarbeit und durch deren "real größere Naturgebundenheit"

(Ostner 1978: 189) schien ein Ansatzpunkt gefunden, die von Frauen geleistete Arbeit in der Familie inhaltlich zu bestimmen und von Berufsarbeit, die durch Konkurrenz und Funktionalität gekennzeichnet ist, zu unterscheiden und gleichzeitig die geschlechtsspezifische Verteilung von Berufstätigkeit zu erklären. Dabei wurde angenommen, daß die Nähe von Frauen zur Hausarbeit und die Identifikation von Frauen mit Hausarbeit Konsequenzen für ihr berufliches Verhalten hat. Mit diesem Konzept wurde (Haus)Arbeit als Arbeit sichtbar, als eine Arbeit, die durch bestimmte Eigenheiten gekennzeichnet ist. Aufgrund der gesellschaftlichen Arbeitsteilung und der damit verbundenen Zuweisung von Familien- und Hausarbeit an das "weibliche Geschlecht" entwickeln Frauen ein auf leibliche und emotionale Bedürfnisse von Personen gerichtetes, durch Empathie, Intuition, Fürsorglichkeit etc. gekennzeichnetes "weibliches Arbeitsvermögen", das bestimmt wurde durch die Unterscheidung zu Erfordernissen in der Berufsarbeit.

> "Hausarbeit, umfassend verstanden als Arbeit zuhause, ist vor allem alltägliche Sorge für die unmittelbaren leiblichen und seelischen Bedürfnisse der eigenen Person, der Kinder oder des nahen Erwachsenen. (...) So kennzeichnen wir Hausarbeit dadurch, daß vielfältige Aufgaben unterschiedlicher Struktur und Logik in einem unmittelbar überschaubaren Sozialkontext bewältigt werden, (...) so daß ein spontaner persönlicher Aufgabenbezug, (...) gegeben ist. Im Unterschied dazu ist die Erwerbsarbeit auf Einzelaufgaben spezialisiert, die Tätigkeiten sind entmischt, hierarchisiert und funktional spezifisch geordnet; sie sind über den Markt vermittelt und durch Konkurrenz geprägt. Wir ordnen diesen beiden Arbeitsformen hypothetisch unterschiedlich Arbeitsweisen und -vermögen zu" (Ostner 1992: 109-110).

Am Beispiel der Krankenpflege wurde gezeigt, daß jene Eigenschaften, die das "weibliche Arbeitsvermögen" kennzeichnen, auch für die berufliche Pflege erforderlich sind. Daraus wurde abgeleitet, daß Frauen Berufe auswählen, die zu ihren Eigenschaften und Fähigkeiten passen bzw. eine Nähe zur Hausarbeit aufweisen, wie Sozial- und Pflegeberufe. Hier wird ein inhaltlicher Zusammenhang zwischen Geschlecht und Tätigkeit aufgezeigt. Dieser Hinweis ist wichtig, da an späterer Stelle in diesem Beitrag eine Studie vorgestellt wird, in der "female marines" und "male nurses" untersucht werden und eben diese inhaltliche Übereinstimmung - Frauen wählen Frauenberufe, weil sie dort ihr "weibliches Arbeitsvermögen" einbringen können - nicht unterstellt wird. Doch zurück zum Konzept des "weiblichen Arbeitsvermögens".

In diesem Erklärungsmodell erfolgt zwar schwerpunktmäßig eine Bezugnahme auf das soziale Geschlecht, da davon ausgegangen wird, daß die Nähe von Frauen zur Hausarbeit als Resultat von historischen Entwicklungen zu fassen ist und das "weibliche Arbeitsvermögen" aufgrund von "geschlechtsspezifischer Sozialisation" erworben wird. Gleichzeitig wird Frauen eine "real größere Naturgebundenheit" attestiert, was wiederum eine Bezugnahme auf das "biologische Geschlecht" bedeutet. Wichtiger als diese Bezüge auf sex und gender ist, daß die Unterscheidung in "weibliches" und "männliches Arbeitsvermögen" dazu diente, Ursachen von Unterschieden zwischen den Geschlechtern insbesondere im Berufsbereichen zu erklären.

Die diesem Konzept zugrunde liegende dichotome Unterscheidung begegnet uns in verschiedenen Variationen: Da ist von "weiblichem und männlichem Zugang und Aneignungsweise von Technik" die Rede, von "männlichem und weiblichem Denken" bis hin zu "männlicher und weiblicher Moral". Die Ansätze sind unterschiedlich begründet und weisen verschiedene theoretische Zugangsweisen auf, ihnen ist jedoch eine Struktureigentümlichkeit gemeinsam, die unhinterfragte Annahme einer natürlichen Zweigeschlechtlichkeit.[4] So wird beispielsweise mit dem "weiblichen Arbeitsvermögen" die traditionell geringe Beteiligung und das geringe Interesse von Frauen an naturwissenschaftlich-technischen Berufen erklärt, und jenen Frauen, die sich dennoch in diese Berufsfelder hineinbegeben, wird ein "weiblicher Zugang" und eine "weibliche Aneignungsweise" von Technik attestiert. Die Ergebnisse von Analysen, die auf differenztheoretischen Annahmen basieren, münden in der Feststellung von Geschlechterdiffe-

---

4 Während beim "weiblichen Arbeitsvermögen" die geschlechtsspezifische Arbeitsteilung als zentraler Bezugspunkt der Geschlechterdifferenz dient, fungiert bei Konzepten zur "weiblichen Moral" die unterschiedliche Struktur der psychischen Entwicklung beider Geschlechter als Bezugspunkt. D.h. differenztheoretische Ansätze sind unterschiedlich begründet, ihre Gemeinsamkeit liegt in der unhinterfragten Voraussetzung einer natürlichen Zweigeschlechtlichkeit. Diese korrespondiert mit dem bipolaren Klassifikationsschema "weiblich-männlich", das die Grundlage für Erklärungen bildet.

renzen, die inhaltlich angefüllt werden. Ausgehend davon werden dann Diagnosen angestellt, die sich auf "weibliche" und "männliche" Eigenschaften und Fähigkeiten beziehen. Solche Diagnosen sind oft verknüpft mit anzustrebenden gesellschaftlichen Zielsetzungen und hängen von der Gewichtung sex und gender ab. Bleiben wir beim Beispiel Geschlecht und Technik: Jene differenztheoretischen Ansätze, in denen biologische Geschlechterunterschiede als zentral erachtet werden, gelangen zu der Diagnose, daß Weiblichkeit und Technik unvereinbar sind, und lehnen Technik generell ab (Mies 1983). Jene Ansätze, in denen Geschlechterdifferenzen als sozial erworben betrachtet werden, kommen zu dem Ergebnis, daß "weibliche Eigenschaften" in der als "männlich" identifizierten Technik fehlen und das Hineintragen dieser "weiblichen Eigenschaften" durch Frauen zu einer anderen, "besseren" Technik führen würde (Janshen 1990). Die Kritik an diesen Konzepten bezieht sich auf die Unterstellung einer universalistischen Differenz zwischen den Geschlechtern, d.h. der Annahme, alle Frauen dieser Welt hätten unabhängig von ihrer Schicht bzw. Klassenzugehörigkeit, von ihrer Religion, Hautfarbe etc. etwas Grundsätzliches gemeinsam. Ebenso werden die mit der Vereinheitlichung von Frauen und dem "Weiblichen" einhergehenden Zuschreibungen von Fähigkeiten und Eigenschaften kritisiert, da damit eine Ontologisierung verbunden ist, die Konstruktion einer Differenz, die "im Wesen" der Geschlechter verankert wird (vgl. Knapp 1989; Wetterer 1992).

Bei einigen Differenzkonzepten ist eine Ausdifferenzierung festzustellen. Es wird nicht mehr von *einem* "weiblichen Arbeitsvermögen" ausgegangen oder von *einer* "Weiblichkeit", sondern von vielen. Somit wird die Tatsache in Rechnung gestellt, daß Frauen untereinander ebenso verschieden sind wie Männer (Ostner 1991: 194). Trotz dieser Vervielfältigung des "Weiblichen", um beim Beispiel zu bleiben, des "weiblichen Arbeitsvermögens" wird das grundlegende binäre Klassifikationssystem "weiblich-männlich" nicht hinterfragt.[5] Eine

---

5 Auch bei der von Ostner vorgeschlagenen Modifikation des Konzeptes wird Weiblichkeit immer schon vorausgesetzt und nur eine Vervielfältigung des "Weiblichen" vorgenommen. Dadurch verschiebt sich lediglich das Problem, "denn welches 'Weibliche' (Singular) verbindet nun die 'weiblichen Arbeitsvermögen' (Plural) und macht es weiterhin sinnvoll, das eine oder andere Arbeitsvermögen als 'weiblich' zu bezeichnen? Wo

Folge davon ist, daß weiterhin von Unterschieden ausgegangen wird, die auf das "Wesen zielen" (ebd.: 192), von ontologischen Geschlechtsunterschieden. Die Vervielfältigung des "weiblichen Arbeitsvermögens" könnte als gesellschaftliche Zeitdiagnose betrachtet werden. Doch um keine voreiligen Schlüsse zu ziehen, schauen wir uns genauer an, welche gesellschaftlichen Veränderungen konstatiert werden und welche Konsequenzen in bezug auf das "weibliche Arbeitsvermögen" daraus abgeleitet werden.

Modernisierung einer differenztheoretischen Sicht

Welche Argumentationsfigur führt zu einer Modernisierung und Aktualisierung des Konzeptes? Und welche Diagnose wird daran anknüpfend gestellt? Bilanziert wird zunächst, daß sich "die Trennung der Tätigkeit in Frauen- und Männerarbeit" als "ungewöhnlich hartnäckig" erwiesen habe, und ebenso wird jene Gruppe benannt, die von dieser Beharrlichkeit profitiert.

"Unterm Strich hat die differenzierte Gruppe der Männer gegenüber der inzwischen differenzierteren Gruppe der Frauen immer wieder gewonnen - zumindest mit Blick auf erwerbsabhängige Lebenschancen in einer Erwerbsgesellschaft, obwohl Frauen sehr bereiter als Männer gewesen sind, in Männerdomänen zu arbeiten" (Ostner 1992: 113).

Wer nach den Gründen für die konstatierte Differenzierung unter Frauen fahndet, wird auf Entwicklungstendenzen wie "Individualisierung" und "sozialökonomische Veränderungen" verwiesen. Diese führen zu Veränderungen in der Hausarbeit und Erwerbsarbeit und schlagen sich auf vielfältige Weise nieder.

"Inzwischen haben sich Hausarbeit und verberuflichte personengebundene Dienstleistungen weiter differenziert. Mit ihnen ist das Frauenleben vielfältiger geworden. Die Ungleichheit zwischen Frauen innerhalb einer sozialen Schicht (...) hat so zugenommen, daß sich Schichtgrenzen tendenziell auflösen: der Lebenslauf hat das Schichtparadigma ersetzt. Frauen, sehr viel seltener Männer, haben Lebensläufe voller Wechsel und Brüche" (ebd.: 117).

Worauf sich diese diagnostizierten Tendenzen stützen, wird nicht weiter ausgeführt; es entsteht jedoch der Eindruck eines Auflösungspro-

---

fängt das 'Weibliche' nun an, wo hört es auf?" (Gildemeister/Wetterer 1992: 220).

zesses, der den Lebenslauf zum entscheidenden Paradigma werden läßt. Und in diesen Lebensläufen werden Differenzen zwischen den Geschlechtern verortet, Differenzen, die sich nicht mehr auf soziale Ungleichheiten im traditionellen Sinne beziehen, sondern auf "Wechsel und Brüche". Bei all diesen vagen und schillernden Ausführungen sind zwei Feststellungen von besonderer Bedeutung, da diese zu einschneidenden Veränderungen führen, was die Aneignungsvoraussetzungen von "weiblichem Arbeitsvermögen" anbelangt. "Hausarbeit ist - im sog. 'Individualisierungsprozeß', der eben auch Kinder individualisiert hat (...) - zur alleinigen Zuständigkeit der Mutter geworden" und dies, "obwohl immer mehr Mütter Frauen zumindest teilzeitbeschäftigt sind" (ebd.: 119).

Ebenso wird ein damit zusammenhängender "sozialer Trend" konstatiert, der für die weitere Argumentation wichtig ist: "daß es immer weniger Frauen gibt, die in jungen Jahren als Kinder und Jugendliche neben der Mutter Hausarbeit leisten mußten" (ebd.: 119).

Welche Auswirkungen diese skizzierten Veränderungen auf das "weibliche Arbeitsvermögen" haben, wird am Beispiel von Pflegeberufen verdeutlicht; die Konsequenzen reichen jedoch weit darüber hinaus. Im Kontext einer festgestellten Ausdifferenzierung in Pflegeberufen sowie zunehmender Konkurrenz nicht nur zwischen Frauen und Männern, sondern auch zwischen Frauen, wird nun argumentiert, daß sich durch die veränderte Kindheit und Jugend auch die Fähigkeit zur Empathie bei jüngeren Frauen gewandelt hat. Eine normativ unterlegte Bilanz wird gezogen: "Empathie, aktive, aufgeschlossene Zuwendung zu und Antwort auf andere, diese für jede Sorge so wichtige Fähigkeit, ist knapper geworden oder hat einer instrumentell-manipulativen Variante des Sich-in-den-Anderen-Versetzens zunehmend Platz gemacht" (ebd.: 119).[6] Die Auswirkungen sind naheliegend, und so ist "hausarbeitsnahe Sorgearbeit" kaum mehr zu finden in Pflegeberufen. Ebenso wird behauptet, mit der aufgezeigten Entwicklung seien viele Aspekte des Pflegenotstandes zu erklären.

---

6 Es hat den Anschein, als habe hier das Modell von Habermas Pate gestanden. Die Systemwelt hält Einzug in die Lebenswelt, genauer in die Hausarbeit und die Auswirkungen zeigen sich in der Pflegearbeit. An anderer Stelle schreibt Ostner: "Die Logik instrumentell-technischen Handelns hat längst die Hausarbeit erfaßt" (Ostner 1991: 203).

Die konkreten Probleme der Aneignung von "weiblichem Arbeitsvermögen" werden in der veränderten Mutter-Tochter-Beziehung gesehen, der wiederum veränderte Mütter vorausgeht. Dies zeigt sich darin, daß "immer mehr Frauen ambivalente, isolierte und wenig empathische Mütter (haben)" (ebd: 120). Empathie, so die konsequente Schlußfolgerung, als eine "weibliche Eigenschaft" ist durch den sozialen Wandel bedroht. So führt das modernisierte Konzept zu einem Fazit bzw. zu einer gesellschaftlichen Zeitdiagnose, die an der Relevanz des "weiblichen Arbeitsvermögens" ebenso wie am gegenwärtigen Mangel desselben keinen Zweifel läßt.

"Konkrete Sorge für leibliche-seelische Bedürfnisse, entsprechende Arbeitsweisen und angemessene Arbeitsvermögen sind deshalb nötig wie eh und je. Aber das Potential der für diese Sorge zur Verfügung stehenden Menschen hat sich gewandelt. Unser "weibliches Arbeitsvermögen" ist empirisch inzwischen eine knappe Ressource" (ebd.: 120).

In der modernisierten Variante tritt das "weibliche Arbeitsvermögen", das in der ursprünglichen Fassung noch an Frauen gebunden war, als ein außergesellschaftliches Faktum auf, das jenseits der sozialen Welt existiert und diesseits zum Mangel wird. Dieses "Weibliche", das sich in "weiblichem Arbeitsvermögen" realisiert und manifestiert, ist durch den sozialen Wandel bedroht. So kann eine paradoxe Situation diagnostiziert werden. Das "weibliche Arbeitsvermögen" ist nötiger denn je in unserer Gesellschaft, dennoch gibt es immer weniger Frauen, die über "weibliches Arbeitsvermögen" verfügen. Die Zeitdiagnose fällt pessimistisch aus und ist durchzogen von einer Mythologisierung des "weiblichen Arbeitsvermögens". Indem auf ein aktuelles gesellschaftliches Problem Bezug genommen wird, den Pflegenotstand, wird eine Situation beurteilt anhand eines zuvor ideologisch verabsolutierten, normativen Maßstabes, des "weiblichen Arbeitsvermögens". Was impliziert diese Diagnose? Vorbei am konkreten Personalmangel und allen Problemen, welche die gegenwärtige Situation in Pflegeberufen kennzeichnen, wird über schillernde Argumentationsstränge wie Individualisierung und wenig empathische Mütter jenen Personen, die in Pflegeberufen tätig sind, ein Mangel an "weiblichem Arbeitsvermögen" attestiert. Die angestellte Diagnose betrifft nicht lediglich den Pflegebereich, sondern wird als gegenwärtiger Zustand unserer Gesellschaft gefaßt: "Unser "weibliches Arbeitsvermögen" ist empirisch inzwischen eine knappe Ressource".

Wie kann eine solche Diagnose zustande kommen? Anhand eines

konstruierten Maßstabes wird überprüft, ob in der Praxis das verwirklicht ist, was dieser Maßstab, das "weibliche Arbeitsvermögen", vorschreibt. Dies ist keine Eigentümlichkeit dieses Konzeptes, sondern vielmehr all jener, die unter dem Terminus Differenzkonzepte zusammengefaßt wurden. Denn hier wird immer schon davon ausgegangen, daß es Weiblichkeit und Männlichkeit gibt und korrespondierend dazu Frauen und Männer. An diesem Punkt unterscheiden sich differenztheoretische Ansätze von solchen, in denen Geschlecht und die Unterscheidung in zwei Geschlechter nicht unhinterfragt als gegeben vorausgesetzt werden. Diese zweite Richtung, die jüngeren Datums ist, widerstrebt unserem gesunden Alltagsverstand, der uns problemlos eine Unterscheidung zwischen Frauen und Männern zu ermöglichen scheint. Um auch diese Ansätze nachvollziehbar zu machen, werde ich an weit verbreiteten Alltagsannahmen ansetzen, um zu zeigen, welche Überlegungen dazu führen, Geschlecht als soziale Konstruktion zu analysieren.

Bruch mit dem Alltagsverständnis von Geschlecht

Da differenztheoretische Ansätze unmittelbar an unserer Alltagswahrnehmung - daß es Frauen und Männer gibt - anknüpfen, erscheinen sie plausibel. Mehr noch, im Biologieunterricht wird diese Differenz als natürlich, weil biologisch festgelegte und anhand der Chromosomen xx und xy eindeutig wissenschaftlich identifizierbare Differenz, erlernt. Neben dieser sogenannten Chromosomenbestimmung von Geschlecht gibt es noch weitere Möglichkeiten der Geschlechterbestimmung: Keimdrüsengeschlecht, morphologisches Geschlecht, Hormonengeschlecht und Besonderheiten des Gehirns. Trotz dieser doch recht zahlreichen Versuche, Geschlecht zu bestimmen, existiert keine streng biologische Geschlechtsdefinition, die eindeutig ist (vgl. Hagemann-White 1984: 38f). Das naturwissenschaftliche Wissen kann also nicht als Referenzpunkt dienen, um Frauen und Männer eindeutig zu unterscheiden. Doch bleiben wir noch einen Moment bei einem immer wieder in Anspruch genommenen Referenzpunkt, der oft als universeller Maßstab angeführt wird, um eine Einteilung in zwei Geschlechter als natürlich auszuweisen: die Gebärfähigkeit, ein nicht zu widerlegendes Faktum, das alle Frauen von Männern biologisch zu unterscheiden erlaubt. Das sozial Bedeutsame ist nicht, daß es Körpereigenschaften gibt, die mit der Fortpflanzung enger oder entfernter zusammenhängen, sondern vielmehr, daß diese Körpereigenschaften in unserer Kultur als grundlegendes, naturalisiertes Unterscheidungskriterium fungieren und zwar weit über das Gebären und die Gebärfähigkeit hinaus.

> "Selbst gesellschaftlich bedeutsame Merkmale wie das Gebären oder die als Zeichen der Gebärfähigkeit wahrgenommene Menstruation gelten weder für alle "Frauen" noch für irgendeine Frau immer. Nicht ihre Realisierung, sondern die Vermutung ihrer Möglichkeit ist mit der Geschlechtszugehörigkeit verknüpft. Die Zweigeschlechtlichkeit ist zuallererst eine soziale Realität" (Hagemann-White 1988: 229).

Diese virtuelle Gebärfähigkeit und die ebenso virtuelle Zeugungsfähigkeit (nicht alle Männer sind zeugungsfähig) wird eingesetzt und benutzt wie eine Trennlinie, die auf eine "Natur" der Geschlechter bezogen ist und als natürliche Trennlinie erscheint.[7] Da diese Trennlinie weit davon entfernt ist, eine natürliche Differenz zu beschreiben, die alle Frauen auf die eine und Männer auf die andere Seite zu stellen vermag, ist die Schlußfolgerung naheliegend, daß unsere "dichotome Optik" als ein sozialer und nicht biologischer Tatbestand zu fassen ist. Anders gesagt, wenn selbst jene Körpereigenschaften, die mit der Fortpflanzung verbunden sind, nicht in Anspruch genommen werden können, um eine eindeutige Grenze zwischen den Geschlechtern zu ziehen, dann läßt sich die uns so vertraute Einteilung der Welt in zwei Geschlechter konsequenterweise nicht aus einer natürlichen Ausstattung herleiten und begründen. Auch die sex-gender-Unterscheidung impliziert einen natürlichen Differenzpunkt, eine durch die Natur vorgenommene unhintergehbare Unterscheidung zwischen den Geschlechtern. Sex fungiert sozusagen als ein außerkultureller Tatbestand, und gender wird gesehen als soziale Überformung oder Transformation dieses biologischen Tatbestandes. Die Hinterfragung der

---

7 Trennlinien, die sich nicht von selbst verstehen, wurden in archaischen Gesellschaften mit Initiationsriten, wie beispielsweise der Beschneidung, festgeschrieben. So besagt die Beschneidung: "Dieser Mann ist ein Mann - was heißen soll (und sich nicht von selbst versteht): ein richtiger Mann. Es (das Ritual, S.E.) dient dazu, noch aus dem kleinsten, schwächsten, kurz, weibischsten Mann einen vollgültigen Mann zu machen, wesensmäßig und von Natur aus unterschieden noch von der männlichsten, größten, stärksten usw. Frau" (Bourdieu 1990: 86).

natürlichen Zweigeschlechtlichkeit ist daher zugleich eine Infragestellung der sex-gender-Unterscheidung.[8]

Die Infragestellung der natürlichen Zweigeschlechtlichkeit, wie sie im deutschsprachigen Raum zunächst von Carol Hagemann-White vorgenommen wurde, geht auf ethnomethodologische und interaktionistische Studien zurück, in denen das Phänomen des sozialen Geschlechtswechsels untersucht wurde. Transsexuelle Frauen und Männer durchlaufen einen Prozeß, in dem sie das ihnen zugeschriebene Geschlecht bewußt verändern und neu herstellen. Da diese Phase des Geschlechtswechsels sozusagen in Zeitlupe und bewußt abläuft, können Dinge sichtbar werden, die in "normalen" Interaktionsprozessen selbstverständlich und im Zuge von Sekunden geschehen. Die Fallstudie Agnes, eine Mann-zu-Frau Transsexuelle, so West und Zimmermann, "makes visible what culture has made invisible - the accomplishment of gender" (1991: 18).[9] Anknüpfend an diese klassische Studie von Harold Garfinkel haben Suzanne Kessler und Wendy McKenna versucht herauszufinden, wie in alltäglichen Interaktionen Geschlechtlichkeit hergestellt wird, wie sie symbolisiert, dargestellt und identifiziert wird, um so die alltagsweltliche Konstruktionsweise von Zweigeschlechtlichkeit aufzuschlüsseln. Sie zeigen in ihren Untersuchungen, daß der Penis als ausschlaggebendes Merkmal für Geschlechtszuschreibung fungiert. Die Abwesenheit von "männlichen" Zeichen führt zur Zuschreibung "weiblich". Da in alltäglichen Interaktionen die Genitalien verdeckt sind, wird aufgrund von Hinweisen und Indizien (wie Kleidung, Blicke, Gesten) angenommen, daß bestimmte Genitalien existieren und das Vorhandensein unterstellt.[10] Aufgrund unseres common-sense, daß es zwei Geschlechter gibt, ord-

---

8 Laqueur (1992) hat historisch nachgezeichnet, wie Geschlechtsorgane wahrgenommen und wie Geschlechtlichkeit in Diskursen der modernen Humanwissenschaften konstruiert wurden. Auch bei ihm lautet die Schlußfolgerung: Das, was wir unter Biologie verstehen, ist selbst kulturell präformiert bzw. konstruiert.
9 Die Fallstudie Agnes wurde von Harold Garfinkel durchgeführt. Agnes ist eine Mann-zu-Frau Transsexuelle, die als Junge aufwächst und ihren Penis als einen Fehler sieht, der korrigiert werden muß. Garfinkel folgt in dieser Studie dem Prinzip, Ungewohntes zu erforschen, um etwas über die Konstruktion von "Normalem" zu erfahren.
10 Vgl. West/Zimmermann 1991: 19.

nen wir Personen dem einen oder anderen Geschlecht zu. In unserer Alltagswahrnehmung läßt sich Geschlechtszugehörigkeit in der Regel "auf einen Blick" erkennen, ebenso gehört zu unserer Alltagserfahrung, daß das ausschlaggebende Genital verborgen bleibt. Transsexuelle müssen das Geschlecht zur Darstellung bringen, zu dem sie wechseln, damit ihre InteraktionspartnerInnen eine "richtige" Einstufung des dargestellten vornehmen können. Ausgehend vom Dargestellten wird auf etwas Unsichtbares, die Genitalien, geschlossen. So zeigt sich an dem extremen Beispiel Transsexualität, daß das, was wir als Geschlecht wahrnehmen, beurteilen, bewerten und empfinden, in interaktiven Prozessen hergestellt wird und der Geschlechtskörper sozial strukturiert ist. Folgt man jenen Ansätzen, in denen der Prozeß der Vergeschlechtlichung unter die Lupe genommen wird, so ist Geschlecht nicht etwas, was wir haben, sondern etwas, was wir tun. Aber dieses Tun, das "doing gender", ist situationsbezogenes Tun, hervorgebracht in der virtuellen oder realen Gegenwart von anderen, von denen angenommen wird, daß sie sich an dieser Herstellung orientieren (vgl. West/Zimmerman 1991: 14, 27). Hier wird die Aufmerksamkeit auf den Umstand gelenkt, daß die soziale Konstruktion von Geschlecht in der alltäglichen Praxis stattfindet und wir als AkteurInnen daran beteiligt sind. Diese komplexe Herstellung von Geschlecht in Interaktionen bleibt im Alltagshandeln unbemerkt und verläuft nahezu automatisch. Wie selbstverständlich diese Geschlechtswahrnehmung und -darstellung ist, erkennen wir in jener seltenen, jedoch meist verunsichernden Situation, in der wir mit einer Person kommunizieren, die wir weder dem einen, noch dem anderen Geschlecht zuordnen können.[11]

Brisant wird das Ergebnis, daß Geschlecht etwas ist, was wir tun, im Hinblick auf die soziale Ungleichheit zwischen Frauen und Män-

---

11 Die uns geläufige und zur Natur erklärte Einteilung in zwei Geschlechter ist nicht in allen Kulturen zu finden. Es gibt Kulturen, "die symbolisch nicht zwei, sondern drei und mehr Geschlechter kennen" (Lipp 1986: 530). Ein bekanntes Beispiel sind die nordamerikanischen Berdachen. Lipp bezeichnet die Berdachen als "Weibermänner", eine problematische Bezeichnung, die zeigt, daß sich mit unseren Begriffskategorien ein Geschlecht, das sich nicht in das uns bekannte duale Schema einfügt, nicht erfassen läßt.

nern in unserer Gesellschaft. Denn das bedeutet, daß in die Geschlechtsunterscheidung eine soziale Asymmetrie der Geschlechter eingeht und nicht unter Bezug auf "natürliche" Differenzen Ungleichheiten erklärt werden können.

Auf die weitverzweigten theoretischen Auseinandersetzungen, zu denen die bundesdeutsche Rezeption jener Studien führte, die Geschlecht als soziale Konstruktion fassen, und insbesondere auf jene Debatten, die durch philosophisch orientierte Überlegungen ausgelöst wurden, in denen mittels diskurstheoretischer Verfahrensweisen die Voraussetzungen der Kategorie Geschlecht bis an ihre logischen Grenzen geführt werden (als Bezugsschrift dient hier das Buch von Judith Butler "Unbehagen der Geschlechter"), kann an dieser Stelle nur hingewiesen werden. Bezugspunkt dieses stärker philosophisch orientierten Diskussionsstranges ist das Subjekt- und Politikverständnis,[12] während in den soziologisch orientierten Überlegungen der Körper ein wesentlicher Kernpunkt der Kontroversen bildet. Beispielsweise legt die Position von Butler nahe, den Geschlechtskörper als Produkt sprachlich verfaßter Diskurse zu sehen. Kritikerinnen halten an der Materialität der Kategorie Geschlecht fest und gehen von einer vorsprachlich leiblich-körperlichen Bezüglichkeit aus (vgl. Landweer 1994; Duden 1993).

Eine Gemeinsamkeit des weitgefächerten Streits besteht jedoch darin, daß Geschlecht als soziale Konstruktion diskutiert wird. Im Unterschied zu differenzthoretischen Ansätzen wird nicht die inhaltliche Ausgestaltung von "Weiblichem" und "Männlichem" in unterschiedlichen historischen Epochen oder in Berufsbereichen beschrieben. Den

---

12 In den Kontroversen, die zentriert sind um das Subjekt- und Politikverständnis sowie um Geschlechtsidentität, bilden unterschiedliche Theorietraditionen den eigentlichen Kern der Differenz. In jener Theorietradition verankert, in der Maßstäbe zur Gesellschaftskritik unter Bezug auf bestimmte, für universal gehaltene Normen gerechtfertigt werden, vertritt Benhabib die Position, daß letztlich an einem Differenzkonstrukt zwischen den Geschlechtern festzuhalten ist, damit politische Zielsetzungen für Frauen formuliert werden können. Butler hingegen, die an postmoderne Theorien anknüpft und diskursanalytisch vorgeht, hat eine Dekonstruktion der Geschlechterontologie vorgelegt und stellt damit gerade die Voraussetzungen von politischen Zielsetzungen in Frage, die auf der Basis von "wir - als Frauen" formuliert werden (vgl. Benhabib u.a. 1993).

hier als Grundrichtung zusammengefaßten Ansätzen ist gemeinsam, daß die soziale Konstruktion von Zweigeschlechtlichkeit im Blickfeld steht und Geschlecht nicht als natürliche Tatsache vorausgesetzt wird.[13] Damit verändert sich auch die Fragerichtung. Während mit Konzepten wie dem "weiblichen Arbeitsvermögen" versucht wird zu erklären, WARUM Frauen und Männer unterschiedliche Berufe präferieren, wird in Arbeiten, die Geschlecht als sozial konstruiert begreifen, nach dem WIE gefragt.[14] Es wird gefragt, wie Geschlechtszugehörigkeit im Alltagshandeln hergestellt wird bzw. gewendet und bezogen auf Berufsbereiche, wie die Vergeschlechtlichung von Berufsarbeit erfolgt. Wenn wir den Bereich der Erwerbs- und Berufsarbeit betrachten, tritt uns

> "die zweigeschlechtliche Strukturierung der sozialen Realität als segregierter oder geschlechtsspezifischer Arbeitsmarkt entgegen, als Trennung in Frauenberufe und Männerberufe, Frauenarbeitsplätze und Männerarbeitsplätze. Und die Frage ist in der Tat, was die einen verbindet und von den anderen trennt: Wie kommt es zur sozialen Konstruktion von Frauenberufen (und Männerberufen) und allgemeiner zur geschlechtsspezifischen Segregation des Arbeitsmarktes?" (Gildemeister/Wetterer 1992: 218).

Angenommen wird, und das ist hier wichtig, daß Prozesse der Vergeschlechtlichung im Berufsbereich analog der Herstellung von Geschlechtszugehörigkeit im Alltagshandeln erfolgen (vgl. Wetterer 1995: 228). So werden Prozesse der Vergeschlechtlichung ins Zentrum gerückt mit der Absicht, die Mechanismen der Herstellung sogenannter Frauen- und Männerberufe offen zu legen. Nachfolgend wird der Frage nachgegangen, zu welcher Zeitdiagnose bezogen auf Geschlecht Studien führen, die mit dem Ansatz der sozialen Konstruktion von Geschlecht arbeiten.

---

13 Kessler/McKenna beschreiben das Dilemma von Ansätzen, die unserem Alltagsverständnis folgend Geschlecht voraussetzen und nach den Geschlechterdifferenzen fragen. "Before we can ask questions about gender differences, similarities and development, gender must be attributed. (...) And we will never be able to say this is done by making more and more lists of differentiating factors because in order to make these lists we must have already differentiated" (Kessler/McKenna 1978: IX).
14 Vgl. dazu Knorr-Cetina 1989.

"Doing gender" bei der Arbeit

Im angelsächsischen Sprachraum wird dieser Ansatz genutzt, um in mikrosoziologischen Studien Prozesse der Vergeschlechtlichung zu analysieren. So hat Christine L. Williams (1989) in ihrer Studie "Gender Differences at Work: Women and Men in Nontraditional Occupations" untersucht, wie im beruflichen Alltagshandeln Geschlechterkonstruktionen erfolgen. Am Beispiel dieser Studie soll der Frage nachgegangen werden, zu welcher gesellschaftlichen Zeitdiagnose Studien führen, die mit dem Ansatz der sozialen Konstruktion von Geschlecht arbeiten.

Hintergrund der Arbeit von Williams ist der nach Geschlecht hierarchisch strukturierte Arbeitsmarkt. Dieser ist in weiten Teilen in sogenannte Frauenberufe und Männerberufe gegliedert, und selbst in jenen Berufen, in denen beide Geschlechter tätig sind, läßt sich eine interne Segmentierung feststellen, was im allgemeinen einhergeht mit dem Effekt, daß meist Männer die statushöheren, prestigeträchtigeren Positionen und Frauen die statusniedrigeren besetzen. Williams Fragestellung zentriert sich, allgemein formuliert, um die Produktion und Reproduktion von Geschlechterverhältnissen. Sie untersucht in einer jeweils traditionellen Männer- und Frauendomäne, in der die Arbeitsinhalte unverändert bleiben, Prozesse der sozialen Herstellung von Geschlechterdifferenzen.

Für ihre ethnographische Studie wählt Williams die "United States Marine Corps" und die "Profession of nursing" aus. Während "femal marines" in der Marine eine Minderheit bilden, sind "male nurses" in der Krankenpflege ebenfalls unterrepräsentiert. Bei den "marines" handelt es sich um den Bereich beim Militär, der am stärksten mit Männlichkeit und damit verknüpften Eigenschaften wie Aggressivität, Stärke, Überlegenheit etc. assoziiert wird. So wird damit geworben, daß in der Marine aus den neuen "male" Rekruten Männer gemacht werden (1989: 66). Die Krankenpflege, ein traditioneller Frauenberuf, wird mit Weiblichkeit und damit verbundenen Eigenschaften, wie einfühlsam, intuitiv, emotional etc., verknüpft. Personen, die in Berufen arbeiten, die nicht zu ihrem Geschlecht "passen", werden üblicherweise zur Ausnahme von der Regel erklärt. "Women in the Marine Corps and men in nursing - are cross-gender "Freaks": masculine women and feminine men" (ebd.: 1).[15] Williams folgt solchen stereotypen Zuschreibungen, die auf der Annahme basieren, daß zwischen Geschlecht und Tätigkeit ein inhaltlicher Zusammenhang besteht, nicht. Sie geht einen anderen Weg. Wenn, so argumentiert Williams, wir davon ausgehen, daß "nursing" weiterhin mit Weiblichkeit und "marines" mit Männlichkeit verbunden werden, obgleich jeweils Personen des entgegengesetzten Geschlechts dort tätig sind, dann ist ungeklärt, wie die Herstellung und Aufrechterhaltung von Geschlechtlichkeit erfolgt.

Garfinkel folgte in seiner Fallstudie über die Transsexuelle Agnes dem Prinzip, Ungewöhnliches zu erforschen, um etwas über das "Normale" zu erfahren. An diesen ethnographischen Überlegungen anknüpfend, nimmt Williams an, daß "female marines" and "male nurses" daran arbeiten müssen - obgleich sie nicht versuchen, ihr Geschlecht zu wechseln -, angemessen geschlechtlich betrachtet und eingeordnet zu werden. Und auch, daß der "gendering process" in diesen Gruppen ebenso erfolge wie in anderen, doch aufgrund der Extremsituation, in der sich "female marines" und "male nurses" befinden, offensichtlicher hervortritt. Sie arbeitet Strategien heraus, die angewandt werden, um Geschlechterdifferenzen zu initiieren und zu verstärken.

Die "female marines" sind Gegenstand von zahlreichen Vorschriften und Sonderbestimmungen, und zwar formeller wie informeller Art. Das fängt an bei unterschiedlichen Zugangsvoraussetzungen zu den "Marine Corps". Männer werden auch dann akzeptiert, wenn sie die high school abgebrochen haben, Frauen müssen hingegen ein high school diploma vorweisen. Es geht weiter damit, daß Frauen bei den "marines" lediglich zu 20% der Jobs zugelassen bzw. von jenen ausgeschlossen sind, die mit Kampf in Verbindung gebracht werden und die zugleich zu den prestigeträchtigen und besser bezahlten Jobs führen. Dieser Ausschluß geschieht, wie könnte es anders sein, um die Weib-

---

15 Sie geht davon aus, daß "male nurses" und "female marines" außerhalb ihres Berufes mit Stereotypen konfrontiert sind und sich daher stärker mit ihrer Weiblichkeit bzw. Männlichkeit auseinandersetzen müssen als Personen, bei denen Geschlecht und Beruf aufeinander bezogen sind. "This assumption may drive men and women in these two occupations to conform even more closely to popular standards of the 'appropriate' gender" (1989: 6).

lichkeit der "female marines" nicht zu gefährden. Die Vorschriften reichen bis hin zur Benutzung von Regenschirmen. Während es Männern der Army und Marine untersagt ist, in Uniform einen Regenschirm zu benutzen, ist es Frauen generell erlaubt. Ein Ende solcher Bestimmungen ist nicht abzusehen, denn wieviele Frauen überhaupt beim Militär toleriert werden können, ist nicht abschließend geklärt. Daran ändern auch alle vom Militär in Auftrag gegebenen empirischen Studien nichts, die nur zu unerwünschten Ergebnissen führen. Denn weder gefährden "female marines" die Moral der Truppe, noch bringen sie schlechtere Leistungen etc. (ebd.: 60).

Die Grundausbildung ist jene Phase, in der Differenzen eingeübt werden. Diese erfolgt nicht nur nach Geschlecht getrennt, sondern auch unterschiedlich, ohne daß die Beteiligten die Unterschiede kennen. Doch es wird ein gemeinsames Handbuch benutzt, in dem z.B. geregelt ist, wie lang das Haar von Männern sein darf und welche Schnittform es haben soll. Die Frisur von Frauen hingegen "shall be ... arranged in an attractive, feminine style"; beim Färben oder Tönen der Haare müssen sie berücksichtigen: "the artificial color must harmonize with the person's complexion tone and eye color" (ebd.: 62). In dieser Ausbildungsphase stehen lediglich zehn Minuten am Morgen zum Waschen und Ankleiden zur Verfügung, dennoch wird "femal marines" ein Mindeststandard an Make-up vorgeschrieben: "All Women Marine recruits are required to wear makeup; the minimum acceptable amount is eyeshadow and lipstick" (ebd.: 63). Obgleich diese Herstellung von Weiblichkeit unterschiedlich gesehen wird, sagt eine "female marine": "One thing I liked about the Marine Corps is that it's the only service that requires that you wear makeup during training ... I like that because it kind of symbolizes that they really want you to be feminine" (ebd.:75). Zu dieser Ausbildung gehört bei den "female marines" auch die Teilnahme an Schminkkursen, Haarpflege und Etikette sowie Weiblichkeitstests. Die "female marines" stehen all diesen Sonderregelungen eher ambivalent gegenüber, denn einerseits ist ihnen eine geschlechtliche Identifizierung wichtig, andererseits streben sie, bezogen auf die Arbeit und den Ausschluß von bestimmten Positionen, eine Minimierung der Geschlechterdifferenzen an.

Es scheint, als ob in dem Bereich des Militärs, der am stärksten mit Männlichkeit assoziiert wird, die Anstrengungen und Bemühungen am größten sind, die Weiblichkeit der "female marines" zu verstärken.

Doch das, was unter "Weiblichkeit" verstanden wird, ist durchaus verschieden, wie Williams zeigt. "Female marines" grenzen sich von bestimmten Formen von Weiblichkeit ab. Bei "male marines" ist Weiblichkeit und alles was damit verbunden ist, letztlich abgewertet. "The reasons for excluding women form combat, segregating them in training, and requiring them to wear makeup are based upon the (male) notion that femininity means weakness, inferiority, or, at the very least, essential differences that disqualifies women form true and full membership in the marines" (1989: 79).

In allen Bestimmungen und Sonderbehandlungen geht es darum, so Williams, Weiblichkeit zu inszenieren, herzustellen und hervorzuheben, um Differenzen zwischen den Geschlechtern zu verstärken, um "female marines" abzugrenzen von Männlichkeit. Denn "Only if a clear distinction can be maintained between femal and male marines can the masculinity of the Marine Corps remain intact" (ebd.: 66-67). Wir können auch sagen, daß eine Trennlinie entlang des Geschlechts eingesetzt wird, um eine Grenze sichtbar zu halten, die sich nicht von selbst versteht oder die zumindest gefährdet ist. Das Zauberwort für die soziale Konstruktion von Differenz heißt hier Weiblichkeit. Diese ist gelebte Praxis: Sie wird über Praktiken wie Schminken bis hin zum Ausschluß von Jobs hergestellt. Solche Distinktionsmerkmale ermöglichen es, bei den "marines" eine soziale Ordnung intakt zu halten und die damit verbundene gesellschaftliche Höherwertigkeit von Männlichkeit zu bewahren (West/Zimmerman 1991: 31).

Wie sieht es bei den "male nurses" aus? Auch sie befinden sich in einer Minderheitenposition und bewegen sich in einem Berufsfeld, das gegengeschlechtlich assoziiert wird. Die angewandten Strategien zur Abgrenzung der Geschlechter sind offensichtlich nicht unabhängig davon zu sehen, welches Geschlecht die Mehrheit bzw. die Minderheit darstellt. Während "female marines" von den prestigeträchtigen Positionen ausgeschlossen sind, scheinen "male nurses" bessere Karrierechancen zu haben als Krankenschwestern, was sich daran zeigt, daß sie proportional betrachtet häufiger die besser bezahlten Verwaltungspositionen besetzen.

Offizielle Versuche, die Männlichkeit von "male nurses" zu schützen, gibt es nicht. So sind die "male nurses" weder Gegenstand von Vorschriften noch von Sonderbestimmungen. ("In fact, past barriers emanated largely form other men - particularly military men - who did not want male nurses in the all-female nursing corps" (Williams 1989:135)). Ihnen stehen alle Positionen offen; Regelungen, wieviele "male nurses" in den verschiedenen Pflegebereichen gerade noch akzeptabel sind, gibt es auch nicht. Die Suche nach Bestimmungen über die Art des Haarschnitts oder das Tragen eines Bartes bleibt vergeblich, es gibt sie nicht - aber es gibt auch keinen vorgeschriebenen Mindeststandard an Make-up für Krankenschwestern.

Die offizielle Einstellung des Berufsverbandes der Krankenschwestern ist, daß "male nurses" nicht diskriminiert werden sollen (ebd.: 103), und auch Krankenschwestern stehen der Aufnahme von "male nurses" offen gegenüber. Dahinter steckt u.a. die Erwartung, daß durch einen höheren Männeranteil die Krankenpflege aufgewertet wird und das zu einer besseren Bezahlung führt. Dennoch beschreibt Williams Unterschiede zwischen "male nurses" und "nurses", die aber keine Benachteilung der "male nurses" implizieren. Im Gegenteil: So sind selbst "male nurses" der Meinung, daß sie von den Ärzten anders behandelt werden, diese ihnen zuhören, ihre Ratschläge befolgen und ihnen mehr Respekt und Achtung entgegenbringen als den Krankenschwestern. Gleichzeitig kritisieren "male nurses" die "weiblichen" Verhaltensweisen und Haltung von Krankenschwestern gegenüber Ärzten (ebd.: 91, 105).

Im Unterschied zu den "Marine Corps", wo es Vorschriften und Verordnungen gibt, um Weiblichkeit der "female marines" zu verstärken, müssen sich die "male nurses" individuell bemühen, ihre Männlichkeit zu behaupten. Das Stereotyp, "male nurses" seien weiblich, muß im beruflichen Alltagshandeln konterkariert werden, damit männliche Identität aufrechterhalten werden kann. Von den informellen Netzwerken und Freundschaften unter den Krankenschwestern sind "male nurses" nicht ausgeschlossen, vielmehr lehnen sie es ab, am "girl talk" teilzunehmen (ebd.: 118). In der Regel bevorzugen "male nurses" Tätigkeitsbereiche, in denen hochspezialisierte Technik zum Einsatz kommt (Intensivstationen), und auch die Arbeit in der Psychiatrie, da es immer wieder Fälle gibt, in denen Körperkraft benötigt wird, um Patienten zu bändigen. Solche Strategien helfen nicht nur, sich von der normalen Pflege, die als "weiblich" gilt, abzugrenzen, sondern auch Aspekte von Männlichkeit in einer traditionellen Frauen-

Geschlecht in der Gesellschaft 151

domäne zu initiieren.[16] Spezialisierungen dienen dem Nachweis, daß das, was sie tun, auch männlich ist, aber auch dazu, dem Stigma zu begegnen, "male nurses" seien homosexuell oder weibisch.

Im Vergleich der "female marines" und "male nurses" wird deutlich, daß die Strategien zur Aufrechterhaltung oder Verstärkung der Differenz zwischen den Geschlechtern in beiden Feldern unterschiedlich sind. Doch alle Beteiligten sind bemüht, geschlechtlich angemessen identifiziert zu werden, und wirken daran mehr oder weniger stark mit. Aber: "In fact, I have found that men in both the Marine Corps and the nursing profession do make greater efforts than women to distinguish their roles from those performed by the opposite sex (...) Women, however, seek to minimize the role differences between themselves and their male colleagues" (ebd.: 10). Die stärkeren Anstrengungen auf Seiten der Männer sind wiederum nicht losgelöst von den ungleichen Konsequenzen zu sehen, die mit einer Verwischung der Geschlechtergrenzen verbunden sind. Der höhere Status von Männern im Vergleich zu Frauen wäre bedroht. Während Frauen eher auf eine Minimierung der Differenz zielen, sind die "male marines" bestrebt, die Weiblichkeit der "female marines" zu schützen, um so die Männlichkeit der Marine zu wahren; und die "male nurses" streben in jene Bereiche des Berufs, die noch am ehesten erlauben, Männlichkeit zu behaupten. Anstrengungen, geschlechtliche Identifizierbarkeit aufrecht zu erhalten, sind an jenen Stellen besonders ausgeprägt, an denen die Gefahr besteht, daß sie brüchig werden.

Und folgen wir empirischen Studien, in denen Prozesse der Vergeschlechtlichung untersucht (Cockburn 1988) oder der Geschlechtswechsel von Berufen analysiert werden (Robak 1992; Hoffmann

---

16 Hier wird deutlich, daß die soziale Herstellung von Geschlechterdifferenzen nicht willkürlich geschieht, sondern unter Bezugnahme auf gesellschaftliche Distinktionsmerkmale. Technik ist ebenso wie Körperkraft mit Männlichkeit assoziiert. Darüber hinaus lassen sich die hier beschriebenen Prozesse durch Verweise auf die Höherwertigkeit des Männlichen in unserer Gesellschaft nicht hinreichend erklären. Dies gilt auch für den Hinweis, daß Männer größere Anstrengungen unternehmen, um diese Geschlechtsgrenze aufrechtzuerhalten als Frauen, da Männern ein Statusverlust droht. Die ungleiche Verteilung von Ressourcen, die als Quellen sozialer Macht in diese Prozesse der Produktion und Reproduktion eingehen, bleibt völlig unterbelichtet.

1987), und den vielfältigen theoretischen Überlegungen, die daran anschließen (Gildemeister/Wetterer 1992; Wetterer 1995; Teubner 1995), dann wird deutlich, daß die Arbeitsinhalte mit dem einen oder anderen Geschlecht relativ wenig zu tun haben, Berufsarbeit beliebig vergeschlechtlicht werden kann.[17] Was konstant bleibt und immer wieder aktiviert und reorganisiert wird, wie dies bei der Studie von Williams aufgrund der Extremsituation besonders deutlich wird, ist die soziale Trennlinie Geschlecht. Denn das hierarchische Verhältnis zwischen den Geschlechtern, die Produktion und Reproduktion sind an diese Unterscheidung gebunden. Zu welcher gesellschaftlichen Zeitdiagnose führen nun Betrachtungsweisen, die von einer sozialen Konstruktion von Geschlecht ausgehen und die vielfältigen Bemühungen und Anstrengungen aufzeigen, eine Geschlechtsgrenze aufrechtzuerhalten oder herzustellen? Die gesellschaftliche Zeitdiagnose läßt sich auf die Formel bringen: "What stays constant is that women and men have to be distinguishable" (Lober/Farrell 1991, S. 1). Anders formuliert: "societies impose a "sameness taboo" on them" (ebd. S. 8). Das "Gleichheitstabu" zwischen den Geschlechtern besagt, daß Frauen und Männer tun und lassen können, was sie wollen, so lange sie unterschieden werden können.

Fazit: Dieser Zeitdiagnose wäre "eigentlich" nichts hinzuzufügen, scheint sie doch die gesellschaftliche Situation bezogen auf Frauen und Männer angemessen zu beschreiben. Zudem geht sie über jene Konzepte hinaus, die zusammenfassend unter "Differenzkonzepte" subsumiert werden und anhand des "weiblichen Arbeitsvermögens" vorgestellt wurden.

Der Ansatz der sozialen Konstruktion von Geschlecht eröffnet zweifellos eine Betrachtungsweise auf Geschlechterverhältnisse, die weit über die herauskristallisierte Zeitdiagnose hinausgeht und die auch als Paradigmenwechsel in der Frauenforschung bezeichnet wird. Umso wichtiger ist es, Festschreibungen zu verhindern. Denn während für Differenzansätze kennzeichnend ist, daß auf Differenz zwischen den Geschlechtern insistiert wird, läuft der Ansatz der sozialen

---

17 Gildemeister und Wetterer 1992 zeigen, wie Tätigkeiten durch Analogiebildung zu Weiblichkeit bzw. Männlichkeit vergeschlechtlicht werden.

Konstruktion von Geschlecht Gefahr, auf eine Unhintergehbarkeit und Unentrinnbarkeit der Zweigeschlechtlichkeit zu insistieren. Mit der Unhintergehbarkeit korrespondiert wiederum die Annahme, Geschlecht sei als die dominante gesellschaftliche Ungleichheitskategorie zu fassen. Welche Grenzen werden hier sichtbar?

Die Zeitdiagnose besagt, daß "doing gender" *omnipräsent* ist, und analog dazu wird angenommen, Prozesse der Vergeschlechtlichung von Berufsarbeit seien *omnipräsent* und möglicherweise *omnipotent*.[18] Hirschauer weist darauf hin, daß es problematisch ist, davon auszugehen, die Vergeschlechtlichung erfasse alle Berufe, und es gäbe nur "rosa oder hellblaue" Berufe oder Berufsbereiche (vgl. Gildemeister/ Wetterer 1992: 227). In der Theorie werde so die dichotome Optik wiederholt und aprioristisch festgeschrieben, daß es nur männlich oder weiblich geprägte Berufe gäbe (Hirschauer 1993: 60). Dieser kritischen Betrachtung ist ein weiterer Punkt hinzuzufügen:

In ihrem einflußreichen Aufsatz "doing gender" werfen Candace West und Don Zimmerman die Frage auf "Can we ever not do gender?" (West/Zimmerman 1991: 24) oder "Can we avoid doing gender?" (ebd.: 32) und beantworten diese nicht mit einem "vorsichtigen", sondern mit einem "relativ unmißverständlichen Nein" (Wetterer 1995: 227). Vor dem Hintergrund des diagnostizierten Gleichheitstabus mag dies zwar konsequent sein, die Frage wie die Antwort laufen aber Gefahr, den Blick sowohl theoretisch als auch empirisch in vorgeformte Gedankenbahnen und Wahrnehmungsmuster zu lenken, in denen Geschlecht immer schon als sozial dominantes Ungleichheitsmerkmal festgeschrieben wird. Die Frage, ob der Kategorie Geschlecht in unterschiedlichen Situationen sowie Kontexten eine unterschiedliche soziale Relevanz zukommt, stellt sich dann überhaupt nicht. Geschlecht als Unterscheidungsmerkmal kann jedoch mal mehr und mal weniger in den Vordergrund bzw. in den Hintergrund treten (vgl. Engler 1996). *Hintergrund* meint nicht, daß Geschlecht anderen Klassifikationsschemata unterlegt ist (was immer noch an der Dominanz festhält), sondern daß es Situationen und Bereiche des Lebens gibt, in denen anderen Ungleichheitsmerkmalen mehr soziale Relevanz zukommt als der Kategorie Geschlecht. Diese Blickrichtung sollte

---

18 Vgl. Wetterer 1995: 227, 230.

nicht durch theoretische Festschreibungen verschlossen oder gar tabuisiert werden.

Literatur

Beck-Gernsheim, Elisabeth/Ostner, Ilona 1979: Mitmenschlichkeit als Beruf. Eine Analyse des Alltags in der Krankenpflege. Frankfurt/New York.
Beer, Ursula 1992: Geschlechterverhältnisse in der Risikogesellschaft. In: Feministische Studien, Jg. 10, H.1, S. 99-112.
Benhabib, Seyla/Butler, Judith/Cornell, Drucilla/Fraser, Nancy 1993: Der Streit um Differenz. Feminismus und Postmoderne in der Gegenwart. Frankfurt/M.
Bourdieu, Pierre 1990: Was heißt sprechen? Die Ökonomie des sprachlichen Tausches. Wien.
Butler, Judith 1991: Das Unbehagen der Geschlechter. Frankfurt.
Cockburn, Cynthia 1988: Die Herrschaftsmaschine. Geschlechterverhältnisse und technisches Know-how. Berlin/Hamburg.
Duden, Barbara 1993: Die Frau ohne Unterleib: Zu Judith Butlers Entkörperung. Ein Zeitdokument. In: Feministische Studien. Jg.11, Heft 2, S. 24-33.
Engler, Steffani 1996: Studentische Lebensstile und Geschlecht. In: Dölling, Irene/Krais, Beate (Hg.): Ein alltägliches Spiel. Zur Konstruktion von Geschlecht in der Praxis. Frankfurt (im Druck).
Frevert, Ute 1995: "Mann und Weib, und Weib und Mann." Geschlechter-Differenzen in der Moderne. München.
Gerhard, Ute 1993: Differenz und Vielfalt - Die Diskurse der Frauenforschung. In: Zeitschrift für Frauenforschung, 11. Jg., H. 1+2, S.10-21.
Gildemeister, Regine/Wetterer, Angelika 1992 (Hg.): Wie Geschlechter gemacht werden. Die soziale Konstruktion der Zweigeschlechtlichkeit und ihre Reifizierung in der Frauenforschung. In: Knapp, Gudrun-Axeli/Wetterer, Angelika (Hg.): Traditionen Brüche. Freiburg. S. 201-254.
Hagemann-White, Carol 1988: Wir werden nicht zweigeschlechtlich geboren... In: Hagemann-White, Carol/Rerrich, Maria S. (Hg.): FrauenMännerBilder. Männer und Männlichkeit in der feministischen Diskussion. Bielefeld. S. 224-235.
Hagemann-White, Carol 1984: Sozialisation: weiblich-männlich? Opladen.
Hausen, Karin 1986: Patriarchat. Vom Nutzen und Nachteil eines Konzepts für Frauengeschichte und Frauenpolitik. In: Journal für Geschichte, September/Oktober 1986, S. 12-21.
Hirschauer, Stefan 1993: Dekonstruktion und Rekonstruktion. Plädoyer für die Erforschung des Bekannten. In: Feministische Studien. Jg.11, Heft 2, S. 55-67.
Hoffmann, Ute 1987[2]: Computerfrauen. Welchen Anteil haben Frauen an der

Computergeschichte? München.

Janshen, Doris 1990 (Hg.): Hat die Technik ein Geschlecht? Denkschrift für eine andere technische Zivilisation. Berlin.

Kessler, Suzanne J./McKenna, Wendy 1978: Gender. An Ethnomethodological Approach. New York.

Knapp, Gudrun-Axeli 1989: Männliche Technik - weibliche Frau? Zur Analyse einer problematischen Beziehung. In: Becker, Dietmar u.a.: Zeitbilder der Technik. Essays zur Geschichte von Arbeit und Technologie. Bonn. S. 193-254.

Knorr-Cetina, Karin 1989: Spielarten des Konstruktivismus. In: Soziale Welt, Jg. 40, S. 86-96.

Landweer, Hilge 1994: Generativität und Geschlecht. Ein blinder Fleck in der sex/gender-Debatte. In: Wobbe, Theresa/Lindemann, Gesa (Hg.): Denkachsen. Zur theoretischen und institutionellen Rede vom Geschlecht. Frankfurt. S. 147-176.

Laqueur, Thomas 1992: Auf den Leib geschrieben. Die Inszenierung der Geschlechter von der Antike bis Freud. Frankfurt/Main.

Lipp, Wolfgang 1986: Geschlechtsrollenwechsel. Formen und Funktionen am Beispiel ethnographischen Materialien. In: Kölner Zeitschrift für Soziologie und Sozialpsychologie, Jg. 38, S. 529-559.

Lober, Judith/Farell, Susan A. (Hg.) 1991: Principles of Gender Construction. Preface. In: Lorber, Judith/Farell, Susan A. (Hg.): The Social Construction of Gender. Newbury Park/London/New Dehli. S. 7-11.

Metz-Göckel, Sigrid 1987; Die zwei (un)geliebten Schwestern. In: Beer, Ursula (Hg.): Klasse Geschlecht. Feministische Gesellschaftsanalyse und Wissenschaftskritik. Bielefeld. S. 25-57.

Mies, Maria 1983. Gesellschaftliche Ursprünge der geschlechtlichen Arbeitsteilung. In: von Werlhof, Claudia u.a. (Hg.): Frauen, die letzte Kolonie. Reinbek bei Hamburg.

Ostner, Ilona 1978: Beruf und Hausarbeit. Die Arbeit der Frau in unserer Gesellschaft. Frankfurt.

Ostner, Ilona 1992: Zum letzten Male: Anmerkungen zum "weiblichen Arbeitsvermögen". In: Krell, Gertraude/Osterloh, Margit (Hg.): Personalpolitik aus der Sicht von Frauen - Frauen aus der Sicht der Personalpolitik. München. S. 107-121.

Ostner, Ilona 1991: "Weibliches Arbeitsvermögen" und soziale Differenzierung. In: Leviathan. H. 2, S. 192-202.

Robak, Brigitte 1992: Schriftsetzerinnen und Maschineneinführungsstrategien im 19. Jahrhundert. In: Wetterer, Angelika (Hg.): Profession und Geschlecht. Über die Marginalität von Frauen in hochqualifizierten Berufen. Frankfurt/New York. S. 83-100.

Teubner, Ulrike 1995: Das Fiktionale der Geschlechterdifferenz. Oder: Wie geschlechtsspezifisch ist die Kategorie Geschlecht? In: Wetterer, Angelika (Hg.): Die soziale Konstruktion von Geschlecht in Professionalisierungsprozessen. Frankfurt/New York. S. 247-262.

West, Candace/Zimmerman, Don H. 1991: Doing gender. In: Lober, Judith/ Farrell, Susan A. (Hg.): The Social Construction of Gender. Newbury Park/ London/New Dehli. S. 13-37.

Wetterer, Angelika 1995: Dekonstruktion und Alltagshandeln. Die (möglichen) Grenzen der Vergeschlechtlichung von Berufsarbeit. In: dies. (Hg.): Die soziale Konstruktion von Geschlecht in Professionalisierungsprozessen. Frankfurt/New York. S. 223-246.

Williams, Christine L. 1989: Gender Differences at Work: Women and Men in Nontraditional Occupations. Berkeley.

Markus Schroer
Individualisierte Gesellschaft

Die Debatte um den Begriff der Individualisierung hält die Soziologie nun schon seit geraumer Zeit in Atem. Zwar läßt sich die Quelle eines derart breiten Diskussionszusammenhangs im Nachhinein nur selten ausmachen, doch wird man in diesem Falle eine eindeutige Zuweisung treffen können. Alle Indizien sprechen dafür: Es begann in Bamberg! Ulrich Beck stellte von dort aus die provokante Frage: "Jenseits von Stand und Klasse?" (1983), wofür er zunächst wenig Beifall erntete. Mit mancherlei Widerlegungsschrift wurde tapfer Widerstand geleistet gegen die in der unerwünschten Frage implizit erhobene Behauptung, daß Standes-, Klassen- und Schichtzugehörigkeiten nicht länger als primäre Ordnungsschemata für westliche Industriegesellschaften in Anspruch genommen werden könnten. Stattdessen wird das Individuum in der Perspektive Ulrich Becks aus solch vorgegebenen Zusammenhängen herausgelöst und in die Lage versetzt, den eigenen Lebensverlauf nun selbst in die Hand zu nehmen. Welche sozialen Beziehungen geknüpft werden, unterliege nun der Entscheidung des Individuums.

Doch längst hat die Diskussion um Individualisierung die akademischen Kreise und universitären Zirkel verlassen und ist zu einem der zentralen Themen in beinahe jeder öffentlichen Debatte geworden. Ob in Parteien, Gewerkschaften, Kirchen, Eheberatungsstellen oder Familienministerien, überall grassiert die Rede von der Individualisierung, die den Menschen am Ausgang des zwanzigsten Jahrhunderts erfaßt haben soll. Der Verweis auf zunehmende Individualisierung muß herhalten, um wachsende Scheidungsraten und Parteienverdrossenheit, Mitgliederschwund in Kirchen und Gewerkschaften, den Anstieg von Singlehaushalten und jugendlichen Rechtsradikalismus zu erklären.

Je nach Geschmack, so scheint es, wird der Begriff Individualisierung *einerseits* verwendet, um einen weit verbreiteten Egoismus oder Hedonismus zu bezeichnen, der solidaritätsstiftende Zusammenhänge zunehmend auflöst und so einen nur an den eigenen Nutzenkalkülen orientierten bzw. einen sich ganz dem Genuß verschreibenden Sozialcharakter hervorbringt. *Andererseits* wird die Herauslösung aus traditionalen Gemeinschaftsformen auch als Befreiung erlebt und beschrieben, werden die Existenzängste der Parteien und Gewerkschaften als Zeichen eines Umbruchs gedeutet, der anderen Formen der Politik und der Interessenvertretung Platz machen könnte, die den einzelnen stärker beteiligen als bisher. Doch wie auch immer der Prozeß der Individualisierung im einzelnen belegt und bewertet wird, einig scheint man sich über einen tiefgreifenden sozialen Wandel, der den einzelnen aus traditionalen Sozialbeziehungen entläßt. Damit, so die These, gewinne der einzelne mehr Freiheit gegenüber seiner Umgebung, den Organisationen und Institutionen; er könne nunmehr eigenständige Entscheidungen treffen und erlange insgesamt mehr Autonomie über seinen Lebensverlauf.

Diese Annahme eines *einerseits* beklagten, *andererseits* begrüßten Zuwachses an individueller Freiheit aber widerspricht einer *dritten*, weitverbreiteten Theorietradition, die oftmals als genuin soziologische Perspektive ausgegeben wird, in der das Individuum gegenüber den gesellschaftlichen Entwicklungen als ohnmächtig erscheint. Nicht von steigender Individualität, sondern vom "Ende des Individuums" ist hier die Rede. Von dieser Seite wird geltend gemacht, daß es oftmals nur so erscheint, als würden die Individuen immer selbständiger in ihren Entscheidungen und Handlungen, in Wahrheit aber sei das Individuum durch übermächtige Systeme und bürokratische Strukturen nahezu vollständig determiniert. Statt autonome Entscheidungen zu treffen, reagiere es nurmehr auf die vorgestanzten Muster einer allmächtig gewordenen Kulturindustrie, um sich am Ende schließlich vollends aufzulösen.

Alle drei Versionen sind keine Erfindungen der aktuellen soziologischen Individualisierungsdebatte, sondern sind bereits - wie ich im folgenden zeigen möchte - bei einigen soziologischen Klassikern: bei Max Weber, Emile Durkheim und Georg Simmel, vorzufinden. An diesen drei Klassikern lassen sich, wie ich in einem zweiten Schritt zeigen werde, unterschiedliche Traditionslinien festmachen, die sich bis in die Gegenwart hinein zurückverfolgen lassen: Sie führen zu den Positionen des amerikanischen Kommunitarismus, bis zu Michel Foucault, Niklas Luhmann und Ulrich Beck. Daran anschließend werde ich die Auswirkungen der konstatierten Individualisierungsprozesse skizzieren, um schließlich abschließend der Frage nachzugehen, ob, bzw. inwiefern, sich unsere gegenwärtige Gesellschaft als individualisierte charakterisieren läßt.

1. Individualisierung bei den Klassikern: Zwischen Pseudo-, Hyper- und ambivalenter Individualisierung

Das Verhältnis von Individuum und Gesellschaft ist eines der Themen, wenn nicht *das* Thema soziologischer Theorie seit ihren Anfängen. Die Modernisierungstheorien von Weber über Durkheim bis Simmel beschreiben den Übergang von traditionalen zu modernen Gesellschaften unter primär je einem Aspekt - Rationalisierung, Solidarität, Differenzierung -, wobei immer auch danach gefragt wird, welche Auswirkungen der unter diesen Leitlinien beobachtete Modernisierungsprozeß auf das Individuum hat: Wird es unabhängiger oder abhängiger, freier oder unfreier?

Schon die Klassiker sehen einen Individualisierungsschub, den die Entwicklung zur Moderne mit sich bringt, wobei sie diese Entwicklung sehr unterschiedlich beurteilen. Dabei stehen sich insbesondere die Positionen von Max Weber auf der einen und Emile Durkheim auf der anderen Seite diametral gegenüber. Während Durkheim (1990: 273ff.) durch die Individualisierung anomische Zustände befürchtet, die die soziale Ordnung stören oder gar gefährden könnten, beklagt Weber die mit der Freisetzung aus traditionellen Zusammenhängen einhergehenden Individualisierungsprozesse als konterkariert durch die zunehmende Bürokratisierung und Verwaltung des Lebens und befürchtet für das Individuum ein Leben im "Gehäuse der Hörigkeit" (Max Weber 1988a: 63):

> "Die heutige kapitalistische Wirtschaftsordnung ist ein ungeheurer Kosmos, in den der einzelne hineingeboren wird, und der für ihn, wenigstens als einzelnen, als faktisch unabänderliches Gehäuse gegeben ist, in dem er zu leben hat." (Weber 1988c: 37)

Für Weber ist nicht das Problem, auf welchem Wege es der Gesellschaft gelingt, sich jene Bürger heranzuzüchten, derer sie bedarf. Vielmehr stellt Weber umgekehrt die Frage, wie rationale Individuen ihre persönliche Bewegungsfreiheit angesichts der bürokratisch verfestigten Strukturen erhalten, und den Einfluß der bürokratischen

Herrschaft auf Distanz halten können (vgl. Weber 1988b: 414; 1988a: 333). Damit legt er den Grundstein für eine auch heute noch wirksame Theorieanlage, die die Anforderungen der Gesellschaft von vornherein als Einschränkung der individuellen Freiheit auffaßt. Sie verläuft von Weber ausgehend über die kritische Theorie der Frankfurter Schule bis hin zu Michel Foucault.

Scheinen bei Weber und Durkheim eindeutige Präferenzen vorzuliegen, erlaubt die Theorie Simmels m. E. einen differenzierteren Umgang mit dem Phänomen der Individualisierung. Sie entgeht jeder vereinseitigenden Betrachtung des Modernisierungsprozesses, indem sie die *Ambivalenz* dieses Prozesses in den Blick nimmt und zunächst jeder Kulturkritik entsagt, was sie heute so modern und aktuell erscheinen läßt. Wo Weber nur eine mit dem Modernisierungsprozeß zunehmende Uniformierung und Entindividualisierung erkennen kann, sieht Georg Simmel auch Freisetzungsprozesse und eine Zunahme an Freiheitsspielräumen. Zwar stellt auch Simmel in seinem Essay "Die Großstädte und das Geistesleben" die Frage, wie die "qualitative Einzigkeit und Unverwechselbarkeit" (Simmel 1957: 242) des modernen Individuums gegenüber der Nivellierung und Vermassung des Großstadtlebens verteidigt werden kann. Doch andererseits sieht er, daß der Prozeß zunehmender sozialer Differenzierung erst die Individualität des modernen Menschen ermöglicht: Individualität beruht nach Simmel auf der Zugehörigkeit zu verschiedenen Gruppen. Indem der einzelne Mitglied wechselnder und konkurrierender sozialer Kreise wird, wird er sich selbst umso mehr dessen bewußt, was ihn von den anderen unterscheidet, was die Besonderheit seiner Person ausmacht. Es ist insbesondere die Entwicklung der Geldwirtschaft - für Simmel mehr oder weniger die Chiffre für "Moderne" -, die den einzelnen aus personalen Abhängigkeitsverhältnissen in die individuelle Freiheit entläßt; wobei an die Stelle traditionaler Abhängigkeit allerdings sofort die funktionale Abhängigkeit tritt. Das Geld läßt Freiräume entstehen und birgt zugleich die Gefahr, diese wieder zu negieren: "Was wir nämlich als Freiheit empfinden, ist tatsächlich oft nur ein Wechsel der Verpflichtungen." (Simmel 1989: 375)

Ohne von einem tragischen Tonfall und kulturkritischen Untertönen gänzlich frei zu sein, wird bei Simmel im Vergleich zu Weber in ungleich nüchternerer Weise versucht, die Veränderungen wahrzunehmen und angemessen zu beschreiben, die mit dem Modernisierungsprozeß einhergehen. Dabei werden sowohl Chancen als auch Gefahren für das Individuum ausgelotet. Diese ambivalente Beurteilung der sozialen Differenzierung und ihrer Folgen für das Individuum gelingt Simmel mit seiner Unterscheidung zwischen einem *qualitativen* und einem *quantitativen Individualismus*, der ihn - anders als Tönnies (1979) und Weber - vor einer einseitigen Zeitdiagnose bewahrt: Während der *qualitative Individualismus*, der nach einer umfassenden Ausbildung der Persönlichkeit strebt, durch eine zunehmend komplexer werdende Moderne gefährdet wird, ist die *quantitative Individualität*, die sich aus dem je einmaligen Rollensetting eines Individuums ergibt, Produkt einer sich zunehmend ausdifferenzierenden Gesellschaft. Mit diesem doppelten Begriff von Individualität gelingt Simmel der Anschluß an zwei verschiedene Theorietraditionen: Auf der einen Seite rückt er mit seiner Idee der *quantitativen Individualität* in die Nähe der Differenzierungstheorie Durkheims, die in erweiterter und veränderter Form heute von Niklas Luhmann prominent vertreten wird. Auf der anderen Seite unterhält er mit dem Begriff der *qualitativen Individualität* eine Beziehung zu den pessimistischen Zeitdiagnosen von Tönnies und Weber, die in erster Linie ein Individuum im Auge haben, das unter den zunehmend unübersichtlich werdenden Strukturen der Moderne und einer ständig anwachsenden objektiven Kultur leidet, die von keinem Subjekt mehr überschaut bzw. eingeholt werden können. Diese Vorstellung eines Individuums, das vor dem schädlichen, weil freiheitseinschränkenden Einfluß der Gesellschaft geschützt werden muß, kontinuiert in den Schriften der älteren "Kritischen Theorie".[1]

---

1 Die ambivalente Sichtweise der Folgen des Modernisierungsprozesses für das Individuum dagegen legt den Grundstein für Ansätze, die sich dadurch auszeichnen, daß sie einen theoretischen Zugang zum Sozialen wählen, der weder bei "dem" Individuum noch bei "der" Gesellschaft ansetzt. Zu dieser Theorietradition rechne ich auch die späteren Vermittlungsversuche zwischen Individuum und Gesellschaft von Norbert Elias (1991). Heißt bei Simmel das Zauberwort "Wechselwirkung", so ist es bei Elias der Begriff der "Verflechtung" bzw. "Figuration", der die Vermittlung zwischen individueller und gesellschaftlicher Seite bezeichnen soll. Eine ähnliche Funktion übernimmt bei Bourdieu der Begriff des "Habitus": "Eines der typischen Beispiele für eine derartige, wissenschaftlich absurde Gegenüberstellung ist die von Individuum und Gesellschaft. Der Begriff des Habitus

Nun sollte aber nicht Klassikerexegese betrieben, sondern gezeigt werden, daß hier die Weichenstellungen für die Thematisierung von Individualität vorgenommen worden sind, wie sie in der Nachfolge der Klassiker betrieben wurde und auch heute noch betrieben wird. Zusammenfassen lassen sich die Positionen als die der Pseudoindividualisierung, der Hyperindividualisierung und der Risikoindividualisierung. Dem entsprechen meine Typisierungen des Individuums als *gefährdetes Individuum* (Weber), als *gefährliches Individuum* (Durkheim) und als *chancenreiches Individuum* (Simmel).[2]

2. Das gefährdete Individuum oder: Pseudoindividualisierung

Der schon bei Weber auftretende Verlustgestus verstärkt sich noch in den Analysen der Kritischen Theorie Theodor W. Adornos, Max Horkheimers, aber auch Herbert Marcuses und Erich Fromms. Der Grundtenor ist das an den übermächtig werdenden Bürokratien, Verwaltungen und Systemen zugrundegehende Individuum, das keine autonomen Entscheidungen mehr trifft, sondern, ferngesteuert von den Agenten der Kulturindustrie, nur mehr zu standardisierten Reaktionen in der Lage ist. Beispielhaft für diese Perspektive mag der folgende Ausspruch Adornos stehen:

"Es ist gleichsam den Menschen ein immer geringerer Ausweichraum gelassen aus den Formen, aus den gesellschaftlich verpflichtenden Formen,

---

als inkorporiertes, folglich individuiertes Soziales ist nun auch ein Versuch, sie zu überwinden." (Bourdieu 1992: 43)

2 Zu diesem Versuch einer Typologisierung muß gesagt werden, daß die angesprochenen Theorien komplexer gebaut sind, als es hier den Anschein haben mag. Eine detaillierte Untersuchung der verschiedenen Begriffe von Individualisierung in den jeweiligen Konzepten ist hier jedoch nicht möglich. Im vorliegenden Zusammenhang geht es mir darum zu zeigen, daß die einzelnen Theorien ihr Schwergewicht eher auf die Bestandserhaltung der sozialen Ordnung legen und eine notwendige Unterordnung der Individuen unter dieselbe zu begründen versuchen oder aber in erster Linie die Gefährdung der individuellen Freiheit durch diese Unterordnung und das Anwachsen unüberschaubarer Strukturen in den Blick nehmen. Zwar sehen etwa Durkheim und Weber durchaus beide Zusammenhänge, entscheiden sich in ihren jeweiligen Zeitdiagnosen aber für eine der beiden Blickrichtungen.

in denen sie existieren. Und dadurch ist der Druck, der Zwang, sich anzupassen, immer größer geworden und der Bereich, in dem Menschen ein Leben unabhängig von diesem gesellschaftlichen Mechanismus führen können, immer geringer geworden. Es gibt gleichsam keine Ausweichmöglichkeit mehr, und deshalb tendieren die Menschen dazu, von sich aus nochmals alle jene Prozesse der Verwaltung in sich selber zu wiederholen, die ihnen von außen angetan werden." (Adorno 1950: 124)

In einer solchen Perspektive erscheint das Individuum letztlich als ein schutzbedürftiges Wesen, das vor den freiheitseinschränkenden gesellschaftlichen Zwängen bewahrt werden muß. Mit dieser These erweist sich Adornos Individuumsverständnis als fest in der Tradition der Aufklärung stehend, deren Perspektive auf das Individuum Helmut Dubiel (1973: 64) wie folgt kommentiert:

"Es gehört zu den tief eingesenkten kulturellen Selbstverständlichkeiten aufklärerischer Provenienz, daß das Individuum vor dem Zugriff der Gesellschaft geschützt werden muß - daß es durch seine Zugehörigkeit zu bestimmten gesellschaftlichen Gruppierungen, seine Funktion in bestimmten Institutionen nicht ausdefiniert ist."

Die Idee, daß die Feier des Individuums in der Gegenwartskultur nur die kompensatorische Begleitmusik zum faktischen Ende des Individuums darstellt, verbindet bizarrerweise so konträre Denker wie Adorno, Gehlen und Luhmann. Alle drei stimmen darin überein, daß die reale Entwicklung der Gesellschaftsstruktur immer weniger Spielraum läßt für die Entfaltung des Individuums und gerade dies mit der kulturellen Aufwertung des Individuums einhergeht. Bei Adorno heißt das: "Je weniger Individuen, desto mehr Individualismus." (Adorno 1956: 48) Bei Gehlen (1970: 57ff; 1973: 141ff.) ist es der ungehemmte Subjektivismus, in den sich die Individuen stürzen, angesichts der Einsicht in die reale Unmöglichkeit zur Veränderung der Wirklichkeit. Diese These liest sich bei Luhmann wie folgt: "Die Semantik der Individualität scheint nun geradezu eine kompensatorische Funktion für stärkere Abhängigkeit zu übernehmen." (Luhmann 1993c: 158ff.) Einen qualitativen Sprung zu mehr individueller Freiheit, das wird aus dem Zitat deutlich, gibt es für Luhmann nicht.[3]

Auch die Schriften des französischen Poststrukturalisten Michel Foucault fügen sich zunächst in die Theorietradition ein, die das "En-

---

3 Zur Ähnlichkeit zwischen Adorno und Luhmann in dieser Frage vgl. Breuer (1992: 65ff.).

de des Individuums" postuliert. So beschreibt Foucault in seinen machtanalytischen Studien der siebziger Jahre, wie das Leben moderner Menschen im Verlaufe des Modernisierungsprozesses reguliert und normalisiert wird. In seiner Perspektive wird das Individuum nicht zunehmend aus alten Traditionsbeständen und Beziehungsformen befreit, vielmehr wird es einer perfekteren Überwachung und Kontrolle unterworfen. Dabei bedient sich die Disziplinargesellschaft[4] zunehmend ausgeklügelterer und subtilerer Methoden, um ein zuverlässiges, angepaßtes und gehorsames Selbst zu schaffen.[5]

3. Das gefährliche Individuum oder: Hyperindividualisierung

Während in der Perspektive der "Kritischen Theorie" explizit für das Individuum plädiert wird - auch wenn, oder gerade weil ihm wenig Überlebenschancen eingeräumt werden -, setzt Sennett (1983) mit

---

4   Vgl. dazu auch den Beitrag von Frank Hillebrand in diesem Band.
5   Zu den Gemeinsamkeiten zwischen Adorno und Foucault vgl. Honneth (1990). Foucault hält an seiner Perspektive der totalen Kontrolle, die er in seinen machtanalytischen Studien der siebziger Jahre ausgearbeitet hat, freilich nicht ungebrochen fest. Während der frühe Foucault als der Verkünder des Todes des Subjekts gilt, der die Gesellschaft als Zwangsapparatur und Disziplinierungsmechanismus darstellt, erscheint im Spätwerk ein sich selbst erfindendes Individuum als utopisch aufgeladener Fluchtpunkt, das sich den Zwangs-, Macht- und Normierungsstrategien des modernen Staates zu entziehen weiß, durch die "Sorge um sich". Freilich steht damit nicht ein Subjekt wieder auf, das Foucault erfolgreich verabschiedet hatte; vielmehr werden die bisherigen Individualisierungsschübe als perfide Disziplinierungsmechanismen entlarvt, was eine Abkehr von diesen Individualitätsbegriffen plausibel machen soll. Erst nach dieser Dekonstruktionsarbeit wird es möglich, an neuen Formen von Individualität zu arbeiten. Daß dies nicht als radikaler Bruch mit seinen vorhergehenden Schriften zu verstehen ist, weil sich diese Perspektive - wenn auch nicht systematisch entwickelt -, schon in seinen machtanalytischen Schriften andeutet, habe ich in meinem Aufsatz *Ethos des Widerstands* (Schroer 1996a) zu zeigen versucht. Zu einigen Ähnlichkeiten zwischen Weber und Foucault hinsichtlich ihrer pessimistischen Zeitdiagnosen, denen sie mit ihren vergleichbaren Konzepten der *Lebensführung* und der *Lebenskunst* eine individuelle Fluchtrouten gegenüberstellen, vgl. Schroer (1996b).

seiner These von der "Tyrannei der Intimität" eine Tradition fort, die in übertriebenem Individualismus eine Gefahr für die Gesellschaft ausmacht, ja gar den Zerfall der Gesellschaft prophezeit.

Bei Sennett wird die Relation von Individuum und Gesellschaft in das Verhältnis von Privatheit und Öffentlichkeit übersetzt. Während Habermas (1981) die Lebenswelt von Systemimperativen bedroht, also Reservate des Privaten gefährdet sieht, vertritt Sennett eine Art umgekehrte "Kolonialisierungsthese": Das öffentliche Leben ist gefährdet durch die modernen Individuen, die eine Flucht in die Innerlichkeit, in die ewige Nabelschau, in ihre Emotionen und Gefühle angetreten sind. Sie tanzen den "Tanz um das goldene Kalb des Selbst" und bedrohen die Öffentlichkeit mit einem breit gestreuten "Terror der Intimität". Gilt die erste kulturkritische Sichtweise der Klage über die zunehmende Vereinnahmung der Individuen durch die Gesellschaft, der Auflösung des Privaten, der totalen Überwachung, dreht Sennett den Spieß kurzerhand um. Diese mit Christopher Lasch (1980), Daniel Bell (1976) und Robert Bellah (1987)[6] verwandte,

---

6 Bellah und sein Team haben in den achtziger Jahren eine Studie mit dem Titel *Habits of the Heart* (dt. Gewohnheiten des Herzens) vorgelegt, in der sie unterschiedliche Begriffe von Individualismus unterscheiden. In erster Linie geht es um den *expressiven Individualismus* auf der einen und den *utilitaristischen Individualismus* auf der anderen Seite. Konzentriert sich der erste auf die Steigerung der Selbsterfahrung und des Lebensgenusses, sucht der andere Befriedigung im beruflichen Erfolg. Bellah und seine Mitstreiter plädieren für einen Individualismus, der sich am Gemeinsinn orientiert und sich einer sozialen Verantwortung gegenüber den anderen bewußt ist. Damit stehen sie ganz in der Tradition Alexis de Toquevilles', von dem sie den Titel ihrer Studie entlehnen.

Ähnliche Unterscheidungen ziehen sich beinahe durch die gesamte Geschichte der Soziologie. Worin diese Theorien der Individualisierung übereinkommen, ist die Unterscheidung zwischen einem gewollten bzw. erwünschten Individualismus, der sich mit gemeinschaftsorientierten Werten im Einklang befindet, und einem überbordenden, egoistischen, alle Gemeinschaftsbezüge sprengenden Hyperindividualismus. In diesem Hyperindividualismus sehen alle eine Gefahr, vor der eindringlich gewarnt wird. Ein solcher wird mit einer ausschließlich ästhetischen Lebenseinstellung und einer hedonistischen Erlebnisorientierung assoziiert, die die soziologischen Klassiker nur einer kleinen Minderheit zuzugestehen bereit waren. Eine Aufwertung dieses Typs findet dagegen in Foucaults Konzept einer *Ästhetik der Existenz* ebenso statt wie in Gerhard Schulzes *Erlebnisgesell-*

letztlich auf David Riesman (1958) zurückgehende kulturkritische Perspektive zeichnet ein Szenario der Entwicklung der Moderne, an deren Ende eine "aus selbstsüchtigen Individuen diffus zusammengesetzte Massengesellschaft" steht, "deren interne moralische Strukturlosigkeit sie leicht zum Opfer despotischer Formierungsversuche werden läßt", wie Helmut Dubiel (1986: 272f.) treffend formuliert. Deutlich zu Tage tritt bei einer solchen Diagnose, welchen heimlichen Wurzeln sich diese Perspektive verdankt: dem Hobbesschen Menschenbild egozentrischer Individuen, die durch verbindliche Werte und soziale Kontrollen gebändigt werden müssen.

Halten wir fest: Während aus der Perspektive Adornos von einem noch gar nicht durchgesetzten Individuationsprinzip ausgegangen werden muß, unterstellen die amerikanischen Kulturkritiker einen sich längst zum Hyperindividualismus gesteigerten Individualismus, der den schon von Durkheim beklagten "egoistischen Kult des Ichs" (Durkheim 1986: 56)[7] in schwindelerregende Höhen treibt. Und wie einst Durkheim die Institutionalisierung des Lebenslaufs durch Berufsverbände als Gegengewicht zu der anomische Zustände heraufbeschwörenden Individualisierung empfahl (vgl. Durkheim 1988: 41ff.), geht es heute auch den Kommunitaristen um eine Revitalisierung gemeinschaftlicher Lebenszusammenhänge, die den einzelnen im rechten Maß integrieren und einen extravagant-blasierten Großstadtlebensstil verhindern helfen sollen. Die Warnung vor der Gefahr

---

schaft (vgl. Schulze 1992; vgl. dazu auch den Beitrag von Harald Funke in diesem Band). Statt eine genußorientierte Lebensweise zu geißeln, sollten wir nach Foucault (1984: 88) daran arbeiten, "selbst unendlich genußfähiger zu werden". Auch Beck ist nicht bereit, im Individualisierungsprojekt bloß einen "Tanz um das goldene Kalb des Selbst" zu sehen (vgl. Beck 1991: 104). Andere Beobachter unserer (post-)modernen Gegenwart jedoch halten an der Forderung nach Pflichterfüllung und dem Dienst an der Sache fest oder empfehlen gar die Rückkehr in religiöse Gemeinschaften (vgl. Bell 1976: 39; Schluchter 1991: 339ff.; vgl. dazu auch Nassehi 1997).

7   Deutlich davon unterschieden wissen will Durkheim den "Kult des Individuums" (Durkheim 1988: 478) bzw. "Kult des Menschen" (Durkheim 1986: 56), den Durkheim nicht als moralische Verfallserscheinung verstanden wissen will, sondern als eine Art säkularisierter Religion konzipiert, die allein noch in der Lage ist, die individualisierten Mitglieder einer arbeitsteilig organisierten Gesellschaft zu integrieren.

eines übersteigerten Individualismus hat gerade heute wieder Konjunktur, worauf mit den unterschiedlichsten Versionen eines gleichsam *gezähmten Individualismus* reagiert wird.[8] Demgegenüber ist die umgekehrte Vorstellung eines von systemischen Strukturen ganz und gar determinierten Individuums deutlich ins Hintertreffen geraten. Selbst aus dem Umfeld der inzwischen dritten Generation der Kritischen Theorie wird konstatiert: "Die Prognose der älteren Kritischen Theorie, wir würden alle 'zu Lurchen', läßt sich wohl getrost ad acta legen." (Joas 1992: 368)

Für unseren Zusammenhang entscheidend ist die Feststellung, daß sowohl die These von der Pseudoindividualisierung als auch die These der Hyperindividualisierung eine einseitige Zeitdiagnose entwerfen. Während in der ersten Perspektive die zunehmende Komplexität moderner Gesellschaften notwendig zu Lasten des persönlichen Handlungsspielraums des einzelnen geht, wird in der zweiten Perspektive der Zerfall der Gesellschaft, der Verlust an verbindlichen Werten und Normen durch einen ungezügelten Individualismus beklagt. Dabei fallen beide Varianten hinter zentrale Einsichten von Georg Simmel zurück. Simmel hatte im Modernisierungsprozeß sowohl die Chancen als auch die Gefahren für eine selbstbestimmtes Leben des einzelnen ausgemacht.

---

8 Diesen Zeitgenossen, wie Bellah und Kollegen, sei ins Stammbuch geschrieben, was schon Weber gegenüber einer solchen Position vorzubringen hatte: "Möchten doch angesichts dessen diejenigen, welche in steter Angst davor leben, es könnte in Zukunft in der Welt *zu viel* Demokratie und Individualismus geben und zu wenig 'Autorität', 'Aristokratie' und 'Schätzung des Amts' oder dergleichen, sich endlich beruhigen: es ist, nur allzusehr, dafür gesorgt, daß die Bäume des demokratischen Individualismus nicht in den Himmel wachsen ... alle *ökonomischen* Wetterzeichen weisen nach der Richtung zunehmender 'Unfreiheit'." (1988a: 63) Daß Weber seinerseits die Rede von der Unfreiheit überbetonte, konstatieren übereinstimmend Haferkamp (1989) und Breuer (1991). Die Betonung des ökonomischen Faktors in diesem Zitat weist daraufhin, daß sich eine pessimistische Zeitdiagnose, die nichts anderes als wachsende Kontrolle und zunehmende Unfreiheit der Individuen sieht, der Reduzierung des Gesellschaftlichen auf den ökonomischen Bereich geschuldet ist bzw. auf einer Übertragung der im ökonomischen Bereich beobachteten Entwicklungen auf alle anderen gesellschaftlichen Bereiche beruht (vgl. Luhmann 1982: 13).

4. Das chancenreiche Individuum oder: Risikoindividualisierung

Ulrich Beck scheint an die Simmelsche Individualisierungsthese unmittelbar anzuknüpfen, wenn er die *ambivalenten* Folgen des Modernisierungsprozesses betont. Keineswegs meint Beck mit dem Stichwort "Individualisierung", daß sich nun "jenseits von Stand und Klasse" ein Reich der Freiheit, eine problem- und konfliktlose oder gar herrschaftsfreie Gesellschaft abzeichne, die es dem einzelnen ermöglicht, nun gänzlich frei und selbstbestimmt zu agieren, ohne von institutionellen Vorgaben auch nur im geringsten abhängig zu sein. Ebensowenig kann Individualisierung als eine Entwicklung verstanden werden, die zu anomischen Zuständen führt. Mit anderen Worten: Individualisierung geht im Gegensatzpaar von Autonomie oder Anomie nicht auf (vgl. Beck 1994: 19). Vielmehr hat Individualisierung für Beck ein Doppelgesicht, eine positive und eine negative Seite, sowohl Sonnen- als auch Schattenseiten.

Allerdings ist Becks Individualisierungsthese weder einfach nur eine Neuauflage der Individualisierungsthese Simmels, noch die irgendeines anderen Klassikers. Beck kann schon insofern Originalität für seine Individualisierungsthese gegenüber den Klassikern reklamieren, als sie in eine gänzlich veränderte Zeitdiagnose eingebettet ist. Ihm geht es weder um den globalen und langfristigen Prozeß der Individualisierung, der schon in der Antike einsetzt, noch um den von der klassischen Soziologie thematisierten Übergang von vormodernen zu modernen Gesellschaftsstrukturen. Eine Parallele zu den Klassikern ergibt sich nur insofern, weil auch sie schon eine Herauslösung und Freisetzung des einzelnen aus traditionalen Bindungen thematisiert haben, die jedoch durch intermediäre Instanzen wie Klasse, Stand und Familie wieder abgefedert wurden. Diese in der entfalteten Moderne selbst schon wieder zur Tradition gewordenen Instanzen lösen sich heute zunehmend auf: Die Individuen werden aus der Industriegesellschaft in die Weltrisikogesellschaft entlassen. Ohne Netz und doppelten Boden sind die Individuen hier völlig auf sich alleingestellt. Die durch aufgeweichte Traditionen entstehenden Unsicherheiten werden nicht durch neue Sicherheiten ersetzt und aufgefangen, sondern der Sicherheit der Industriegesellschaft folgt die

Unsicherheit der "Risikogesellschaft" (Beck 1986)[9], mit der jedes Individuum umzugehen lernen muß. Beck hat somit gleichsam ein neues Kapitel in der langen Geschichte über den Prozeß der Individualisierung aufgeschlagen: Seine zentrale These besagt, daß sich seit den fünfziger Jahren in den westlichen Industriegesellschaften ein neuer Individualisierungsschub beobachten läßt, der durch die folgenden drei soziostrukturellen Entwicklungen ausgelöst worden ist: Steigerung des materiellen Lebensstandards (vgl. Beck 1986: 122ff.), gestiegene soziale und geographische Mobilität (vgl. 1986: 125ff.) und die Bildungsexpansion (ebd.: 127f.). Durch diese Entwicklungen ist das Rad von Herauslösung, Freisetzung und Reintegration der Individuen erneut in Gang gesetzt worden. Das historisch Neue an den Individualisierungsprozessen in der zweiten Hälfte des 20. Jahrhunderts besteht für Beck darin, "daß das, was früher wenigen zugemutet wurde - ein eigenes Leben zu führen -, nun mehr und mehr Menschen, im Grenzfall allen abverlangt wird" (Beck 1994: 21).

Für Beck vollzieht sich mit der Erosion traditionaler Bindungen und Zwänge keineswegs automatisch eine gelungene Emanzipation des Individuums, das nunmehr frei über sich verfügen und souveräne Entscheidungen treffen kann. Er betont im Gegenteil den *Zwang* zur Individualisierung, den mächtigen Imperativ, sich entscheiden zu *müssen*; nicht etwa nur zu können.[10] Ob man auch wirklich in der Lage ist, die Entscheidungen zu treffen, die einem abverlangt werden, ist eine ganz andere Frage. Und ob es sich tatsächlich um Entscheidungen handelt - was voraussetzt, daß es auch Alternativen gegeben hat -, bleibt ebenfalls offen. Der Clou seiner Argumentation ist

---

9 Zur Risikoproblematik vergleiche auch den Beitrag von Armin Nassehi in diesem Band.
10 Darin kommt er im übrigen auch mit Norbert Elias (1991: 167) überein, der schon in den fünfziger Jahren betonte, daß die einzelnen Menschen "einen größeren Spielraum der Wahl" haben: "Sie können in weit höherem Maße für sich selbst entscheiden. Aber sie *müssen* auch in weit höherem Maße für sich selbst entscheiden. Sie *können* nicht nur, sie *müssen* auch in höherem Maße selbständig werden. In dieser Hinsicht haben sie keine Wahl." Beck: "Das Individuum der Moderne wird auf vielen Ebenen mit der Aufforderung konfrontiert: Du darfst und du kannst, ja du sollst und du mußt eine eigenständige Existenz führen, jenseits der alten Bindungen von Familie und Sippe, Religion, Herkunft und Stand." (Beck 1994: 25).

nur: Auch die Folgen einer eventuellen Nichtentscheidung muß jedes Individuum selber tragen (vgl. Beck 1986: 216f.). So wenig die Zunahme an individuellen Entscheidungsmöglichkeiten, die als Chance und zugleich als Zwang erlebt werden kann, gleich verteilt ist hinsichtlich Geschlecht, Nationalität, Einkommen, Alter usw., so unterschiedlich ausgeprägt scheint auch die "Kompetenz", mit kontingenten Lebensbedingungen umgehen zu können. Es bedarf, wenn man so will, verschiedener Kapitalien, um sich im Dickicht der Erwartungen und Möglichkeiten auch zurechtzufinden.[11] Die *An*forderung sein eigenes Leben zu leben, dürften sich jedoch nur allzu oft als *Über*forderung erweisen. Und das macht die Ambivalenz des Individualisierungsprozesses aus: Obwohl dem einzelnen permanent Entscheidungen abverlangt werden, fehlen ihm doch andererseits die Ressourcen und Kompetenzen, diese Entscheidungen tatsächlich treffen zu können. Unabhängig davon aber, werden dem Individuum "alle Ereignisse des sozialen Schicksals als Folgen individueller Entscheidungen zugerechnet", so daß man sagen kann: "Individualisierung stellt wesentlich einen Zurechnungsmechanismus dar." (Neckel 1991: 171)

Überraschenderweise ergeben sich mit dieser Bestimmung von Individualisierung Parallelen zu Niklas Luhmann. Luhmann zufolge wird der einzelne "in die Autonomie entlassen wie die Bauern mit den preußischen Reformen: ob er will oder nicht" (Luhmann 1987a: 127). Ähnlich formuliert Beck: "Individualisierung beruht nicht auf der freien Entscheidung der Individuen. Um es mit Jean-Paul Sartre zu sagen: Die Menschen sind zur Individualisierung *verdammt.*" (Beck 1993: 152) Beide sehen damit einen gesellschaftlich an den einzelnen herangetragenen starken *Zwang* zur Individualisierung, der den ein-

---

11 Im Anschluß an die drei von Bourdieu unterschiedenen Kapitalsorten - ökonomisches, kulturelles und soziales Kapital - hat der Münchner Sozialpsychologe Heiner Keupp (1994: 255) darauf hingewiesen, daß auch "psychische Kapitalien" notwendig sind, wenn der einzelne zum Planungsbüro seines eigenen Lebenslaufs avancieren soll. Auch Jurczyk/Rerrich (1993: 41) machen darauf aufmerksam, daß es "nicht nur kognitiver, sondern auch sozialer Kompetenzen" bedürfe, um die zum Balanceakt gewordene Lebensführung zu bewältigen; die Chance aber, diese auszubilden, "nach wie vor ungleich verteilt sei". Zu einer weiteren Kapitalsorte Bourdieus vgl. Schroer (1995).

zelnen dazu nötigt, sich als Individuum zu verhalten. Nicht von ungefähr bezeichnet Habermas die Perspektive Becks als systemtheoretisch (vgl. Habermas 1988: 240).

Obwohl dem einzelnen die Teilhabe am Prozeß der Individualisierung also durchaus nicht zur Disposition steht, ergeben sich aus ihm dennoch neue Optionsspielräume, von denen erwartet wird, das die einzelnen sie auch nutzen.[12] Während die Gegner der Individualisierungsthese auf die vorgestanzten Rollenbilder verweisen, die sich zu einer "Normalbiographie" verdichten - man muß die Schule besuchen, einen Beruf ergreifen, Formulare ausfüllen und Anträge schreiben, die Wehrpflicht erfüllen, zur Wahl gehen usw. -, verweisen die Individualisierungstheoretiker auf die zunehmende Auflösung der "Normalbiographie": Die Individuen sind mehr und mehr dazu aufgerufen, für sich entscheiden zu müssen, in *welche* Schule sie gehen, *welchen* Beruf sie ergreifen, *welchen* Partner sie wählen, *wie* sie mit ihm zusammenleben wollen usw. Für Beck heißt Individualisierung deshalb ganz entschieden: "Die Normalbiographie wird zur Wahlbiographie, zur Bastelbiographie." (Beck 1993: 151) Beck hebt ähnlich wie Luhmann die Eigenleistung der Individuen bei der Gestaltung ihres Lebenslaufs hervor, betont die Reflexivität der Biographie. Doch während dies bei Beck aus der Perspektive des Individuums aus betrachtet als "riskante Chance" bewertet wird, ist der gleiche Zusammenhang für Luhmann in erster Linie auf ein Versagen der Institutionen zurückzuführen - was am Ergebnis freilich nichts ändert. Überspitzt formuliert: In der Perspektive Luhmanns wird dem Individuum als individuelle Freiheit verkauft, was eigentlich ein Unvermögen der Gesellschaft darstellt, entsprechende Regelungen bereitzuhalten, die dem einzelnen eine derartige Entscheidungslast nicht aufbürden (vgl. Luhmann 1987b: 70). Auch leiten Beck und Luhmann ihre in der Diagnose durchaus verwandten Aussagen theoretisch völlig anders her. Während Beck dazu neigt, Individualisierung letztlich auf politische Entscheidungen bzw. Kämpfe zurückzuführen, hält Luhmann eine genuin soziologische Erklärung für die zunehmende Autonomi-

---

12 Das zeigt eindrucksvoll Elisabeth Beck-Gernsheim in ihrem Beitrag über "Gesundheit und Verantwortung im Zeitalter der Gentechnologie" (vgl. Beck/Beck-Gernsheim 1994: 316ff.).

sierung der Individuen bereit. Die Individualisierung ist als Folge der zunehmenden Komplexität und Autonomisierung sozialer Systeme zu begreifen. Anders als in der Tradition von Weber über Adorno bis Habermas und Foucault verhindert die Steigerung des Komplexitätsgrades sozialer Systeme nicht die Autonomisierung der personalen Systeme, sondern setzt diese voraus. Weil beide, sowohl psychische als auch soziale Systeme als autonome, autopoietische Systeme gedacht werden, gibt es keinen unmittelbaren Zusammenhang zwischen beiden. Weder ist das psychische System durch politische oder ökonomische Maßnahmen unmittelbar zu beeinflussen, noch können die psychischen Systeme die Steuerungssysteme ihrerseits direkt steuern. Diese beiderseitige Autonomie gewinnt Luhmann dadurch, daß er das alte Paradigma von Individuum und Gesellschaft verläßt und durch die System/Umwelt Differenz ersetzt:

"Gewonnen wird mit der Unterscheidung von System und Umwelt [...] die Möglichkeit, den Menschen als Teil der gesellschaftlichen Umwelt zugleich komplexer und ungebundener zu begreifen, als dies möglich wäre, wenn er als Teil der Gesellschaft aufgefaßt werden müßte; denn Umwelt ist im Vergleich zum System eben derjenige Bereich der Unterscheidung, der höhere Komplexität und geringeres Geordnetsein aufweist. Dem Menschen werden so höhere Freiheiten im Verhältnis zu seiner Umwelt konzediert, insbesondere Freiheiten zu unvernünftigem und unmoralischem Verhalten." (Luhmann 1984: 289)

Aus der theorietechnischen Entscheidung, den Menschen nicht länger in den Mittelpunkt zu stellen, sondern in die Umwelt zu verbannen, leitet Luhmann ein Zugewinn seiner Freiheiten ab. Diese Theorieanlage hat ihm jedoch den Vorwuf des Antihumanismus eingebracht, wozu Luhmann sich durchaus bekennt: Luhmanns Auffassung von Individualität versteht sich als

"radikal antihumanistisch, wenn unter Humanismus eine Semantik verstanden wird, die alles, auch die Gesellschaft, auf die Einheit und Perfektion des Menschen bezieht: Sie ist zugleich eine Theorie, die, im Unterschied zur humanistischen Tradition, das Individuum ernst nimmt" (Luhmann 1992: 131).[13]

---

13 Daß sich die Position Luhmanns - ebenso wie die Foucaults - mit ihrem methodischen Antihumanismus, ihrer Problematisierung und Verabschiedung des Subjektbegriffs gleichwohl auf der Seite der Individualisierungstheoretiker verorten läßt, bestätigt m.E. die Beobachtung von Brose/Hildenbrand, daß sich die These vom *Ende des Individuums* und der *Individuali-*

Doch es ist nicht nur die Trennung von System und Umwelt, aus der Luhmann eine größere Ungebundenheit des Individuums ableitet, sondern vor allem aus seinem Konzept funktionaler Differenzierung ergibt sich eine Zunahme individueller Freiräume. Das Individuum läßt sich beim Übergang in funktional differenzierte Gesellschaften nicht mehr nur einem Teilsystem zuordnen, sondern muß jederzeit Zugang zu den verschiedenen Teilsystemen haben, ohne auch nur einem dieser Systeme selbst anzugehören. Funktionale Differenzierung kann für das Individuum einen Zuwachs an Individualität bedeuten, weil es sich strukturell der Überwachung einer Gesamtheit durch die Aufteilung in Funktionsbereiche entziehen kann. Der Zugriff auf die ganze Person wird rückläufig und durch partiellen Zugriff ersetzt. Damit steigt die Handlungsfreiheit des einzelnen. So wenig Luhmann also eine "ins Extrem getriebene Individualisierung des Einzelmenschen" (Luhmann 1994: 28) bestreitet, so wenig hält er eine solche Prognose für das wesentliche Kennzeichen heutiger Gesellschaften; vielmehr ist Individualisierung eine Folgeerscheinung der funktionalen Differenzierung[14], die Luhmann für das Hauptmerkmal gegenwärtiger Gesellschaften bestimmt. Die entscheidende Differenz gegenüber Becks Ansatz ist, daß Luhmann ein gesellschaftstheoretisches Konzept für die Beschreibung von Individualisierungsprozesse bereithält, während Beck seine These der Individualisierung aus soziostrukturellen Veränderungen ableitet. Mit beiden Konzepten jedoch

---

sierung ohne Ende keineswegs widersprechen müssen. Was in beiden Theoriegebäuden verabschiedet worden ist, gilt der emphatischen Bestimmung des Individuums, das sich nur außerhalb der Gesellschaft zur Persönlichkeit heranbilden kann. Es ist diese Abschiedsmelodie, die in den für jegliche Aufklärungs- und Vernunftkritik hochsensibilisierten Ohren von Habermas nur als kakophonischer Abgesang auf das selbstbestimmte Individuum ankommen kann. Baudrillard (1987: 35) kommentiert diesen Zusammenhang wie folgt: "Man fragt heute, wie sich das Verschwinden des Subjekts mit dem wieder auferstandenen Individualismus in Übereinstimmung bringen läßt. Nach meiner Auffassung hängt der Individualismus, mit dem wir es jetzt zu tun haben, mit dem Tod des Subjekts zusammen. Man hat es in der Tat mit einem Individualismus ohne Subjekt zu tun; denn das Subjekt selbst ist wirklich tot." Zu diesem Zusammenhang insgesamt vgl. die instruktive Arbeit von Georg Kneer (1996).

14 Vgl. dazu den Beitrag von Georg Kneer und Gerd Nollmann in diesem Band.

läßt sich nicht nur konstatieren, daß dem einzelnen in modernen Gesellschaften mehr Gestaltungsmöglichkeiten seines Lebens zuwachsen, als dies in traditionalen Gesellschaften der Fall war; das hatten tatsächlich auch schon die Klassiker gesehen. Beck und Luhmann können darüberhinaus vielmehr zeigen, daß - wie auch immer es um die *tatsächliche* Entscheidungsmöglichkeit bestellt sein mag -, Ereignisse im individuellen Lebenslauf dem einzelnen als Folge seiner individuellen Entscheidung zugerechnet werden. Darin steckt das *Risiko* moderner Individualisierung: Die *Chancen* der neuen Optionenvielfalt scheinen mit dem *Risiko* verbunden, sich im Entscheidungsdickicht hoffnungslos zu verrennen, die "falsche" Entscheidung zu treffen oder aber - aus Angst vor der "falschen" Entscheidung - die Entscheidung zu treffen, sich nicht zu entscheiden, was immer noch eine Entscheidung ist.[15] In jedem Fall aber werden dem einzelnen zukünftige Entwicklungen und Ereignisse in seiner Biographie als Folgen seiner vergangenen Entscheidungen zugerechnet, was auf Seiten der Institutionen zu einer enormen Entlastung führt: Gesellschaftlich produzierte und lösbare Probleme werden auf die einzelnen Individuen abgewälzt.

Die Frage, die sich angesichts dieser neuen Form von Individualisierung ergibt, ist, ob der beobachtete Individualisierungstrend zur völlig isolierten Existenzformen führt oder ob es zur Herausbildung neu geordneter sozialer Beziehungen auf der Basis von Individualisierung kommt. Darauf soll im nächsten Abschnitt abschließend eingegangen werden.

---

15 Wiederum besteht hier eine Analogie zu Norbert Elias, der zusammenfassend schreibt: "Größere Freiheit der Wahl und größeres Risiko gehören zusammen." (Elias 1987: 178) Die unterschiedlichen, von Beck nur angedeuteten, Mechanismen mit den neu gewonnenen, paradoxen Freiheiten umzugehen, bzw. ihnen zu *ent*gehen, erinnert an die verschiedenen Fluchtmechanismen, mit denen nach Erich Fromm die Individuen der "Furcht vor der Freiheit" beggenen. Er unterscheidet zwischen der Flucht ins Autoritäre, der Flucht ins Destruktive und der Flucht ins Konformistische (vgl. Fromm 1990: 103ff.).

5. Auf dem Weg in die individualisierte Gesellschaft?

Im Mittelpunkt der Individualisierungsdebatte steht nicht mehr so sehr die Frage, was sich unter einem Individuum sinnvoll verstehen läßt, sondern der Prozeß der Individualisierung und seine Folgen. Wenn es bei den Vertretern der Individualisierungsthese um die Behauptung der Herauslösung aus traditionalen Beziehungen und Zusammenhängen geht, so schließt sich daran die Frage an, welche neuen sozialen Beziehungen an die Stelle der alten treten, oder ob es bei der beobachteten und beklagten Vereinzelung der Individuen bleibt, die nicht mehr bereit sind, ihre egoistischen Nutzenkalküle gemeinschaftlichen Werten und Normen unterzuordnen. Damit gewinnt die schon von den Klassikern thematisierte Frage *Wie ist soziale Ordnung möglich?* erneut an Bedeutung.

Spätestens seit Durkheim wird mit der Herauslösung der Individuen aus den gemeinschaftsverbürgenden Sozialbeziehungen die Gefahr der Anomie assoziiert, die gerade heute wieder vielfach beschworen wird. Der Bielefelder Rechtsextremismusforscher Wilhelm Heitmeyer (1994a und 1994b) beispielsweise beklagt, daß die Individualisierung Desintegrationsprozesse befördere[16], die zu anomischen Zuständen führten. Eine solche Diagnose provoziert die Frage, wie das freigesetzte Individuum wieder in die Gemeinschaft zurückgeführt werden könnte. Diese Suche nach neuen Integrationsmechanismen erscheint aber nur dann sinnvoll, wenn man Individualisierung mit Singularisierung Atomisierung und Egoismus gleichsetzt. Erst dann ergeben die Versuche einen Sinn, ein scheinbares Übermaß an möglicher individueller Selbstentfaltung in die Schranken weisen zu wollen.[17] Für Beck ist damit das Problem jedoch gewissermaßen

---

16 Dabei kommt Heitmeyer zur folgenden Formel: " - Je mehr Freiheit, desto weniger Gleichheit; - je weniger Gleichheit, desto mehr Konkurrenz; - je mehr Konkurrenz, desto weniger Solidarität; - je weniger Solidarität, desto mehr Vereinzelung; -je mehr Vereinzelung, desto weniger soziale Einbindung; - je weniger soziale Einbindung, desto mehr rücksichtslose Durchsetzung." (Heitmeyer 1994a: 46; vgl. auch ders. 1994b; zur Kritik vgl. Creydt 1994 und Nassehi 1996)
17 Wenn man Individualismus mit Unfruchtbarkeit gleichsetzt, erhebt sich

falsch gestellt. Denn seiner Auffassung nach verbietet es sich von vornherein, Individualisierung mit Vereinzelung, Auflösung des Sozialen, Verlust von Solidarität und wie die Klagen noch alle lauten mögen, zu assoziieren, weil Individualisierung bei ihm ganz entschieden prozessual gedacht wird: "Immer wieder" (1986: 216) vollziehen sich die Prozesse von Herauslösung und Wiedereinbindung. Wo immer sich traditionale Kontrollen, Zwänge, Bindungen auflösen, treten an ihre Stelle neue Formen von Kontrollen, Zwängen und Bindungen:

"An die Stelle traditionaler Bindungen und Sozialformen (soziale Klasse, Kleinfamilie) treten sekundäre Instanzen, die den Lebenslauf des einzelnen prägen und ihn, gegenläufig zu der individuellen Verfügung, die sich als Bewußtseinsform duchsetzt, zum Spielball von Moden, Verhältnissen, Konjunkturen und Märkten machen." (Beck 1986: 211)

Entgegen einer Perspektive, wie sie von Heitmeyer eingenommen wird, geht bei Beck mit der Autonomisierung des individuellen Lebenslaufs gegenüber formalisierten Organisationen die Entstehung neuer sozialer Zusammenhänge einher, die jetzt freilich assoziativer und situativer ausgerichtet sind als die traditionalen sozialen Bindungen. Kein bloßer Verfall und Verlust, sondern ein umfassender Gestaltwandel sozialer Beziehungen läßt sich von dieser Warte aus beobachten: Nicht Familie überhaupt, nicht Liebesbeziehungen insgesamt, nicht politische Vereinigungen im allgemeinen verflüchtigen sich und hinterlassen ein unausfüllbares Vakuum. Vielmehr treten neue Formen der Familie, von Liebesbeziehungen und politischen Assoziationen auf den Plan, die bisher noch nicht in feste Konturen gegossen sind, sondern sich noch im Umbruch befinden. Und dieses "noch" kann durchaus zum Dauerzustand werden, was sich dann als "postmoderner" Zustand[18] beschreiben ließe: der permanente Übergang aufgrund fehlender allgemeinverbindlicher, universeller Zusammenhänge.

Aber, so könnte man einwenden, wenn sich die Individuen auch zu zeitweisen Arrangements und hier und da zu einer kurzlebigen Liaison zusammenfinden; sie bleiben doch 'solitäre Existenzen', die wie

---

sogar die bange Frage, wie die individualisierte Gesellschaft vor dem Aussterben gerettet werden könnte (vgl. Miegel/Wahl 1993).
18 Zur Postmoderne vgl. den Beitrag von Rolf Eickelpasch in diesem Band und Schroer 1994.

'Billardkugeln' (Elias 1991: 44; Engler 1992: 152) zusammenprallen, um dann wieder ihren eigenen Bahnen zu folgen, isolierte Monaden, die, sich jeder dauerhaften Vereinigung entziehend, auf Distanz zueinander bleiben. Der Pogo und Techno-Tanz symbolisiert diese Art der sozialen Beziehung: Gemeinsam einsam tanzt jeder für sich und doch nicht ohne die anderen. Die Erfindung des Cyber-Sex, die wachsende Beliebtheit von Telefon-Sex[19], die beide jegliche Körperberührung und den Austausch von Körpersäften vermeiden und damit die adäquate Form von Sexualität im AIDS-Zeitalter zu sein scheinen, sprechen hier ebenfalls eine deutliche Sprache. Freilich sprechen die gleichen Phänomene auch dafür, daß die individualisierten einzelnen sich nicht zum Dasein als Einsiedlerkrebs oder zum Eremitendasein entschließen, sondern als vereinzelte einzelne hin und wieder in selbstgewählte, jeder Zeit abbrechbare Beziehungen eintreten.[20] Unabhängig von den Wünschen und Motivationen des einzelnen jedoch kann man davon ausgehen, daß die Gesellschaft den vollständigen Rückzug ins Private gar nicht zulassen würde; auch im scheinbar Privaten holt sie noch jeden ein. Nicht zuletzt entspringt selbst der Wunsch nach geschützten Räumen nicht den Motivationslagen des einzelnen, sondern wird gesellschaftlich erzeugt. Allen Aufregungen über das völlig isolierte oder total determinierte Individuum zum Trotz, kann man mit Luhmann (1993c: 158f.) nüchtern konstatieren:

> "Nach wie vor können Menschen nur in sozialen Zusammenhängen leben, und in der modernen Gesellschaft gilt dies nicht weniger als früher - vielleicht mit mehr Alternativen und Wahlmöglichkeiten des Einzelnen,

---

19 Vgl. dazu den Roman "Vox" von Nicolas Baker.
20 So ist das postmoderne Individuum am Ende zwar nicht gänzlich allein, aber einsam. Sennett und Foucault, die im Anschluß an Epitket zwischen "einsam sein und allein sein" (Foucault 1984: 27) unterscheiden, haben drei verschiedene Einsamkeitsformen ausgemacht. Neben der Einsamkeit des Opfers und der Einsamkeit des Rebells interessiert sie eine dritte Form der Einsamkeit: "Diese dritte Form der Einsamkeit ist das Gespür, unter vielen einer zu sein, ein inneres Leben zu haben, das mehr ist als eine Spiegelung der anderen. Es ist die Einsamkeit der Differenz" (ebd.). Und wenn auch nur, um die Einsamkeit der Differenz erleben zu können, sind die einzelnen darauf angewiesen, mit anderen in Kontakt zu treten. Zur Profanisierung der Einsamkeit im postmodernen Zeitalter vgl. auch Lipovetsky (1995, 66f.).

aber auch mit einer immensen Vermehrung der Hinsichten, in denen man abhängig ist."[21]

Die eigentlich soziologisch relevante Frage muß der *Art* dieser sozialen Zusammenhänge gelten. Statt sich am feuilletonistischen Trauergesang über die verlorenen Werte und den Verlust überschaubarer Gemeinschaften zu beteiligen, sollte es die Aufgabe der Soziologie sein, die Bereiche genauer in Augenschein zu nehmen, in denen mehr Alternativen und Wahlmöglichkeiten zu herrschen scheinen und ein größeres Gespür für die Felder zu entwickeln, in denen nach wie vor große Abhängigkeiten bestehen bzw. sich neue entwickeln. Einzelne Studien, die sich dieser Aufgabe angenommen haben, liegen bereits vor. Die Unterschungen von Lau (1988), Diewald (1990), Hondrich/Koch-Arzberger (1992) und Zoll (1993) etwa belegen eindrucksvoll, daß die "individualisierte Gesellschaft", wie Beck (1994: 16) sie heraufziehen sieht, nicht als vollständige Auflösung aller sozialen Bezüge zu verstehen ist: Von einem globalen Solidaritätsschwund, einer ersatzlosen Streichung aller Gemeinschaftsformen - darin sind sie sich mit Beck einig - kann gar keine Rede sein. Unbegriffen bleiben bei einer solch verfallstheoretischen Lesart des Individualisierungsprozesses die auf der Grundlage eines durchgesetzten Individualisierungprozesses neu entstehenden sozialen Bindungen, zu denen sich die Individuen nunmehr freiwillig zusammenfinden[22], was sie erheblich anfälliger für vorzeitige Auflösungen macht als die traditionalen Sozialbezüge, die für den einzelnen nicht zur Disposition standen. Unbegriffen bleiben so aber auch die neuen Abhängigkeiten, die sich unbemerkt und gleichsam hinter dem Rücken der individualisierten Akteure abzuzeichnen beginnen:

---

21 Mit dieser Beobachtung knüpft Luhmann deutlich an die schon von Durkheim aufgeworfene Frage an: "Wie geht es zu, daß das Individuum, obgleich es immer autonomer wird, immer mehr von der Gesellschaft abhängt? Wie kann es zur gleichen Zeit persönlicher und solidarischer sein? Denn es ist unwiderlegbar, daß diese beiden Bewegungen, wie gegensätzlich sie auch erscheinen, parallel verlaufen." (Durkheim 1988: 82)

22 Wer die Individualisierungsthese gleichsam als *Erfolgsstory* lesen wollte, sieht sich enttäuscht: Beck konstatiert ausdrücklich, daß uns diese neuen Formen der Gemeinschaften, die auf die "Unlebbarkeit einer Individualisierung" (Beck 1993: 151) reagieren, keineswegs immer gefallen müssen (vgl. ebd.: 159).

"Die durchgesetzte Grundfigur der Moderne ist der Alleinstehende, der nicht mehr allein ist, weil er vollausgestattet, medial vernetzt, abgekoppelt von der triefenden Körperlichkeit und Geschlechtlichkeit telematisch kondensiert, im Universum dahinträumt; freilich, vielleicht, wahrscheinlich, paradoxerweise um den Preis einer kompletten Abhängigkeit von jenen anderen, welche die substitutiven Apparate überwachen und schalten." (Gross 1991: 379)

So weit muß es nicht kommen. Ein solches Zukunftsszenario vermittelt aber - ob uns das nun paßt oder nicht - eine durchaus wahrscheinliche Vorstellung über das Leben im einundzwanzigsten Jahrhundert. Es macht zugleich deutlich, daß der Prozeß der Individualisierung jederzeit in neue Formen der totalen Kontrolle umkippen kann und wie unnötig die Versuche der Nostalgiker sind, für Maßnahmen zu plädieren, die den Individualismus nicht in den Himmel wachsen lassen. Dafür ist - wie wir auch heute noch mit Weber (vgl. 1988: 63) annehmen können - ohnehin gesorgt.

Literatur

Adorno, Theodor W. 1989: Die verwaltete Welt oder: Die Krise des Individuums. Ein Gespräch zwischen Theodor W. Adorno, Eugen Kogon und Max Horkheimer (1950), in: Max Horkheimer: Gesammelte Schriften, Bd. 13, Nachgelassene Schriften 1949-1972. Frankfurt/M., S. 121-142.

Adorno, Theodor W. 1956: Soziologische Exkurse. Hg. vom Institut für Sozialforschung, Frankfurt/M.

Baker, Nicolas 1992: Vox. Reinbek.

Baudrillard, Jean 1987: Das fraktale Subjekt, in: Ästhetik und Kommunikation 18, S. 35-38.

Beck, Ulrich 1983: Jenseits von Stand und Klasse? In: R. Kreckel (Hg.): Soziale Ungleichheiten, Sonderband 2 der Sozialen Welt, Göttingen, S. 35-74.

Beck, Ulrich 1986: Risikogesellschaft. Auf dem Weg in eine andere Moderne. Frankfurt/M..

Beck, Ulrich 1991: Politik in der Risikogesellschaft, Frankfurt/M.

Beck, Ulrich 1993: Die Erfindung des Politischen. Frankfurt/M.

Beck, Ulrich/Elisabeth Beck-Gernsheim (Hg.) 1994: Riskante Freiheiten. Individualisierung in modernen Gesellschaften. Frankfurt/M.

Bell, Daniel 1976: Die Zukunft der westlichen Welt. Kultur und Technologie im Widerstreit. Frankfurt/M.

Bellah, Robert N. 1987: Gewohnheiten des Herzens: Individualismus und Gemeinsinn in der amerikanischen Gesellschaft. Köln (Orig.: Berkeley, Los Angeles 1985).

Bourdieu, Pierre 1992: Reden und Schweigen. Frankfurt/M.
Breuer, Stefan 1991: Max Webers Herrschaftssoziologie. Frankfurt/M., New York.
Breuer, Stefan 1992: Die Gesellschaft des Verschwindens. Von der Selbstzerstörung der technischen Zivilisation. Hamburg.
Brose, Hanns-Georg/Bruno Hildenbrand (Hg.) 1988: Vom Ende des Individuums zur Individualisierung ohne Ende. Opladen.
Creydt, Meinhard 1994: "Individualisierung" als Ursache rassistischer Gewalt? Zu Heitmeyers Diagnose des Verfalls von Werten und Sozialintegration, in: Das Argument 205, S. 409-417.
Diewald, Martin 1990: Der Wandel von Lebensformen - eine Entsolidarisierung der Gesellschaft durch Individualisierung? In: Gegenwartskunde 39, S. 165-176.
Dubiel, Helmut 1973: Identität und Institution. Studien über moderne Sozialphilosophien. Düsseldorf.
Dubiel, Helmut 1986: Autonomie oder Anomie. Zum Streit über den nachliberalen Sozialcharakter, in: J. Berger (Hg.): Die Moderne - Kontinuitäten und Zäsuren. Göttingen, S. 263-279.
Durkheim, Emile ²1988: Über die Teilung der sozialen Arbeit. Frankfurt/M. (zuerst 1893).
Durkheim, Emile ³1990: Der Selbstmord. Frankfurt/M. (zuerst 1897).
Durkheim, Emile 1986: Der Individualismus und die Intellektuellen, in: Hans Bertram (Hg.): Gesellschaftlicher Zwang und moralische Autonomie. Frankfurt/M., S. 54-70.
Elias, Norbert 1987: Die Gesellschaft der Individuen. Frankfurt/M
Engler, Wolfgang 1992: Die zivilisatorische Lücke. Versuche über den Staatssozialismus. Frankfurt/M.
Foucault, Michel 1974: Die Ordnung der Dinge. Eine Archäologie der Humanwissenschaften. Frankfurt/M.
Foucault, Michel 1977: Überwachen und Strafen. Die Geburt des Gefängnisses. Frankfurt/M.
Foucault, Michel 1984: Von der Freundschaft. Berlin.
Foucault, Michel 1991: Sexualität und Wahrheit, 3 Bde., Frankfurt/M.
Fromm, Erich 1990: Die Furcht vor der Freiheit. München.
Gehlen, Arnold 1970: Die Seele im technischen Zeitalter. Reinbek.
Gehlen, Arnold 1973: Moral und Hypermoral. Frankfurt/M.
Gross, Peter 1991: Solitäre Enklaven. Zur Soziologie des Nicht-Sozialen, in: Hans-Rolf Vetter (Hg.): Muster moderner Lebensführung. Ansätze und Perspektiven. München, S. 379-406.
Habermas, Jürgen 1981: Theorie des kommunikativen Handelns, 2 Bde., Frankfurt/M.
Habermas, Jürgen 1988: Individuierung durch Vergesellschaftung, in: ders.: Nachmetaphysisches Denken. Frankfurt/M.
Haferkamp, Hans 1989: "Individualismus" und "Uniformierung" - Über eine

Paradoxie in Max Webers Theorie der gesellschaftlichen Entwicklung, in: Johannes Weiß (Hg.): Max Weber heute. Frankfurt/M., S. 461-496.

Heitmeyer, Wilhelm 1994a: Das Desintegrations-Theorem. Ein Erklärungsansatz zu fremdendfeindlich motivierter, rechtsextremistischer Gewalt und zur Lähmung gesellschaftlicher Institutionen, in: ders. (Hg.): Das GewaltDilemma. Gesellschaftliche Reaktionen auf fremdenfeindliche Gewalt und Rechtsextremismus. Frankfurt/M., S. 29-72.

Heitmeyer, Wilhelm 1994b: Entsicherungen, Desintegrationsprozesse und Gewalt, in: Ulrich Beck/Elisabeth Beck-Gernsheim (Hg.): Riskante Freiheiten. Individualisierung in modernen Gesellschaften. Frankfurt/M., S. 376-401.

Hondrich, Karl Otto/Claudia Koch-Arzberger 1992: Solidarität in der modernen Gesellschaft. Frankfurt/M.

Honneth, Axel 1990: Die zerrissene Welt des Sozialen. Sozialphilosophische Aufsätze. Frankfurt/M..

Honneth, Axel 1994: Desintegration. Soziologie. Bruchstücke einer soziologischen Zeitdiagnose. Frankfurt/M.

Joas, Hans 1992: Die Kreativität des Handelns. Frankfurt/M.

Jurczyk, Karin/Rerrich, Maria S. (Hg.) 1993: Die Arbeit des Alltags. Beiträge zu einer Soziologie der alltäglichen Lebensführung. Freiburg/Br.

Keupp, Heiner 1993: Grundzüge einer reflexiven Sozialpsychologie. Postmoderne Perspektiven, in: ders. (Hg.): Zugänge zum Subjekt. Perspektiven einer reflexiven Sozialpsychologie. Frankfurt/M., S. 226-274.

Kneer, Georg/Nassehi, Armin 1993: Niklas Luhmanns Theorie sozialer Systeme. Eine Einführung. München.

Kneer, Georg 1996: Rationalisierung, Disziplinierung, Differenzierung. Zum Zusammenhang von Sozialtheorie und Zeitdiagnose bei Jürgen Habermas, Michel Foucault und Niklas Luhmann. Opladen.

Kohli, Martin 1985: Die Institutionalisierung des Lebenslaufs: Historische Befunde und theoretische Argumente, in: Kölner Zeitschrift für Soziologie und Sozialpsychologie 37, S. 1-29.

Lasch, Christopher 1980: Das Zeitalter des Narzißmus. München.

Lau, Christoph 1988: Gesellschaftliche Individualisierung und Wertewandel, in: H.O. Luthe/H. Meulemann (Hg.): Wertewandel - Faktum oder Fiktion? Frankfurt/New York, S. 217-234.

Lipovetsky, Gilles 1995: Narziß oder Die Leere. Sechs Kapitel über die unaufhörliche Gegenwart. Hamburg.

Luhmann, Niklas 1994: Soziale Systeme. Grundriß einer allgemeinen Theorie. Frankfurt/M.

Luhmann, Niklas 1987a: Die gesellschaftliche Differenzierung und das Individuum, in: T. Olk/H.U. Otto (Hg.): Soziale Dienste im Wandel. Neuwied/Darmstadt, Bd. 1, S. 121-137.

Luhmann, Niklas 1987b: Die Autopoiesis des Bewußtseins, in: Alois Hahn/Volker Kapp (Hg.): Selbstthematisierung und Selbstzeugnis: Bekenntnis und Geständnis. Frankfurt/M., S. 25-94.

Luhmann, Niklas 1989: Individuum, Individualität, Individualismus, in: ders.: Gesellschaftsstruktur und Semantik, Bd. 3, Frankfurt/M., S. 149-258.

Luhmann, Niklas 1994: Inklusion und Exklusion, in: Helmut Berding (Hg.): Nationales Bewußtsein und kollektive Identität. Studien zur Entwicklung des kollektiven Bewußtseins in der Neuzeit 2, Frankfurt/M., S. 15-45.

Miegel, Meinhard/Wahl, Stefanie 1993: Das Ende des Individualismus. Die Kultur des Westens zerstört sich selbst. München/Landsberg am Lech.

Müller, Hans-Peter 1992: Sozialstruktur und Lebensstile. Der neuere theoretische Diskurs über soziale Ungleichheit. Frankfurt/M.

Nassehi, Armin 1993: Gesellschaftstheorie, Kulturphilosophie und Thanatologie. Eine gesellschaftstheoretische Rekonstruktion von Georg Simmels Theorie der Individualität, in: Sociologica Internationalis 31, S. 1-21.

Nassehi, Armin 1996: Inklusion, Exklusion - Integration, Desintegration. Die Theorie funktionaler Differenzierung und die Desintegrationsthese, in: Wilhelm Heitmeyer (Hg.): Was hält eine multi-ethnische Gesellschaft zusammen?, Frankfurt/M. (im Druck).

Nassehi, Armin 1997: Weltbildpluralisierung oder gesellschaftliche Differenzierung?, in: Agathe Bienfait und Gerhard Wagner (Hg.): Die Tragik der entzauberten Welt. Beiträge zu Wolfgang Schluchters Ethik und Gesellschaftstheorie (in Vorbereitung).

Neckel, Sighard 1991: Status und Scham. Zur symbolischen Reproduktion sozialer Ungleichheit. Frankfurt/M., New York.

Rammstedt, Otthein (Hg.) 1988: Simmel und die frühen Soziologen. Nähe und Distanz zu Durkheim, Tönnies und Max Weber. Frankfurt/M.

Riesman, David 1958: Die einsame Masse. Eine Untersuchung der Wandlungen des amerikanischen Charakters. Mit einer Einführung in die deutsche Ausgabe von Helmut Schelsky. Reinbek.

Schluchter, Wolfgang 1991: Religion und Lebensführung. Band 2: Studien zu Max Webers Religions- und Herrschaftssoziologie, Frankfurt/M.

Schroer, Markus 1994: Soziologie und Zeitdiagnose: Moderne oder Postmoderne? In: Georg Kneer/Klaus Kraemer/Armin Nassehi (Hg.): Soziologie. Zugänge zur Gesellschaft. Bd. 1: Geschichte, Theorien, Methoden. Hamburg/Münster, 225-246.

Schroer, Markus 1995: Theoretisches Kapital - Pierre Bourdieu in der Diskussion, in: Soziologische Revue 18, S. 360-368.

Schroer, Markus 1996a: Ethos des Widerstands. Michel Foucaults postmoderne Utopie der Lebenskunst, in: Rolf Eickelpasch/Armin Nassehi (Hg.): Utopie und Moderne. Frankfurt/M. (im Druck).

Schroer, Markus 1996b: Lebensführung oder Lebenskunst? Ethische und ästhetische Lebensorientierungen zwischen Moderne und Postmoderne, in: Sozialwissenschaftliche Literaturrundschau 31 (im Druck).

Schulze, Gerhard 1992: Die Erlebnisgesellschaft. Kultursoziologie der Gegenwart. Frankfurt/M., New York.

Sennett, Richard 1983: Verfall und Ende des öffentlichen Lebens. Die Tyrannei der Intimität. Frankfurt/M.

Simmel, Georg 1984: Das Individuum und die Freiheit. Berlin.
Simmel, Georg 1983: Individualismus (1917), in: ders.: Schriften zur Soziologie. Frankfurt/M., S. 267-274.
Simmel, Georg 1992: Soziologie. Untersuchungen über die Formen der Vergesellschaftung, Gesamtausgabe Band 11. Frankfurt/M.
Simmel, Georg 1989: Die Philosophie des Geldes. Gesamtausgabe Bd. 6. Frankfurt/M.
Taylor, Charles 1988: Negative Freiheit. Zur Kritik des neuzeitlichen Individuums. Frankfurt/M.
Tönnies, Ferdinand 1979: Gemeinschaft und Gesellschaft. Darmstadt.
Weber, Max [5]1980: Wirtschaft und Gesellschaft. Studienausgabe. Tübingen.
Weber; Max [5]1988a: Gesammelte Politische Schriften. Tübingen.
Weber, Max [2]1988b: Gesammelte Aufsätze zur Soziologie und Sozialpolitik. Tübingen.
Weber, Max: [9]1988c: Gesammelte Aufsätze zur Religionssoziologie I. Tübingen.
Zoll, Rainer 1993: Alltagssolidarität und Individualismus. Zum soziokulturellen Wandel. Frankfurt/M.

# Dirk Richter
Weltgesellschaft

"Think global, act local!" Unter diesem Slogan ist vor mehreren Jahren eine ökologisch inspirierte Politik auf den Plan getreten, um darauf aufmerksam zu machen, daß Umweltprobleme sich nicht mehr auf einzelne Kontinente, Nationalstaaten oder noch kleinere Regionen begrenzen lassen. Nicht zuletzt die befürchteten Treibhaus-Effekt-Folgen haben mehr als deutlich gemacht, wie sehr die gesamte Menschheit unter den globalen Klimaveränderungen zu leiden haben wird.

Die Ökologie ist aber nur ein Aspekt unter vielen, an dem sichtbar wird, daß die Erde zu einem "globalen Dorf" zusammengewachsen ist. Als globales Dorf beschrieb der Medientheoretiker Marshall McLuhan schon in den 1960er Jahren die Konsequenzen, die aus der weltumspannenden elektronischen Vernetzung resultierten (McLuhan 1995 [1962]: 39f.). Zu diesem Zeitpunkt konnte aber noch nicht einmal ansatzweise realisiert werden, in welch massiver Form die Welt gerade im Bereich der elektronischen Medien in den letzten drei Jahrzehnten zusammengewachsen ist. Die Bezeichnung "World Wide Web", ein Teil des Internet, in dem globaler Datenaustausch stattfindet, steht für diese globale Vernetzung.

Es bewegen sich aber nicht nur Daten im globalen Raum, auch die Menschen wandern in den letzten Jahrzehnten mehr und mehr. Zwar ist die Migration vornehmlich ein Problem, das sich innerhalb der Kontinente abspielt, dennoch können durchaus globale Migrationsströme registriert werden. Im Hintergrund dieser Ströme stehen vielfältige Ursachen: zahlreiche Kriege, Bürgerkriege, ökologische Katastrophen und nicht zuletzt wirtschaftliche Beweggründe führen dazu, daß die Migration nicht nur global stattfindet, sondern in der Tat als globales Problem zu bezeichnen ist.

In jüngster Zeit wird außerdem die globale wirtschaftliche Verflechtung für ökonomische Probleme in Westeuropa verantwortlich gemacht. Das Stichwort Globalisierung wird regelmäßig als einer der Hauptgründe genannt, weshalb hierzulande große Industriebereiche

Arbeitsplätze abbauen. Die Produktion vieler Sparten verlagert sich in sogenannte "Billiglohnregionen" wie Osteuropa und Südasien, in denen sowohl niedrigere Arbeitslöhne gezahlt werden als auch die sozialstaatlichen Kosten relativ gering sind.

Natürlich ist auch der modernen Sozialwissenschaft der Umstand der globalen Vernetzung nicht verborgen geblieben. Für die Soziologie stellt sich die Frage, ob die moderne Gesellschaft als globale Gesellschaft oder zugespitzt: als *Weltgesellschaft* beschrieben werden kann.[1] Diese Frage hat schon seit geraumer Zeit eine fruchtbare Diskussion ausgelöst. Im folgenden sollen die innerhalb der Soziologie ausgearbeiteten diversen Konzeptionen vorgestellt und - wenn auch nur ansatzweise - einer Beurteilung unterzogen werden.

Bevor dieses Unterfangen aber beginnen kann, muß ein wichtiger terminologischer Hinweis erfolgen. Ein Blick in die einschlägige Literatur ergibt zwei große Begrifflichkeiten, unter denen diese Thematik behandelt wird. Neben der 'Weltgesellschaft' taucht vor allem im angelsächsischen Raum der Terminus 'Globalisierung' (*globalisation*) auf. Während die 'Weltgesellschaft' eher den Zustand der globalen Vernetzung beschreibt, wird unter dem Begriff 'Globalisierung' das Prozeßhafte dieses Umstandes beschrieben. Außerdem sind mit der divergierenden Begrifflichkeit auch methodische Unterschiede verbunden, die sich dem aufmerksamen Beobachter erst auf den zweiten Blick vermitteln. So ist in diesem Zusammenhang die Frage nach dem Gesellschaftsbezug der beiden Termini zu stellen: Löst sich die Soziologie von einem auf Nationalstaaten beschränkten Gesellschaftsbegriff und erweitert ihn in Richtung auf die gesamte Welt? Eine solche Entscheidung würde dann auf die Verwendung des Begriffs 'Weltgesellschaft' hinauslaufen. Auf diese methodischen Fragen wird im Verlaufe des Artikels noch einige Male einzugehen sein. In diesem Beitrag werden also beide Termini gleichgewichtig nebeneinander gestellt. Die Betrachtung der 'Weltgesellschaft' allein würde einen wichtigen und aufschlußreichen Teil der Diskussion unterschlagen.

Folgende wesentliche Punkte der sozialwissenschaftlichen Diskus-

---

1 Die Tauglichkeit des Begriffs 'Weltgesellschaft' ist auch in der Politikwissenschaft kontrovers diskutiert worden; s. Tudyka 1989 und E. Richter 1990.

sion um Weltgesellschaft und Globalisierung werden in Verlaufe des Beitrags darstellt: Zunächst (1.) erfolgt ein kursorischer geistesgeschichtlicher Rückblick über semantische Vorläufer der Weltgesellschaft. Anschließend (2.) wird auf den eigentlichen Start der soziologischen Behandlung der Thematik einzugehen sein, nämlich die strukturfunktionalistischen Analysen nach dem Zweiten Weltkrieg. Es folgt (3.) ein Blick auf die Welt-System-Theorie, die vornehmlich mit dem US-amerikanischen Soziologen Immanuel Wallerstein verbunden wird. Als nächster Punkt (4.) soll auf die genuin gesellschaftstheoretischen Positionen zweier führender Theoretiker eingegangen werden, auf die Untersuchungen Anthony Giddens' und Niklas Luhmanns. Dann wird (5.) die Diskussion um die Möglichkeit einer globalen Kultur aufgegriffen. Abschließend soll unter (6.) eine vorsichtige Bewertung der vorgestellten Ansätze unter der Frage erfolgen, ob die Soziologie ihren Gesellschaftsbegriff auf die globale Dimension erweitern sollte.

1. Begriffliche Vorläufer der 'Weltgesellschaft'

Die Beschreibung der Welt als Ganze ist nicht neu, und sie ist erst recht keine Erfindung der Soziologie. Seit der Antike existieren verschiedene Begriffe für dieses Ziel. Als einer der ersten semantischen Vorläufer der Weltgesellschaft ist der Terminus 'Kosmopolis' anzusehen. Der Begriff symbolisierte den Zusammenhang von sittlicher Ordnung der Gesellschaft mit den übergeordneten, göttlichen Gesetzen des Universums (Toulmin 1991: 116ff.). In der christlichen Theologie existierte schon früh ein sinn-verwandter Begriff der ebenfalls als ein prominenter Vorläufer anzusehen ist, die 'Menschheit'. Die 'Humanitas' bezeichnete aber nicht in erster Linie die Gesamtheit aller Menschen (Bödeker 1982), wie der Begriff uns heute geläufig ist. Primär waren hier ebenfalls moralische Zumutungen konnotiert.

Die aufklärerischen Theorien der Neuzeit und der beginnenden Moderne schlossen an die moralischen Implikate der beiden vorgenannten Begriffe wieder an. Sie veränderten allerdings die Konnotationen in zwei Hinsichten ganz erheblich. Zum einen wurde der Begriffskreis dem christlich-theologischen Hintergrund entrissen und nunmehr mit Vernunft ausgestattet sowie emanzipatorisch im Sinne einer Entwicklungslogik besetzt. Zum zweiten wurde nun tatsächlich mit der Menschheit die Gesamtheit aller Menschen gemeint, also auch diejenigen, die nicht weißer Hautfarbe und christlichen Glaubens waren. Das Stichwort lautete 'Kosmopolitismus' bzw. in der deutschen Übersetzung 'Weltbürgertum' (Coulmas 1990, E. Richter 1992). Im Kosmopolitismus wurde ein *emphatischer Menschheitsbegriff* vertreten, der Weltbürger strebte nach der Einheit und der Vervollkommnung aller Angehörgen des Menschengeschlechts. Innerhalb des Völkerrechts bzw. des Internationalen Rechts wird für den normativ gewünschten Prozeß der Universalisierung auch der Begriff 'Globalisierung' verwendet (Kimminich 1974), der augenscheinlich aber nur wenig mit dem gleichnamigen soziologischen Ansatz gemein hat.

2. Strukturfunktionalistische Analysen: Internationale Beziehungen oder Weltgesellschaft?

Die soziologischen Klassiker streifen die Problematik allenfalls am Rande,[2] sie bleiben auch eher dem Nationalstaat als Analyseeinheit verpflichtet. Zu nennen sind hier beispielsweise die marxistischen Imperialismustheorien oder Max Webers Studien zur sozialen Rationalisierung verschiedener Regionen. Die genannte Fokussierung auf den Nationalstaat bleibt auch nach dem Zweiten Weltkrieg das vorherrschende Paradigma in der Soziologie, jedoch wird nun erstmalig die globale soziale Szenerie näher in Augenschein genommen. Die alles beherrschende theoretische Schule, der von Talcott Parsons begründete *Strukturfunktionalismus*, konzentriert sich darauf, Faktoren für die Integration moderner nationalstaatlicher Gesellschaften zu identifizieren (D. Richter 1994; D. Richter 1995: Kap. 1.4). Im Rahmen der an den Strukturfunktionalismus anschließenden *Modernisierungstheorien* werden darüber hinaus die Entwicklungsmöglichkeiten der ehemals kolonialisierten Länder untersucht, die sich insbesondere nach dem Zweiten Weltkrieg von ihren Kolonialherren zu emanzipieren beginnen. Die Modernisierungstheorien betonen in erster Linie die Bedeutung interner Faktoren für die politische und

---

2   Die Anfänge der Soziologie und die schon damals akute Frage, ob die Soziologie sich mit nationalen oder globalen Problemstellungen beschäftigen sollte, rekonstruiert Turner 1990; siehe auch Robertson 1992: 15ff.

wirtschaftliche Entwicklung der jungen Staaten der nun so genannten Dritten Welt (Zapf [Hrsg.] 1969). Zentraler Hintergrund der Modernisierungstheorie war die Annahme, es gebe eine einheitliche soziale Evolution, die auf universalen Prämissen beruhe (Parsons 1964).

Dem methodischen Ansatz entsprechend werden soziale Prozesse, die über den Nationalstaat hinausgehen, primär als zwischenstaatliche Ereignisse analysiert. Das Stichwort der Zeit lautet 'Internationale Beziehungen', unter dem man sowohl die Analysen der politischen Soziologie als auch der Politikwissenschaft einordnen kann. Typischer Ausdruck für die Untersuchung internationaler Beziehungen ist der Titel "Weltstaatengesellschaft", den Antonio Truyol y Serra (1963) in den 1960er Jahren vorlegt. Als dominante Akteure werden die jeweiligen politischen Systeme herausgestellt und als repräsentativ für ihre Nationen angesehen.

Im Anschluß an den strukturfunktionalistischen Integrationsansatz werden des weiteren die sich abzeichnenden *überstaatlichen* politischen Integrationen diskutiert. Es scheint sich die Möglichkeit abzuzeichnen, unter dem Dach einer Organisation wie den Vereinten Nationen ein friedliches und harmonisches Zusammenleben zu organisieren (E. Richter 1992: 173ff.). Der globale Modernisierungsprozeß hat offenbar zwangsläufig eine globale Integration zur Folge. Die entscheidende Frage ist, wie groß der Verlust an nationaler Souveränität sein würde, wenn man den Integrations-Weg beschritte (Ziebura [Hg.] 1966).

Gegen die nur selten hinterfragte methodische Entscheidung, den Systembegriff auf den Nationalstaat zu begrenzen, kommt allerdings auch Widerstand aus dem gleichen theoretischen Lager. So fordert Wilbert E. Moore (1966), den strukturfunktionalistischen Systembegriff auf die gesamte Welt auszuweiten. Begründet wird diese Forderung mit der Beobachtung, es seien zunehmend weniger die Ereignisse im eigenen Land, die Bedeutung für die Individuen annähmen. Komplementär zur Abnahme der Bedeutung des eigenen Nationalstaats müsse zur Kenntnis genommen werden, daß globale Ereignisse mehr und mehr Einfluß nehmen würden. Als Konsequenz für die Gesellschaftstheorie müsse die Welt als ein singuläres System analysiert werden, die nationalstaatlich orientierte Soziologie müsse in eine "Global Sociology" transformiert werden.

Die Vertreter des strukturfunktionalistischen Ansatzes glauben aber aus empirischen und theoretischen Gründen nicht auf den Staat als methodischen Fokus verzichten zu können. Im Anschluß an Parsons versucht etwa Roland Robertson, einer der einflußreichsten Theoretiker des Globalisierungsprozesses, die Relation zwischen intra- und internationalen Ereignissen genauer zu bestimmen (Robertson 1976). Sein Ziel ist offensichtlich die Vermittlung von Parsons' Paradigma mit neueren Erkenntnissen über die Globalisierung. Zweifellos würden technologische und ökonomische Prozesse den Nationalstaat zusehends unterminieren, allerdings seien gerade im einzelnen politischen System noch so viele Integrations- und Identitätsprobleme zu lösen, daß der Nationalstaat seine Funktion auf absehbare Zeit sicherlich nicht verlieren könnte.

In theoretischer Hinsicht radikaler geht John W. Burton (1972) diese Problematik an. Ähnlich wie der oben referierte Ansatz Moores meint Burton, die theoretische Entwicklung in der Kybernetik und in der Kommunikationstheorie, aber auch die zu beobachtenden empirischen Tendenzen rechtfertigten die Ansicht, es habe sich eine 'World Society' durch globale Kommunikation bereits herausgebildet. Die interstaatlichen Beziehungen würden nurmehr einen geringen Teil der globalen Kommunikation ausmachen. Stattdessen gebe es bedeutende religiöse, wissenschaftliche und wirtschaftliche Kontakte und darüber hinaus eine Vielzahl nicht-staatlicher Organisationen mit einem globalen Operationsgebiet. Aus diesem Grund seien politikzentrierte, vornehmlich machtpolitische Ansätze nicht mehr hinreichend. Sein Fazit: "Communications, and not power, are the main organizing influence in world society." (Burton 1972: 45)

Die zunehmende kommunikative Verflechtung der Welt ziehe, so Burton klarsichtig, eine Reihe von Konflikten nach sich. Burton bezog sich dabei in erster Linie auf die divergierenden Perspektiven der in der Weltgesellschaft befindlichen Akteure. Die Perspektiven seien belastet durch Vorurteile, Stereotype und Sprachprobleme. Für ein Verständnis der zunehmenden internationalen Konfliktkonstellationen könne die kommunikationstheoretisch begündete Analyse der 'World Society' eine aufschlußreiche Grundlage liefern. Entsprechende sozialpsychologische Ansätze sind in der Literatur auch zu finden (Banks [Hg.] 1984; Fisher 1990).

Zusammenfassend kann für die ersten Jahrzehnte nach dem Zweiten Weltkrieg davon gesprochen werden, daß nun erstmalig die globalen Ausmaße des menschlichen Zusammenlebens ein ernsthafter Gegenstand soziologischer Forschungen geworden ist. Allerdings kann noch in vielerlei Hinsichten Unsicherheiten registriert werden. Die Frage, ob die Vergesellschaftung empirisch und theoretisch als global bezeichnet werden kann, ist zwar aufgeworfen, harrt aber noch einer weiteren Bearbeitung.

3. Welt-System-Theorie: Kapitalistische Weltwirtschaft und Unterentwicklung

Der Begrifflichkeit nach könnte man meinen, die Welt-System-Theorie sei ebenfalls dem strukturfunktionalistischen Ansatz oder einem seiner Nachfolger zuzuordnen. Dem ist aber überhaupt nicht so - im Gegenteil. Die Welt-System-Theorie nimmt die mit dem Parsons'schen Ansatz verwandten Modernisierungstheorien explizit als Absetzpunkt.

Im Laufe der Zeit wurde nämlich immer offenkundiger, daß die modernisierungstheoretisch postulierte Angleichung der Lebensverhältnisse der Regionen des Südens an die des Nordens nicht zustandekommt. Stattdessen mußte eine sich öffnende Schere zwischen den Regionen der Welt registriert werden. Die Welt-System-Theorie nimmt nun das Auseinanderklaffen der Lebensbedingungen zum Anlaß, eine globale Theorie der Entwicklung der Dritte-Welt-Regionen zu entwerfen. Als zentrale These kann hier festgehalten werden: Die Entwicklungspotentiale der Länder der Dritten Welt hängen nicht - wie von den Modernisierungstheorien postuliert - mit den politischen und ökonomischen Bedingungen im eigenen Land zusammen, sondern in erster Linie mit der Einbettung der Wirtschaft des Landes in die globale Ökonomie. Die marxistische Herkunft der Welt-System-Theorie ist unübersehbar (Chirot & Hall 1982: 87ff.).

Einer der beiden großen Hauptstränge der Theorie, die *Dependenz-Theorie*, analysiert den Zusammenhang zwischen lokalen Eliten in Latein-Amerika und den globalen ökonomischen Verhältnissen. Ihre Thesen lautete zugespitzt: Die lokalen Eliten in der Peripherie würden der kapitalistischen Welt-Ökonomie, den ausbeuterischen Metropolen des Kapitalismus, dem Norden, zuarbeiten. Für die Unterentwicklung der Dritten Welt werden nicht endogene, sondern exogene Faktoren (also die kapitalistischen Verhältnisse und ihre Vertreter in den Metropolen) verantwortlich gemacht (s. u.a. Frank 1969; Cardoso & Falletto 1979). Im Endeffekt seien die Unterentwicklung im Süden und die Entwicklung im Norden funktional aufeinander bezogen. Mit anderen Worten: Entwicklung im Norden und Unterentwicklung im Süden seien strukturell verklammert (Röhrich 1978: 111).

Weitaus differenzierter und historisch fundierter als die Dependenz-Theorie argumentiert die genuine *Welt-System-Theorie* des US-amerikanischen Soziologen Immanuel Wallerstein. Wallerstein fokussiert nicht in erster Linie auf die Entwicklungsbedingungen in der Dritten Welt. Ihn interessiert primär die Entwicklungsgeschichte der Weltökonomie. So rekonstruiert er in einem bis heute nicht abgeschlossenen, über mehrere Jahrzehnte angelegten, mehrbändigen Projekt die Geschichte des Weltkapitalismus (Wallerstein 1974, 1980, 1989).[3]

Wie aus dem Bisherigen schon deutlich wurde, besteht die Kernidee der Welt-System-Theorie darin, die Vergesellschaftung jenseits des einzelnen Nationalstaats zu begreifen, allerdings als ein hierarchisches gegliedertes System. Der marxistischen Tradition bleibt Wallerstein insofern treu, als die vergesellschaftenden Elemente primär ökonomischer Art sind. Die kapitalistische Weltökonomie wird von Wallerstein dahingehend analysiert, daß er Kerngebiete, semi-periphere und periphere Gebiete des Weltsystems voneinander unterscheidet. Im Rahmen der Globalisierung habe sich die Differenzierung der genannten theoretischen Regionen aus Europa hinaus in die Welt verschoben, so daß am Ende die Peripherie in der Dritten Welt verortet werden könne.

Zu einem 'echten' Weltsystem ist der Kapitalismus - da geht Wallerstein mit der etablierten historischen Forschung konform[4] - erst im

---

3   Das Projekt ist zwar noch nicht abgeschlossen, hat aber von Beginn an eine mittlerweile kaum noch zu überblickende Sekundär-Literatur nach sich gezogen. Übersichten finden sich u.a. bei Bergesen 1982, Chirot & Hall 1982, Blaschke (Hrsg.) 1983, Bornschier 1984, Evans 1992 sowie vom Autor selbst: u.a. Wallerstein 1987. Vgl. auch die Bibliographie bei Imbusch 1990.

4   In seinen historischen Bezügen unterscheidet sich Wallersteins Analyse nur wenig von anerkannten Ergebnissen in der Geschichtswissenschaft, z.B. Braudel 1986. Allerdings sind bei Wallerstein die kapitalismuskritischen

letzten Drittel des 19. Jahrhunderts geworden. Der Begriff Weltsystem wird allerdings auch schon für frühere Epochen von Wallerstein benutzt, weil das System schon zu Beginn der Expansion jede kleinere juristische Einheit übergriffen habe. In Rahmen der Ausweitung habe das kapitalistische Welt-System vorher bestehende Welt-Systeme (ohne globale Reichweiten) inkorporiert.

Die Welt-System-Theorie, so läßt sich zusammenfassen, versucht die globalen Ungleichheitsverhältnisse in ihren Entstehungszusammenhängen zu rekonstruieren. Obwohl sie von einem Welt-System ausgeht, beantwortet sie die schon des öfteren aufgetauchte Frage nach der Verortung der zugrundeliegenden sozialen Entität ambivalent: Einerseits werden globale Zusammenhänge und Mechanismen aufgedeckt, andererseits werden auch in neueren Publikationen Welt-Systeme als "intersocietal networks" definiert (Chase-Dunn & Hall 1993: 855). Man geht also nach wie vor von einem System pluraler Gesellschaften aus. Der radikale Schritt zum Postulat einer einheitlichen globalen Gesellschaft, also einer Weltgesellschaft, erfolgt innerhalb dieses Theorierahmens nicht.

4. Die moderne Gesellschaftsstruktur: Globalisierung oder Weltgesellschaft?

Während die bislang vorgestellten Ansätze sich direkt mit der Thematik der Weltgesellschaft bzw. der Globalisierung auseinandergesetzt haben, sollen im folgenden zwei Autoren referiert werden, die einen anderen Ausgangspunkt gewählt haben. Sowohl Anthony Giddens als auch Niklas Luhmann gelten wohl als die bekanntesten und einflußreichsten Gesellschaftstheoretiker der Gegenwart. Beide sind im Rahmen ihrer Auseinandersetzungen mit der modernen Gesellschaft auf die globale Dimension des Sozialen gestoßen und haben teils ähnliche, teils sehr divergierende Antworten auf die theoretischen Problemstellungen gegeben.[5]

Implikationen sowie die damit einhergehenden deterministischen Entwicklungsannahmen stärker hervorgehoben.

5   Es sollte nicht unerwähnt bleiben, daß sich in anderen gesellschaftstheoretischen Ansätzen ebenfalls Hinweise auf die Globalisierung finden lassen,

Anthony Giddens' Ausgangspunkt ist die Untersuchung der Stellung des Nationalstaats in der globalen Ordnung (Giddens 1985). Im Gegensatz zu den eben zitierten Welt-System-Theoretikern erweitert Giddens die globale Sphäre. So postuliert er die Gleichrangigkeit der folgenden Systeme: Neben eine kapitalistischen Weltökonomie plaziert er ein System von Nationalstaaten, ein globales Informationssystem sowie eine militärische Weltordnung. Sein Ziel ist dabei die Analyse des Nationalstaaten-Systems *innerhalb* der weiteren globalen Systeme. Giddens wehrt sich in diesem Werk energisch gegen die Reduktion politischer auf ökonomische Sachverhalten. Insbesondere wirft er Wallerstein einen ökonomistischen Bias vor.

Im Rahmen seiner knapp gehaltenen Gesellschaftstheorie (Giddens 1990) wird der Globalisierungsprozeß näher analysiert. Die Globalisierung sei eine der zentralen Folgen der Dynamik der modernen Gesellschaft. Wichtige Punkte der Analyse Giddens' sind solche wie Fremdheit und Vertrautheit, oder intime bzw. unpersönliche Bindungen. Giddens geht es also nicht nur um die Beschreibung der Globalisierung als solcher. Es geht ihm darüber hinaus um die Untersuchung der Folge der Globalisierung. Innerhalb der globalen Dimension werden nach Giddens die grundlegenden Erfahrungen der modernen Gesellschaft zugespitzt. Als zentralen Hintergrund für die vielfach beschriebenen Erfahrungen des modernen sozialen Lebens wie Entfremdung, Vertrauensverlust und unpersönliche Beziehungen nennt Giddens insbesondere die Trennung und Rekombinierung der Raum-Zeit-Dimension sowie das Herauslösen (*"disembedding"*) sozialer Beziehungen aus ihren Kontexten und ihre Neuordnung. Globalisierung wird in diesem Zusammenhang als die Intensivierung übergreifender sozialer Kontakte und die Verbindung lokaler Kontexte mit globalen Ereignissen beschrieben.

In einer Arbeit über die Problematik der Identität in der Moderne (Giddens 1991) greift er die gerade beschriebenen Phänomene wieder auf. Durch das Herauslösen sozialer Kontakte aus ihrem traditionalen Umfeld und durch die Konfrontation mit globalen Ereignissen sieht er

---

beispielsweise bei Norbert Elias; hierzu: Mennell 1990 und Robertson 1992: 115ff. Eine Untersuchung aus der Perspektive des theoretischen Individualismus hat jüngst Cerny 1995 vorgelegt.

auf der individuellen Ebene eine große Gefahr der Verunsicherung und der Angstauslösung. Die moderne Gesellschaft stellt zunehmend plurale Optionen bereit, welche die Schaffung einer eindeutigen Identität erschweren. Verschärfend kommt nach Giddens die Erfahrung von Kontingenz hinzu, also der Verlust der Unbedingtheit sozialer Zusammenhänge. In der globalen Moderne sei man gezwungen sich mit Entwicklungen auseinanderzusetzen, die ihre Ursprünge nicht im unmittelbarem Nahbereich haben und daher entsprechend schwer zu durchschauen seien. Konsequenz dieser Tatsachen sei die Herstellung von Identität auf selbstreflexivem Wege. Identität kann nach Giddens nicht mehr traditionell übernommen werden, sondern muß in vielfältiger Hinsicht immer neu konstruiert werden.

Giddens löst die methodische Frage nach dem Gesellschaftsbezug also weitgehend traditionell. Der Nationalstaat bleibt die Basis im Globalisierungsprozeß. Sieht man die zitierten Werke zusammenhängend, so kann man eine Bewegung von der Struktur der modernen Gesellschaft hin zu den Folgen für die individuelle Lebensbewältigung erkennen. Dadurch wird die Bedeutung des Globalisierungsprozesses für das Alltagsleben deutlich. Auf diesen Punkt wird im folgenden Abschnitt noch näher einzugehen sein.

Niklas Luhmanns Ansatz geht von anderen Gesichtspunkten aus. Schon sehr früh forderte Luhmann (1975), sich von den Vorgaben des strukturfunktionalistisch begründeten Systems 'Internationaler Beziehungen' zu lösen, da diese noch vom Primat des politischen Systems ausgingen. Sein Plädoyer lautet, einen Gesellschaftsbegriff zu verwenden, der nicht mehr auf regionale Grenzen Bezug nimmt. Aus einer radikalen theoretischen Position heraus, welche die Prämisse der funktionalen Differenzierung der modernen Gesellschaft in den Vordergund stellt, wird für Luhmann deutlich, daß die Grenzen der Sozialsysteme zunehmend weniger mit politischen Grenzen übereinstimmen (Luhmann 1982, 1983: 333ff.). Aus diesen Gründen optiert Luhmann von Anfang an für den Begriff 'Weltgesellschaft'.[6] Gesellschaft *ist* nach Luhmann Weltgesellschaft (Luhmann 1984: 585), da Kommunikation

---

6 Daß die Begrifflichkeit der 'Weltgesellschaft' nicht notwendigerweise auf einen Verzicht der Postulierung eines Nationalstaatensystems hinausläuft, ist oben schon deutlich geworden; siehe auch die Studie von Heintz 1982.

prinzipiell nicht an Staatsgrenzen Halt mache. Weltgesellschaft bedeutet daher die *Gesamtheit aller Kommunikationen*, das heißt, jede Kommunikation findet in der Weltgesellschaft statt.

Bisher gingen die meisten der hier vorgestellen Ansätze zur Untersuchung der Globalisierung bzw. der Weltgesellschaft nur von einem globalen Wirtschaftssystem aus. Alle andere sozialen Sphären - wie etwa Wissenschaft, Recht oder Liebesbeziehungen - tauchten in der Regel gar nicht auf, und das politische Systeme wurde zumeist als ein System von Nationalstaaten gesehen. Im Gegensatz dazu geht Luhmann von nur jeweils *einem* globalen politischen System, *einem* globalen Rechtssystem, *einem* globalem Erziehungsystem, *einem* globalen Wissenschaftsystem, *einem* globalen System intimer Beziehungen und (wie die anderen Ansätze) von *einem* globalen Wirtschaftssystem aus (Luhmann 1993: 571ff.).

Natürlich verkennt er nicht, daß es nach wie vor Grenzen gibt, die unmittelbaren Einfluß auf die Kommunikation eines Funktionssystems nehmen können, insbesondere für das politische System, das Rechtssystem oder das Erziehungssystem. Aus theoretischen Gründen unterscheidet Luhmann in diesem Zusammenhang zwischen der *primären Differenzierung* der modernen Gesellschaft in globale Funktionssysteme und einer *sekundären Differenzierung* der Systeme selbst, die durchaus segmentär, also nach politischen Grenzen verlaufen könne (Luhmann 1975).

Am Beispiel des Wissenschaftssystems kann diese Unterscheidung in eine primäre und eine sekundäre Differenzierung sehr gut plausibilisiert werden. Die sekundäre Differenzierung entlang nationalstaatlicher Grenzen hat beispielsweise dazu geführt, daß sich es Länder wie Frankreich oder Deutschland leisten konnten, ihre Landessprache als wissenschaftliche Publikationssprache zu nutzen. Dies hat in aller Regel die internationale Nichtbeachtung der hier publizierten Forschungsergebnisse zur Folge. Doch selbst hierzulande werden zum Beispiel bei Berufungen auf Professuren Publikationen in international renommierten Zeitschriften erheblich höher bewertet als nur deutschsprachige Veröffentlichungen. Gerade im Bereich der Naturwissenschaften, in denen die Zeitschriften einem *Ranking* unterworfen sind, können es sich renommierte Wissenschaftlerinnen und Wissenschaftler nicht leisten, nur deutsch zu publizieren. Ähnliche

Entwicklungen, also die Zunahme der Bedeutung globaler Ereignisse auf Entscheidungen hierzulande gibt es ebenso im Bereich der Politik, in der Ökonomie und sogar in intimen Beziehungen (Stichwort: AIDS).

Allen Bemühungen um eine globale Integration der Funktionssysteme steht Luhmann sehr skeptisch gegenüber. Stattdessen lenkt er vor allem in seinen neueren Publikationen - hier unterscheidet er sich übrigens nicht von Giddens - den Blick zunehmend auf die Brüche und Inhomogenitäten in der Weltgesellschaft, die ein erhebliches, nicht ohne weiteres zu behebendes Konfliktpotential beinhalten.

Betrachtet man die Thesen von Giddens und Luhmann zusammen, so fallen Gemeinsamkeiten und Unterschiede sofort auf. Zwar nehmen beide ihren Ausgang von gesellschaftsstrukturellen Momenten, die dahinterstehende Theorie führt jedoch auf alternative Wege. Giddens geht nach wie vor traditionell von einem System von Nationalstaaten *neben* einer Weltwirtschaft aus, während Luhmann die globale Dimension vorrangig vor den weiteren Differenzierungen wertet. Seine gesellschaftstheoretische Position führt über die gängigen Muster von weltwirtschaftlicher Verflechtung und/oder internationalen Beziehungen hinaus. Beiden Ansätzen ist allerdings gemeinsam die Nicht-Beachtung der kulturellen Dimension der Weltgesellschaft bzw. der Globalisierung, die im folgenden Abschnitt vorgestellt wird.

5. Kultur und Weltgesellschaft: Existiert eine globale Kultur?

Nachdem die globalen Vernetzungsprozesse als Faktum wohl allgemein unbestritten ist, stellt sich für viele Beobachter die Frage, welche Folgen diese Tatsache für unser wirtschaftliches, politisches, religiöses Handeln und für unser Alltagsleben hat. Es gibt eine Reihe von Tendenzen, die scheinbar auf eine kulturelle Homogenisierung der Welt hinauslaufen, beispielsweise der globale Siegeszug elektronischer Medien (Rundfunk, Satelliten-TV, globale Daten-Netze). Führt die Angleichung der Medien aber auch zu einer kulturellen Angleichung oder führt sie, wie andere Beobachter wahrzunehmen meinen, geradezu zum Gegenteil? Denn neben der globalen Verbreitung der Medien scheinen die transportierten Inhalte zumindest teilweise konträre

Formen anzunehmen. So ist bekannt, welch große Rolle der Cassetten-Recorder und der Rundfunk für die Verbreitung islamisch-fundamentalistischen Gedankengutes im Nahen Osten hatten und immer noch haben.

Im Anschluß an die eben vorgestellte Dependenz-Theorie und die Welt-System-Theorie wird in neomarxistischen Ansätzen davon ausgegangen, daß mit der Hegemonie der Kernregionen im kapitalistischen Weltsystem auch eine kulturelle Hegemonie über die peripheren Gebiete verbunden sei. Für Wallerstein (1990) selbst stellt der kulturelle Bereich ein 'ideologisches Schlachtfeld' innerhalb des kapitalistischen Welt-Systems dar. Allerdings ist innerhalb seiner Werke ein erheblicher Wandel in der Einstellung zur Kultur als sozialem Faktor zu verzeichnen. Nahm die Kultur in seinen frühen Arbeiten explizit nur den Platz eines Epiphänomens des ökonomischen Welt-Systems ein, so ist von Beobachtern registriert worden, daß er in seinen neueren Veröffentlichungen der Kultur mehr Eigenständigkeit einräumt und sogar idealistische Wendungen bemüht (Robertson 1992: 69).

Innerhalb der marxistisch inspirierten Soziologie existieren neben Wallerstein auch Analysen, die sich kritisch mit der globalen Medienverbreitung auseinandersetzen. Hier wird in erster Linie darauf abgehoben, mittels der elektronischen Medien sei der Westen dabei, die 'autochthonen' Kulturen der Welt zu besiegen. In einer neueren Untersuchung zur Soziologie des globalen Systems kommt so etwa Leslie Sklair (1991) zu dem Ergebnis, es seien vor allem "transnational practices", über welche die westlichen Hegemonialregionen auf die anderen Bereiche der Welt einwirkten. Das Ziel der Hegemonialregionen sei die Kontrolle der nicht-westlichen Ideen über einen mehr oder weniger totalen Medien- und Kultur-Imperialismus. Am Ende stehe eine weltweite "culture-ideology of consumerism".

Ähnliche Diagnosen werden übrigens nicht nur im marxistischen Spektrum der Theorie gestellt. Auch unter US-amerikanischen Kommunitaristen vermeint man eine globale Monokultur ausgemacht zu haben, die letztlich in einer "cultural lifelessness and deadliness" resultiere (Madsen 1993: 494).

Jedoch scheinen die eingangs dieses Abschnitts angesprochenen fundamentalistischen und nationalistischen Bewegungen nicht so recht zu dieser Diagnose zu passen. So richtig auch die Beobachtung der globalen Medienverbreitung sein mag, so unzutreffend ist die Monokultur empirisch. Seit Beginn dieses Jahrhunderts, seit dem chinesischen Boxer-Aufstand, laufen immer wieder Bewegungen Sturm gegen die globale Verbreitung eines scheinbar westlich verankerten Gesellschaftsmodells (Bull 1984). Der jüngst von dem amerikanischen Politologen Samuel Huntington prognostizierte "Clash of Civilizations" (Huntington 1993), der zu erheblichem Aufsehen in der wissenschaftlichen und publizistischen Zunft geführt hat, steht nur am vorläufigen Ende einer langen Reihe großer Auseinandersetzungen.

Wenn die kulturelle Vereinheitlichung der Welt noch auf sich warten läßt, wenn sogar klare gegenläufige Tendenzen zu erkennen sind, wie kann das theoretische Problem der kulturellen Globalisierung gefaßt werden? Bei Anthony Giddens konnten eben schon erste Hinweise für die weitere Bearbeitung gefunden werden. Das Herauslösen sozialer Beziehungen aus ihren Kontexten und ihre Verbindung mit globalen Prozessen steht offenbar der Integration unter einem globalen "Wertehimmel" entgegen. Vielmehr kann heute von einer *kulturellen Fragmentierung* ausgegangen werden. Die fortschreitende Integration in die Weltgesellschaft hat zur Folge, daß lokale Identitäten ständig gezwungen sind, sich zu vergleichen; partikulare Perspektiven werden laufend herausgefordert und relativiert. Die Universalisierung der sozialstrukturellen Moderne geht Hand in Hand mit einer Partikularisierung der modernen Kultur.

Roland Robertson hat in seiner Monographie über kulturelle Globalisierung und Gesellschaftstheorie (Robertson 1992) eine weitergehende Antwort auf die oben gestellte Frage gegeben. Seine These versucht die beiden Prozesse, nämlich Universalisierung und Partikularisierung analytisch zu verbinden. Allerdings bezieht er sowohl die Universalisierung als auch die Partikularisierung auf die kulturelle Sphäre. Robertson sieht eine *Interpenetration der Universalisierung des Partikularen und der Partikularisierung des Universalen* (Robertson 1992: 100). Das soll heißen: Einerseits haben sich partikularistische Semantiken universell ausgebreitet. Dies ist nichts anderes als die These der kulturellen Fragmentierung der Welt. Andererseits nehmen partikulare Kontexte universale Gehalte auf. So wird beispielsweise der Topos der Gleichheit der Menschen vor jedem lokalen Kontext verschieden interpretiert. Das Postulat der Gleichheit der Menschen wird heute aber nirgendwo mehr ernsthaft in Frage gestellt, jedenfalls nicht theoretisch.

Abschließend läßt sich die Frage, ob es eine einheitliche globale Kultur gibt, wohl mit einem vorsichtigen Nein beantworten. Von einigen neomarxistischen Ansätzen abgesehen, wird heute eher die konflikthafte Sphäre der globalen Kultur in den Vordergrund der Analysen gestellt. Die noch vor kurzem politisch propagierte "Neue Weltordnung" hat der Einsicht Platz machen müssen, daß wir auf Jahre hinaus eher mit einer "New World Disorder" (Anderson 1992; s. Rosenau 1990; Friedman 1993) leben müssen.

6. Diskussion: Die 'Weltgesellschaft' als Ausgangspunkt einer Soziologie des Globalen

Der Überblick über die soziologischen Versuche, der globalen Dimension des Sozialen auf den Grund zu gehen, hat ein heterogenes Bild vermittelt. Auffallend ist die oftmals einseitige Fokussierung der Ansätze, so die politische Zentrierung des Strukturfunktionalismus und der ökonomistische Bezug der Welt-System-Theorie. Allerdings kann man sich des Eindrucks nicht erwehren, als sei gerade die starke und selten angemessene Einseitigkeit der jeweiligen Theorien immer ein guter Anlaß, auf die 'blinden Flecken' aufmerksam zu machen. Eine Diskussion der vorgestellten Ansätze erübrigt sich daher beinahe, denn fast könnte man von einer Entwicklungslogik der globalen Soziologie sprechen. Immer ging es, wie mir scheint, um die Überwindung jeweils beobachteter Schwächen der anderen Ansätze. So meinten die Vertreter der Welt-System-Theorie die unbezweifelbaren empirischen Probleme der Modernisierungstheorien mit einem marxistisch inspirierten Ansatz der globalen Ökonomie überwinden zu können. Aus Sicht einer Soziologie des Globalen sind sie dabei genauso über ihr Ziel hinausgeschossen wie ihre Antipoden. Beiden Einseitigkeiten versuchen die kulturalistischen Ansätze zu entkommen, doch auch hier liegt die Gefahr in ihrem 'Bias' und einer möglichen Unterschätzung gesellschaftsstruktureller Faktoren.

Deutlich ist aber auch geworden, daß ausgerechnet die Soziologie des Globalen sich schwer tut, sich von dem Gedanken zu trennen, die Gesellschaft werde in erster Linie von nationalstaatlicher Politik und

Ökonomie bestimmt. Erst die Untersuchungen zur Frage der kulturellen Globalisierung haben hier gewisse neue Akzente aufgeworfen. Einzig der radikale Vorschlag Niklas Luhmanns geht auf der strukturellen Seite über die traditionellen Analysemuster hinaus.

An dieser Stelle scheint mir im übrigen noch das stärkste Entwicklungspotential für weitere Untersuchungen zur Globalität zu liegen. Die 'Weltgesellschaft' Luhmannscher Lesart bietet m.E. die besten Ansatzpunkte für eine Soziologie des Globalen (s.a. Stichweh 1995), da sie sich nicht von scheinbaren Alltagswahrnehmungen beeinflussen läßt. Unser soziologisches Alltagsdenken macht (aus Gründen der Komplexitätsreduktion?) oft an unseren Nahgrenzen Halt. Es wird höchste Zeit zur "Transnationalisierung der Soziologie" (Vobruba 1995). Dem Terminus 'Weltgesellschaft' ist daher der Vorzug vor der 'Globalisierung' zu geben. Natürlich bereitet es auf den ersten Blick Schwierigkeiten, sich vom Nationalstaat als Untersuchungseinheit zu lösen (ich höre schon die Proteste der Empiriker!). Allerdings gewinnt man wohl nur durch diesen Perspektivenwechsel die Chance der Wahrnehmung der globalen Dimension.

Warum also Weltgesellschaft? Die empirischen Entwicklungen zwingen schon jetzt dazu, eine Unterminierung bzw. Aushöhlung nationaler Grenzen zu konstatieren. Greift man beispielsweise die Diskussion um den Zusammenhang von Globalisierung und Sozialstaat auf, so wird deutlich, wie schwach schon heute der nationale Staat ist, die globalen Wirtschaftsrisiken wirkungsvoll zu kompensieren. Aus diesem Grunde versucht die Politik auch schon seit geraumer Zeit, globale Vereinbarungen zu erreichen (GATT, G7 etc.), um die Ökonomie in regulierte Bahnen zu lenken oder nationale Regulationen, die als schädlich erkannt werden, abzubauen. Nehmen wir ein weiteres Beispiel, die Entwicklung des Drogenkonsums. Auch hier ist der nationale Staat schon heute nicht mehr in der Lage, wirkungsvoll die globalen Verteilungswege zu kontrollieren, geschweige denn zu unterbinden. Das gleiche Dilemma offenbart ein Blick auf die fragwürdigen und vergeblichen Versuche, nationalstaatliche Ordnungen im globalen Datennetz durchzusetzen. Solche Prozesse sind weder national noch global zu kontrollieren. Doch man muß gar nicht auf solche Zukunftsentwicklungen verweisen. Schon die Konsequenzen von allgegenwärtigen Radio- und TV-Stationen sind nicht von der Hand zu weisen. So ist etwa bekannt, welch erheblichen delegitimierenden Einfluß westliche Radiostationen auf die ehemaligen osteuropäischen Regime hatten (Swain 1992). Ähnliche Erfahrungen müssen derzeit auch Regime wie das iranische oder die Regierung der VR China machen, die die Anbringung von TV-Satellitenantennen zu unterbinden versuchen.

Gerade die letztgenannten Beispiele verweisen auf die prinzipielle Nicht-Begrenzbarkeit von Kommunikation. Legt man wie Luhmann, Kommunikation als Grundbegriff des Sozialen fest, kommt man nicht mehr umhin, die Globalität von Kommunikation anzuerkennen. Der Schritt zur Weltgesellschaft ergibt sich somit nahezu zwangsläufig aus der theoretischen Grundlage. Die empirische Begründung dieses Schrittes ist in den genannten Beispielen schon angedeutet. Kommunikation ist schon heute und wird zukünftig noch mehr die globale Dimension bestimmen. Kommunikation ist die Grundlage der Weltgesellschaft.

Die Soziologie steht vor einer tiefgreifenden Herausforderung. Der hier vorgeschlagene Perspektivenwechsel verlangt zweifelsohne die Aufgabe vertrauter Sichtweisen und Hintergrundannahmen.

> "Such a challenge invites a considerable retooling or rethinking of basic concepts within the social sciences, together with a re-examination of the fundamental unit of analysis which has been taken for granted for so long, namely the nation-state." (McGrew 1992, S. 316)

Nur dieser Schritt allerdings eröffnet auch die Chance die globale Dimension in all ihren Konsequenzen und Facetten zu begreifen.

Auch wenn ich aus methodischen Gründen Vorbehalte gegen den Begriff 'Globalisierung' geäußert habe, in der Sache möchte ich abschließend Anthony Giddens zustimmen, der meinte, die Globalisierung sei "a term which must have a key position in the lexicon of the social sciences." (Giddens 1990: 52)

Literatur

Anderson, Benedict 1992: The New World Disorder, in: New Left Review, No. 193, S. 3-13.

Banks, Michael (Hrsg.) 1984: Conflict in World Society. A New Perspective on International Relations, Brighton.

Bergesen, Albert 1982: The Emerging Science of the World-System, in: International Social Science Journal 34, S. 23-36.

Blaschke, Joachim (Hrsg.) 1983: Perspektiven des Weltsystems. Materialien zu

Immanuel Wallerstein, "Das moderne Weltsystem", Frankfurt/M./New York.
Bödeker, Hans Erich 1982: Art. Menschheit, Humanität, Humanismus, in: Geschichtliche Grundbegriffe, Bd. 3, Stuttgart, S. 1063-1128.
Bornschier, Volker 1984: Art. Weltsystem, in: Dieter Nohlen (Hrsg.), Pipers Wörterbuch zur Politik, Bd. 5, München, S. 535-541.
Braudel, Fernand 1986: Sozialgeschichte des 15.-18. Jahrhunderts. Aufbruch zur Weltwirtschaft, München.
Bull, Hedley 1984: The Revolt against the West, in: Ders. und Adam Watson (Hrsg.), The Expansion of International Society, Oxford, S. 217-228.
Burton, John W. 1972: World Society, Cambridge, Engl.
Cardoso, Fernando H. und E. Falletto 1979: Dependency and Development in Latin America, Berkeley.
Chase-Dunn, Christopher und Thomas D. Hall: Comparing World-Systems. Concepts and Working Hypotheses, in: Social Forces, 71, 1993, S. 851-886.
Cerny, Philip G. 1995: Globalization and the Changing Logic of Collective Action, in: International Organization, 49, S. 595-625.
Chirot, Daniel und Thomas D. Hall 1982: World-System Theory, in: Annual Review of Sociology, 8, S. 81-106.
Coulmas, Peter 1990: Weltbürger. Geschichte einer Menschheitssehnsucht, Reinbek.
Evans, Peter B. 1992: Art. Global Systems Analysis, in: Borgatta, Edgar F. und Marie L. Borgatta (Hrsg.), Encyclopedia of Sociology, Vol. 2, New York, S. 772-778.
Fisher, Ronald J. 1990: The Social Psychology of Intergroup and International Conflict Resolution, New York etc.
Frank, André G. 1969: Capitalism and Underdevelopment in Latin-America, New York.
Friedman, Jonathan 1993: Order and Disorder in Global Systems. A Sketch, in: Social Research, 60, S. 205-234.
Giddens, Anthony 1985: The Nation-State and Violence. Volume Two of A Contemporary Critique of Historical Materialism, Cambridge, Engl.
Giddens, Anthony 1990: Consequences of Modernity, Stanford, Ca. (Dt.: Konsequenzen der Moderne, Frankfurt/M. 1995)
Giddens, Anthony 1991: Modernity and Self-Identity. Self and Society in the Late Modern Age, Cambridge, Engl.
Heintz, Peter 1982: Die Weltgesellschaft im Spiegel von Ereignissen, Diessenhofen.
Huntington, Samuel P. 1993: The Clash of Civilizations?, in: Foreign Affairs, 72 (3), S. 23-49.
Imbusch, Peter 1990: 'Das moderne Weltsystem'. Eine Kritik der Weltsystemtheorie Immanuel Wallersteins, Marburg.
Kimminich, Otto 1974: Art. Globalisierung, in: Historisches Wörterbuch der

Philosophie, hrsg. von Joachim Ritter, Bd. 3, Basel/Stuttgart, Sp. 675-678.

Luhmann, Niklas 1975: Die Weltgesellschaft, in: ders., Soziologische Aufklärung 2, Opladen, S. 51-71.

Luhmann, Niklas 1982: The World Society as a Social System, in: International Journal of General Systems, 8, S. 131-138.

Luhmann, Niklas 1983: Rechtssoziolgie, (3. Aufl.), Opladen.

Luhmann, Niklas 1984: Soziale Systeme. Grundriß einer allgemeinen Theorie, Franfurt/M.

Luhmann, Niklas 1993: Das Recht der Gesellschaft, Frankfurt/M.

Madsen, Richard 1993: Global Monoculture, Multiculture, and Polyculture, in: Social Research, 60, S. 493-511.

McGrew, Anthony G. 1992: Global Politics in a Transitional Era, in: McGrew, Anthony et al., Global Politics. Globalization and the Nation-State, Cambridge, Engl., S. 312-330

McLuhan, Marshall 1995: Die Gutenberg-Galaxis. Das Ende des Buchzeitalters, Bonn etc.

Mennell, Stephen 1990: The Globalization of Human Society as a Very Longterm Social Process. Elias's Theory, in: Theory, Culture and Society, 7, S. 359-371.

Moore, Wilbert E. 1966: Global Sociology: The World as a Singular System, in: American Journal of Sociology, 71, S. 475-482.

Parsons, Talcott 1964: Evolutionary Universals in Society, in: American Sociological Review, 29, S. 339-357.

Richter, Dirk 1994: Der Mythos der 'guten' Nation. Zum theoriegeschichtlichen Hintergrund eines folgenschweren Mißverständnisses, in: Soziale Welt, 45, S. 304-321.

Richter, Dirk 1995: Nation als Form, Opladen.

Richter, Emanuel 1990: Weltgesellschaft und Weltgemeinschaft. Begriffsverwirrung und Klärungsversuche, in: Politische Vierteljahresschrift, 31, S. 275-279.

Richter, Emanuel 1992: Der Zerfall der Welteinheit. Vernunft und Globalisierung in der Moderne, Frankfurt/M./New York 1992.

Robertson, Roland, 1976: Societal Attributes and International Relations, in: Loubser, J.J. et al. (Hg.), Explorations in General Theory in Social Sciences. Essays in Honor of Talcott Parsons, Vol. 2, New York, S. 713-735.

Robertson, Roland 1992: Globalization. Social Theory and Global Culture, London.

Röhrich, Wilfried 1978: Politik und Ökonomie in der Weltgesellschaft. Das internationale System, Reinbek.

Rosenau, James M. 1990: Turbulence in World Politics: A Theory of Change and Continuity, New York/London etc.

Sklair, Leslie 1991: Sociology of the Global System, New York/ London etc.

Stichweh, Rudolf 1995: Zur Theorie der Weltgesellschaft, in: Soziale Systeme, 1, S. 29-45.

Swain, Nigel 1992: Global Technologies and Political Change in Eastern Europe, in: McGrew, Anthony et al., Global Politics. Globalization and the Nation-State, Cambridge, Engl., S.138-154.

Toulmin, Stephen 1991: Kosmopolis. Die unerkannten Aufgaben der Moderne, Frankfurt/M.

Truyol y Serra, Antonio 1963: Die Entstehung der Weltstaatengesellschaft unserer Zeit, München.

Tudyka, Kurt 1989: "Weltgesellschaft" - Unbegriff und Phantom, in: Politische Vierteljahresschrift, 30, S. 503-508.

Turner, Bryan S. 1990: Two Faces of Sociology: Global or National?, in: Theory, Culture and Society, 7, S. 343-358.

Vobruba, Georg 1995: Die soziale Dynamik von Wohlstandsgefällen. Prolegomena zur Transnationalisierung der Soziologie, in: Soziale Welt, 46, S. 326-341.

Wallerstein, Immanuel 1974: The Modern World-System, Vol 1. Capitalist Agriculture and the Origins of the European World Economy in the Sixteenth Century, New York. (Dt.: Das moderne Weltsystem - Die Anfänge kapitalistischer Landwirtschaft und die europäische Weltökonomie im 16. Jahrhundert, Frankfurt/M. 1986.)

Wallerstein, Immanuel 1980: The Modern World-System, Vol 2. Mercantilism and the Consolidation of the European World-Economy, 1600-1750, New York.

Wallerstein, Immanuel 1987: World-Systems Analysis, in: Anthony Giddens und Jonathan H. Turner (Hrsg.), Social Theory Today, Cambridge, Engl., S. 309-324.

Wallerstein, Immanuel 1989: The Modern World-System, Vol 3. The Second Era of Great Expansion of the Capitalist World Economy, 1730-1840s, New York.

Wallerstein, Immanuel 1990: Culture as Ideological Battleground of the Modern World-System, in: Theory, Culture and Society, 7, S. 31-56.

Zapf, Wolfgang (Hrsg.) 1969: Theorien des sozialen Wandels, Köln/Berlin.

Ziebura, Gilbert (Hrsg.) 1966: Nationale Souveränität oder übernationale Integration?, Berlin.

Rolf Eickelpasch/Claudia Rademacher
Postindustrielle Gesellschaft

Ist heute der Begriff "Postmoderne" das von professionellen Beobachtern aus unterschiedlichen Disziplinen favorisierte label zur Beschreibung der Gegenwartsgesellschaft und -kultur,[1] so war es vor nur etwa 25 Jahren ein anderes "postistisches" Etikett, das in den Sozialwissenschaften ganz ähnliche Dienste leistete: der Begriff "postindustrielle Gesellschaft". Wie das Emblem "Postmoderne" transportiert auch das label "postindustrielle Gesellschaft" das Bewußtsein einer tiefgreifenden Epochenschwelle und eine damit einhergehende Krisenerfahrung. Die Industriegesellschaft, darin sind sich alle Theoretiker des Postindustrialismus einig, wird gegen Ende des 20. Jahrhunderts von gesellschaftlichen, wirtschaftlichen und technischen Veränderungen erfaßt, die in ihrer Summe und Qualität den Übergang zu einer neuen Gesellschaftsformation signalisieren, vergleichbar der Transformation von der Agrar- zur Industriegesellschaft.

In der Frage aber, was denn die maßgeblichen sozio-kulturellen Trends sind, die den Epochensprung bewirken, vor allem aber: was denn die wesentlichen Kennzeichen der heraufziehenden Gesellschaftsordnung sind, darin sind sich die Propheten der "postindustriellen Gesellschaft" nicht weniger uneins als die sozialwissenschaftlichen Verfechter der "Postmoderne". Ist für den amerikanischen Soziologen David Riesman die postindustrielle Gesellschaft vor allem eine "Freizeitgesellschaft" (1958), prognostiziert der Futurologe Herman Kahn den fortgeschrittenen Industriestaaten für das Jahr 2000 das Utopia einer "Überflußgesellschaft" (1967). Für den amerikanischen Soziologen Daniel Bell, auf den der heute vorherrschende Bedeutungsgehalt des Begriffs der "postindustriellen Gesellschaft" weitgehend zurückgeht, ist diese durch den Primat theoretischen Wissens und durch das Bündnis von Wissenschaft und Technologie gekennzeichnet (1973). Er sieht sie damit auf dem besten Wege, "die natürliche Ordnung

---

1 Vgl. dazu meinen (R.E.) Beitrag in diesem Band.

durch eine technische zu ersetzen" (Bell 1985: 54).[2]

Rückblickend, also nach mehr als 25 Jahren Erfahrung mit der "postindustriellen Gesellschaft", wirken einige der für die Jahrtausendwende abgegebenen Prognosen geradezu erschreckend naiv. Wie so oft sind auch hier die Zukunftsvisionen durch die geschichtliche Entwicklung überholt worden. Das label "postindustrielle Gesellschaft" - und mit ihm die Gesellschaftstheorie überhaupt mit ihrer großen diagnostischen und prognostischen Gebärde[3] - ist inzwischen in die Jahre gekommen und hat viel von seiner Faszinationskraft eingebüßt.

Im folgenden soll zunächst in groben Zügen die wissenschaftliche Karriere des Deutungsmusters "postindustrielle Gesellschaft" nachgezeichnet werden (I). Anschließend werden wir die theoretische Position Daniel Bells, des mit Abstand einflußreichsten Theoretikers der postindustriellen Gesellschaft, in ihren Kernaussagen vorstellen (II). Um den in vielem "unverbesserlich amerikanischen Charakter"[4] des Bellschen Ansatzes zu verdeutlichen, soll in einem nächsten Schritt - gewissermaßen als Kontrastfolie - die Theorie des französischen Soziologen Alain Touraine skizziert werden, das wohl prominenteste kontinentaleuropäische Konzept einer "postindustriellen Gesellschaft" (III). Abschließend sollen einige kritische Einwände gegen das Konzept einer "postindustriellen Gesellschaft" vorgestellt und diskutiert werden (IV).

I. "Postindustrielle Gesellschaft" - Zur Karriere eines Begriffs

Die erste Verwendung des Terminus Postindustrialismus geht auf den sozialistisch gesinnten amerikanischen Architekten und Publizisten Arthur J. Penty zurück.[5] In seinen Büchern *Old Worlds for New: a Study of the Post-Industrial State* (1917) und *Post-Industrialism*

---

2   Vgl. Riesman 1958; Kahn/Wiener 1967; Bell 1985.
3   Vgl. zum Prozeß der "Entzauberung" der klassischen Gesellschaftstheorie Giesen 1991: 770ff.
4   So Tilton 1973: 730.
5   Die Darstellung der Aussagen Pentys stützt sich auf Rose 1991: 21ff.

(1922) geißelte er den hohen Grad der Arbeitsteilung und der Mechanisierung in der amerikanischen Industrie, die den Arbeiter von seinem Arbeitsprodukt entfremde. Als Architekt beklagte Penty, daß die industrielle Produktion standardisierter Fertigbauteile keinen Raum lasse für künstlerische Kreativität. Den hochtechnisierten und arbeitsteiligen industriellen "Freizeitstaat" denunzierte er als kollektivistischen Untertanenstaat und setzte ihm die Vision eines "post-industriellen Staates" entgegen, in dem die Produktion dezentralisiert in kleinen Handwerksbetrieben erfolge, was eine "Veredelung der Arbeit" bewirke.

Entspringt bei Penty die Vision eines "postindustriellen Staates" der Kritik am industriellen Maschinen- und Freizeitstaat, so wird bei einer Reihe späterer Autoren umgekehrt die heraufziehende "postindustrielle Gesellschaft" als Freizeit- und Überflußgesellschaft utopisch verklärt. Der Soziologe David Riesman, der den Terminus "postindustrielle Gesellschaft" 1958 prägte, dachte dabei vor allem an eine "Freizeitgesellschaft" und überlegte, welche sozialen Probleme sich wohl ergeben würden, wenn sich erstmals in der Geschichte große Menschenzahlen nicht mehr vor das Problem der Arbeitsfron, sondern vor das der Freizeitgestaltung gestellt sähen. (Vgl. Riesman 1958)

Ungebrochener noch als bei Riesman zeigt sich die amerikanische Technik- und Fortschrittseuphorie in der für die Jahrtausendwende abgegebenen Prognose einer "postindustriellen Gesellschaft" bei den Futurologen Kahn und Wiener (1967). Die Autoren verheißen den fortgeschrittenen Industriestaaten für das Jahr 2000 das nachindustrielle Utopia einer Gesellschaft des Überflusses und des Massenkonsums, in der Knappheit und Armut endgültig beseitigt sind. Die grundlegende Erfahrung des Menschen, die Verwurzelung seines sozialen Charakters in der Arbeit, sei in der postindustriellen "Nachmangel-Gesellschaft", in der die Arbeitskraft des Menschen weitgehend durch die Maschine abgelöst sei, hinfällig.

Auch der umfassende und einflußreiche Entwurf einer "postindustriellen Gesellschaft" des amerikanischen Soziologen Daniel Bell aus dem Jahre 1973 atmet noch den utopischen Geist amerikanischer Fortschrittshoffnungen, wenngleich gebrochener und weniger technikgläubig als bei Kahn/Wiener. Bell bricht mit dem naiven Vertrauen auf die Technik- und Produktivkraftentwicklung und stellt als wesentliches Kennzeichen der postindustriellen Gesellschaft heraus, daß sie nicht mehr um die Verbindung Mensch - Maschine, sondern um *theoretisches Wissen* zentriert sei. Für Bell avanciert das wissenschaftlich-technische Wissen zum axialen Prinzip der postindustriellen Gesellschaft. Zentrale Institutionen sind in dieser neuen Gesellschaftsformation folglich nicht mehr die Unternehmen, sondern die Universitäten und Forschungsinstitute. Postindustrialismus heißt: mehr *white-collar jobs* und weniger *blue-collar jobs*, mehr Computerfirmen und weniger Stahlindustrie, mehr Forschungszentren und weniger Fließbänder, mehr Dienstleistungsunternehmen und weniger Hochöfen. Die Klassengegensätze haben sich für Bell in der neuen Gesellschaft, in der nicht mehr Eigentum, sondern Wissen eine Quelle der Macht ist, weitgehend verflüchtigt. Die neuen Konflikte sind keine Klassenkonflikte mehr, sondern politische Auseinandersetzungen, die sich an Themen von öffentlichem Interesse (Gesundheit, Ausbildung, Umweltschutz, Verbrechen etc.) entzünden. Grundsätzlich können nach Bell die auftretenden Spannungen und Konflikte durch "social engineering" einer intelligenten und entschlossenen politischen Führung unter Kontrolle gehalten werden.

Auch für den französischen Soziologen Alain Touraine, der den Terminus "postindustrielle Gesellschaft" 1969, etwa zeitgleich mit den ersten Entwürfen von Daniel Bell, in die kontinentaleuropäische Diskussion einführte, ist die heraufziehende Gesellschaftsformation wesentlich eine Wissens- und Informationsgesellschaft. An die Stelle des optimistischen Vertrauens in die Planungsrationalität technokratischer Eliten bei Daniel Bell tritt bei dem Neomarxisten Touraine jedoch die eher düstere Vision einer *"programmierten Gesellschaft"*, in der die Kontrolle über Wissen und Information zum entscheidenden Kriterium für die Klassenzugehörigkeit wird. In der neuen *"Gesellschaft der Entfremdung"* werden die beherrschten Klassen nicht mehr wie im klassischen Kapitalismus ausgebeutet und unterdrückt, sondern "verführt, manipuliert, integriert" (Touraine 1972: 13).

Die beiden in manchem ähnlichen, in vielem konträren Entwürfe einer "postindustriellen Gesellschaft" von Daniel Bell und Alain Touraine haben eine Reihe kontroverser Reaktionen hervorgerufen und damit die theoretische Reflexion über die besonderen Eigenschaften fortgeschrittener Industriegesellschaften wesentlich beeinflußt. Daher erscheint es lohnenswert, sie im folgenden einer näheren Betrachtung zu unterziehen.

II. "Postindustrielle Gesellschaft" als Dienstleistungs- und Wissensgesellschaft: Daniel Bell

In der Einleitung zu seinem Buch *Die nachindustrielle Gesellschaft*, zuerst 1973 in den USA erschienen, unterscheidet Bell fünf Dimensionen oder Komponenten postindustrieller Gesellschaften:

"1. Wirtschaftlicher Sektor: der Übergang von einer güterproduzierenden zu einer Dienstleistungswirtschaft;
2. Berufsstruktur: der Vorrang einer Klasse professionalisierter und technisch qualifizierter Berufe;
3. Axiales Prinzip: die Zentralität theoretischen Wissens als Quelle von Innovationen und Ausgangspunkt der gesellschaftlich-politischen Programmatik,
4. Zukunftsorientierung: die Steuerung des technischen Fortschritts und die Bewertung der Technologie;
5. Entscheidungsbildung: die Schaffung einer neuen 'intellektuellen Technologie'". (Bell 1975:32)

Dienstleistungsgesellschaft

Die ersten beiden von Bell genannten Dimensionen lassen sich auf folgenden Nenner bringen: Die postindustrielle Gesellschaft ist keine Waren-, sondern eine Dienstleistungsgesellschaft. Sie ist nicht mehr durch die Logik der Arbeit, d.h. des Kampfes gegen die Natur, sondern durch die Logik des Zusammenspiels von Personen charakterisiert. In dieser Gesellschaftsformation zählt "weniger Muskelkraft oder Energie als Information. Die wichtigste Figur ist der Akademiker, der auf Grund seiner Ausbildung und Schulung die zunehmend benötigten Fähigkeiten mitbringt" (Bell 1975: 134).

Bell schließt aus der in allen Industriegesellschaften zu beobachtenden Zunahme der Beschäftigtenzahl im tertiären Sektor auf eine grundlegende Transformation des ökonomischen und gesellschaftlichen Systems. In der postindustriellen Gesellschaft entstehe so etwas wie eine Dienstleistungs*wirtschaft*. Es entwickle sich eine neuartige Strukturlogik, die zunächst mit der Logik des Industriesektors konkurriert, um sich dann als dominante ökonomische Logik zu etablieren. Eine Dienstleistungswirtschaft führe zu einer Wohlstandsvermehrung und zu einem hohen Wachstum des Gesundheitswesens, des Bildungssektors, der staatlichen Einrichtungen, der Freizeitindustrie, der Forschung, des Transportwesens, des Handels und des Finanzwesens.

Giddens (1979: 318) hat darauf aufmerksam gemacht, daß Bell den Terminus *Dienstleistungsberufe* in einem viel breiteren Sinne als üblich verwendet, da er in ihn alle Formen der Angestelltenarbeit einschließt. Der Dienstleistungssektor umfaßt für Bell in der postindustriellen Gesellschaft neben dem klassischen Transport- und Distributionssektor (Transport, Verkehr, Handel, Banken, Versicherungen, Immobilien) vor allem Gesundheit, Ausbildung, Forschung und Verwaltung. Kennzeichen solcher Berufe ist, daß sie mehr die Ausbildung symbolischer als physischer Fähigkeiten erfordern, mehr die Verfügung über Wissen als über Muskelkraft. Bells undifferenzierte Globalkategorie des "Dienstleistungsberufs", seine Gleichsetzung von wissensabhängigen Tätigkeiten und Dienstleistungsberufen sowie sein auf dem Gedanken einer einfachen sektoralen Transformation beruhendes Modell der Wirtschaft moderner Gesellschaften haben größeren Widerspruch seiner Kritiker provoziert. Darauf wird zurückzukommen sein.

Axiales Prinzip
Nicht nur die Entstehung einer Dienstleistungswirtschaft und die Ausbreitung der Klasse der Akademiker und Techniker, sondern vor allem die Herausbildung eines neuen *"axialen Prinzips"* als Bezugspunkt sozialer Programmatik kennzeichnet nach Bell den Übergang zur "postindustriellen Gesellschaft". Leitprinzip und Motor gesellschaftlichen Wandels wird in der neuen Gesellschaftsformation das *"kodifizierte theoretische Wissen"*:

"Was für Technologie und Wirtschaft gilt, trifft in veränderter Form auch auf alle anderen Wissensbereiche zu: Überall wird der Fortschritt abhängig von der vorausgehenden theoretischen Arbeit, die die bekannten Daten sammelt und den Weg zur empirischen Bestätigung weist. In zunehmendem Maße wird das theoretische Wissen so zum strategischen Hilfsmittel und axialen Prinzip der Gesellschaft." (Bell 1975: 41)

Zwar lehnt Bell, wie er nicht müde wird zu betonen, jeden sozialwissenschaftlichen *Determinismus* ab, doch scheint er mit seiner These von der "Zentralität theoretischen Wissens als Quelle der Innovation" (Bell 1975: 32) zumindest implizit eine historische Wende im Verhältnis von Basis und Überbau zu unterstellen. Wenn auch die primäre Wirkung des axialen Prinzips sich in der Wirtschaft bemerkbar macht, so ist für Bell doch Anlaß und Motor für die wirtschaftliche und gesellschaftliche Transformation "in letzter Instanz" - um mit Marx zu sprechen - eine politische und kulturell-kognitive Dimension.

"Der Anstoß zur Organisation einer Gesellschaft kommt heute weitgehend vom politischen System. Wie verschiedene Industriegesellschaften ... unverwechselbare politische und kulturelle Züge tragen, so werden die verschiedenen Gesellschaften, die in die nachindustrielle Phase eintreten, vermutlich auch ganz eigenständige politische und kulturelle Konfigurationen bilden." (Bell 1975: 120)

Wie definiert nun Bell *Wissen*, wie begründet er seine Auffassung, daß das "theoretische Wissen ... zum strategischen Hilfsmittel und axialen Prinzip der Gesellschaft" (Bell 1975: 41) wird? Für Bell gilt:

"Jede moderne Gesellschaft lebt heute von Neuerungen und sucht den Wandel sozial unter Kontrolle zu bringen, d.h. die Zukunft zu erforschen, um vorausplanen zu können. Oder anders gesagt, das Bedürfnis nach sozialer Kontrolle zieht die Notwendigkeit zu planen und Prognosen zu stellen nach sich, wobei die veränderte Auffassung vom Wesen des Wandels das theoretische Wissen so unabdingbar macht." (Bell 1975: 36)

Nicht Wissen schlechthin prägt also nach Bell die postindustrielle Gesellschaft, sondern eine besondere Wissensform: das *theoretische* Wissen. Aufgrund seiner konstitutiven Merkmale wie Kontextfreiheit, Objektivität, Abstraktheit und Allgemeinheit eignet es sich in besonderer Weise als strategisches Hilfsmittel für Planung, Kontrolle und Prognose. Das erweiterte theoretische Wissen erlaubt es nach Bell nicht nur, die Wirtschaftstätigkeit via Globalsteuerung zu regulieren, sondern auch, der Zukunft ihren Schrecken zu nehmen. Durch Computer-Simulation von ökonomischen Systemen, sozialem Verhalten oder politischen Entscheidungsproblemen könnten umfassende kontrollierte Experimente in den Sozialwissenschaften durchgeführt werden.

Zwar stellt Bell wiederholt heraus, daß in der postindustriellen Gesellschaft die Macht nicht bei den Technokraten, sondern bei den Politikern liegt, doch ist in seiner Theorie unschwer das klassische technokratische Bewußtsein mit seinem Vertrauen in die praktische Macht der allgemeinen Erkenntnis und die Möglichkeit, die Welt in Zukunft nach einem wissenschaftlich abgesicherten Entwurf neu und besser zu gestalten, wiederzuerkennen. (Vgl. Gouldner 1976; Stehr 1994: 135ff.)

"Intellektuelle Technologien"

Bells Überlegungen sind ganz entscheidend von der Überzeugung geprägt, neue "intellektuelle Technologien" würden eine "zweite industrielle Revolution" bewirken und nicht nur die industrielle Produktion, sondern die moderne Gesellschaft insgesamt von Grund auf revolutionieren. Kennzeichnend für den Computer als Werkzeug der neuen intellektuellen Technologie ist nach Bell seine Fähigkeit, die für die moderne Gesellschaft charakteristischen Probleme der "organisierten Komplexität" - d.h. des Umgangs mit großen Systemen mit vielen interdependenten Variablen - zu lösen. Durch die Möglichkeit, "eine Kette multipler Kalkulation durchzuführen, durch die verschiedensten Analysen die Wechselwirkung vieler Variabler in allen Einzelheiten zu verfolgen" (Bell 1975: 46), ist der Computer das optimale strategische Instrument, um wirtschaftliche und politische Planungs- und Entscheidungsprozesse zu rationalisieren und zu effektivieren. Die neue intelligente Technologie ist in der Lage, "rationales Handeln zu definieren und festzustellen, mit welchen Mitteln es sich realisieren läßt" (ebd.: 46). Sie strebt im Grunde nichts Geringeres an als die "Verwirklichung eines sozialen Alchimistentraumes ... : des Traums, die Massengesellschaft zu 'ordnen'" (ebd.: 49).

Zwar hält Bell an einer streng instrumentalistischen Konzeption der Technik fest und lehnt jeden technologischen oder wissenschaftlichen Determinismus ab,[6] doch ist sein zuweilen geradezu utopisch gefärbtes Vertrauen in die praktischen Möglichkeiten von technischer Rationalität und in die Effizienz bürokratischer Organisationen immer wieder Gegenstand der Kritik gewesen. Wir werden darauf zurückkommen.

Kultur versus Sozialstruktur

In eigentümlichem Kontrast zu dem wissenschaftlich-technokratischen Fortschrittsoptimismus, der seinen Entwurf einer postindustriellen Gesellschaft prägt, steht Bells larmoyante Erörterung selbstdestruktiver Tendenzen des modernen Kapitalismus im Schlußkapitel von *Die*

---

6 So betont Bell immer wieder, daß der "technocratic mindview necessarily fails before politics" (Bell 1971: 22).

nachindustrielle Gesellschaft sowie in der zuerst 1976 erschienenen Studie *Die Zukunft der westlichen Welt*. Bell diagnostiziert hier eine "immer spürbarere Trennung von Gesellschaftsstruktur (Wirtschaft, Technologie und Berufssystem) und Kultur (symbolischem Ausdruck von Sinngehalten), wobei die beiden Bereiche von jeweils unterschiedlichen axialen Prinzipien gelenkt werden - die Gesellschaftsstruktur von funktionaler Rationalität und Effizienz, die Kultur von der antinomischen Rechtfertigung der Steigerung und Überhöhung des Selbst" (Bell 1975: 363). Nach Bell ist es Ironie des Schicksals, daß der Spätkapitalismus kraft seiner eigenen Logik kulturelle Motive erzeugt, die nicht mehr mit seinen politisch-ökonomischen Funktionserfordernissen vereinbar sind. Durch Massenproduktion und Massenkonsum zerstört er die protestantische Arbeitsethik und fördert an ihrer Stelle hedonistische Motive, die aus dem kulturellen Modernismus und der antibürgerlichen Gegenkultur stammen und die Disziplin des Berufslebens, überhaupt die moralischen Grundlagen einer zweckrationalen Lebensführung zersetzen.[7]

"Einerseits möchten die Wirtschaftsunternehmen, daß der Mensch hart arbeitet, eine Karriere anstrebt, Aufschub von Befriedigungen hinnimmt - daß er, im kruden Sinne, ein Organisationsmensch ist. Im Gegensatz dazu propagieren sie in der Werbung und mit den Produkten Lust und Vergnügen, sofortigen Spaß, Erholung und Sichgehenlassen." (Bell 1979: 90)

Mit seiner Annahme wachsender Disjunktionen und Widersprüche zwischen Sozialstruktur und Kultur, denen er nur die hilflose Forderung nach einer religiösen Erneuerung entgegensetzen kann, konterkariert Bell in interessanter Weise seinen technokratischen Planungsoptimismus und akzentuiert die unvollständige, stets prekäre Integration unterschiedlicher Sektoren oder - um mit Max Weber zu sprechen - "Wertsphären" der gesellschaftlichen Welt. Bell rückt damit von funktionalistischen oder neomarxistischen Annahmen eines geschlossenen gesellschaftlichen "Systems" ab. Die politischen und ideologischen Implikationen seiner neokonservativen Kulturkritik werden noch zur Sprache kommen. Zunächst jedoch werden wir uns in einer

---

7 Bell steht mit dieser Argumentation in einer Reihe mit den Vertretern einer liberalen Krisentheorie (Richard Sennett, Peter Berger, Christopher Lasch, Robert Bellah u.a.), die in den Symptomen veränderter Selbstverhältnisse die Abkehr von einer puritanischen Arbeitsethik und den Verlust einer bürgerlichen Rationalität vermuten. Vgl. hierzu Dubiel 1986: 264ff.

knappen Skizze dem alternativen Entwurf einer "postindustriellen Gesellschaft" bei dem französischen Soziologen Alain Touraine zuwenden.

III. "Postindustrielle Gesellschaft" als programmierte Gesellschaft: Alain Touraine

Knüpft Bell mit seinem - wenn auch, wie wir sahen, gebrochenen - Vertrauen in die zunehmende Rationalisierung aller gesellschaftlichen Handlungsbereiche sowie der Gesellschaft als ganzer noch an die Fortschrittshoffnungen klassischer soziologischer Gesellschaftstheorien an, so steht Touraines Konzeptualisierung einer "postindustriellen Gesellschaft" in einer deutlich anderen, in vielem spezifisch kontinentaleuropäischen Theorietradition. Nicht das Problem einer rationalen Integration der Gesamtgesellschaft bildet den Referenzhorizont seiner neomarxistischen *sociologie de l'action*, sondern "die Herausbildung der historischen Aktion, die Art, wie die Menschen ihre Geschichte machen" (Touraine 1972: 8). Touraine, der seine Theorie vor dem Hintergrund der französischen Studentenbewegung von 1968 konzipiert hat, befaßt sich vorrangig "mit den sozialen und kulturellen Tendenzen einer Gesellschaft; mit der Art der gesellschaftlichen Konflikte und der Macht, durch die hindurch jene Tendenzen Gestalt annehmen; mit dem, was die herrschenden Kräfte unterdrücken und das wiederum gesellschaftliche Bewegungen verursacht" (ebd). Mit dieser Konzentration auf die Dynamik sozialer Bewegungen und ihres Kampfes um politische Macht bildet Touraines Konzeption einer postindustriellen Gesellschaft "a refreshing contrast to the largely apolitical world of Daniel Bell", wie Tilton (1973: 739) zu Recht bemerkt.

Um so erstaunlicher sind die ins Auge springenden Gemeinsamkeiten in den Entwürfen von Bell und Touraine. Wie Bell betont Touraine die Bedeutung von Wissen und Information als Quelle kontinuierlicher Innovation in der postindustriellen Gesellschaft. Auch er hebt hervor, daß die Entwicklung von Computersystemen zur Informationsverarbeitung in einem beispiellosen Ausmaß die Kontrolle und Lenkung des technischen Fortschritts sowohl möglich als auch notwendig macht. Auch für Touraine hat die Universität als der Ort, an dem die neue Produktivkraft Wissen erzeugt und vermittelt wird, die Fabrik als Schlüsselinstitution der gesamtgesellschaftlichen Ordnung abgelöst.

Programmierte Gesellschaft

Während Bell jedoch das im ganzen optimistische Bild einer kraft technisch-wissenschaftlicher Planungsrationalität weitgehend pazifizierten Wissensgesellschaft zeichnet, entwirft Touraine die ambivalente Vision einer *"programmierten Gesellschaft"*, die neue gesellschaftliche Konflikte, neue Formen der Herrschaft und neue Formen des Kampfes um politische Macht generiert. Das wesentliche Kennzeichen programmierter Gesellschaften sieht Touraine darin, "daß die ökonomischen Entscheidungen und die ökonomischen Kämpfe hier nicht mehr dieselbe Autonomie und zentrale Stellung genießen" (Touraine 1972: 8) wie in der industriellen Gesellschaft. Zwar sei die Gegenwartsgesellschaft "mehr als jede andere" durch wirtschaftliches Wachstum motiviert, doch führe gerade die gesellschaftsweite Durchsetzung des Marktprinzips und die Zerstörung gewachsener lokaler Lebensformen durch geographische und soziale Mobilität dazu, "daß man streng wirtschaftliche Mechanismen innerhalb der sozialen Organisation und Aktion nicht mehr isolieren kann" (ebd.: 9).[8] Die bloße Akkumulation von Kapital verliere innerhalb der Gesamtheit von gesellschaftlichen Faktoren, die das ökonomische Wachstum bestimmen, an Bedeutung. "Nicht mehr die Konzentration des verfügbaren Mehrwerts, sondern die rationale Organisation der technischen und menschlichen Ausrüstung bestimmt die wirtschaftliche Entwicklung." (Ebd.: 87) Aus der Feststellung, daß zunehmend der Staat durch wirtschaftliche und soziale Investitionen die Entwicklung der postindustriellen Gesellschaft sichern werde, folgert Touraine, "daß die fortgeschrittenenen Industriegesellschaften nicht mehr Gesellschaften der Akkumulation, sondern der Programmierung sind" (ebd.: 50).

---

8   In diesem Punkt erinnert die Argumentation Touraines an die Zentralthese Ulrich Becks, daß die Industriegesellschaft "sich in ihrer *Durchsetzung*, also *auf den leisen Sohlen der Normalität ... von der Bühne der Weltgeschichte verabschiedet*" (Beck 1986: 15).

Neue Klassen

Dies hat für Touraine weitreichende Folgen für die Formen der sozialen Herrschaft und des Klassenkonflikts in postindustriellen Gesellschaften. Durch die Konzentration von Entscheidungsgewalt und Wissen wandle sich die Herrschaftsform von der Ausbeutung, einem wirtschaftlichen Verhältnis, zur Entfremdung, einem gesellschaftlichen Verhältnis. Die programmierte Gesellschaft sei eine "Gesellschaft der Entfremdung", die die Menschen nicht mehr ins Elend stößt, sondern über Werbung, Medien, Massenkultur und die Zuweisung von Bildungschancen "verführt, manipuliert, integriert" (ebd.: 13).

Die neuen Formen der Herrschaft in der programmierten Gesellschaft verändern nach Touraine entscheidend die Ursachen und den Charakter des Klassenkonflikts. War in der Industriegesellschaft die herrschende Klasse durch das Eigentum an den Produktionsmitteln bestimmt, "so definiert sich die neue herrschende Klasse in erster Linie durch das Wissen, d.h. durch ein bestimmtes Bildungsniveau" (ebd.: 57). Klassenkämpfe entzünden sich in postindustriellen Gesellschaften nicht mehr primär an Verteilungsproblemen, sondern an den entfremdenden Wirkungen der Unterordnung unter technokratische Entscheidungen. Zwar können die traditionellen Klassenkonflikte und die damit verbundenen Ideologien auch weiterhin Antagonismen auslösen, doch ist für Touraine die Arbeiterklasse auf der postindustriellen Bühne nicht mehr "ein privilegierter Akteur". Als Hauptquelle von Konflikten wird in der programmierten Gesellschaft der Ökonomismus von der alles umfassenden Entfremdung durch die technokratische Kontrolle abgelöst.

Wissensgesellschaft und kulturelle Revolte

Den schärfsten Ausdruck finden die in der postindustriellen Gesellschaft hervorgebrachten Antagonismen in der Universität, da diese die primäre "produktive Instanz" für die Erzeugung und Verbreitung technischer Ideensysteme ist. In den Mai-Unruhen von 1968 repräsentierten für Touraine die Studenten "all jene, die mehr unter der von den ökonomischen Strukturen gelenkten sozialen Integration und kulturellen Manipulation leiden als unter ökonomischer Ausbeutung und physischem Elend" (Touraine, zit. in Giddens 1979: 322). Die neuen Widerstands- und Protestformen sind nicht mehr spezifisch ökonomisch -

wie die Arbeiterbewegung -, sondern "umfassender, weil der Einfluß der Macht auf die Gesellschaft selbst umfassender ist" (Touraine 1972: 112). Als "kulturelle Revolte" stellen sie expressive Abwehrreaktionen gegen die entfremdenden Übergriffe der "Technobürokratie" auf die gewachsenen Lebensformen und die Grundlagen sinnhafter Identitätsbildung dar.[9]

In der Bewertung der neuen Protestpotentiale zeigen sich die wohl gravierendsten Unterschiede in den Diagnosen "postindustrieller Gesellschaften" bei Bell und Touraine.[10] Für Bell speisen sich die neuen Protestformen aus einer subversiven, (post-)modernistischen "Gegenkultur", die aus der Erfahrung der Rebellion gegen alles Normative im Namen eines schrankenlosen Subjektivismus lebt. Die neuen Proteste, hinter denen sich der "Größenwahn des sich als unendlich begreifenden Selbst" (Bell 1979: 66) verberge, seien ihrem Wesen nach antirational, da sie gegen die Vernunft selbst zu rebellieren scheinen oder vielmehr gegen ihre systematische Anwendung im technokratischen Ethos. Touraine dagegen scheint für die "kulturelle Revolte" nicht eine subversive Feindkultur und ihre Anwälte verantwortlich zu machen, sondern die interne Dynamik und Ambivalenz der Wissensgesellschaft selbst. Zwar betont auch Touraine - wie Bell - das Potential der Wissenschaft zur indifferenten Bereitstellung von effizienten Kontroll- und Planungsinstrumenten, doch ist dies für ihn nur die eine, möglicherweise an Bedeutung einbüßende Seite moderner Wissenschaft. In Wissensgesellschaften mit ihrer erhöhten "Historizität" ist Wissen nicht nur Kontroll-, Planungs- und Prognoseinstrument, sondern auch eine Quelle permanenter Innovation und Kreativität. Aufgabe der Universität ist es daher, nicht nur spezialisiertes Fachwissen, sondern im

---

9 Ähnlich wie Touraine bewertet auch Habermas die neuen Protestpotentiale als defensive Abwehrreaktionen gegen die "Kolonialisierung der Lebenswelt", die sich in der fortschreitenden Technokratisierung, Kommerzialisierung, Bürokratisierung und Verrechtlichung aller Lebensbereiche zeigt. Die neuen Konflikte entzünden sich für Habermas "nicht an Verteilungsproblemen, sondern an Fragen der Grammatik von Lebensformen" (Habermas 1981a, II: 576).

10 Giddens nivelliert diese Differenzen, indem er die Konzeptionen von Bell und Touraine unterschiedslos als "technokratisch" kritisiert und ihnen eine "vorgefertigte Erklärung der Studentenunruhen und der Politik der Neuen Linken" (Giddens 1979: 321) unterstellt.

Rahmen einer "intellektuellen Allgemeinbildung" auch Deutungs- und Reflexionswissen zu vermitteln. Als Quelle neuer Sphären menschlicher Bedürfnisse und neuer Forderungen, Gegensätze und Perspektiven bieten die Wissenschaften den Akteuren nie dagewesene Handlungschancen und stärken so das Veränderungspotential der Gesellschaft. Die Wissenschaft multipliziert und intensiviert so paradoxerweise das Widerstandspotential gegen von ihr selbst ausgelöste Wirkungen. Die Wissensgesellschaft ist für Touraine "notwendig auch eine Gesellschaft, in der sich das Festhalten an der persönlichen und kollektiven Identität durchsetzt". Sie ist keine statische und uniforme soziale und intellektuelle Einheit, sondern "auch eine wilde Gesellschaft, und alles, was sich der sozialen Integration und der kulturellen Manipulation widersetzt, bricht mit besonderer Kraft in der Jugend aus" (Touraine 1972: 112). Vor diesem Hintergrund ist es für Touraine kein Zufall, daß die "antitechnokratische" Studentenrevolte an den Universitäten "nicht in den fachlichsten Disziplinen, sondern im Gegenteil dort, wo eine intellektuelle Allgemeinbildung sowie scharfe soziale Probleme dem Studenten seine gesellschaftliche Verantwortung vor Augen führen" (ebd.: 105), u.a. in den Fächern Soziologie und Philosophie, ihren Ausgang nahm.

Bemerkenswert ist, daß Touraine in seiner Diagnose der "programmierten Gesellschaft" und seiner Analyse neuer Protestformen zumindest implizit einen weit differenzierteren und komplexeren Wissensbegriff in Anspruch zu nehmen scheint als Daniel Bell. Wissen bemißt sich für ihn nicht nur an Maßstäben technischer, ökonomischer oder administrativer Rationalität, sondern auch an Kriterien sinnhafter Identitätsbildung und sozialer Integration. In dieser Perspektive erscheinen auch die neuen Protestpotentiale in einem gänzlich anderen Licht: nicht als irrationale Rebellion gegen die Vernunft im Namen von "Impuls und Lust" (Bell 1979: 68), sondern als Einklagen der vollen Vernunft gegen ihre technokratische Halbierung.

IV. Die postindustrielle Gesellschaft - Existiert sie? Kritische Einwände

Die Theorie der "postindustriellen Gesellschaft" - vor allem in der Variante Daniel Bells - hat in den Sozialwissenschaften eine intensive, in jüngster Zeit allerdings merklich abebbende Diskussion provoziert.[11] Die einzelnen kritischen Einwände, die mit sehr unterschiedlichen theoretischen Prämissen und praktischen Absichten arbeiten und in ihrer Vielschichtigkeit die gesamte Spannweite gegenwärtig gültiger theoretischer Positionen in den Sozialwissenschaften widerspiegeln, sollen hier nur summarisch aufgelistet werden, um dann *die* grundlegende Prämisse der Theorie postindustrieller Gesellschaften (sowohl in ihrer optimistischen amerikanischen als auch in ihrer pessimistischen französischen Variante), die Gesellschaft der Zukunft sei ein Ort zentraler staatlicher Planung und Kontrolle, mit einigen kritischen Anmerkungen zu versehen.

Weitgehende Einigkeit herrscht unter den sozialwissenschaftlichen Beobachtern darüber, daß viele der von Bell oder Touraine betonten gesellschaftlichen und wirtschaftlichen Trends, etwa die Ausweitung des Dienstleistungssektors, die zunehmende Bedeutung von Information und Wissen, die enge Verbindung von Wissenschaft und Technik etc., in der Tat signifikante Veränderungen darstellen, die den Charakter der fortgeschrittenen Industriegesellschaften affizieren. Kritik entzündet sich allerdings an der Frage, ob diese oder ähnliche Veränderungen einen *Bruch* in der Gesellschaftsordnung markieren, der den Begriff einer "postindustriellen Gesellschaft" rechtfertigt.

Viele Kritiker, sofern sie nicht die Konzeption einer "postindustriellen Gesellschaft" in toto als "epigonal", als "Ausdruck intellektueller Desorientiertheit" (Lenk 1987: 311) oder als "neue Ideologie" (Frank 1973: 383) ablehnen, zeigen sich davon überzeugt, daß die von Bell und anderen herausgestellten Trends nicht die Transforma-

---

11 Nico Stehr (1994: 120) weist darauf hin, daß in einer 1991 veröffentlichten Aufsatzsammlung prominenter amerikanischer Sozialwissenschaftler zur Lage ihrer Gesellschaft um die Jahrhundertwende mit dem Titel *America at Century's End* Bell und seine Theorie der postindustriellen Gesellschaft kein einziges Mal erwähnt wird.

tion zu einer neuen Gesellschaftsformation, sondern eine weitere "Ausarbeitung" von schon länger vorhandenen gesamtgesellschaftlichen Prozessen bzw. den Übergang zu einer neuen Entwicklungsphase der Industriegesellschaft signalisieren. So weist der Historiker Stearns darauf hin, daß die meisten der von den Theoretikern der postindustriellen Gesellschaft herausgearbeiteten Trends schon in früheren Phasen der Industriegesellschaft erkennbar waren: "... the dynamics they project is not new at all, but an elaboration of trends within industrial society itself." (Stearns 1974: 10)

Vor allem Bells und Touraines Beobachtungen zu Ursache und Umfang der *sozialen Ungleichheit* in der postindustriellen Gesellschaft, ihre Annahmen zur Herausbildung einer neuen, vom Produktionsprozeß weitgehend abgekoppelten technokratischen "Wissensklasse" stoßen bei sozialwissenschaftlichen Beobachtern häufig auf Unverständnis. Die Kritiker betonen die weitgehende Kontinuität in den Bedingungen der sozialen Ungleichheit. Stearns (vgl. 1974: 22) etwa betrachtet die neuen Macht- und Abhängigkeitsverhältnisse als Fortsetzung der Klassengegensätze der Industriegesellschaft. Es handle sich um eine evolutionäre Entwicklung der Klassenstruktur, keineswegs um einen revolutionären Bruch in den sozialen Bedingungen und Folgen der Ungleichheit. Giddens widerspricht vehement der Annahme, in postindustriellen Gesellschaften verschaffe nicht die Verfügung über Eigentum, sondern die technische und akademische Ausbildung Zugang zu den Machtpositionen:

"In den kapitalistischen Gesellschaften sind die Ausbildungsqualifikationen, die für die Rekrutierung in Elitegruppierungen erforderlich sind, immer noch eng mit materiell privilegierten Verhältnissen verbunden. Die Rekrutierung in die Elite wird nicht davon beeinflußt, daß der Kandidat einen akademischen Grad in Physik oder im Ingenieurwesen besitzt, sondern daß dieser Grad in Oxford oder Harvard verliehen wurde; ... überall erleichtert der Besitz von Reichtum und Eigentum auch weiterhin den Zugang zu der Art der Ausbildung, die den Eintritt in Elitepositionen beeinflußt." (Giddens 1979: 328)

Aus marxistischer Sicht kritisiert Frank die Annahme Touraines, das für die Industriegesellschaft konstitutive Ausbeutungsverhältnis werde im Postindustrialismus durch ein Entfremdungsverhältnis abgelöst. Ausbeutung und Entfremdung entspringen, so Frank, ein- und demselben gesellschaftlichen Verhältnis, der Macht des Kapitals im Arbeits- und Verwertungsprozeß.

"Die von Touraine hervorgehobene, angeblich für die postindustrielle Gesellschaft konstitutive, verallgemeinerte Entfremdung, Manipulation, Integration und abhängige Partizipation ist nicht Resultat einer Ablösung des Ausbeutungsverhältnisses, sondern Ausdruck und Konsequenz der Verallgemeinerung desselben in der Erfassung und Durchdringung aller gesellschaftlichen Institutionen, Lebensbereiche und Verhaltensweisen." (Frank 1973: 390)

Daniel Bells Überlegungen zur sozialen Ungleichheit in postindustriellen Gesellschaften stehen in engem Zusammenhang mit seinen Beobachtungen über die Entwicklung des *Dienstleistungssektors* zu einem dominanten Wirtschaftsbereich. Die Kritik richtet sich hier weniger gegen Bells empirisch gut abgesicherte Annahme einer wachsenden Bedeutung des Dienstleistungssektors in fortgeschrittenen Industriegesellschaften als vielmehr gegen seine These einer grundlegenden Transformation des ökonomischen und gesellschaftlichen Systems von einer Waren- zu einer Dienstleistungsgesellschaft. Wie zum Beispiel Kumar (vgl. 1978: 204) hervorhebt, stehen die von Bell beobachteten Verschiebungen im Beschäftigungsvolumen der drei Wirtschaftssektoren sowohl zeitlich als auch strukturell in enger Beziehung zum ursprünglichen Formationsprozeß der industriellen Gesellschaft. Ähnlich verweist auch Britton auf die enge Abhängigkeit des Dienstleistungsbereichs von den Entwicklungen im Produktionsbereich. Bells Drei-Sektoren-These unterschätze "the extent to which good production is, directly or indirectly, responsible for the generation of services employment and changes to the structure of the economy" (Britton 1990: 532). Stehr kritisiert, daß Bells undifferenzierte Globalkategorie des "Dienstleistungsberufs" eine Art *black box* darstellt, die die Suche nach internen Widersprüchen und Ungleichheitsmustern verhindert. "Welche abstrakten oder ambivalenten Gemeinsamkeiten man auch immer entdecken mag, unbeantwortet bleibt die Frage, welche Gemeinsamkeiten zum Beispiel ein Herzchirurg, eine professionelle Basketballspielerin und ein Hausmeister haben." (Stehr 1994: 157) Die eigentlich interessanten Fragen bleiben, so Stehr, in Postindustrialismus-Theorien unbeantwortet, etwa:

"Verliert der Herstellungssektor in der Tat seinen ökonomischen Stellenwert? Wie typisch sind professionelle Berufe für die Wissensgesellschaft? Genügt es, einfach davon zu sprechen, daß ein größerer Teil der Beschäftigten Angestelltentätigkeiten ausübt? Noch genereller formuliert, welche Zusammenhänge gibt es zwischen unterschiedlichen wirtschaftlichen Aktivitäten, das heißt zwischen Dienstleistungen und warenerzeugenden Tätigkeiten *im* Dienstleistungssektor und *im* Herstellungssektor sowie *zwischen* Herstellungs- und Dienstleistungssektor?" (Stehr 1994: 158) Fragen dieser Art mögen ökonomische und soziologische Empiriker in Atem halten. Zeitdiagnostische Funken lassen sich aus ihnen heute kaum noch schlagen. Die kulturtheoretische Wende[12] der letzten Jahre hat in der Soziologie sozialökonomische oder gesellschaftsstrukturelle Problemstellungen in den Hintergrund gedrängt und durch ein neues Referenzsystem "Kultur" überblendet. Weit interessanter als Bells Konzeption einer wissensabhängigen Dienstleistungsgesellschaft scheint im Rahmen dieses Perspektivenwechsels seine in *The Cultural Contradictions of Capitalism* (dt.: *Die Zukunft der westlichen Welt*) vorgelegte Deutung der kulturellen Moderne und der neuen Protestpotentiale. So widerspricht etwa Habermas nachdrücklich der Bellschen These eines radikalen Bruchs zwischen Kultur und Gesellschaft in den entwickelten Gesellschaften. Die aktuellen Krisenerscheinungen in den fortgeschrittenen Industriegesellschaften seien nicht das Werk einer subversiven, antibürgerlichen Feindkultur, sondern "die unbequemen Folgelasten einer mehr oder weniger erfolgreichen kapitalistischen Modernisierung von Wirtschaft und Gesellschaft" (Habermas 1981b: 450).[13] Ähnlich kritisiert Dubiel, daß Bell aus einer einseitig neokonservativ-verfallstheoretischen Perspektive die Konjunktur gegenkultureller, antiautoritärer und radikaldemokratischer Strömungen nur als "massenkulturelle Epidemie eines in der ästhetischen Moderne gezeugten Bazillus der Subversion" (Dubiel 1986: 280) interpretieren könne. Wenn man die einseitige Bellsche Rationalitätsschablone einer selbstläufigen wissenschaftlich-technischen Entwicklung aufgebe, ließen sich die "neuen" kulturellen Einstellungen nicht nur als Symptome einer ästhetischen "Zersetzung" traditioneller Wertpotentiale deuten, sondern auch und vor allem als Wegbereiter einer "Kultur, in der Traditionen reflexiv verflüssigt und

---

12 Zur "kulturtheoretischen Wende" in der Soziologie vgl. u.a. Berking 1989.
13 Margaret Rose wirft Habermas mit einigem Recht eine einseitige Lektüre Bells vor und verweist darauf, daß Bell für die aktuellen Krisensymptome nicht nur eine antibürgerliche Gegenkultur, sondern auch interne Widersprüche innerhalb der kapitalistischen Produktionssphäre verantwortlich macht. (Vgl. Rose 1991: 37)

der kritisch-selektiven Aneignung zur Disposition gestellt werden" (Dubiel 1986: 281).

Die Auflistung kritischer Einwände gegen einzelne Grundannahmen und Aussagen der Postindustrialismus-Theorien soll hier abgebrochen werden, um abschließend die Aufmerksamkeit noch einmal auf die den beiden maßgeblichen Theorieentwürfen (von Bell und Touraine) gemeinsame zentrale Prämisse zu lenken. Bell, der im Postindustrialismus in erster Linie eine technisch-wissenschaftliche Hyper-Modernisierung sieht, und Touraine, dessen Interesse eher auf neue Formen sozialer Herrschaft und sozialer Bewegungen gerichtet ist, treffen sich jenseits aller Gegensätze in der gemeinsamen Grundannahme, daß in der künftigen Gesellschaftsformation die soziale, ökonomische und kulturelle Realität zunehmend durch extensive Rationalisierung und Planung bestimmt sein werde und daß die effizienten Instrumente dieser Planung und Kontrolle in den Händen staatlicher Organe konzentriert sein werden. Stehr bezeichnet dies als *die* "zentrale Botschaft" der Postindustrialimus-Theorie. "Planung, Rationalität und Vorhersicht sind sozusagen die Sprache der Zukunft." (Stehr 1994: 169)

Mit Recht weist Stehr darauf hin, daß die Annahme einer zunehmenden Konzentration staatlicher und wirtschaftlicher Macht als Folge der Entwicklung technischen Wissens (Herrschaft kraft "Wissen") - unabhängig davon, ob an die Herausbildung eines zentralen Macht-Wissen-Komplexes utopische Hoffnungen auf eine zunehmende Transparenz von Entscheidungsprozessen oder apokalyptische Warnungen vor einem immer effizienteren Repressionsapparat[14] in einer *Disziplinargesellschaft*[15] geknüpft werden - zum traditionellen und inzwischen mehr als fragwürdigen Arsenal vieler Analysen des politischen Systems der Industriegesellschaft gehört. Mit anderen Worten: Mit ihrer Beschreibung von "geistigen Technologien" oder "Techno-

---

14 So warnt zum Beispiel Gernot Böhme (1984: 15) vor einer *Registrierungsgesellschaft*, in der die Macht derjenigen unverhältnismäßig wächst, die legitimiert sind, extensives Datenmaterial über einzelne Bürger zu sammeln. Nach Narr (1979: 502) ist "die Informationsproduktion ... durch Eigenschaften gekennzeichnet, die die Hilflosigkeit des einzelnen erhöhen und ihn verstärkt zu isolieren vermögen."

15 Vgl. den Beitrag von Frank Hillebrandt in diesem Band.

bürokratien" duplizieren Bell und Touraine nur bekannte Ambitionen bzw. Befürchtungen, die sich an den von Max Weber ausführlich beschriebenen Rationalisierungsprozeß in modernen Gesellschaften knüpfen.

In strikter Opposition zu derartigen Vorstellungen kommen neuere Untersuchungen zur gesellschaftlichen Rolle des Wissens zu dem Schluß, daß die zunehmende Bedeutung des Wissens für die moderne Gesellschaft zwei Formen der Kontingenz mit sich bringt: (1) die Kontingenz des Wissens selbst und (2) die Ausweitung der Kontingenz sozialer Beziehungen als Folge der wachsenden Durchdringung der Gesellschaft mit Wissen. So betont etwa Stehr:

"Die wachsende Kontingenz sozialen Handelns und das Bewußtsein der zunehmenden Beeinflußbarkeit sozialer Handlungszusammenhänge ist das Ergebnis der umfassenderen Verfügbarkeit reflexiven Wissens über die Besonderheiten des sozialen Wirklichkeit und der Natur sowie der gestiegenen Einsicht, daß sowohl die soziale Wirklichkeit als auch die Natur soziale Konstrukte sind. Die Folgen dieser Einsicht sind allerdings nicht identisch mit den vielfältigen, dringlichen Warnungen vor den Konsequenzen einer verselbständigten Technik und Wissenschaft. Die verbreitete Verfügungsgewalt über reflexives Wissen reduziert die Fähigkeit der traditionellen Kontrollinstanzen der Gesellschaft, Disziplin und Konformität einzufordern und durchzusetzen. Die Möglichkeiten, Gegendruck auszuüben, haben sich überproportional erhöht." (Stehr 1994: 470)

Auch in differenzierungstheoretischer Sicht ist die Annahme einer wachsenden gesamtgesellschaftlichen Planung und Steuerung durch staatliche Zentralorgane wiederholt kritisiert worden. In dieser Perspektive erweist sich auch das politische System nur als *ein* Teilsystem der Gesellschaft, das nicht in sich in ideeller Weise die Gesamtgesellschaft abbildet. "Aus der wie immer auch relativen Autonomisierung der Teilsysteme folgt aber nicht nur, daß auch die Politik nur einen teilsystemspezifischen Blick auf die Gesellschaft wirft, sondern auch, daß die Effekte staatlichen Handelns ungewisser werden." (Berger 1986: 93)

Die Steuerungs- und Prognosekapazität wird, wie Offe (1986: 104) darlegt, in modernen Gesellschaften durch den Umstand defizitär, "daß einerseits nahezu sämtliche Sachverhalte des sozialen, wirtschaftlichen und politischen Lebens kontingent, wählbar und im Wandel begriffen sind, daß aber andererseits die institutionellen und strukturellen Prämissen, über die jene Kontingenz läuft, im gleichen Zuge aus dem Horizont politischer, ja selbst gedanklicher Disposition herausrücken".

Festzuhalten bleibt, daß neuere modernisierungstheoretische Befunde der "zentralen Botschaft" der Postindustrialismus-Theorie Bells und Touraines, in modernen Gesellschaften werde das gesamte gesellschaftliche Leben durch eine Koalition von technischer Rationalität und politischer Herrschaft zunehmend rationalisiert, geplant und zentralisiert,[16] fast vollständig den Boden entziehen.

Heute, nach mehr als 25 Jahren Erfahrungen mit der "postindustriellen Gesellschaft", läßt sich festhalten, daß sich weder die humanistischen Hoffnungen noch die apokalyptischen Befürchtungen der Postindustrialismus-Theorien erfüllt haben. Touraine selbst stellt im Rückblick fest: "Heute muß die Diskontinuität der historischen Entwicklung noch stärker betont werden. Neue Techniken begründen keine neue Gesellschaft, sondern lediglich eine neue Etappe der industriellen Gesellschaft." (Touraine 1986: 38)

Den zeitdiagnostischen Wert des labels "postindustrielle Gesellschaft" in Abrede zu stellen heißt nicht, daß es keine signifikanten Veränderungen gibt, die den Charakter moderner Industriegesellschaften affizieren. So läßt sich nicht von der Hand weisen, daß die von Bell und Touraine prognostizierte wissenschaftliche Durchdringung vieler gesellschaftlicher Bereiche und Aktivitäten in den vergangenen Jahrzehnten unablässig fortgeschritten ist. Der Punkt ist nur, um mit Giddens (1979: 328f) zu sprechen, "daß diese Veränderungen mit der Annahme, daß der 'Industrialismus' vom 'Post-Industrialismus' verdrängt wird, nicht befriedigend interpretiert werden können."

Literatur

Beck, Ulrich 1986: Risikogesellschaft. Auf dem Weg in eine andere Moderne, Frankfurt

Bell, Daniel 1971: Technocracy and Politics, in: Survey 16, S. 1-24.

Bell, Daniel 1979: Die Zukunft der westlichen Welt. Kultur und Technologie

---

16 Stehr (vgl. 1994: 420ff) stellt in dieser Hinsicht eine gewisse Verwandtschaft zwischen der Postindustrialismus-Theorie und den Vorstellungen eines heraufziehenden "technischen Staates" in den Arbeiten von Herbert Marcuse und Helmut Schelsky fest.

im Widerstreit, Frankfurt.
Bell, Daniel 1985: Die nachindustrielle Gesellschaft, Frankfurt.
Berger, Johannes 1986: Gibt es ein nachmodernes Gesellschaftsstadium? Marxismus und Modernisierungstheorie im Widerstreit, in: Johannes Berger (Hg.): Die Moderne - Kontinuitäten und Zäsuren, Sonderheft 4 der Sozialen Welt, Göttingen.
Berking, Helmuth 1989: Kultur-Soziologie: Mode oder Methode? in: Helmuth Berking/Richard Faber (Hg.): Kultursoziologie - Symptom des Zeitgeistes? Würzburg.
Böhme, Gernot 1984: The Knowledge-structure of Society, in: Gunnar Bergendal (Hg.): Knowledge Policies and the Traditions of Higher Education, Stockholm.
Britton, Stephen 1990: The Role of Services in Production, in: Progress in Human Geography, Jg. 14, S. 529-546.
Dubiel, Helmut 1986: Autonomie oder Anomie. Zum Streit über den nachliberalen Sozialcharakter, in: Johannes Berger (Hg.): Die Moderne - Kontinuitäten und Zäsuren, Sonderheft 4 der Sozialen Welt, Göttingen.
Frank, Jürgen 1973: Die postindustrielle Gesellschaft und ihre Theoretiker, in: Leviathan, H. 3, S. 383-407
Giddens, Anthony 1979: Die Klassenstruktur fortgeschrittener Gesellschaften, Frankfurt.
Giesen, Bernd 1991: Entzauberte Soziologie oder: Abschied von der klassischen Gesellschaftstheorie, in: Wolfgang Zapf (Hg.): Die Modernisierung moderner Gesellschaften. Verhandlungen des 25. Deutschen Soziologentages in Frankfurt 1990, Frankfurt.
Gouldner, Alvin W. 1976: The Dialectic of Ideology and Technology, New York.
Habermas, Jürgen 1981a: Theorie des kommunikativen Handelns, Bd. I u. II, Frankfurt.
Habermas, Jürgen 1981b: Die Moderne - ein unvollendetes Projekt, in: ders.: Kleine Politische Schriften I-IV, Frankfurt.
Kahn, Herman/A.J. Wiener 1967: The Year 2000: a Framework for Speculation on the Next Thirty-three Years, New York.
Kumar, Krishnan 1978: Prophecy and Progress. The Sociology of Industrial and Post-Industrial Society, Harmondsworth.
Lenk, Hans 1987: Zwischen Sozialpsychologie und Sozialphilosophie, Frankfurt.
Narr, Wolf-Dieter 1979: Hin zu einer Gesellschaft bedingter Reflexe? in: Jürgen Habermas (Hg.): Stichworte zur "Geistigen Situation der Zeit", Bd. 2, Frankfurt.
Offe, Claus 1986: Die Utopie der Null-Option. Modernität und Modernisierung als politische Gütekriterien, in: Johannes Berger (Hg.): Die Moderne - Kontinuitäten und Zäsuren, Sonderheft 4 der Sozialen Welt, Göttingen.
Riesman, David 1958: Leisure and Work in Post-Industrial Society, in: E. Larrabee/R. Meyersohn (Hg.): Mass Leisure, Glencoe, Ill.

Rose, Margaret A. 1991: The Post-modern and the Post-industrial. A Critical Analysis, Cambridge.
Stearns, Peter N. 1974: Is There a Post-Industrial Society? in: Transaction. Social Science and Modern Society, Jg. 11, Nr. 4, S. 10-22.
Stehr, Nico 1994: Arbeit, Eigentum und Wissen. Zur Theorie der Wissensgesellschaften. Frankfurt
Tilton, Timothy A. 1973: The Next Stage of History? A Discussion of Daniel Bell's *The Coming of Post-Industrial Society,* in: Social Research 40, S. 728-745.
Touraine, Alain 1972: Die postindustrielle Gesellschaft, Frankfurt.
Touraine, Alain, 1986: Krise und Wandel des sozialen Denkens, in: Johannes Berger (Hg.): Die Moderne - Kontinuitäten und Zäsuren, Sonderheft 4 der Sozialen Welt, Göttingen.

Georg Kneer
Zivilgesellschaft

In den letzten Jahren hat der Begriff der Zivilgesellschaft ein auffallendes Interesse gefunden. Ende der siebziger, Anfang der achtziger Jahre waren es vor allem osteuropäische Intellektuelle, die sich bei der Explikation ihrer politischen Vorstellungen dieses Begriffs bedienten. Mit dem Terminus Zivilgesellschaft bezeichneten sie jenes Netzwerk oppositioneller Gruppen, Diskussionskreise und Organisationen, das sich dem herrschenden Apparat gegenübergestellt hat, um auf ein Ende der sozialistischen Parteidiktatur hinzuwirken. Von Osteuropa (und Lateinamerika) wurde der Begriff der Zivilgesellschaft wenig später in die westliche Diskussionslandschaft überführt. Im Umfeld der neuen sozialen Bewegung benutzte man den Terminus insbesondere zur Bezeichnung des radikaldemokratischen Projekts einer sukzessiven Ausweitung demokratischer Mitbestimmungsmöglichkeiten und Freiheitsrechte – mit dem Scheitern des sozialistischen Experiments bot sich das zivilgesellschaftliche Konzept gleichsam als (utopischer) Ersatzkandidat für die westeuropäische Linke an. Mittlerweile bedient man sich hierzulande aber nicht mehr nur im linken politischen Spektrum des Terminus der Zivilgesellschaft; in Reden von CDU-Politikern findet der Begriff ebenso Verwendung wie in Kommentaren konservativer Tageszeitungen. Zudem hat der Begriff längst das engere Umfeld tagespolitischer Aktivitäten verlassen und ist über unterschiedliche Pfade in den zeitgenössischen gesellschafts- und politiktheoretischen Diskurs eingewandert.

Die häufige Verwendung des Terminus der Zivilgesellschaft hat nicht unbedingt zu einer Begriffsklärung geführt. Der Begriff sperrt sich, wie vielfach notiert worden ist, gegen klare Definitionen und präzise Formulierungen. Der Versuch, den schillernden Terminus einer sorgfältigen Klärung zuzuführen, scheint für manche Kommentatoren Ähnlichkeiten mit dem Unternehmen zu haben, "einen Pudding an die Wand zu nageln" (Brumlik 1991: 987). Ohne Übertreibung läßt sich sagen, daß der Begriff von einer Reihe von Ambiguitäten und Unschärfen geprägt ist. Zu dieser Vieldeutigkeit mag zunächst der Umstand beitragen, daß er, wie angedeutet, in den unterschiedlichsten Kontexten Verwendung findet. Für die Bedeutungsvielfalt dürfte darüber hinaus die Tatsache verantwortlich sein, daß die Semantik der Zivilgesellschaft an eine alte, recht verwickelte politisch-philosophische Diskussion anschließt; wer immer sich des Begriffs der Zivilgesellschaft bedient, muß wissen, daß er sich damit "auf den schwankenden Boden einer jahrtausendalten Tradition" (Koselleck 1991: 118) begibt. Die Theorie- und Begriffsgeschichte, die bis in die griechische Antike zurückreicht, weist eine Reihe überraschender Wendungen und Verzweigungen auf; daß sie keineswegs gradlinig verlaufen ist, zeigt sich nicht zuletzt daran, daß mit dem Terminus *bürgerliche Gesellschaft* noch ein zweiter, wesentlich älterer deutschsprachiger Begriff vorliegt, der in diese Tradition gehört.

Die folgenden Überlegungen konzentrieren sich darauf, die gesellschaftstheoretischen Implikationen des Konzepts der Zivilgesellschaft vorzustellen. Für ein Verständnis der gegenwärtigen Diskussion scheint es sinnvoll zu sein, zunächst kurz auf die umfangreiche Theorie- und Begriffsgeschichte einzugehen (1). Die Explikation allgemeiner bzw. relevanter Merkmale zivilgesellschaftlicher Entwürfe ermöglicht es anschließend, in aktuelle Theorien und Konzeptionen einzuführen (2). Am Ende steht ein knappes Resümee (3).

1. Theorie- und begriffsgeschichtlicher Rückblick

Die Begriffsgeschichte der Zivilgesellschaft beginnt mit Aristoteles' politischer Philosophie. Prämisse des aristotelischen Politik- und Gesellschaftsverständnisses ist die Auffassung, daß der Mensch von Natur aus ein politisches Lebewesen ist. Die politische Welt wird also nicht im Gegensatz zur Natur begriffen, sie gilt vielmehr als Bereich der Verwirklichung und Vollendung der menschlichen Natur. Aristoteles betont, daß von den zahlreichen, empirisch vorfindbaren Gemeinschaften eine in besonderer Weise die naturangemessene und damit wahre Lebensweise des Menschen verkörpert - nämlich die Zivilgesellschaft (*koinonía politike*, lat. dann *societas civilis*), die als herrschaftsfreie Assoziation der freien und gleichen Bürger bestimmt wird. Dabei meint Zivilgesellschaft nicht einen vorstaatlichen bzw. außerstaatlichen Raum, sondern eine politisch geeinte (staatliche) Gemeinschaft, in der die Bürger zum Zweck des tugendhaften und glücklichen

Lebens zusammenkommen. Die (moderne) Unterscheidung zwischen Staat und (ziviler) Gesellschaft ist in der Antike unbekannt, die Begriffe werden synonym verwendet.

Bei den Bürgern, die am politischen Gemeinwesen partizipieren, handelt es sich um männliche Besitzbürger bzw. Haushaltsvorstände, die sich auf der Basis ökonomischer Unabhängigkeit als Gleiche und Freie gegenübertreten. Für die politische Philosophie Aristoteles' ist kennzeichnend, daß die politisch-gesellschaftliche Sphäre in einem strikten Gegensatz zur privaten und ökonomischen Sphäre begriffen wird. Die häusliche Welt des *Oikos*, in der die wirtschaftliche Versorgung stattfindet, basiert auf Formen faktischer Gewalt; der Hausvater herrscht (paternalistisch bzw. despotisch) über Freie minderen Rechts (Frauen), Noch-nicht-Freie (Kinder) und Unfreie (Knechte, Sklaven). Anders als die *Polis* ist die private Welt somit durch asymmetrische Verhältnisse bestimmt, die Menschen begegnen sich im Haus als prinzipiell Ungleiche (vgl. Riedel 1975: 723).

Die politische Philosophie des Aristoteles hat das (alt)europäische Verständnis der sozialen und politischen Verhältnisse des Menschen entscheidend geprägt; ja man kann sagen, daß der politische Aristotelismus bis zum 17. Jahrhundert die unbezweifelte, verbindliche Grundlage des politischen Denkens darstellt. An dieser Sachlage ändert auch die Tatsache nichts, daß die mittelalterlich-christliche Aristoteles-Rezeption einzelne Modifikationen am Grundgerüst vornimmt; Thomas von Aquin etwa stellt der Zivilgesellschaft (*societas civilis*) eine göttliche Gemeinschaft (*communitas divina*) gegenüber.

Erst die neuzeitliche Philosophie des Vertragsdenkens (Hobbes, Locke) vollzieht eine deutliche Abkehr von den Prämissen des politischen Aristotelismus (vgl. Kersting 1994). Für die weitere Begriffsgeschichte werden die Überlegungen der englischen Popularphilosophie und Wirtschaftstheorie (Adam Ferguson, Adam Smith) prägend, die mit ihren Reflexionen auf den einsetzenden Industrialisierungs- und Modernisierungsprozeß reagieren. Nach ihrer Auffassung sind es neben politischen Vorgängen insbesondere ökonomische Prozesse, die den Menschen vergesellschaften und zivilisieren. Die Ökonomie wird somit nicht länger auf die private Sphäre des Hauses beschränkt, sondern wirtschaftlicher Besitz gilt nun umgekehrt als Grundlage gesellschaftlicher Zusammenhänge. Bei Smith schlägt sich diese Auffassung in der Weise nieder, daß die Zivilgesellschaft (*civil society*) als Wirtschafts- und Eigentumsordnung begriffen wird, die die Menschen zu einem sich selbst regulierenden sozialen Ganzen zusammenschließt.

In aller Deutlichkeit zieht Hegel die philosophischen Konsequenzen aus den Beobachtungen von Ferguson und Smith. Im Gegensatz zum politischen Aristotelismus unterscheidet er in seiner Rechtsphilosophie streng zwischen *bürgerlicher Gesellschaft* - im deutschen Sprachraum hat sich bereits Anfang des 18. Jahrhunderts der Begriff der 'buergerlichen bzw. 'bürgerlichen' Gesellschaft' (und nicht: Zivilgesellschaft) für den lateinischen Terminus *societas civilis* durchgesetzt (vgl. Riedel 1975: 738) - und *politischem Staat*.[1] Unter bürgerlicher Gesellschaft versteht Hegel in erster Linie das über den Markt vermittelte ökonomische "System allseitiger Abhängigkeit" (Hegel 1972: 169), in dem die Bedürfnisbefriedigung der Einzelnen erfolgt.[2] Die durch kapitalistische Tauschprozesse hergestellte Form der gesellschaftlichen Allgemeinheit ist für Hegel durch Notwendigkeit, nicht durch Freiheit bestimmt; in der bürgerlichen Gesellschaft ist jeder für sich selbst Zweck und die dabei konstituierte Allgemeinheit nur Mittel. Insofern bildet die bürgerliche Gesellschaft ein Reich der Einzelinteressen, ja ein Reich des Widerspruchs - Hegel nimmt spätere Überlegungen von Marx vorweg, wenn er schreibt, daß die kapitalistische Warenvergesellschaftung auf der einen Seite zu einer "*Anhäufung der Reichtümer*" (Hegel 1972: 207), auf der anderen Seite jedoch zu "*Abhängigkeit und Not*" (ebd.) führt. Eine Versöhnung von Besonderheit und Allgemeinheit erhofft er sich aus diesem Grund nicht von der Ökonomie, sondern vom politischen Staat, dem die Aufgabe zugewie-

---

1   Genauer müßte man sagen, daß bei Hegel die bürgerliche Gesellschaft als die Differenz bestimmt wird, die zwischen bürgerlicher Familie und politischem Staat tritt; wenngleich die Konstituierung der bürgerlichen Gesellschaft, historisch betrachtet, "später als die des Staates erfolgt; denn als die Differenz setzt sie den Staat voraus, den sie als Selbständiges vor sich haben muß, um zu bestehen" (Hegel 1972: 169).

2   Bei Hegel enthält die bürgerliche Gesellschaft neben dem Moment der ökonomischen *Bedürfnisbefriedigung* noch die (nicht-ökonomischen) Momente der *Rechtspflege* und der *Korporation* (vgl. Hegel 1972: 174). Die Arbeits- und Wirtschaftsgesellschaft, in der die voneinander isolierten Individuen allein ihrer egozentrischen Nutzenmaximierung nachgehen, erweist sich nach Hegel als instabil und bedarf deshalb der Ergänzung durch politisch-rechtliche bzw. ständestaatliche Institutionen.

sen wird, die vernünftige Vereinigung der Einzelnen in einer obersten, allgemeinen Sittlichkeit zu leisten. Der Staat ist, so Hegel, das "an und für sich *Vernünftige*" (Hegel 1972: 215), in dem die (sittliche) Idee der Einheit von Allgemeinheit und Einzelheit Wirklichkeit wird.

Der Vorstellung Hegels, daß der Staat die Versöhnung von Allgemeinheit und Besonderheit in idealer Weise zum Ausdruck bringt, ist Marx energisch entgegengetreten. Der Staat verkörpert für ihn nicht das Allgemeininteresse, sondern ein besonderes, partikulares (Klassen-)Interesse; der Staat ist demzufolge nichts anderes als ein Instrument, mit dem die herrschende Klasse ihre ökonomische Herrschaft politisch absichert. Mit der materialistischen Wendung der Hegelschen Dialektik verliert der Staat seine privilegierte Position, die Widersprüche der Gesellschaft in einem höchsten Punkt zu versöhnen; statt dessen wird er als "illusorische Gemeinschaftlichkeit" (Marx/Engels 1983: 33) entlarvt. Bei aller Kritik, die Marx an der Hegelschen Staats- und Rechtsphilosophie übt, wird die dort vorgenommene begriffliche Unterscheidung zwischen (bürgerlicher) Gesellschaft und (politischem) Staat nicht zurückgenommen. Im Gegenteil: Der junge Marx beschreibt die Trennung zwischen beiden Sphären als einen historischen Differenzierungsprozeß, der zu einer *Verdoppelung* der Wirklichkeit führt.

> "Wo der politische Staat seine wahre Ausbildung erreicht hat, führt der Mensch nicht nur im Gedanken, im Bewußtsein, sondern in der *Wirklichkeit*, im Leben, ein doppeltes, ein himmlisches und irdisches, das Leben im politischen Gemeinwesen, worin er sich als *Gemeinwesen* gilt, und das Leben in der *bürgerlichen Gesellschaft*, worin er als *Privatmensch* tätig ist." (Marx 1972: 354f.)

Der moderne Mensch ist zugleich *citoyen* und *bourgeois*, zugleich Teilnehmer am politischem Staat und am Wirtschaftssystem. Unter bürgerlicher Gesellschaft versteht Marx die moderne, kapitalistische Organisation der materiellen Lebensverhältnisse, in der das Bürgertum die vorherrschende Klasse bildet; aus diesem Grunde wird in der *Deutschen Ideologie* die bürgerliche Gesellschaft als die Gesellschaft des (herrschenden) Bürgertums, kurz: als die "Bourgeoisgesellschaft" (Marx/Engels 1983: 194) definiert. Die bürgerliche Produktionsweise stellt für Marx die gesellschaftliche Basis dar, wohingegen er den Staat zum Überbau rechnet.[3] Dabei ist es für seine Auffassung entscheidend, daß die Verdoppelung der Wirklichkeit, die Trennung zwischen bürgerlicher Produktionsweise und Staat selbst wiederum als (historisches) Produkt der "Selbstzerrissenheit" (Marx 1983: 6) der ökonomischen Basis begriffen wird. Mit der revolutionären Aufhebung der gesellschaftlichen Widersprüche erhofft sich Marx aus diesem Grunde zugleich ein Absterben des Staates und damit ein Ende der Verdoppelung der Wirklichkeit.

Es dürfte deutlich geworden sein, daß Marx sich mit dieser Auffassung von der aristotelischen Begriffsverwendung weit entfernt hat - der Gegensatz zwischen Aristoteles und Marx könnte kaum größer sein. Bei Aristoteles ist mit Zivilgesellschaft jene politisch-staatliche Sphäre gemeint, in der sich die Bürger (*citoyen*) solidarisch als Freie und Gleiche gegenübertreten, während Marx unter bürgerlicher Gesellschaft die klassenmäßig strukturierte, kapitalistische Organisation der materiellen Produktion versteht. Allerdings sollte nicht unerwähnt bleiben, daß es auch innerhalb der marxistischen Tradition Versuche gegeben hat, dem Begriff der Zivilgesellschaft das von Marx getilgte assoziative bzw. diskursive Moment zurückzugeben. Zu denken ist dabei vor allem an Antonio Gramscis Konzeption der Zivilgesellschaft (*societá civile*). Diese wird als dritte gesellschaftliche Sphäre gedacht,

---

3 Allerdings gebraucht Marx den Begriff der bürgerlichen Gesellschaft keineswegs einheitlich, eine sorgfältige Analyse bekommt es (mindestens) mit den drei folgenden, im Text nicht weiter unterschiedenen Verwendungsweisen zu tun: Der Terminus bürgerliche Gesellschaft ist *erstens* ein historisch nicht spezifizierter Begriff, der die gesellschaftliche Basis (sämtlicher Geschichtsepochen) bezeichnet: "Die durch die auf allen bisherigen geschichtlichen Stufen vorhandenen Produktionskräfte bedingte und sie wiederum bedingende Verkehrsform ist die bürgerliche Gesellschaft" (Marx/Engels 1983: 36). *Zweitens* meint der Begriff der bürgerlichen Gesellschaft die moderne, kapitalistische Produktionsweise, die alle früheren Wirtschaftsformen an Effektivität und Komplexität übertrifft: "Die bürgerliche Gesellschaft ist die entwickeltste und mannigfaltigste historische Organisation der Produktion." (Marx 1971: 636) Und *drittens* schließlich versteht Marx unter bürgerlicher Gesellschaft die moderne Epoche als historische Gesamtheit, insofern schließt der Begriff die kapitalistische Produktionsweise *und* den politischen Staat ein; Marx spricht kurz von der "Zusammenfassung der bürgerlichen Gesellschaft in der Form des Staates" (ebd.: 639).

die zwischen sozioökonomischer Basis und politischem Überbau, zwischen Wirtschaft und Staat steht. Die *società civile* ist keineswegs als unabhängiger Bereich zu denken, sondern als vermittelnde Instanz, in der der gesellschaftliche (Klassen-)Kampf um die kulturelle und politische Hegemonie mit diskursiven, konsensuellen Mitteln ausgetragen wird (vgl. Kebir 1991: 48ff; Buttigieg 1994).

2. Gegenwärtige Konzeptionen der Zivilgesellschaft

Im Gegensatz zur deutschen, von Hegel und Marx geprägten Begriffstradition, in der mit dem Ausdruck der bürgerlichen Gesellschaft zumeist der moderne, privatwirtschaftlich organisierte Kapitalismus bezeichnet wird, hat die angelsächsische Traditionslinie der *civil society* stärker die aristotelische Vorstellung einer selbstorganisierenden Assoziation freier und gleicher Bürger bewahrt (vgl. Dubiel 1994: 73). Das erklärt, daß der gegenwärtige zivilgesellschaftliche Diskurs, der die Möglichkeiten (bzw. Schwierigkeiten) eines demokratischen Assoziationswesens auslotet, primär an den angelsächsischen Terminus anschließt; die *civil society* - bzw. dann in der deutschen Übersetzung: die *Zivilgesellschaft* - kann eben nicht mit dem bürgerlich-kapitalistischen Wirtschaftssystem gleichgesetzt werden. Allerdings scheint es leichter zu sagen, was die Zivilgesellschaft nicht ist, als umgekehrt den Begriff positiv zu bestimmen. Nach prägnanten und eindeutigen Begriffsbestimmungen sucht man vergeblich; vielmehr stößt man, wie angedeutet, auf recht unterschiedliche, zum Teil einander ausschließende Verwendungsweisen. So besteht längst keine Einigkeit darüber, um nur einen Punkt herauszugreifen, ob mit dem Begriff der Zivilgesellschaft die (gegenwärtige) Gesellschaft insgesamt oder aber nur bestimmte - allerdings für besonders relevant gehaltene - gesellschaftliche Teilbereiche gemeint sind. Bei der Durchsicht aktueller Theorien der Zivilgesellschaft bekommt man daher keine griffige Definition geliefert, allenfalls lassen sich in einer ersten Annäherung unterschiedliche Merkmale zivilgesellschaftlicher Entwürfe benennen. Dabei ist jedoch zu bedenken, daß keineswegs in allen Konzeptionen die im folgenden genannten sechs Merkmale ausnahmslos wiederauftauchen; zudem gilt, daß die einzelnen Versionen der Zivilgesellschaft die genannten Merkmale unterschiedlich anordnen und gewichten.

Zivilgesellschaft

Mit Zivilgesellschaft ist *erstens* die Gesamtheit der *öffentlichen* Assoziationen, Vereinigungen und Zusammenkünfte gemeint, in denen sich die Bürger auf freiwilliger Basis versammeln. Der Begriff der Öffentlichkeit wird dabei als ein normativer Begriff verwendet; nachdrücklich wird betont, daß die zivilgesellschaftlichen Einrichtungen prinzipiell jedem Akteur offenstehen.

Ein *zweites* Merkmal ist die *Autonomie* der zivilgesellschaftlichen Assoziationen. Unter Autonomie wird dabei vor allem die Unabhängigkeit von einem Machtzentrum bzw. einem bürokratischem Staatsapparat verstanden. Zivilgesellschaftliche Zusammenschlüsse sind mit einer höchsten Autorität oder einem obersten Zensor unvereinbar. Eine vitale Bürgergesellschaft läßt sich deshalb u.a. daran erkennen, daß sie sich selbst - und das heißt: in einer öffentlichen Debatte - über (mögliche) Deformationen ihrer Autonomie informiert und sich somit selbst stabilisiert.

Für Zivilgesellschaften ist *drittens* charakteristisch, daß eine *Pluralität* von Vereinigungen, Bewegungen, informellen Gruppen und Assoziationen existiert. Gerade die Vielzahl der zivilgesellschaftlichen Einrichtungen soll garantieren, daß der öffentliche Diskurs vor einer (bürokratischen) Austrocknung bzw. Deformation bewahrt wird.

Viertens zeichnen sich Zivilgesellschaften durch die *Legalität* ihrer Einrichtungen aus. Zivilgesellschaften lassen sich aus diesem Grund nur dort stabilisieren und auf Dauer einrichten, wo (bürgerliche) Menschenrechte durchgesetzt und institutionalisiert sind. Neben der grundrechtlichen Garantie der Meinungs-, Presse- und Versammlungsfreiheit ist damit auch der rechtsstaatliche Schutz privater Lebensbereiche gemeint; zivilgesellschaftliche Einrichtungen bedürfen einer unversehrten privaten Basis, aus der Impulse und Denkanstöße in die öffentlichen Einrichtungen der Zivilgesellschaft fließen.

Zivilgesellschaften setzen *fünftens* einen bestimmten Standard *ziviler* bzw. *zivilisierter* Verhaltensweisen voraus. Von den Mitgliedern der Bürgergesellschaft wird erwartet, daß sie einen gewaltfreien, toleranten und solidarischen Umgang miteinander pflegen. Zivilgesellschaftliche Assoziationen sind somit auf die Ausbildung zivilisatorischer Mechanismen und Instanzen angewiesen; allein dort, wo Formen der Selbstkontrolle an die Stelle äußerer Drohmittel und physischer Fremdzwänge getreten sind, lassen sich zivilgesellschaftliche

Vereinigungen auf Dauer einrichten.[4] Darüber hinaus wird bei der Verteidigung zivilgesellschaftlicher Zusammenhänge Zivilcourage von seiten der Beteiligten verlangt.

Die Einrichtungen der Bürgergesellschaft besitzen *sechstens* ein *utopisches* Potential. Der Begriff der Utopie wird dabei nicht in einem wörtlichen, sondern in einem übertragenen Sinn verwendet: Die zivilgesellschaftlichen Assoziationsverhältnisse sind keineswegs *ortlos*, sondern in diskursiven Vereinigungen, spontanen Bewegungen und kollektiven Zusammenschlüssen verankert, also *faktisch* realisiert. Zugleich weisen die Strukturen der Öffentlichkeit über den gegenwärtigen Zustand hinaus; die prozedurale Verständigungspraxis, die auf eine permanente Kritik und Dauerrevision älterer Übereinkünfte abzielt, ist mit einem offenen Horizont von anderen Möglichkeiten versehen. Insofern läßt sich sagen, daß die Bürgergesellschaft *kontrafaktische* Implikationen besitzt. Oder in der Sprache von Dubiel (1994: 67): Mit dem Begriff der Zivilgesellschaft wird das Spannungsverhältnis zwischen einem Komplex institutioneller Merkmale und einem utopischen Programm bezeichnet.

Die Aufzählung einzelner Merkmale der Bürgergesellschaft ist freilich mit dem Nachteil verbunden, daß damit der (falsche) Schein einer einheitlichen Begriffsverwendung erzeugt wird; zudem läßt sich mit einer solchen Vorgehensweise offensichtlich ein auch theoretisch informierter Einblick in den gegenwärtigen zivilgesellschaftlichen Diskurs nicht gewinnen. Für eine weitergehende Klärung ist es deshalb notwendig, die den einzelnen Konzepten der Zivilgesellschaft zugrundeliegenden Argumente, Auffassungsweisen und Begründungsfiguren paradigmatisch vorzustellen. Wenn ich recht sehe, lassen sich gegenwärtig (mindestens) vier Theorierichtungen bzw. -schulen idealtypisch unterscheiden, die den Begriff der Zivilgesellschaft an prominenter Stelle führen; der Einfachheit (und Kürze) halber spreche ich im folgenden von einer liberalen (2.1), kommunitaristischen (2.2), radikal-

---

4 An dieser Stelle lassen sich Parallelen zwischen dem zivilgesellschaftlichen Diskurs und der Auffassung Elias' einer Zivilisierung der europäischen Gesellschaften ziehen; zur Konzeption des Prozesses der Zivilisation von Elias vgl. auch die Beiträge von Stefanie Ernst und Frank Hillebrandt in diesem Band.

demokratischen (2.3) und einer diskurstheoretischen Version der Zivilgesellschaft (2.4).[5]

2.1 Die liberale Zivilgesellschaft

In den letzten Jahren hat insbesondere der Soziologe (und Politiker) Ralf Dahrendorf die Vorstellung einer liberalen Zivilgesellschaft - in seiner Sprache: einer Bürgergesellschaft - ins Zentrum seiner zeitdiagnostischen Beobachtungen gerückt. Mit Bürgergesellschaft ist dabei eine auf der Basis liberaler und individueller Grundrechte errichtete soziale Sphäre gemeint, die einen humanen und zivilen Rahmen für die Austragung sozialer Konflikte bietet. Dahrendorf läßt keinen Zweifel daran, daß in Europa und Nordamerika längst solche Bürgergesellschaften institutionalisiert oder besser: erkämpft worden sind. Damit hat sich das utopischen Potential einer liberalen Zivilgesellschaft freilich (noch) nicht erschöpft, als zukünftiges Ziel wird die Errichtung einer *Welt*bürgergesellschaft gefordert.

Doch der Reihe nach. Ausgangspunkt Dahrendorfs ist die Überlegung, daß Lebenschancen in Gesellschaften nie gleich, sondern stets ungleich verteilt sind. Aus diesem Grunde geht soziale Ordnung stets mit sozialer Ungleichheit und mit Herrschaft einher. "Gesellschaft heißt Herrschaft, und Herrschaft heißt Ungleichheit." (Dahrendorf 1994: 47) Der soziale Konflikt, der sich an der Ungleichverteilung von Lebenschancen entzündet, nimmt in der Moderne die Gestalt eines Kampfes um *Anrechte* und *Angebote* an. Anrechte definiert Dahrendorf als Eintrittskarten, sie legitimieren den Zugang zu und die Kontrolle über (knappe) Güter. "Anrechte geben Menschen einen rechtmäßigen Anspruch auf Dinge." (Ebd.: 25f.) Unter Angebot wird hingegen die Gesamtheit der vorhandenen materiellen und immateriellen Güter verstanden, aus denen die zugangsberechtigten Personen wählen können.

Im historischen Rückblick läßt sich sehen, daß in den letzten dreihundert Jahren die Palette der Angebote und Anrechte - dies gilt zumindest für Europa und Nordamerika - enorm ausgeweitet worden ist.

---

5 Weitere Klassifikationsvorschläge finden sich bei Keane 1988, Taylor 1993, Richter 1995 und van den Brink 1995.

Insbesondere die industrielle Revolution hat zuvor nicht für möglich gehaltene Angebotschancen eröffnet. Zur gleichen Zeit ist es zur Durchsetzung neuer Anrechte für bis zu diesem Zeitpunkt benachteiligte Gruppen gekommen. Im Mittelpunkt der sozialen Konflikte stand und steht die Durchsetzung (liberaler) Menschen- und Bürgerrechte; für Dahrendorf sind die Bürgerrechte gar "zum Schlüsselbegriff der Moderne" (Dahrendorf 1994: 49) geworden. Bürgerrechte gelten ihm als Anrechte besonderer Art, sie verfügen über einen "unbedingten Anrechtscharakter" (ebd.: 56); damit ist gemeint, daß der Rechtsanspruch unabhängig von Herkunft, sozialer Stellung und Leistung besteht. Bei der Durchsetzung allgemeiner und freier Bürgerrechte unterscheidet Dahrendorf im Anschluß an Thomas Marshall (1992) drei historische Phasen; demzufolge sind zunächst die *Bürgerrechte im engeren Sinn* (oder bürgerliche Grundrechte), anschließend dann *politische Rechte* und schließlich *soziale Rechte* institutionalisiert worden. Mit der sukzessiven Einführung allgemeiner, politischer und sozialer Bürgerrechte, die schließlich auch die sozioökonomische Sphäre nicht unberührt lassen, ist es zu einer "Milderung des Klassenkonflikts" (Dahrendorf 1994: 67) gekommen.

Dahrendorf begreift die Institutionalisierung allgemeiner Bürgerrechte und damit die Durchsetzung des (modernen) Bürgerstatus als wichtiges Merkmal von Bürgergesellschaften. Allerdings müssen in seinen Augen weitere, "subtilere Bedingungen" (Dahrendorf 1994: 68) erfüllt sein, damit sinnvoll von Zivilgesellschaften gesprochen werden kann. Im einzelnen nennt er drei zusätzliche Merkmale, nämlich die *Pluralität* zivilgesellschaftlicher Assoziationen, ferner die *Autonomie* der genannten Einrichtungen und schließlich die Verankerung *ziviler Bürgertugenden* (vgl. ebd.: 69f.). Betrachtet man die Komplexität zivilgesellschaftlicher Merkmale, dann wird deutlich, daß Bürgergesellschaften sich nicht von heute auf morgen verwirklichen lassen; sie sind nämlich auf höchst unwahrscheinliche Voraussetzungen angewiesen, so daß ihre Institutionalisierung eine beträchtliche Zeitspanne umfaßt. Für Dahrendorf sind Bürgergesellschaften zudem ständig gefährdet; aus diesem Grunde sind gerade auch intakte zivilgesellschaftliche Einrichtungen dazu aufgefordert, sich ständig zu erneuern und vor Deformationen zu schützen.

Grundbegriff einer liberalen Weltsicht ist der Begriff der Freiheit. Dahrendorf begreift nun Bürgergesellschaften als "Medium der Freiheit" (Dahrendorf 1994: 69), also als Gesellschaften, in denen die Freiheit verankert ist. Neben der Bürgergesellschaft bedarf die Freiheit aber offenbar weiterer sozialer Einrichtungen und zwar der Einrichtungen der *Marktwirtschaft* und der *Demokratie* (vgl. Dahrendorf 1992: 654). Allerdings bleibt bei Dahrendorf offen, wie das Verhältnis zwischen Zivilgesellschaft, politischer Demokratie und ökonomischer Marktwirtschaft im einzelnen zu denken ist. Vielmehr bewegen sich seine Überlegungen in zwei entgegengesetzten Bahnen, über deren Unvereinbarkeit er sich aber keine Rechenschaft ablegt. Auf der einen Seite sind mit den angegebenen Begriffen drei unterschiedliche, offensichtlich nebeneinander - und unabhängig voneinander - existierende gesellschaftliche Teilbereiche gemeint; Freiheit wird dieser Lesart zufolge gerade durch das friedfertige Zusammenspiel von Bürgergesellschaft, Demokratie und Marktwirtschaft ermöglicht und gesichert. Auf der anderen Seite liest es sich so, als ob Marktwirtschaft und Demokratie selbst von dem zivilgesellschaftlichem Prinzip imprägniert sind; nach Dahrendorf sind nämlich "kleine und mittlere Unternehmen (...) ebenso Bestandteile der Bürgergesellschaft wie Stiftungen, Vereine und Verbände" (Dahrendorf 1994: 69). Demzufolge ist mit Bürgergesellschaft nicht mehr nur ein sozialer Teilbereich gemeint, sondern es "geht um Gesellschaft überhaupt, aber zugleich um mehr, als der neutrale, allgemeine Begriff der Gesellschaft besagt" (ebd.).[6]

2.2 Die kommunitaristische Zivilgesellschaft

Seit den achtziger Jahren hat, ausgehend von Nordamerika, der sogenannte Kommunitarismus zunehmend Einfluß auf die politiktheoretische und sozialphilosophische Diskussion gewonnen. Das kommunitaristische Denken läßt sich (vereinfachend) als Gegenposition zum liberalen Denken charakterisieren; Ausgangspunkt des Kommunitarismus ist jedenfalls die Kritik des 'atomistischen' Individualismus der liberalen Tradition. Aus Sicht der Kommunitaristen - als

---

6 Der Begriff des Bürgerstatus, dem in Dahrendorfs Konzept der Zivilgesellschaft ein privilegierter Platz zukommt, wird freilich von allen ökonomischen Konnotationen befreit: "*Citizenschip* (oder Bürgerstatus, wie ich dafür im Deutschen sage) ist ein nicht-ökonomischer Begriff. Er definiert die Stellung der Menschen unabhängig von dem relativen Wert ihres Beitrags zum Wirtschaftsprozeß." (Dahrendorf 1995: 33)

Wortführer sind etwa Michael Sandel, Charles Taylor, Michael Walzer sowie Alasdair MacIntyre zu nennen - erweist sich insbesondere die Vorstellung als fragwürdig, daß bei Gerechtigkeitsfragen das Prinzip universaler Grund- und Menschenrechte allen Formen kollektiver Selbstbestimmung vorgeordnet ist; demgegenüber vertreten sie die Auffassung, daß gemeinschaftlichen (kommunitären) Vorstellungen des Guten ein normativer Vorrang zukommt.[7] Von einer einheitlichen kommunitaristischen Position kann allerdings nicht gesprochen werden, gerade bei der Kritik des liberalen Gerechtigkeitsprinzips lassen sich recht unterschiedliche Argumentationsweisen ausmachen. Diese Differenzen sollen uns an dieser Stelle nicht weiter interessieren; vielmehr gilt es sich auf die Beiträge zu konzentrieren, die von kommunitaristischer Seite zur zivilgesellschaftlichen Debatte vorgelegt worden sind. Im Zentrum der kommunitaristischen Auffassung steht dabei die Annahme, daß Bürgergesellschaften nicht auf *abstrakten* Gerechtigkeitsprinzipien basieren, sondern in *solidarischen* Anerkennungsverhältnissen verankert sind.

Eine Konkretisierung des Konzepts der Zivilgesellschaft verspricht sich Charles Taylor von einer Rekonstruktion der neuzeitlichen Begriffsgeschichte; zu diesem Zweck unterscheidet er zwei maßgebliche Traditionslinien, nämlich die sogenannte L-Linie, die auf den englischen Philosophen Locke zurückgeht und die nach dem französischen Philosophen Montesquieu benannte M-Linie (vgl. Taylor 1991: 68). Für die L-Position ist charakteristisch, daß die Zivilgesellschaft als eine nicht-politische und damit nicht-staatliche Sphäre gedacht wird; demzufolge konstituierten bereits Vorgänge des wirtschaftlichen Warentausches und der argumentativen Auseinandersetzung eine gesellschaftliche Einheit, und zwar die Einheit der Bürgergesellschaft, die sich aus den Bereichen der Ökonomie und der Öffentlichkeit zusammensetzt. Das M-Konzept denkt die Zivilgesellschaft hingegen als eine politisch organisierte Einheit, wobei entscheidend ist, daß die politische Macht selbst als differenziert und auf meh-

---

7 Allerdings bildet die Frage nach dem Verhältnis von individuellen Rechten und der Vorstellung des Guten nur einen von mehreren Diskussionspunkten, der in der Debatte zwischen Liberalismus und Kommunitarismus eine Rolle spielt; zur Rekonstruktion der Auseinandersetzung vgl. Forst 1993 und Wellmer 1993.

rere unabhängige Felder verteilt gedacht wird. Mit dieser Auffassung wird die Existenz von Vereinigungen mit nicht-politischen Zielsetzungen keineswegs bestritten. "Deren Bedeutung besteht jedoch nicht darin, daß sie eine nichtpolitische gesellschaftliche Sphäre bilden, sondern vielmehr darin, daß sie die Basis für die Fragmentierung und Diversifizierung der Macht innerhalb des politischen Systems bilden." (Taylor 1993: 142) Nun möchte Taylor die beiden zivilgesellschaftlichen Konzepte, die er der neuzeitlichen Ideengeschichte entnimmt, nicht als gleichberechtige Varianten verstanden wissen, vielmehr optiert er mit seinem eigenen Begriffsvorschlag eindeutig für die M-Linie. Die Bürgergesellschaft mit ihrer Vielzahl von Vereinigungen und Assoziationen ragt demzufolge tief in die politische Sphäre hinein und übernimmt selbst Aufgaben der politischen Steuerung; die Zivilgesellschaft wird bei Taylor, so läßt sich formulieren, somit als eine politisch integrierte, staatlich regulierte Gesellschaft gedacht (vgl. Honneth 1992: 63).

Auf einer anderen Ebene liegt der Vorschlag von Michael Walzer, der mit seinem Begriff der Zivilgesellschaft es gerade vermeiden möchte, daß einem gesellschaftlichen Teilbereich - wie etwa bei Taylor der Politik - Vorrang vor anderen eingeräumt wird. Im einzelnen distanziert er sich von vier (prominenten) ideengeschichtlichen Antworten, die jeweils einen Handlungsraum bzw. eine Tätigkeitsform privilegieren; in seinen Augen kann das politische Handeln ebensowenig wie die wertschaffende Arbeit, der Markttausch oder die nationale Gesinnung *allein* das Gelingen des guten Lebens garantieren (vgl. Walzer 1992: 67ff.). Gefordert ist vielmehr, so Walzer, die "Kunst des Verbindens" (ebd., 78), d.h. die Kombination der vier (Teil-)Antworten; aus diesem Grunde spricht er sich für die Zivilgesellschaft - in der deutschen Übersetzung wird *civil society* mit *ziviler Gesellschaft* wiedergegeben - aus, die alle vier Handlungsformen bzw. Handlungsbereiche gleichermaßen umfaßt. "Idealerweise ist die zivile Gesellschaft ein *Handlungsraum von Handlungräumen*: alle sind aufgenommen, keiner bevorzugt." (Ebd.: 79) Die Zivilgesellschaft wird somit als gesamtgesellschaftliche Einheit konzipiert, die alle sozialen Teilbereiche zu einem harmonischen Ganzen integriert. Allerdings bleibt bei Walzer letztlich die Frage unbeantwortet, warum die (gleichberechtigte) Kombination der unterschiedlichen Handlungsfelder das gute Leben sichern bzw. garantieren sollte - gerade auch die Zusammenfügung divergierender Tätigkeitsweisen schließt doch offensichtlich negative bzw. ambivalente Folgewirkungen nicht aus. In Walzers Konzeption einer kommunitaristischen Zivilgesellschaft sind augenscheinlich normative Prämissen eingelassen, die nicht im einzelnen ausgewiesen werden und die sich bei näherer Betrachtung als fragwürdig erweisen.

2.3 Die radikaldemokratische Zivilgesellschaft

Die Konzeption einer radikaldemokratischen Zivilgesellschaft haben Ulrich Rödel, Günter Frankenberg und Helmut Dubiel ausgearbeitet.[8] Die Autoren verknüpfen in ihrer Studie *Die demokratische Frage* drei Argumentationsstränge. Von Hannah Arendt übernehmen sie den Gedanken, daß *kommunikative Macht* in jenen Feldern entsteht, in denen Menschen gemeinsam handeln. Ferner greifen sie von Cornelius Castoriadis den Begriff der gesellschaftlichen *Imagination* auf, der die Setzung bzw. Neuschöpfung von Sinngestalten bezeichnet. Und schließlich geht in das Konzept der radikaldemokratischen Zivilgesellschaft die Vorstellung des *symbolischen Dispositivs der Demokratie* von Claude Lefort ein; damit ist, so läßt sich vereinfachend sagen, die Gesamtheit aller Anstrengungen gemeint, die auf die fortlaufende Demokratisierung der Gesellschaft abzielen. Rödel, Frankenberg und Dubiel bringen nun diese drei konzeptionellen Vorschläge bei ihrer Interpretation der Konstituierung demokratischer (Staats-)Gebilde zusammen. Die Etablierung demokratischer Gesellschaften - die Autoren der *Demokratischen Frage* orientieren sich vor allem an dem Selbstverständnis der Unabhängigkeitserklärung und der Bundesverfassung der USA - wird als kommunikativer, schöpferischer Gründungsvorgang begriffen, bei dem sich die Menschen als eine Assoziation von Freien und Gleichen anerkennen. In der Berufung auf sich selbst als freies und gleiches Volk "kommt die neue 'gesellschaftlich imaginäre Bedeutung' einer ihrer Geschichte und ihre Geschichte selbst bestimmenden civil society als weltlichem Souverän (...) zum Ausdruck"

---

8 Die von Reinhart Kößler und Henning Melber (1993: 60) skizzierte Vorstellung "einer *militanten* Zivilgesellschaft", die vor allem die internationale, weltgesellschaftliche Dimension berücksichtigt, läßt sich ebenfalls der radikaldemokratischen Version der Bürgergesellschaft zurechnen.

(Rödel/Frankenberg/Dubiel 1989: 58). Die Ausarbeitung einer freiheitlich-demokratischen Verfassung und die Erklärung der Menschenrechte werden als erste Akte der expliziten Instituierung beschrieben, mit denen sich die Zivilgesellschaft selbst als autonome und handlungsfähige Einheit auf den Weg bringt; zugleich damit hat das symbolische Dispositiv einer demokratischen Republik eine vorläufige, jedoch stets veränderbare institutionelle Umsetzung erfahren (vgl. ebd.: 106).

Im Vergleich zu traditionalen Gesellschaften verfügen Bürgergesellschaften über gänzlich veränderte Legitimationsgrundlagen. Die Geltungsgründe der zivilgesellschaftlichen Verfassung sind nicht religiös oder vernunftrechtlich verankert, sondern in sozialen Verständigungsverhältnissen situiert - die vertikale Verpflichtung der Untergebenen gegenüber einer transzendenten Machtquelle wird ersetzt durch die horizontale Verpflichtung, sich wechselseitig als gleiche und freie Bürger anzuerkennen. Rödel, Frankenberg und Dubiel bringen diesen legitimationstheoretischen Gedanken in der Formel zum Ausdruck, daß in zivilgesellschaftlichen Zusammenhängen die Stelle der souveränen Macht unbesetzt bleibt. *"Die Stelle der Macht wird buchstäblich leer."* (Rödel/Frankenberg/Dubiel 1989: 89) Zwar wird die Machtposition *faktisch* von gewählten Repräsentanten und Amtsträgern temporär besetzt, aber diese Macht kann sich nicht auf Dauer gegenüber den Assoziationen der Bürgergesellschaft verselbständigen, sondern bleibt von der symbolischen Praxis zivilgesellschaftlicher Akteure abhängig. Das Projekt einer autonomen, sich selbst regierenden Bürgergesellschaft ist mit dem Gedanken einer exterritorialen Machtquelle unvereinbar.

Die zivilgesellschaftliche Sphäre, die sich als ein Netzwerk von diskursiven Verständigungsforen konstituiert, ermöglicht nach Auffassung der drei Autoren einen "öffentlich artikulierten Selbstbezug der Gesellschaft" (Rödel/Frankenberg/Dubiel 1989: 163); damit ist offensichtlich gemeint, daß die zivilgesellschaftlichen Einrichtungen einen "reflexiven gesamtgesellschaftlichen Diskurszusammenhang" (ebd.) bilden, ja sich zu einer "imaginierten gesellschaftlichen Totalität" (ebd.: 162) verdichten. Rödel, Frankenberg und Dubiel heben dabei hervor, daß die symbolisch repräsentierten Autonomie- und Selbstbestimmungsansprüche, die die Aktivbürger diskursiv formulieren, den kritischen Maßstab abgeben, an dem soziale Institutionen sich messen lassen müssen. Dabei gilt, daß kein gesellschaftlicher Teilbereich ausgenommen ist; wirtschaftliche, rechtliche, wissenschaftliche und politische Institutionen stehen gleichermaßen zur Disposition. Die Autoren betonen freilich, daß diese Auffassung nicht auf einen Anti-Institutionalismus hinausläuft; Zielpunkt der sich selbst instituierenden Zivilgesellschaft ist nicht die Abschaffung aller institutionalisierten Handlungsformen, sondern die permanente Umgestaltung bestehender Einrichtungen. Insofern geht es bei den zivilgesellschaftlichen Bemühungen um die gleichmäßige Partizipation aller an der Macht - und nicht um die Abschaffung der Macht.

"Unsere Kritik, wohlgemerkt, entzündet sich am Traum vom Ende der Macht, von der Auflösung aller Konflikte und von einer sich selbst transparenten Gesellschaft. Wir halten gleichwohl an der Idee gleicher Partizipation aller an der Macht fest." (Ebd.: 126)

Interessanterweise verwerfen die drei Autoren am Ende auch den Gedanken einer sich selbst transparenten Gesellschaft, also einen Gedanken, der doch in ihre ursprüngliche radikaldemokratische Konzeption der Zivilgesellschaft mit eingeflossen war. Honneth (1992: 64) spricht zu Recht von (ungeklärten) "theoretische(n) Ambivalenzen" der Studie von Rödel, Frankenberg und Dubiel, die zwischen einer pragmatischen und einer utopi(sti)schen Auffassung unentschlossen hin und her schwankt: Während auf der einen Seite die politische "Imagination der von jeglicher Vormundschaft befreiten und zur gemeinsamen Selbstregierung entschlossenen" (Rödel/Frankenberg/Dubiel 1989: 103) Gemeinschaft als symbolisch-demokratische Grundlage der Zivilgesellschaft ausgegeben wird, wird auf der anderen Seite der Idee einer permanenten gesellschaftlichen Selbstorganisation (vgl. ebd.: 124) eine Absage erteilt.

2.4 Die diskurstheoretische Zivilgesellschaft

Die diskurstheoretische Konzeption der Zivilgesellschaft geht auf eine umfangreiche Studie von Jean L. Cohen und Andrew Arato (1992) zurück - nach Reinhard Markner (1994: 577) ruft der kompakte, über siebenhundert Seiten umfassende Band "die Assoziation eines Ziegelsteins" hervor -, in der die beiden Autoren das gesellschaftstheoretische Instrumentarium der Theorie des kommunikativen Handelns von Jürgen Habermas zur Beschreibung bürgergesellschaftlicher Einrichtungen herangezogen haben. Im Anschluß daran hat Habermas die

Vorstellung der Zivilgesellschaft aufgegriffen und in seiner rechtssoziologischen Arbeit *Faktizität und Geltung* konkretisiert. Die weiteren Überlegungen knüpfen an die Ausführungen von Habermas an.

Habermas begreift moderne Gesellschaften als komplexe Gebilde, in denen sich mit Lebenswelt und System zwei unterschiedlich strukturierte Handlungsbereiche gegenüberstehen.[9] Mit dem Begriff der (strukturell ausdifferenzierten) Lebenswelt werden diejenigen Bereiche gegenwärtiger Gesellschaften bezeichnet, die primär über Werte, Normen sowie sprachliche Verständigungsprozesse sozial integriert sind; nach Habermas bilden Privatsphäre und Öffentlichkeit die beiden institutionellen Ordnungen der Lebenswelt. Wirtschaft und politische Administration gelten ihm dagegen als mediengesteuerte, funktional verselbständigte Subsysteme, die primär über Mechanismen der systemischen Integration, etwa Tausch- und Machtmechanismen, zusammengehalten werden.

Der Lebenswelt, die auf die symbolische Reproduktion zugeschnitten ist, gehört dieser Auffassung zufolge auch die Sphäre der Bürgergesellschaft an, die sich aus (freiwilligen) Vereinigungen, Assoziationen und Bewegungen zusammensetzt. Die Zivilgesellschaft fällt somit nicht mit der Gesellschaft im ganzen zusammen,[10] sondern sie ist innerhalb des lebensweltlichen Teilbereichs situiert und hält gegenüber den mediengesteuerten Subsystemen von Wirtschaft und politischer Administration einen deutlichen Abstand.[11] Mit dem Gesagten wird allerdings nicht behauptet, daß mit den Begriffen der zivilgesellschaftlich strukturierten Lebenswelt und des Systems vollkommen abgekapselte gesellschaftliche Sphären gemeint sind, die sich wie

---

9 An dieser Stelle können die gesellschaftstheoretischen Überlegungen von Habermas nur angedeutet werden, zur systematischen Auseinandersetzung mit der in der Theorie des kommunikativen Handelns formulierten Vernunft-, Handlungs- und Gesellschaftskonzeption vgl. Kneer 1996.
10 Bei der Charakterisierung moderner Gesellschaften im ganzen verwendet Habermas dann auch nicht den Begriff der Zivilgesellschaft, sondern den der funktional differenzierten Gesellschaft; vgl. dazu den Beitrag von Georg Kneer/Gerd Nollmann in diesem Band.
11 Die Auffassung von Habermas, daß die zivilgesellschaftliche Sphäre außerhalb von Wirtschaft und Staat situiert ist, weist Parallelen mit Gramscis *societá civile* auf, vgl. dazu Alheit 1994: 288ff.

geschlossene Monaden überschneidungsfrei gegenüberstehen; vielmehr existieren nach Habermas zwischen beiden Bereichen vielfältige Austauschbeziehungen. Die beiden Funktionssysteme bleiben zur Lebenswelt hin geöffnet, so daß die kommunikative Alltagspraxis von außen auf Wirtschaft und Administration einwirken kann.[12] Zugleich wird vor einer Überschätzung des Gewichts bürgergesellschaftlicher Einrichtungen gewarnt; das diskurstheoretische Konzept der Zivilgesellschaft läßt sich als Versuch begreifen, den Einwirkungsmöglichkeiten öffentlich räsonierender Aktivbürger eine *vorsichtige* Lesart zu geben. Habermas (1992: 449) spricht im Anschluß an Cohen und Arato von einer "strukturell notwendigen 'Selbstbegrenzung'" zivilgesellschaftlicher Assoziationen - dem Projekt einer radikaldemokratischen Umgestaltung der modernen Gesellschaft wird eine Absage erteilt.

> "Allerdings darf die Zivilgesellschaft nicht als ein Fokus betrachtet werden, in dem sich die Strahlen einer Selbstorganisation der Gesellschaft im ganzen konzentrieren." (Habermas 1992: 449)

Die zivilgesellschaftlichen Einrichtungen verdichten sich, so Habermas, nicht zu einem *Steuerungszentrum*, das sämtliche sozialen Sphären kontrolliert und reglementiert. Die Akteure der bürgergesellschaftlichen Öffentlichkeit verfügen nicht über politische Macht (diese zirkuliert allein im politisch-administrativem System), sondern allenfalls über Einfluß; letztlich können sie allein auf *indirektem* Wege Resonanz innerhalb der Funktionssysteme erzeugen, da die von der Zivilgesellschaft ausgehenden Signale durch institutionalisierte Verfahren und Prozeduren gleich mehrfach gefiltert und in mediengerechte Eingaben verwandelt werden müssen.

> "Die Zivilgesellschaft kann unmittelbar nur sich selbst transformieren und mittelbar auf die Selbsttransformation des rechtsstaatlich verfaßten politischen Systems einwirken. Im übrigen nimmt sie Einfluß auf dessen Programmierung. Aber sie tritt nicht *an die Stelle* eines geschichtsphilosophisch ausgezeichneten Großsubjekts, das die Gesellschaft im ganzen

---

12 Selbstverständlich existieren auch Einwirkungsmöglichkeiten in der umgekehrten Richtung, also von den mediengesteuerten Subsystemen in Richtung der kommunikativen Alltagspraxis, die Habermas unter dem Begriff einer *Kolonialisierung der Lebenswelt* thematisiert, vgl. Habermas 1981: 445ff.

unter Kontrolle bringen und zugleich legitim für diese handeln sollte."
(Ebd.: 450)
Wenngleich Habermas, wie gesehen, den zivilgesellschaftlichen Einrichtungen die Fähigkeit zur Selbstorganisation der Gesellschaft abspricht, so bezweifelt er doch nicht deren "Fähigkeiten zur intersubjektiven Selbstverständigung" (Habermas 1985: 418); die bürgergesellschaftlich basierte Lebenswelt bildet zwar nicht das Steuerungszentrum, aber offensichtlich doch einen privilegierten Ort, gleichsam das *Beobachtungs- und Reflexionszentrum*, an dem das "reflexive Wissen der Gesamtgesellschaft" (ebd.) zu sich selbst kommt. Kritisch anzufragen wäre allerdings, ob diese Auffassung nicht im (offensichtlichen) Widerspruch zum Konzept der sich selbst begrenzenden Zivilgesellschaft steht; jedenfalls scheint es nach dem zuvor Gesagten keineswegs unproblematisch zu sein, der bürgergesellschaftlich verfaßten Lebenswelt - die doch lediglich, zumindest aus der Perspektive von Wirtschaft und Staat, ein Subsystem neben anderen bildet -, die Fähigkeit zuzusprechen, das Wissen der Gesamtgesellschaft verbindlich zu repräsentieren.

3. Resümee

Die Rekonstruktion gegenwärtiger Konzepte einer Zivilgesellschaft hat noch einmal darauf aufmerksam gemacht, daß sich hinter dem Begriff ein Konglomerat von unterschiedlichen, zum Teil divergierenden Vorstellungen und Theorien verbirgt. Dabei fällt auf, daß der Terminus der Zivilgesellschaft zwar häufig verwendet, meist aber nur vage umschrieben wird; eine theoretisch angeleitete Ausarbeitung des Begriffs, die auch weiterreichenden Ansprüchen an begrifflicher Abstraktion und Genauigkeit genügt, läßt sich nur in wenigen Fällen ausmachen. Ferner ist bemerkenswert, daß die unterschiedlichen Ansätze gegenseitig so gut wie keine Notiz voneinander nehmen; bei den einzelnen Versionen der Zivilgesellschaft scheint es sich um mehr oder weniger geschlossene Sprachspiele zu handeln, die nicht - zumindest nicht systematisch - auf konkurrierende Vorstellungen eingehen.

Eine abschließende Beurteilung wird sich mit diesen Beobachtungen, die eher die Oberfläche des zivilgesellschaftlichen Diskurses streifen, nicht begnügen können. Nachdem im zweiten Teil bereits auf einige immanente Unstimmigkeiten und Inkonsistenzen der einzelnen bürgergesellschaftlichen Ansätze hingewiesen wurde, gilt es an dieser Stelle einige kritische Bemerkungen, die den Paradigmenkern des Konzepts betreffen, vorzutragen. Das Konzept der Zivilgesellschaft unterliegt der Gefahr, so läßt sich ein erster Einwand bündeln, das Gewicht diskursiver und assoziativer Elemente in modernen Sozialzusammenhängen zu *überschätzen*. Mit dieser Kritik wird nicht bestritten, daß sich gerade auch in gegenwärtigen Gesellschaften freiwillige Zusammenschlüsse und öffentliche Verständigungsforen beobachten lassen, ebenso wird nicht bestritten, daß das Netzwerk spontan entstandener Vereinigungen durchaus über einen (wenngleich mehrfach gebrochenen) Einfluß auf Organisationen, Institutionen und gesellschaftliche Funktionsbereiche verfügt. Der Begriff der Zivilgesellschaft suggeriert m.E. jedoch die falsche Vorstellung, daß diesem Netzwerk von Assoziationen und Korporationen ein zentraler gesellschaftlicher Stellenwert zukommt, ja daß die zivilgesellschaftlichen Einrichtungen letztlich das Steuerungszentrum - bzw. in der diskurstheoretischen Version von Habermas: das Beobachtungszentrum - der modernen Gesellschaft bilden. Daß gegenwärtige Gesellschaften, die in sich vielfach differenziert und hochkomplex strukturiert sind, über ein solches Zentrum verfügen, scheint für sich bereits zweifelhaft zu sein; umso fraglicher erweist sich daher die Auffassung, daß es gerade zivilgesellschaftliche Einrichtungen sein sollen, die in einem solchen Zentrum situiert sind. Dirk Richter (1995) hat gegenüber den Konzeptionen der Bürgergesellschaft dann auch den Einwand vorgebracht, daß diese ein *unterkomplexes* Bild der Moderne zeichnen. Die Vielzahl von ökonomischen, politischen, rechtlichen, wissenschaftlichen usw. Kommunikationsströme moderner Gesellschaften lassen sich, so Richter, weder verbindlich reflektieren, noch kontrollieren oder gar steuern - kein zivilgesellschaftlicher Teil der Gesellschaft kann die Gesamtgesellschaft repräsentieren. Sieht man einmal von der diskurstheoretischen Version von Habermas ab, so implizieren die zivilgesellschaftlichen Vorstellungen offensichtlich eine *Entdifferenzierung* der Gesellschaft: Die Bürgergesellschaft negiert die eigensinnig strukturierten Steuerungsleistungen von Wirtschaft, Staat, Justiz und Wissenschaft bzw. versucht, diese von einer gesellschaftlichen Spitze aus zu kontrollieren; zugleich ignoriert sie institutionell verfestigte, bürokratisch geregelte Zuständigkeiten und Entscheidungswege. Der Begriff der Bürgergesellschaft scheint sich damit, nimmt man alles zusammen, von der gesellschaftlichen Realität weit zu entfernen; dies dürfte dann auch der Grund sein, warum das Konzept mit utopischen oder kontrafaktischen Momenten aufgeladen wird.

Ein weiterer Einwand richtet sich gegen die normativen Implikationen, die an den Begriff geknüpft sind. Offensichtlich nimmt der zivilgesellschaftliche Diskurs eine Aufwertung verständigungsorientierter, kooperativer Handlungsformen, hingegen eine Abwertung nicht-kommunikativer (strategischer, zweckorientierter, ökonomischer, bürokratischer) Handlungen bzw. Tätigkeitsfelder vor. Ein solch einfach gestrickter Dualismus erweist sich, wenngleich man ihm eine gewisse Suggestivkraft nicht absprechen kann, keineswegs als unproblematisch. Gegenüber der zivilgesellschaftlichen Auffassung wäre an die bereits von den soziologischen Klassikern formulierte Einsicht zu erinnern, daß sämtliche Handlungstypen mit positiven *und* negativen Folgewirkungen verbunden sein *können*; der bürgergesellschaftliche Diskurs tilgt, so läßt sich formulieren, bereits auf grundbegrifflicher Ebene die *Ambivalenz* sozialer Handlungen und Institutionen.

Auf die Frage, ob die gegenwärtige Gesellschaft sich als Zivilgesellschaft beschreiben läßt, fällt es angesichts der Vagheit und Ungenauigkeit der bürgergesellschaftlichen Vorstellungen schwer, eine positive Antwort zu geben; unter Hinzunahme der gerade erörterten Einwände wird man eher zu einer negativen Antwort tendieren. Allenfalls wird man sagen können, daß unsere Gesellschaft bürgergesellschaftliche Merkmale aufweist, die sich aber augenscheinlich nicht zu einem gesellschaftlichen Ganzen bzw. zu einem privilegierten Teilbereich der Gesellschaft verdichten. Eine zeitdiagnostische Konzeption, die die moderne Gesellschaft in ihrer ganzen Breite erfassen möchte, wird sich deshalb vom bürgergesellschaftlichen Diskurs belehren lassen, aber sie wird es ablehnen, den Begriff der Zivilgesellschaft als eine ihrer Schlüsselkategorien zu führen.

Literatur

Alheit, Peter 1994: Zivile Kultur. Verlust und Wiederaneignung der Moderne, Frankfurt/M./New York.
van den Brink, Bert 1995: Die politisch-philosophische Debatte über die demokratische Bürgergesellschaft, in: van den Brink, Bert/Willem van Reijen (Hg.): Bürgergesellschaft, Recht und Demokratie, Frankfurt/M., S. 7-26.
Brumlik, Micha 1991: Was heißt 'Zivile Gesellschaft'? Versuch, den Pudding an die Wand zu nageln, in: Blätter für deutsche und internationale Politik 36, S. 987-993.
Buttigieg, Joseph A. 1994: Gramscis Zivilgesellschaft und die 'civil-society'-Debatte, in: Das Argument 206, S. 529-554.
Cohen, Jean L./Andrew Arato 1992: Civil Society and Political Theory, Cambridge, London.
Dahrendorf, Ralf 1992: Moralität, Institutionen und die Bürgergesellschaft, in: Merkur 46, S. 557-568.
Dahrendorf, Ralf 1994: Der moderne soziale Konflikt. Essays zur Politik der Freiheit, Stuttgart.
Dahrendorf, Ralf 1995: Über den Bürgerstatus, in: van den Brink, Bert/Willem van Reijen (Hg.): Bürgergesellschaft, Recht und Demokratie, Frankfurt/M., S. 29-43.
Dubiel, Helmut 1994: Ungewißheit und Politik, Frankfurt/M.
Forst, Rainer 1993: Kommunitarismus und Liberalismus - Stationen einer Debatte, in: Honneth, Axel (Hg.): Kommunitarismus. Eine Debatte über die moralischen Grundlagen moderner Gesellschaften, Frankfurt/M., New York, S. 181-219.
Habermas, Jürgen 1981: Theorie des kommunikativen Handelns. Band 2, Zur Kritik der funktionalistischen Vernunft, Frankfurt/M.
Habermas, Jürgen 1985: Der philosophische Diskurs der Moderne. Zwölf Vorlesungen, Frankfurt/M.
Habermas, Jürgen 1992: Faktizität und Geltung. Beiträge zur Diskurstheorie des Rechts und des demokratischen Rechtsstaats, Frankfurt/M.
Hegel, Georg Wilhelm Friedrich 1972: Grundlinien der Philosophie des Rechts, Frankfurt/M., Berlin, Wien (Erstveröffentlichung: 1821).
Honneth, Axel 1992: Konzeptionen der 'civil society', in: Merkur 46, S. 61-66.
Keane, John 1988: Introduction, in: Keane, John (Hg.): Civil Society and State: New European Perspektives, London, New York, S. 1-31.
Kebir, Sabine 1991: Antonio Gramscis Zivilgesellschaft. Alltag - Ökonomie - Kultur - Politik, Hamburg.
Kersting, Wolfgang 1994: Die politische Philosophie des Gesellschaftsvertrags, Darmstadt.
Kneer, Georg 1996: Rationalisierung, Disziplinierung und Differenzierung. Zum Zusammenhang von Sozialtheorie und Zeitdiagnose bei Jürgen Habermas, Michel Foucault und Niklas Luhmann.

Kößler, Reinhart/Henning Melber 1993: Chancen internationaler Zivilgesellschaft, Frankfurt/M.

Koselleck, Reinhart 1991: Drei bürgerliche Welten? Theoriegeschichtliche Vorbemerkungen zur vergleichenden Semantik der bürgerlichen Gesellschaft in Deutschland, England und Frankreich, in: Michalski, Krzysztof (Hg.): Europa und die Civil Society. Castelgandolfo-Gespräche 1989, Stuttgart, S. 118-129.

Markner, Reinhard 1994: Freiwillige Selbstbegrenzung. Jean L. Cohens und Andrew Aratos Theorie der bescheidenen Revolution, in: Das Argument 206, S. 577-586.

Marshall, Thomas H. 1992: Bürgerrechte und soziale Klassen, Frankfurt/M., New York.

Marx, Karl 1971: Einleitung zur Kritik der Politischen Ökonomie, in: Marx, Karl/Friedrich Engels: Werke, Bd. 13, S. 615-642.

Marx, Karl 1972: Zur Judenfrage, in: Marx, Karl/Friedrich Engels: Werke, Bd. 1, Berlin, S. 347-377.

Marx, Karl 1983: Thesen über Feuerbach, in: Marx, Karl/Friedrich Engels: Werke, Bd. 3, Berlin, S. 5-7.

Marx, Karl/Friedrich Engels 1983: Die deutsche Ideologie, in: dies.: Werke, Bd. 3, Berlin, S. 9-530.

Richter, Dirk 1995: Zivilgesellschaft - Probleme einer Utopie in der funktional differenzierten Gesellschaft, Manuskript.

Riedel, Manfred 1975: Art. Gesellschaft, bürgerliche, in: Brunner, Otto u.a. (Hg.), Gesellschaftliche Grundbegriffe, Bd. 2, Stuttgart, S. 719-800.

Rödel, Ulrich/Günter Frankenberg/Helmut Dubiel 1989: Die demokratische Frage, Frankfurt/M.

Taylor, Charles 1991: Die Beschwörung der Civil Society, in: Michalski, Krzysztof (Hg.): Europa und die Civil Society. Castelgandolfo-Gespräche 1989, Stuttgart, S. 52-81.

Taylor, Charles 1993: Der Begriff der 'bürgerlichen Gesellschaft' im politischen Denken des Westens, in: Brumlik, Micha/Hauke Brunkhorst (Hg.): Gemeinschaft und Gerechtigkeit, Frankfurt/M., S. 117-148.

Walzer, Michael 1992: Zivile Gesellschaft und amerikanische Demokratie, Berlin.

Wellmer, Albrecht 1993: Bedingungen einer demokratischen Kultur. Zur Debatte zwischen Liberalen und Kommunitaristen, in: Brumlik, Micha/Hauke Brunkhorst (Hg.): Gemeinschaft und Gerechtigkeit, Frankfurt/M., S. 173-196.

Armin Nassehi

Risikogesellschaft

"Willkommen in der Welt hochriskanter Technologien!" (Perrow 1989: 15)

Daß wir in einer Risikogesellschaft leben, klingt plausibel. Sieht man auf den öffentlichen Diskurs über gesellschaftliche Probleme und Themen und beobachtet man, womit Medien und soziale Bewegungen am meisten Aufmerksamkeit erzeugen können, so wird man mit vielfältigen Risiken konfrontiert: Der Straßenverkehr birgt das Risiko enormer ökologischer, gesundheitlicher und volkswirtschaftlicher Schäden; die medizinische Therapierung von Krankheitszuständen birgt das Risiko unerwünschter, weil neue Krankheiten erzeugender Folgen; hochriskante Technologien im Nuklear-, Chemie- und Gentechnikbereich stellen sich als unsicherer dar, als es wissenschaftliche Expertenkommissionen oft behaupten; moderne Waffentechnologie mit ihren immer kürzer werdenden Vorwarnzeiten und ihrem immer größer werdendem Zerstörungspotential ist geradezu zum Symbol für die ganz neue Fähigkeit des Menschen geworden, seine Geschichte selbst zu beenden. Neben diesen eher technischen, auf den ersten Blick an das rationale Kalkül natur- und technikwissenschaftlicher Beobachtung der Welt gebundenen Risikothemen werden auch genuin soziale Probleme oftmals im Hinblick auf wachsende Risikopotentiale thematisiert: Von den Risiken der Überbevölkerung und der radikalen sozialen Ungleichheit im Weltmaßstab bis hin zu konjunkturellen wirtschaftlichen Risiken, von der Frage der Überlebensfähigkeit sich radikal individualisierender Gesellschaften bis hin zu den wirtschafts- und gesellschaftspolitischen Risiken des Zerfalls liberale Gesellschaften erst ermöglichender Wohlfahrtssysteme reicht die Palette öffentlicher Themen, mit denen wir tagtäglich konfrontiert werden.

All diese Themen verbindet ein gemeinsames Bezugsproblem: *die Unsicherheit darüber, welche Folgen gegenwärtiges Handeln für unmittelbare oder auch weitreichende Zukünfte hat.* Um zu handeln, bedarf es eines gewissen Vertrauens in die Folgen des Handelns. Es soll etwas bewirkt, hervorgebracht, schlicht getan werden, das die Situation, in der gehandelt wird, verändert. Andernfalls ist es nicht nötig zu handeln. Um aber entsprechende Kalküle für die Ausführung einer Handlung aufbauen zu können, bedarf es eines gewissen Wissens darüber, vielleicht sogar eines Vertrauens dazu, welche Folgen eine Handlung haben könnte. Dieses Vertrauen, so läßt sich zunächst recht abstrakt sagen, scheint zumindest im öffentlichen/veröffentlichten Diskurs unserer Zeit kaum zu bestehen. Noch die auf den ersten Blick banalsten Entscheidungen, Handlungen und Ideen werden in der Weise beobachtet, welche möglichen unbeabsichtigten Folgen, i.e. *Schäden* dadurch entstehen könnten.

Es ist sicher keine Übertreibung zu behaupten, daß sich im 20. Jahrhundert ein radikaler Bruch im Selbstverständnis der Moderne vollzogen hat (vgl. Nassehi 1996a). War die Moderne vor gut 200 Jahren angetreten, die Fesseln des Aberglaubens, der Religion und der Metaphysik hinter sich zu lassen, um den Lauf der Welt unter das Diktat der *eigenen, wissenschaftlich gesicherten Entscheidung* zu stellen (Comte), war der Geist historisch erst in jenem Zeitalter, in dem der Mensch zu rationaler Gestaltung der Welt fähig wurde, zu sich selbst gekommen (Hegel), und glaubte man daran, wenn wir die Geschichte schon nicht aus freien Stücken machten, daß wir sie allemal selbst machten (Marx), scheint sich das Vertrauen in die titanische Kraft des Menschen, in sein schöpferisches Potential doch merklich abgekühlt zu haben. Wir stehen heute vor einem Syndrom, nach dem weder der technisch-wissenschaftliche Fortschritt noch die gesellschaftliche Entwicklung es erlauben, jenen Glauben an die Gestaltungsfähigkeit des Menschen zu perpetuieren. Die heutige Moderne sieht sich eher im Horizont der Katastrophe denn im Horizont der Befreiung vom vormodernen Vorurteil, der Versöhnung der Menschen untereinander und der universalen Problemlösungskompetenz wissenschaftlicher Rationalität. Die heutige Moderne ist - glaubt man dem öffentlichen Diskurs - in der Tat eine *andere Moderne* als die Epoche, die unserem Zeitalter ihren Namen gegeben hat.

Sicher ist es der angedeutete Bruch im Selbstverständnis der modernen Gesellschaft, der Ulrich Becks Buch *Risikogesellschaft* (Beck 1986) zu jenem außerordentlichen Erfolg verholfen hat; und ebenso sicher hat Ulrich Beck den Nerv der Zeit eindeutig getroffen. Er hat es verstanden, ohne komplizierte Klassikerexegese, aber auch ohne die Anstrengung des Begriff im theoretischen Sinne, jedoch formuliert mit einer ungeheuren empirischen und diagnostischen Sensibilität, die Verunsicherung des Projekts der Moderne zu benennen. Der Begriff *Risikogesellschaft* wurde mit Becks Buch - erschienen übrigens im Jahr des AKW-Unfalls im damals noch sowjetischen Tschernobyl - zum *label* für eine Gesellschaft, die sich in der paradoxen Situation befindet, daß gehandelt werden muß, obwohl es dafür letztlich nicht die entsprechenden Grundlagen gibt. *Risikogesellschaft* ist eine Chiffre dafür geworden, daß "Wirklichkeit in zunehmendem Maße nach einem *Schematismus von Sicherheit und Gefahr* kognitiv strukturiert und wahrgenommen wird" (Lau 1989: 418).

Im folgenden geht es allerdings nicht darum, das Buch von Ulrich Beck im einzelnen zu besprechen. Vielmehr geht es um die Frage, in welcher Weise der Begriff *Risikogesellschaft* als theoretischer Begriff im Hinblick auf eine Zeitdiagnose der modernen Gesellschaft taugt. Ich werde dafür folgendermaßen vorgehen: Zunächst stelle ich einige Überlegungen zu einem *Soziologischen Risikobegriff* (I.) an, versuche unter den Stichworten *Alte Risiken* (II.) und *Neue Risiken* (III.) die Spezifika des gegenwärtigen Risiko-Syndroms herauszuarbeiten. Unter *Risiko, Gefahr, Rationalität* (IV.) schließlich kommen Fragen der gesellschaftlichen Risikobearbeitung zur Sprache. Der Beitrag endet mit der Frage *Risikogesellschaft?* (V.) und versucht sich an einer Antwort der erkenntnisleitenden Ausgangsfrage.

I. Soziologischer Risikobegriff

Die allgemeinste Fassung des Begriffs *Risiko* dürfte weitgehend unumstritten sein: Unter einem Risiko ist der in einer Handlungsgegenwart antizipierbare mögliche Schaden zu verstehen, der sich als Folge der gegenwärtigen Handlung ergeben könnte. Ein Risiko liegt also dann vor, wenn in der Gegenwart Unsicherheit über die Zukunft besteht (vgl. Kaufmann 1970: 168), da man diese noch nicht kennt und kennen kann (vgl. Luhmann 1990: 138). Der Risikobegriff thematisiert also das Problem der Zeitbindung, d.h. der Vorhersagbarkeit von Folgen jeweiliger Handlungsgegenwarten. Dieser sehr allgemeine Risikobegriff ist noch nicht besonders tiefenscharf, denn er besagt letztlich nichts anderes, als daß von Risiko dann die Rede sein soll, wenn sich aus gegenwärtigen Handlungen mögliche Gefahren in der Zukunft ergeben könnten. Ein solcher Risikobegriff ist sowohl im Kontext etwa von Fragen der Fertigungstechnik einer "riskanten" Maschine relevant - die Materialtoleranz muß aufgrund möglicher schadensrelevanter Belastungen erhöht werden -, als auch im Kontext etwa versicherungswirtschaftlicher Kalkulationen - das Unfallrisiko bei jungen Fahrern von alten, rostigen GTI-Modellen muß über höhere Prämien bewältigt werden -, oder auch in sozialwissenschaftlichen Abhandlungen über das Phänomen, daß immer mehr Entscheidungsgegenwarten im Horizont unsicherer Zukünfte stehen.

Ein *soziologischer* Risikobegriff muß allerdings mehr leisten als es dieser sehr allgemein gehaltene Risikobegriff vermag. Wenn es stimmt, daß sich soziologische Beobachtungen der Welt von anderen insbesondere dadurch unterscheiden, daß es ihnen in erster Linie auf die sozialen Konstitutions- und Konstruktionsbedingungen von Wirklichkeit und weniger auf die (quasi-)ontologische, unabhängig von sozialen Prozessen entstandene Wirklichkeit ankommt (vgl. dazu etwa Berger/Luckmann 1970), so hat ein *soziologischer* Risikobegriff nicht nach dem Risiko als ontologischem Objekt zu fragen. Ein *soziologischer* Risikobegriff hat vielmehr danach zu fragen, unter welchen Bedingungen etwas als Risiko behandelt wird und unter welchen nicht - eine theoretische Selbstzumutung, der sich weite Teile des soziologischen Risikodiskurses leider nicht aussetzen. Es ist Wolfgang Krohn und Georg Krücken zuzustimmen, wenn sie von einer "auffälligen Unentschlossenheit" (Krohn/Krücken 1993: 9) der soziologischen Risikoforschung im Hinblick auf einen angemessenen Risikobegriff sprechen. Die beiden Autoren machen im soziologischen Risikodiskurs eine Spannung zwischen *Risiko-Objektivismus* und *Risiko-Konstruktivismus* aus, also zwischen einer Position, die Risiken als objektiv zu bestimmende Sachverhalte ansieht, deren soziologische Relevanz in der Frage des Umgangs mit ihnen liegt, und einer Gegenposition, die sich ausschließlich für sozial vermittelte Risikoselektion interessiert, nicht aber für deren "realen" Hintergrund. Vertreter dieser beiden Seiten sind zum einen Beck, der in der Tat von einem gewissermaßen *objektiven* Bestand von Risiken ausgeht,[1] zum anderen Mary Douglas und Aaron Wildavsky (1993), deren kulturso-

---

1 Ähnlich der Vorwurf von Bonß (1991: 260) gegenüber Becks *Risikogesellschaft*.

ziologische und -anthropologische Perspektive sich ausschließlich für die kulturelle Konstruktion von Risikosemantiken interessiert. Krohn und Krücken plädieren sehr zu Recht dafür, daß die beiden Perspektiven nicht gegeneinander ausgespielt werden dürfen (vgl. Krohn/Krücken 1993: 10ff.), bewegt sich soziologisches Denken doch stets innerhalb des paradoxen Verhältnisses zwischen *Wahrnehmung* und *Wirklichkeit*: Nur was *wirklich* ist, wird auch *wahrgenommen*, obgleich nur das, was sozial *wahrgenommen* wird, auch als *wirklich* behandelt werden kann.[2] Im Klartext: Daß es riskante, weil schadensrelevante Ereignisse im sozialen Raum "gibt", ist nur die andere Seite der Medaille, daß die soziologische Relevanz von Risiken darin besteht, durch welche sozialen Prozesse sie erstens *erzeugt* und zweitens *verarbeitet* werden. Insbesondere Fragen der Verarbeitungsstrategien und -prozesse sind es, die für eine soziologische Risikoforschung relevant sind. So hat sich die Risikosoziologie nicht allein damit zu beschäftigen, daß es Risiken gibt, sondern vor allem damit, ob die soziale Wirklichkeit gesellschaftlich mit dem *Schematismus von Risiko und Sicherheit* beobachtet wird. Ein Beispiel: Daß im antiken Griechenland und Rom Wälder abgeholzt wurden, um das Holz zu verfeuern oder zu Schiffen zu verarbeiten, hat eine verstärkte Bodenerosion an den Küsten hervorgebracht, also ohne Zweifel einen *Schaden*. Es handelte sich aber keineswegs um eine *riskante Strategie*, weil der Horizont ökologischer Schäden in der kulturellen Semantik schlicht nicht vorhanden war und somit die gegenwärtige Entscheidung des Abholzens nicht im Horizont seiner Waldschadensrelevanz getroffen wurde. Wer aber heute in Gegenwart von Kindern ein Streichholz entzündet, muß sich womöglich von besonders sensibilisierten Zeitgenossen die Frage gefallen lassen, ob dies nicht langfristige Schäden für deren physische und psychosoziale Entwicklung haben könnte, wird doch immerhin ein ziemlich giftiges Schwefelgemisch abgebrannt und fördert das aufgrund der Holzfeuerung entstehende CO_2 doch sogar den Treibhauseffekt.[3] Diese beiden Beispiele mögen verdeutlichen,

---

2   Zur systemtheoretischen Fassung des Problems vgl. Nassehi 1992, zur allgemeinen Frage "konstruktivistischer" Soziologie vgl. Knorr-Cetina 1989.
3   Ein - zugegebenermaßen - etwas übertriebenes, aber nicht ganz undenkbares Beispiel, das in der Übertreibung die Struktur des Problems deutlich machen dürfte. Um noch etwas erkenntnisförderndem Spott draufzusetzen:

daß die *soziologisch relevante Bedeutung* von Risikophänomenen nicht im technisch-operativen Bereich von Handlungen oder Entscheidungen zu sehen ist, sondern darin, in welcher Weise schadensrelevante Handlungen oder Entscheidungen sozial verarbeitet werden. Es kommt also, um die Unterscheidung von Krohn und Krücken noch einmal aufzunehmen, sowohl auf den *objektiven* Aspekt - was an Schadensreleventem geschieht - als auch auf den *konstruktivistischen* Aspekt an - *wie* es sozial erzeugt und bearbeitet wird.

Niklas Luhmann hat diesen Sachverhalt in den Horizont seiner *Beobachtungstheorie* gestellt. Luhmann faßt jede Handhabung von Unterscheidungen als Beobachtung. Von einer Beobachtung *zweiter Ordnung* spricht er dann, wenn der Gegenstand der Bobachtung selbst wieder eine Beobachtung ist, wenn also nicht einfach Sachverhalte, Objekte, Prozesse o.ä. beobachtet werden, sondern wenn beobachtet wird, wie und von wem Sachverhalte, Objekte, Prozesse o.ä. beobachtet werden. Der Begriff der Beobachtung zweiter Ordnung stellt für Luhmann den entscheidenden Schlüssel für einen elaborierten soziologischen Risikobegriff dar[4]:

> "Von Risiko kann man, wie immer man den Begriff faßt, nur sprechen, wenn man voraussetzt, daß derjenige, der ein Risiko wahrnimmt und sich eventuell darauf einläßt, bestimmte Unterscheidungen macht, nämlich die Unterscheidung von guten und schlechten Ergebnissen, Vorteilen und Nachteilen, Gewinnen und Verlusten sowie die Unterscheidung von Wahrscheinlichkeit oder Unwahrscheinlichkeit ihres Eintreffens. Jemand, der sich riskant verhält, etwa im Straßenverkehr riskant überholt oder mit einem Schießwerkzeug spielt, mag dies zwar als Beobachter erster Ordnung tun. Sobald er überlegt, ob er sich auf ein Risiko einlassen soll, beobachtet er sich selbst aus der Position eines Beobachters zweiter Ordnung; und erst dann kann man eigentlich von Risikobewußtsein oder Risikokommunikation sprechen ..." (Luhmann 1991: 135)

Ein so gefaßter Risikobegriff interessiert sich also nicht nur für die tatsächliche Existenz bzw. die Möglichkeit von Schäden im Hinblick auf einen Nutzen, sondern er stellt darauf ab, ob mögliche Schäden im Horizont von Handlungsentscheidungen auftauchen, ob also Schäden

---

Die gleichen Kritiker werden sicher ein zünftiges Lagerfeuer ob seines ursprünglichen, zivilisationskritischen Charakters für besonders kinderfreundlich halten - wenn es nicht von einem Streichholz entzündet wird.

4 Eine weitere Explikation der Luhmannschen Beobachtungstheorie ist hier nicht vonnöten. Vgl. dazu aber einführend Kneer/Nassehi 1994: 95ff.

gewissermaßen als Möglichkeit miterwartet werden und so die Entscheidung für bestimmtes Handeln oder Unterlassen mitbestimmen.[5] Eine Soziologie des Risikos hat demnach stets mit dem Problem der Bearbeitung von *Unsicherheit* (vgl. Evers/Novotny 1989; Bonß 1991; Evers 1993) sowie mit dem Problem von *Entscheidungen* zun: Alles was geschieht, kann individuellen oder kollektiven Akteuren zugerechnet werden, deren Entscheidungen im Hinblick auf eine unsicher bleibende Zukunft beobachtet werden.

II. Alte Risiken

Die Erfahrung von Unsicherheit ist selbstverständlich kein ausschließlich modernes Phänomen. Vielleicht kann man sogar so weit gehen, die Entstehung kultureller Sinnwelten, gesellschaftlicher Semantiken und Weltbilder als soziale Technik der Verarbeitung von Unsicherheit zu werten: Immerhin schränken soziale Erwartungsstrukturen den Horizont der Welt in der Weise ein, daß die prinzipiell denkbare unendliche Bandbreite möglicher Ereignisse auf solche eingeschränkt wird, die man mit einiger Sicherheit erwarten kann. Diese strukturbildende Funktion kultureller Weltdeutung aber mit dem Begriff der Risikobearbeitung zu belegen, würde sowohl die Funktion von Weltbildern - insbesondere für vormoderne Gesellschaftsformationen - als auch das Spezifikum von Risikobewußtsein verkennen. Wie soeben gezeigt, soll unter *Risiko* allein derjenige Mechanismus verstanden werden, unter dem Handlungen und Entscheidungen daraufhin beobachtet werden, *daß* sie eine unbekannte Zukunft konditionieren, d.h. daß sie unbeabsichtigte Nebenfolgen haben, also Schäden verursachen könnten. Diese Konstellation - hier folge ich einer Typologie von Christoph Lau - ist vormodernen Sozialformen noch fast unbekannt. In *traditionellen Gesellschaften*, so Lau, werden *Risiken* zwar individuell erlebt, sind

---

5 Risiken lassen also das Doppelgesicht des Entscheidens - möglicher Nutzen vs. möglicher Schaden - reflexiv werden. In einer Formulierung Gotthard Bechmanns: "Durch die Risikokalkulation werden zwei Dinge gleichzeitig versucht: den Vorteil zu nutzen, den die Zukunft anbietet, und den Schaden zu begrenzen, der womöglich durch diese Handlung entsteht. Risiko ist damit die Form der Entscheidung, die an sich selbst reflexiv wird. Sie will sich selbst korrigieren können" (Bechmann 1993: 244).

aber an konkrete Gruppenkodices gebunden:

"Traditionelle Risiken sind ... *sozial normiert und sanktioniert.* Sie wirken gemeinschaftsstiftend, regeln Gruppenzugehörigkeiten und stabilisieren Gruppengrenzen. Diese Funktion der Zugehörigkeitsregelung wird besonders deutlich bei Risiken wie dem Duell, der Mensur, den Wanderjahren der Handwerksgesellen, die den Doppelcharakter von Risiken als Pflicht und Privileg herausstellen." (Lau 1989: 421)

Risiken sind hier also an die ständische Positionierung, an Ehre und Satisfaktionsfähigkeit, an bestimmte normative Habitusmerkmale gebunden, deren Sicherheitsaspekt weniger in der Sache selbst liegt, sondern eher in der das soziale Gefüge und soziale Distinktionsfähigkeit stabilisierenden Funktion.[6] Denn "alle nicht gruppenspezifischen Gefahren wurden in vormodernen Gesellschaften nicht als Risiken in diesem Sinne begriffen, sondern als *allgemeine irdische Lebensgefährdungen* (Epidemien, Unfälle, Naturkatastrophen, Kriegsfolgen)" (ebd.), die man *eben nicht* auf Entscheidungen von irdischen Akteuren, allenfalls Gott zurechnen kann.

War riskantes Verhalten in den geschilderten Fällen also eher in traditionelle Gruppenbindungen und in das hierarchische Gefüge ständischer Gesellschaftsordnungen eingelassen und damit als solches kaum sichtbar, tritt bewußt riskantes Verhalten vor allem im Kontext der Entstehung des Fernhandels auf: Kaufleute haben sich den *Unwägbarkeiten* des Transports oder der Beschädigung von Waren nicht wie einem Schicksal unterworfen, sondern diese Probleme als *Wägbarkeiten* entweder bewußt einkalkuliert, um besonderen Gewinn zu machen, oder aber in die ökonomische Kalkulation des Geschäfts miteingebaut (vgl. Bonß 1991: 263). Neben diesem Element einer *Beobachtung zweiter Ordnung des riskanten Verhaltens* - gemäß dem oben erarbeiteten soziologischen Risikobegriff - entwickelt sich im Handel bereits ein Bewußtsein für das Problem der *Risikodistribution*, also der Frage, auf wessen Kosten (negative) Folgen von Entscheidungen zu verrechnen sind. Die Ausgangsfrage *Wem wird das Risiko zugerech-*

---

6 Reste einer solchen Risikokultur lassen sich auch heute noch beobachten: Man denke nur an Extremsportarten, deren Medienresonanz durch gescheiterte Versuche (abgestürzte Bergsteiger, verunglückte Rennfahrer etc.) erst stabilisiert wird, oder an das immer noch wirksame Ideal des männlichen Hasardeurs, dem kein Überholmanöver zu gefährlich, keine Schlägerei zu heftig und keine Frau zu schön ist.

net? - etwa: dem Empfänger oder dem Sender von Waren - ist laut Bonß unter Rekurs auf Kluges *Etymologisches Wörterbuch der Deutschen Sprache* semantisch für Italien seit dem 14. und für Deutschland seit dem 16. Jahrhundert bezeugt (vgl. ebd.: 264). Herrschte hier also schon ein sowohl sachlich/zeitliches als auch soziales Risikokalkül vor, so handelte es sich doch auch hier noch um in erster Linie zeitlich und individuell begrenzte Risikophänomene.

Von Risiken und damit auch von dem Phänomen einer *Risikogesellschaft* im engeren Sinne ist erst im Zusammenhang mit der Kollektivierung sowohl des Nutzens als auch des Schadens zu sprechen, wie sie im Zuge der Modernisierung der Gesellschaft, insbesondere durch den radikalen Wandel von der primär bäuerlichen und handwerklichen Subsistenzwirtschaft zur industriellen Produktion Wirklichkeit werden sollte. Die Entstehung fabrikmäßiger Produktion, bürokratischer Verwaltung sowie die damit in Zusammenhang stehende Trennung öffentlicher und privater Sphären der Gesellschaft haben zu radikalen Umstellungen in der sozialen Lagerung von Personen innerhalb der Gesellschaftsstruktur geführt. Einen Begriff von Karl Marx aufnehmend, beschreibt Ulrich Beck diesen Prozeß als *Freisetzungsprozeß* (vgl. Beck 1986, S. 113ff.): Mit der Enttraditionalisierung der Lebensformen werden Menschen mehr und mehr aus alten Versorgungs- und Sicherungsbezügen entlassen und finden sich auf einem (Arbeits-)- Markt der Möglichkeiten vor, der aus Angehörigen fester, auf Mutualität, Versorgung und Solidarität basierender Gruppen *Individuen* macht, die zugleich radikal auf sich selbst zurückgeworfen werden *und* sich in den Zwängen eines abstrakten, universalistischen und voll durchrationalisierten Arbeitsmarktes vorfinden. Erwartbare und nicht erwartbare *Schäden* - Arbeitslosigkeit, Krankheit, Alter, Invalidität etc. - tauchen nun im Horizont des Verhaltens von Individuen auf. Biographische Verläufe, verstanden als eine Kette von Entscheidungen, werden per se zu einer selbsttragenden, riskanten Struktur, deren kognitiver Horizont sich vor allem durch eines auszeichnet: *eine unbekannt bleibende, zwischen Gelingen und Scheitern oszillierende Zukunft.*[7]

---

7 Zur Frage der *Biographisierung von Lebenslagen* bei gleichzeitiger *Standardisierung des Lebenslaufs* vgl. Kohli 1985; Beck 1986: 205ff., Schimank 1988; Nassehi/Weber 1990; Wohlrab-Sahr 1992.

Individuelle Lebenslagen werden riskant, weil ihnen der schützende und stützende Bezug zu alternativlosen Gruppen fehlt. Zwar wird die Enttraditionalisierung der Lebensformen noch einige Zeit durch mileugenerierende Großgruppen - Klassen, Konfessionen etc. - abgefedert, mehr und mehr aber schreitet die Individualisierung von Lebenslagen, die Entlassung auch aus solchen posttraditionalen Großgruppen voran.[8] Dies hat einen doppelten Effekt: *Daseinsvorsorge wird nun zugleich zu einem individuellen wie zu einem kollektiven Problem.* War Daseinsvorsorge unter subistenzwirtschaftlichen Bedingungen in der Vormoderne das Ergebnis gleichsam naturwüchsig entstandener Gruppenprozesse, wird Daseinsvorsorge nun zum individuellen und gesellschaftlichen Problem. Als *individuelles* Problem erscheint sie, weil erwartbare Schäden den einzelnen als Individuum treffen: Wer krank wird, kann nicht mehr arbeiten und sich somit nicht mehr versorgen. Wer keine Arbeit findet, kann seinen Lebensunterhalt nicht bestreiten usw. und fällt *als Individuum* aus dem gesellschaftlichen System materieller Reproduktion heraus. Als *gesellschaftliches* Problem dagegen erscheint die Daseinsvorsorge, weil das Herausfallen größerer Bevölkerungsgruppen aus beschäftigungsbedingten Versorgungslagen durch Krankheit, Konjunkturschwankungen, nachlassende Arbeitskraft usw. die Integrität staatlicher Gemeinwesen empfindlich stört. Wie Franz-Xaver Kaufmann (1970: 106ff.) hervorgehoben hat, wird *soziale Sicherheit* zu einem gesamtgesellschaftlichen Problem und damit zu einem hohen kulturellen Wert. Es entwickelt sich ein *Risikobewußtsein* für die sog. *soziale Frage*, und die entscheidende Technik der gesellschaftlichen Risikobearbeitung wird in der Entstehung wohlfahrtsstaatlicher Verfahren der kollektiven Daseinsvorsorge, im *Vorsorgestaat* (vgl. Ewald 1993), gefunden.

Jene *industriell-wohlfahrtsstaatlichen Risiken*, wie Lau (1989: 422) sie nennt, lassen sich als *Vergesellschaftung individueller Risiken durch Versicherung* beschreiben. Versicherungen sichern das statistische *individuelle* Risiko eines Schadens durch Umlage der individuellen Schäden auf das *Kollektiv* aller möglichen Schadensopfer ab. *Individuelle Risiken* werden behandelt wie *kollektive Risiken*,

---

8 Vgl. dazu die Beiträge von Rolf Eickelpasch und Markus Schroer in diesem Band.

was die Folgen eingetretener Schäden sowohl für Individuen wie für das Gemeinwesen abmildert. Der (wohlfahrts-)staatlich organisierte obligatorische Versicherungsschutz ermöglicht eine rationale Kalkulation und Beherrschbarkeit von Risiken (vgl. Krohn/Krücken 1993: 19). Nach diesem "Weltmodell der *Wahrscheinlichkeit*" (Bonß 1991: 267) gelten Risiken als *durch Berechnung beherrschbar*, wie Max Weber das Selbstverständnis der wissenschaftlich-technischen Zivilisation ausdrückt.[9] Der individuell aufgetretene Schaden vermag es nicht, diese Sicherheit, diesen Glauben an die Beherrschbarkeit der Welt zu gefährden, da das wissenschaftlich definierbare industriell-wohlfahrtsstaatliche Risiko-Kalkül Risiken prinzipiell für *versicherbar* hält.

Damit ist jedoch nicht nur die Versicherung im Sinne des *Assekuranzwesens* gemeint, sondern jegliche Art von Sicherheitstechnik. Das stolze Selbstbewußtsein gerade der technischen Formierung der Welt besteht ja gerade darin, daß man die Welt durch angemessene Berechnung und entsprechende Techniken tatsächlich beherrschbar machen kann. Gerade mit dem Begriff der Kausalität meint man, ein technisches Kalkül zur Hand zu haben, das genau genommen erwartbare Schäden und Schadensverläufe bereits in der gegenwärtigen Gegenwart als zukünftige Gegenwart antizipieren können muß. Im Klartext: Das (industriell-)technische Selbstverständnis geht davon aus, daß man zukünftige Zustände an den Bedingungen der Gegenwart ablesen kann, daß sich in technischen Systemen zukünftige Ereignisse also in der Gegenwart determinieren lassen. Tritt dann doch ein Schaden ein, muß man lediglich feststellen, daß falsch geplant wurde bzw. daß man nicht über genügend Determinationswissen verfügte. Unsicherheit gilt jedenfalls als vermeidbar, da man *mit Risiken nicht nur rechnen muß, sondern auch rechnen kann.*

---

9 Max Weber charakterisiert das wissenschaftliche Weltbild bekanntlich nicht als ein solches, das von sich behauptet, die Welt bereits in toto zu beherrschen und damit alle Unwägbarkeiten abgeschafft zu haben, sondern daß man, "wenn man *nur wollte*", die gesamten Grundlagen unserer Lebensbedingungen "erfahren *könnte*, daß es also prinzipiell keine geheimnisvollen unberechenbaren Mächte gebe, die da hineinspielen, daß man vielmehr alle Dinge - im Prinzip - durch *Berechnen beherrschen* könne" (Weber 1994: 9).

Letztlich funktioniert auch dieses Modell auf dem Boden des Weltmodells der Wahrscheinlichkeit: Die Berechnung der Schadenswahrscheinlichkeit einer Technik bildet die Grundlage für die Berechnung der einzusetzenden Technik. Die prominentesten Instrumente sind der Einsatz von *Redundanzen* und von *Reserven*: Einem Automobil werden zwei Bremskreise eingebaut, um den Ausfall eines Kreises kompensieren zu können; Transatlantikflüge dürfen nur mit Maschinen durchgeführt werden, die mindestens drei Triebwerke besitzen, andernfalls muß die Route so gewählt werden daß in einer angemessenen Zeit ein Flughafen stets erreichbar bleibt; Atomkraftwerke werden mit mehreren unabhängigen Kühlsystemen ausgestattet; Kondome müssen im Test Ausdehnungen aushalten können, die man in praxi wohl kaum vorfindet usw.

III. Neue Risiken

Wie wir wissen, kommt es trotzdem immer wieder zu Unfällen, Katastrophen und Pannen, die den zugrundeliegenden Berechnungen geradezu spotten. Wie eine glänzende Studie des amerikanischen Organisationssoziologen Charles Perrow über Risiken der Großtechnik demonstriert, funktioniert dieses Kalkül auch nahezu fehlerlos - allerdings mit dem nicht zu vernachlässigenden Nachteil, daß es erst *nach* Schadenseintritt wirklich zufriedenstellend arbeitet. Untersuchungskommissionen können "erst nachträglich mit Bestimmtheit angeben, was in dieser Situation falsch gemacht wurde und was man stattdessen hätte tun sollen" (Perrow 1989: 24). Es ist eine *Gegenwart* eingetreten, die man trotz zur Verfügung stehender Kenntnisse der physikalischen, chemischen, elektronischen und sonstigen Erfahrungswerte nicht als *gegenwärtige Zukunft* hat antizipieren können. Es liegt nahe, solche Störungen auf menschliches Versagen, also Bedienungsfehler oder falsche Einschätzungen der Situation zurückzuführen. Wie Perrow jedoch zeigt, unterstellt eine solche Zurechnung ein Zuviel an Linearität, d.h. an Kausalattributionen auf einem homogenem Zeitstrahl, an dem man Wirkung und Ursache eindeutig und im besten Falle sogar antizipativ zurechnen kann (vgl. ebd.: 125f.). Eine solche Perspektive verkennt, daß unfallträchtige technische Anlagen in den seltensten Fällen lineare Systeme sind. Perrows Analyse macht deutlich, daß es sich bei diesen stets um komplexe Systeme handelt. In solchen Systemen liegt eine Gleichzeitigkeit linearer Ereignissukzessionen vor, die man gerade wegen ihrer Gleichzeitigkeit nicht als deterministische Relation beobachten darf. Sobald man den Indeterminismus komplexer Systeme sieht, bekommt man in den Blick, daß man mit steigender Komplexität vermehrt das Unerwartete erwarten muß, da sich eindeutige Erwartungen einer zukünftigen Gegenwart als simplifizierende Phänomenreduktionen decouvrieren. Dazu Perrow:

> "Die Vorstellung von unerwarteten Interaktionen wird uns allen immer vertrauter. Diese Vorstellung kennzeichnet unsere gesellschaftliche und politische Welt ebenso wie die der Technik und der Industrie. Je mehr die Größe von Systemen und die Anzahl der Funktionen wächst, die sie erfüllen sollen, je feindlicher die Systemumwelten werden und je mehr sich die Systeme miteinander verzahnen, desto undurchschaubarer und unerwarteter sind die Interaktionen, die zwischen ihnen auftreten, und desto verletzlicher werden die Systeme gegenüber Systemunfällen." (Ebd.: 107)

Solchen Systemen fehlt diejenige Funktionsstelle, von der her die Zukunft der gegenwärtigen Operationen eineindeutig überschaut, damit kalkuliert und in ihren Konsequenzen vollständig antizipiert werden kann. Das - neue - Risiko von Risikotechnologien besteht also darin, daß mit der wachsenden Komplexität der großtechnischen Systeme und der Gleichzeitigkeit funktional spezifizierter Systemkomponenten die Unsicherheit der Zukunftsvorsorge und damit die Unkalkulierbarkeit der Systemprozesse wächst. Perrow zeigt anhand vielfältiger Beispiele,[10] daß gerade in großtechnischen Systemen mit eng gekoppelten Systemkomponenten[11] und komplexen Interaktionen[12] exakt das

---

[10] Beonders lesenswert ist die Fallstudie über die Beinahe-Katastrophe im Atomkraftwerk *Three Mile Island* bei Harrisburg, Pennsylvania, im Frühjahr 1979 (Perrow 1989: 33-55), 7 Jahre vor dem ebenso "ganz normalen Unfall" (ebd.: 33) im ukrainischen Tschernobyl.

[11] Eng gekoppelt sind Systemkomponenten dann, wenn diese hochgradig und gleichzeitig voneinander abhängig sind, etwa in Atomkraftwerken, in denen alle Systemkomponenten gleichzeitig funktionieren müssen, um den Ablauf zu gewährleisten, während in einem lose gekoppelten System wie etwa in der verarbeitenden Industrie die Systemkomponenten ohne Schaden getrennt voneinander laufen können, was sowohl personelle, sachliche als auch zeitliche Ressourcen des Störungsmanagements ermöglicht (vgl. das Schaubild in Perrow 1989: 136). Insbesondere die fehlende Zeit in eng gekoppelten Systemen macht angemesse Reaktionen unwahrscheinlich (vgl. Japp 1990: 48f.).

[12] Unter Interaktionen wird das Zusammenspiel von Operationen in techni-

verlorengeht, was das Selbstbild der *klassischen* wissenschaftlich-technischen Zivilisation ausgemacht hat: *die Welt durch Berechnung beherrschen zu können.*

In der Risikosoziologie spricht man im Zusammenhang mit zunehmend zu erwartenden Schäden - nicht nur im Hochtechnologiebereich - von *neuen Risiken* (vgl. Lau 1989: 423) oder *evolutionären Risiken* (vgl. Krohn/Krücken 1993: 21). Das Neue an den neuen Risiken liegt keineswegs nur in der Tragweite der möglichen Schäden, sondern vor allem im völlig neuen Verhältnis zwischen Entscheidung/Handlung und Schaden: Schäden im Sinne unerwarteter bzw. unerwartbarer Handlungsfolgen werden nicht mehr als Ausnahme, nicht mehr nur als Ergebnis falscher Planung oder menschlichen Versagens angesehen. Vielmehr zeichnet das neue Risikobewußtsein eine spezifische *Erwartung des Unerwarteten* aus: Das Vertrauen in die Zuverlässigkeit wissenschaftlich geplanter, technisch formierter und bürokratisch verwalteter Techniken geht eindeutig zurück (vgl. Giddens 1995: 43ff.), so daß man eher mit den Nebenfolgen als mit den geplanten Folgen von (riskanten) Entscheidungen rechnen muß.

Aufgrund des Fehlens eines eindeutigen rationalen Kalküls für die quantitative Bestimmung des Risikos aufgrund nicht nur der Unbekanntheit, *ob* eine unerwünschte Folge eintritt, sondern *welche* Folge eintreten wird, sind neue Risiken *nicht versicherbar*. Die Versicherbarkeit wohlfahrtsstaatlicher bzw. technischer "alter" Risiken besteht ja gerade darin, daß man genau wußte, *wogegen* man sich zu versichern hat, *wieviel* der Schaden kostet und *wer* den Nachteil eines Schadens zu tragen hat. Dies ist bei *neuen Risiken* nicht mehr der Fall, wie Lau sehr deutlich zeigt:

- Es kommt hier zu einem "*systematischen Auseinanderfallen von Risikoverursachung und Risikobetroffenheit*", wenn man etwa an die Folgen großtechnischer Unfälle denkt;
- man hat es hier mit "*kollektiven Effekten vieler Individualhand-*

---

schen Systemen verstanden. Von *linearen Interaktionen* ist dann die Rede, wenn Ereignisse innerhalb eines Betriebsablaufs gut sichtbar und kalkulierbar eintreten. *Komplexe Interaktionen* dagegen sind schwer zu durchschauen, unvertraut, unerwartet, ungeplant und unkalkulierbar (vgl. Perrow 1989: 115).

lungen" zu tun, bei denen letztlich wenig schadensrelevante Einzelhandlungen zu großen Schäden (z.B. Umweltverschmutzung) kumulieren;

- Schäden sind in der Regel nicht monetär auszugleichen, da sich etwa Umwelt- und Gesundheitsschäden jener Logik entziehen, die für die besitzindividualistischen und arbeitsmarktförmigen Risiken des industriell-wohlfahrtsstaatlichen Regimes sowohl für die Kapital- wie die Arbeitsseite galten;

- das kulturelle Selbstbewußtsein der europäischen Moderne wird erschüttert, ein *"Zusammenbruch linearer Fortschrittsutopien"* ist zu beobachten;

- es kommt zum Problem der "Nichtzurechenbarkeit" von Entscheidungen, was die juristische und politische Bearbeitung von Risikophänomenen erschwert;

- Folgen *neuer Risiken* heben die risikorelevante "Zugehörigkeit zu sozialen Gruppen wie Klasse, Beruf, Schicht, Nachbarschaft, Geschlecht und Generation" zum Teil auf. (Alle Zitate Lau 1989: 423-425)

Insbesondere den letzten Punkt hat Beck immer wieder hervorgehoben: Bei *alten Risiken* "war die Betroffenheit vorgegeben mit dem Klassenschicksal" (Beck 1986: 69), d.h. sowohl die zwar versicherbare, aber ungleich verteilte ökonomische Unsicherheit als auch die Betroffenheit durch Abgase, Industrieunfälle usw. folgte weitgehend der ökonomischen Potenz der Betroffenen. *Neue Risiken* relativieren die alten Grenzen. Becks berühmtes Diktum lautet: *"Not ist hierarchisch, Smog ist demokratisch."* (Ebd.: 48) Diese Querlage von Reichtums- und Risikoverteilung schließt zwar keineswegs "aus, daß viele Risiken schicht- und klassen*spezifisch* verteilt" (ebd.: 46) sind, doch hat die neue, *globale* und *universale* Qualität der *neuen Risiken* durchaus zu einer völlig neuen Situation geführt. Denn bei allen Unterschieden in der Reichtumsverteilung kommt es zu völlig neuen Assoziationsformen, die sich aufgrund der *"Gemeinsamkeiten der Risiken"* (ebd.: 154) "jenseits von Klasse und Schicht" (ebd.: 121ff.) auszubilden beginnen. Es scheinen also neben der Erosion und dem Plausibilitätsverlust des linearen physikalischen Weltbilds Newtonscher Prägung sowohl die *Querlage von Risiko- und Reichtumsverteilung* als auch die *Nicht-Versicherbarkeit* der neuen Risiken zu sein, die dem

Charakter der gegenwärtigen Gesellschaft *als Risikogesellschaft* einen ganz neuen Stempel aufdrücken.

IV. Risiko, Gefahr, Rationalität

Mit den *neuen Risiken* haben sich gesellschaftliche Risikodiskurse erheblich verändert. Waren *alte Risiken* etwa in Form unternehmerischer oder technischer Entscheidungen im allgemeinen *eindeutig individuell zurechenbar* und in Form kollektiver, am Beschäftigungssystem orientierter Risikolagen *versicherbar*, fallen diese beiden Mechanismen für *neue Risiken* weitgehend aus: Eindeutige *Zurechenbarkeit von Schäden* erfordert ein gesellschaftsweit gültiges rationales Kalkül von Zurechenbarkeitskriterien, und der "Versicherungsgedanke ist [nur dann; A.N.] tragfähig, solange die Risikowahrnehmungen in der Gesellschaft *konvergieren*" (Krohn/Krücken 1993: 21). Dieser *Konvergenzverlust* in der Wahrnehmung und Bearbeitung von Risiken ist es aber gerade, der die *soziologische* Bedeutung der *neuen Risiken* ausmacht. Ich werde diesen radikalen Strukturwandel vom Risikokonsens in der Industriegesellschaft zum Risikodissens in der Risikogesellschaft unter den Stichworten *Risiko/Gefahr* und *Rationalität* diskutieren.

In der Risikosoziologie wird seit einigen Jahren weniger auf die Frage abgestellt, wie *Risiken* im Hinblick auf *Sicherheit* vermieden werden können bzw. wie die *faktischen* Risikverhältnisse stehen. Vor allem Luhmann schlägt deshalb vor, zur *soziologischen* Beobachtung von Risikokommunikation die Unterscheidung *Risiko/Sicherheit*, die gewissermaßen an der Beobachtung der faktischen Existenz von wahrscheinlichem Schadenseintritt ansetzt, durch die Unterscheidung *Risiko/Gefahr* zu ersetzen, die per Beobachtung zweiter Ordnung darauf abstellt, wie Schadenserwartungen von wem beobachtet werden. Beobachtet man nicht schlicht, daß es Risiken bzw. Gefahren *gibt*, sondern *wie sie beobachtet* werden, stößt man auf soziale Attributionsvorgänge, auf "Konstruktionen" von "Zurechnung/Nichtzurechnung auf Entscheidungen" (Luhmann 1990: 137), die Schäden verursachen können. Als *Risiko* wird die Unsicherheit der Zukunftserwartung dann erlebt, wenn man selbst Entscheidungen fällt oder unterläßt, die für eine chronische Irreversibilität sorgen, welche Wirkungen in der Zukunft zeitigen wird. Weder Atommüll noch riskante politische Enthüllungen wird man - irreversibel! - wieder los. Als *Gefahr* wird sie dann erlebt, wenn man nicht zu den Entscheidern gehört, sondern ohne eigenes Zutun von einem Schaden heimgesucht werden kann. Für den Betreiber eines Atomkraftwerkes bleibt das Restrisiko eines Nuklearunfalls, für den Anwohner ergibt sich daraus eine Gefahr. *Risiko* ist damit der *selbstreferentielle*, *Gefahr* der *fremdreferentielle* Aspekt des möglichen Schadens (vgl. auch Bonß 1991: 264; Krohn/ Krücken 1993: 23).

Ich habe schon angedeutet, daß Risiken die Gesellschaft nicht nur in Form technischer Katastrophen betreffen. Das Strafrecht etwa handelt womöglich riskant, wenn es Schwangerschaftsabbrüche in jedem Fall verbietet und feststellen muß, daß dann nicht weniger, aber medizinisch riskanter abgetrieben wird, oder wenn es durch rigide Strafverfolgung von Drogenkonsumenten deren Kriminalität miterzeugt, die sie dann wieder verfolgt, um sie zu verhindern. Politisches Handeln, etwa Entscheidungen zugunsten bestimmter Gruppen, setzt sich dem Risiko des Verlustes von Wählerloyalität anderer Gruppen aus. Investitionen sind stets riskant, weil der Markt von hoher Dynamik ist und die Preise nicht vorhersehbar sind. Medizinische Eingriffe riskieren manchmal womöglich höhere Schäden als den erwarteten gesundheitlichen Nutzen. Vielleicht riskiert manche Psychotherapie größere Unsicherheit, als der Klient jetzt beklagt, und vielleicht riskiert schulische Erziehung schon dadurch, daß sie Themen curricular aufgreift, daß diese für Schüler an Interesse und Bedeutung verlieren. Ähnliche Beispiele lassen sich fortsetzen (vgl. etwa Luhmann 1991: 53). Entscheidend ist jedoch dabei nicht, welches Handeln nun tatsächlich riskant *ist*, sondern *wie es beobachtet wird*. Wer politisch, rechtlich, intim, medizinisch, wirtschaftlich oder wie auch immer entscheidet, macht sich beobachtbar: Man kann ihm die Folgen seiner Entscheidung zurechnen und sehen, daß sein riskantes Verhalten andere in Gefahr bringt. Die Unterscheidung *Risiko/Gefahr* stellt insbesondere auf den *sozialen* Aspekt des Risikoverhaltens ab: Wer ist Entscheider und wer Betroffener, also: für wen ist die Entscheidung ein Risiko und für wen eine Gefahr?

Diese Unterscheidung ist keineswegs nur von akademischem Interesse, denn Risikodiskurse laufen exakt nach diesem Muster ab: Ein Unternehmen plant ein Werk, bietet Expertisen auf, die eindeutig darlegen, daß das Risiko eines Unfalls ziemlich gering ist. Die Gegenexpertise, von den betroffenen Anwohnern in Auftrag gegeben, bestätigt entweder die Quantität des Risikos, stellt sie aber aus Betroffenensicht als nicht tragbar dar, oder weist der Expertise des Unternehmens nach, daß falsche Berechnungsverfahren usw. zugrundelagen. Gerade diese Kombination von *Expertise der Entscheider/Gegenexpertise der Betroffenen* läßt im öffentlichen Diskurs deutlich werden, daß die Frage - nicht nur technisch induzierter - Risiken nicht wissenschaftlich entscheidbar ist: *Die Definition von Risiken wird zum Konfliktgegenstand von Entscheidern und Betroffenen* (vgl. Lau 1989: 419), und Wissenschaft verfügt - anders als bei den alten Risiken - *nicht mehr über das Definitionsmonopol über Risiken* (vgl. Nassehi 1996b).

Die *praktischen Konsequenzen* dieses Syndroms sind noch ziemlich unübersichtlich. Letztlich gibt die beobachtungsleitende Unterscheidung *Risiko/Gefahr* der Risikosoziologie lediglich ein Instrumentarium an die Hand, über die gesellschaftliche Dynamik aufzuklären, die entsteht, wenn sich *Betroffene* von Entscheidungen von *Entscheidern* betroffen fühlen.[13] Für die Handhabung des Problems selbst gibt die Unterscheidung aber wenig her. So plädiert Luhmann am Ende seines Risiko-Buches etwa für Formen der *wechselseitigen Verständigung* zwischen Entscheidern (Risiko) und Betroffenen (Gefahr), um die Beobachtungsdifferenzen für die Beteiligten transparenter zu machen: Zwar sehen Entscheider und Betroffene Unterschiedliches, aber zumindest sollten sie sehen lernen, daß sie Unterschiedliches sehen, und so den Weg für eine wechselseitige Beobachtung ihrer Beobachtungen freimachen. Das überbrückt zwar nicht die Differenz, macht sie aber womöglich handhabbar. Die Hoffnung auf eine konsensuelle Verständigung jedenfalls läßt Luhmann in der Tat erst gar nicht aufkommen. "Deshalb mag es ratsam sein, daneben und davon deutlich unterschieden auch den Weg der Verständigungen zu pflegen,

---

13 Übrigens bietet die Unterscheidung auch eine plausible Erklärung für das Problem der sozialen Mobilisierung gegen Risiken an: Mobilisiert werden Menschen etwa gegen eine Müllverbrennungsanlage, gegen ein AKW oder gegen eine irrationale Drogenpolitik dann, wenn sie in irgendeiner Weise betroffen sind, etwa als Anwohner oder als Eltern von Drogenabhängigen. Das Problem jeder größeren Mobilisierung besteht darin, auch diejenigen als Betroffene darzustellen, die von der riskanten Entscheidung nicht unmittelbar betroffen sind. Die sozialen Techniken dazu bestehen aus einer explosiven Mischung aus Moral, Wissenschaft und Politik.

der unabhängig davon funktionieren kann, ob und wie weit die Beteiligten wechselseitig die Welten ihrer Beobachtung rekonstruieren können." (Luhmann 1991: 247) Doch die *Risiko/Gefahr*-Unterscheidung kann eben auch nicht mehr sehen als dies: daß es eine Perspektivendifferenz gibt, aus der es kaum einen Ausweg gibt. Ähnlich argumentiert übrigens Lau, der zu dem Ergebnis kommt, daß es in Risikodiskursen immer weniger darum geht, Risiken zu vermeiden, sondern sie und ihre Folgen angemessener zu distribuieren (vgl. Lau 1989: 427). Die Risikosoziologie scheint sich also mit wenig Optimismus über ihre Möglichkeiten auszustatten - und alles andere wäre auch naiv, denn wenn Wissenschaft per se das Monopol für Risikodefinitionen an den *Risiko/Gefahr*-Konflikt abgegeben hat, kann sie auch nicht über jene Kompetenz verfügen, diesen Konfliktzusammenhang zu befrieden (vgl. ähnlich Evers/Nowotny 1989: 378f.).

Ein besonders deutliches Signal dafür, daß Risikodiskurse nicht mehr auf Wissenschaft bauen können, ist der Funktionsverlust von *Rationalität* für Risikobearbeitung. Beosnders leidenschaftlich hat Ulrich Beck das Rationalitätsproblem der Risikohandhabung aufgegriffen - und hier sehe ich einen besonderen Grund für die enorme Resonanz seines Buches. Er schreibt:

"Der Ursprung der Wissenschafts- und Technikkritik und -skepsis liegt nicht in der 'Irrationalität' der Kritiker, sondern in dem Versagen der wissenschaftlich-technischen Rationalität angesichts wachsender Risiken und Zivilisationsgefährdungen. Dieses Versagen ist nicht etwa bloße Vergangenheit, sondern akute Gegenwart und drohende Zukunft." (Beck 1986: 78)

In der Tat ist Beck zuzustimmen, daß der Vorwurf der *Irrationalität* an die Adresse der Kritiker (Betroffenen) die *gesellschaftliche Dynamik* des Risikoproblems übersieht. Ich habe aber meine Zweifel, ob Becks Diagnose eines *Versagens* der wissenschaftlich-technischen Rationalität nicht aus der Position einer womöglich zu optimistischen Erwartungshaltung an Wissenschaft formuliert wurde. Denn es scheint mir weniger ein Versagen im Sinne falscher wissenschaftlicher Verfahren vorzuliegen als vielmehr eine *strukturelle Insuffizienz von Wissenschaft in der Risikogesellschaft*. Auch Wissenschaft vermag es angesichts *neuer, evolutionärer Risiken* nicht, - "wenn man *nur wollte*" (Max Weber) - auf Ordnungsgewißheiten zu bauen. Es ist insbesondere die Beschleunigung gesellschaftlicher Prozesse, das "Innovationstempo der modernen Gesellschaft" (Krohn/Krücken 1993: 22), man könnte sagen: die Entfesselung der Zeit, die den Entscheidungs- und Unterlassungsdruck so sehr erhöht, daß nicht nur keine sachliche Möglichkeit, sondern auch kaum Zeit für Rationalität im Sinne *berechnenden Beherrschens* bleibt. Luhmann formuliert:

"Zugleich beginnt die Zeit rascher zu fließen; oder zumindest werden Beschleunigungen notiert. Erwartungen können sich nicht mehr, wie zuvor, auf Erfahrung stützen." (Luhmann 1990: 158) Und nicht zuletzt diese Dynamik ist es, die "*es unmöglich* [macht], *für Risikobeurteilungen und Risikobereitschaften objektive Kriterien zu finden*. Man mag solche Kriterien errechnen und ihre Konsensfähigkeit zu begründen versuchen - aber man weiß zugleich, daß sie morgen von gestern sein werden" (ebd.: 158f.)

- also auch dem Konsens von Entscheidern und Betroffenen läßt sich nicht trauen, da die moderne Gesellschaft offenbar selbst von jener unkalkulierbaren Dynamik zu sein scheint, die Risikophänomene ausmacht.

Klaus P. Japp hat in einem beachtenswerten Aufsatz das Problem des *Risikos der Rationalität* eingehender untersucht. Für Japp besteht das Problem des Risikos nicht in der Existenz objektiver Gefährdungen, sondern in dem für die Moderne charakteristischen Vertrauen in die Wirksamkeit rationaler Kalküle. Die Überlegenheit der Rationalität wird spätestens dann in Zweifel gezogen, wenn sich unerwünschte Nebenfolgen des rationalen Handelns häufen, und zwar *technisch* durch katastrophenanfällige, eng gekoppelte und komplexe Technologien und *sozial* durch die Entkoppelung von Sinnzusammenhängen und Funktionslogiken. Zunächst betont auch Japp das Zeitproblem des Entscheidens:

"Wenn der Zeitdruck eine bestimmte Schwelle erreicht, werden *nicht-rationale* Handlungen ermöglicht (ein Ventil wird geschlossen, Abgasverordnungen erlassen), die sonst nicht ohne weiteres möglich wären. Organisationen stehen unter der Erwartung, rationale Entscheidungen zu produzieren - sie können nicht einfach drauflos handeln. Und sie erfüllen diese Erwartung, indem die durch *Einsatz* von zeitintensiver Entscheidungsrationalität so viel (sozialen/zeitlichen/sachlichen) Selektionsdruck anhäufen, daß am Ende Handlungen erzeugt werden, die selber rationalisierbar sind. Nach dem Motto nämlich: etwas anderes war unter den gegebenen Umständen nicht möglich." (Japp 1990: 49)

Die Rationalität von Entscheidungen wird sozusagen nachträglich erklärt, auch wenn die Entscheidung selbst womöglich falsch oder bestenfalls suboptimal war. In der Entscheidungsgegenwart selbst, so Japp, kommen manchmal eher *impressionistische* als *rationale* Kalküle zur Anwendung, und dies ist es, was zum Problem der Rationalität wird. Es bestehe die "Inkompetenz, nicht-rationale Effekte rationaler Entscheidungen berücksichtigen zu können" (ebd.: 51), freilich könne man weder auf Rationalität noch auf die impressionistischen Kalküle verzichten. Wenn so etwas wie eine Rationalität des Entscheidens erreicht werden kann, dann allenfalls temporär - das Risiko des Entscheidens bleibt immer bestehen, solange entschieden werden muß. Rationalität wird damit selbst *riskant*, ebenso wie auf ihr Potential zu verzichten.

Japp gibt dieser Diagnose des Risikos der Rationalität eine gesellschaftstheoretische Wendung. Er geht zunächst davon aus, daß die heutigen Risiko- und Katastrophenpotentiale nicht zuletzt dadurch entstanden sind, daß sich das Wachstum und die Optionssteigerung der Funktionssysteme aufgrund der funktionalen Differenzierung der modernen Gesellschaft nicht kontrollieren lassen. Als funktional differenzierter, also Funktionslogiken wie Wirtschaft, Politik, Recht, Wissenschaft, Erziehung, Religion usw. voneinander entkopppelnder Gesellschaft fehlt der Moderne eine Spitze oder ein Zentrum, von dem her eine Koordination der verschiedenen Systemperspektiven zu leisten wäre.[14]

"Der in die sozialen Funktionssysteme eingebaute Zwang, Optionen zu realisieren, weil der Verzicht als Risiko erscheint, führt im Kontext ökologischer Risikotechnologien zu Fällen von Unbeherrschbarkeit mit Katastrophenpotential: nachhaltig gestörte Ökosysteme, 'normal accidents' im Hochtechnologiebereich." (Ebd.: 51f.)

Parallel zu einer Gesellschaft also, die sich selbst nicht zu steuern weiß, weil sie *erstens* ihre zentralen Funktionen voneinander abgekoppelt hat, weil diese *zweitens* auf nahezu grenzenlose Otionssteigerung setzen und weil dies *drittens* gleichzeitig, also nicht aufeinander bezogen erfolgt,[15] haben sich technische Systeme entwickelt, in denen sich ähnliche Mechanismen gesteigerter Komplexität vorfinden.

Neben dieser eher *sachlichen* Diagnose kommt Japp zugleich zu einer *sozialen* Einschätzung, warum es kaum gelingen kann, Einvernehmen über die Definition von Risiken sowie über die Begrenzung

---

14 Vgl. dazu den Beitrag von Georg Kneer und Gerd Nollmann in diesem Band.
15 Zum Problem der Gleichzeitigkeit von sachlich Unterschiedlichem als Grundstruktur der modernen Gesellschaft vgl. Nassehi 1993: 323ff.

riskanter Optionssteigerungen herzustellen:

> "In funktional differenzierten Gesellschaften ('ohne Zentrum und Spitze') werden die Lebenschancen der Menschen nicht mehr klassenspezifisch und auch nicht mehr systemspezifisch wahrgenommen. In dieser Hinsicht herrscht Heterogenität und Diffusion. Dementsperchend ist eine Orientierung an der Wahrung und Erneuerung von kollektiven Lebenschancen kein konsensfähiges Mittel zur Herstellung von commitment und Handlungsbereitschaft." (Ebd.: 53; vgl. auch Bechmann 1993: 247f.)

Neben der technisch-sachlichen Rationalität läßt sich also auch keine *soziale Rationalität* implementieren, die für ein geeignetes Risikomanagement sorgen könnte - eine Strategie, auf die Autoren wie Beck oder Perrow nach wie vor vertrauen, ich komme darauf zurück.

Zusammenfassend läßt sich sagen, daß Japps Versuch einer *gesellschaftstheoretischen* Einschätzung des Risikoproblems zu einer eher pessimistischen Diagnose kommt. Das Verdienst Japps besteht jedenfalls darin, besonders auf die *gesellschaftlichen* Antezedenzbedingungen des Risikoproblems hingewiesen zu haben und damit die Risikodebatte von der ziemlich unproduktiven Konzentration auf den rein technischen Aspekt des Problems zu lösen.

V. Risikogesellschaft?

Die gegenstandskonstituierenden Perspektiven und Denkweisen der Risikosoziologie dürften deutlich geworden sein. Doch letztlich geht es hier doch um die Frage, ob der Begriff *Risikogesellschaft* als theoretischer und diagnostischer Begriff zur Charakterisierung der modernen Gesellschaft taugen kann. Aus dem Gesagten läßt sich ein Verständnis des labels *Risikogesellschaft* ohne große Mühe ableiten. Die prominentesten Definitionen lauten:

- Eine Risikogesellschaft definiert Beck als eine Gesellschaft, "die zunächst verdeckt, dann immer offensichtlicher mit den Herausforderungen der selbstgeschaffenen Selbstvernichtungsmöglichkeit allen Lebens auf dieser Erde konfrontiert" (Beck 1988: 109) wird.
- Lau bestimmt die Risikogesellschaft als ein Gemeinwesen, in dem "Wirklichkeit in zunehmendem Maße nach einem *Schematismus von Sicherheit und Gefahr* kognitiv strukturiert und wahrgenommen wird" (Lau 1989: 418).
- Japp betont, daß moderne Gesellschaften, aufgrund des immens

gewachsenen Optionsspielraums der Funktionssysteme,[16] "erst durch den entscheidungsbedingten Kontingenzdruck zu 'Risikogesellschaften'" (Japp 1990: 37) werden.

In diesen drei Definitionen kommen drei verschiedene Aspekte zum Tragen: *erstens* der objektive Bestand von riskanten Gefährdungspotentialen (Beck), *zweitens* der konstruktivistische Aspekt einer wahrnehmungsleitenden Schematisierung der Welt in *sichere* und *gefährliche* Sachverhalte, Entscheidungen Handlungen, Situationen etc. (Lau) und *drittens* der gesellschaftsstrukturelle Hintergrund der Entwicklung der modernen Gesellschaft hin zu einer *Risikogesellschaft* (Japp). Während Beck in der Tat für ein eher *objektivistisches* Risikoverständnis steht, scheint mir Lau eher den *konstruktivistischen* Aspekt zu betonen. In Japps Perspektive kommen beide Aspekte zum Tragen: *zum einen* der objektivistische im Sinne eines Bestandes von gefährlichen Technologiebereichen, *zum anderen* die in der Luhmannschen Schematisierung *Risiko/Gefahr* enthaltenen konstruktivistischen Aspekte und schließlich eine *gesellschaftstheoretische Bestimmung der risikogenerierenden Mechanismen: Entkoppelung von Funktionssystemen, Anwachsen von sozialer Komplexität und Entscheidungsdruck, Entkoppelung von Lebenslagen.*

Aus den grundlegenden Unterschieden der hier angedeuteten Konzeptualisierungen von Risikogesellschaft ergeben sich m.E. zwei unterschiedliche Perspektiven: eine optimistische und eine pessimistische. Für die optimistische Variante steht ohne Zweifel Beck. Ihm ist es in erster Linie darum zu tun, die Gesellschaft darüber aufzuklären, daß sie weniger wissenschaftlichen, ökonomischen und Kalkülen der staatlichen Politik vertrauen sollte, sondern durch angemessene Strategien die *organisierte Unverantwortlichkeit*, so der Untertitel seines Buches *Gegengifte* (Beck 1988), überwinden sollte. In seinem neuesten Buch entwirft Beck eine politische Strategie, eine "real wirkende Idee der Erfindung des Politischen" (Beck 1993: 208) müsse Gruppen der Gesellschaft aufbrechen lassen, die fatale Logik der *organisierten Unverantwortlichkeit* zu stoppen. Beck schreibt letztlich aus der Per-

---

16 Womit übrigens ein neues label mit dem Anspruch für eine umfassende Gesellschaftsdiagnose angesprochen ist: die *Multioptionsgesellschaft* (vgl. Gross 1994).

spektive der Betroffenen, er nimmt gewissermaßen die Perspektive einer Reflexionstheorie der neuen sozialen Bewegungen ein - und nicht zuletzt dies dürfte einen Großteil seiner publizistischen Popularität ausmachen.

Becks Optimismus wird m.E. mit einem unterkomplex gehaltenen gesellschaftstheoretischen Instrumentarium erkauft. Die andere, *pessimistischere* Variante, wie sie etwa Japp formuliert, mutet sich eine gesellschaftstheoretische Reflexion auf die gesellschaftsstrukturellen Antezedenzbedingungen der Risikogesellschaft zu. Sie kommt freilich nicht zu jenen optimistischen, geradezu mitreißenden Einschätzungen, sondern hält der Gesellschaft letztlich nur den Spiegel einer sich selbst verstärkenden, letztlich ohne prinzipiellen Ausweg bleibenden paradoxen Entscheidungssituation vor: *Wir müssen permanent rational entscheiden, obwohl wir wissen, weder genügend komplexe Sachkenntnis, noch genügend Zeit und ausreichende personelle Ressourcen zu besitzen, um uns mit ausreichender Rationalität auszustatten.* Diese Perspektive verzichtet völlig auf eine politische oder gar moralische Programmatik, sondern versteht sich als Aufklärung über die nahezu unüberwindliche Paradoxie jeder Risikobearbeitung. Japps Ansatz unterscheidet sich von dem Beckschen in *diagnostischer Hinsicht* durch das Ergebnis, die moderne Gesellschaft sei nicht aufgrund falscher Entscheidungen oder umzukehrender Machtverhältnisse, aufgrund falsch ausgebildeter Wissenschaftler oder unangemessener moralischer Grundlagen zu einer Risikogesellschaft geworden. Japp stellt vielmehr auf die per se risikogenerierende Struktur der funktional differenzierten Gesellschaft sowie auf die strukturellen Verknappungsfaktoren für Rationalität ab. In *formaler* Hinsicht unterscheiden sich die beiden Ansätze schließlich dadurch, daß sie den Status der eigenen Theorie unterschiedlich bewerten. Zielt Beck letztlich darauf ab, Maßnahmen für *andere* Entscheidungen vorzuschlagen, die Dynamik des Risikos zu brechen[17] und damit der eigenen theoretischen Strategie so

---

17 Ähnlich optimistisch argumentiert übrigens Charles Perrow, der *einerseits* das nahezu ausweglose Katastrophenpotential technisch-ökologischer (aber auch sozialer) Systeme mit enger Kopplung und hoher Komplexität analysiert, zugleich aber auf "soziale Rationalität", also auf einen kulturellen Konsens über die Gestaltung von Risikotechnologien setzt. Seine politischen Vorschläge lassen sich letztlich auf Empfehlungen für einen gene-

etwas wie einen externen Status zu geben, betont Japp, daß *jede* Strategie der Verhinderung und Minimierung von Risiken selbst wieder riskant ist, weil für eine unbekannt bleibende Zukunft entschieden wird. Deshalb warnt Japp auch davor, Rationalität als Allheilmittel für die Lösung von Risikoproblemen anzusehen, während er zugleich davor warnt, auf sie zu verzichten. Jedenfalls scheint er sich der Beschränkungen der eigenen Diagnose- und vor allem Therapiemöglichkeiten als wissenschaftliche Beobachtung der Welt eher bewußt zu sein als Beck. Die Unterschiede zwischen einem Ansatz wie dem von Japp und dem Beckschen formuliert Bonß treffend folgendermaßen:

> "Zwar begreift auch er [Beck; A.N.] die 'Rationalitätslücke' als ein Resultat gesellschaftlicher Ausdifferenzierungs- und Modernisierungsprozesse, die zu einer gesellschaftlichen Verallgemeinerung und zugleich zu einem Reflexivwerden von Risikoorientierungen führen. Aber Beck hält zugleich an der Möglichkeit einer Entscheidung gegen Risiken fest (bzw. genauer: an der Möglichkeit einer Minimierung bzw. Rationalisierung von Risiken)." (Bonß 1991: 271)

Desweiteren beschränkt sich Becks Perspektive fast ausschließlich auf die "industriell erzeugten ökologischen Risiken" (ebd.). Von einer Risikogesellschaft ist im Sinne Becks also nur zu sprechen, als sich die Gesellschaft mit dem Zerstörungspotential hochriskanter Technologien und mit der Uneinsichtigkeit ihrer Zentralinstanzen herumzuschlagen hat. Von Japps Perspektive aber, die sich einen komplexen gesellschaftstheoretischen Apparat zumutet und weniger auf öffentlich wirksamen Konsens denn auf analytische Komplexität setzt, läßt sich lernen, daß das Risikopotential der Risikogesellschaft nicht technischer Natur ist, sondern daß das riskante Potential unserer gegenwärtigen Gesellschaftsformation bereits in ihre Struktur eingelassen ist, in die man nicht mehr risikofrei eingreifen kann.[18]

---

rell vorsichtigeren Umgang mit Komplexität sowie mit einem Verzicht auf Techniken mit dem größten Katastrophenpotential (Kernenergie, Kernwaffen) reduzieren (vgl. Perrow 1984: 395ff.). Der letzte Satz seines Buches lautet: "Es sind Systeme, die von Eliten entwickelt wurden, und wir haben die Wahl, sie zu ändern oder ganz aufzugeben." (Ebd.: 411) - freilich wird nicht recht deutlich, ob Perrow die Systeme oder die Eliten meint, doch beides klingt ziemlich unrealistisch.

18 Das läßt übrigens die Vermutung zu, besser von einer Gefahrgesellschaft denn von einer Risikogesellschaft zu sprechen, denn letztlich läßt sich der risikogenerierende Kontingenz- und Entscheidungsdruck nicht auf Ent-

Als *Fazit* läßt sich also formulieren: Das label *Risikogesellschaft* taugt sehr wohl dazu, die Selbstgefährdungen der modernen Gesellschaft zu beschreiben. Wenn auch Becks programmatisches Buch dazu beigetragen, eine Diskussion im deutschsprachigen Raum der Sozialwissenschaften über Risikoprobleme anzufachen, so scheinen erst Erweiterungen im Sinne etwa Japps die Beschreibung unserer Gesellschaft als Risikogesellschaft plausibel zumachen, einer Gesellschaft, für die *Risiken* nicht bloß akzidentelle Merkmale sind, die man durch geeignete Maßnahmen verhindern kann, sondern essentielle Probleme, die in ihre Struktur eingelassen sind. Nicht die industriell induzierte Technik ist das Problem der Risikogesellschaft, sondern ihre eigene Verfaßtheit *als* Risikogesellschaft, aus der es keinen Ausweg gibt. Nicht nur was unsere moralische Integrität, sondern auch was das Risikopotential angeht, leben wir offenbar in einem postparadiesischen Zustand. Wer einmal vom Apfel riskanter Entscheidungen gegessen hat, hat einen Schnitt in die Welt gesetzt - im Schöpfungsbericht war es der Schnitt zwischen *gut* und *böse*, in der Moderne ist es der Schnitt zwischen *Sicherheit* und *Risiko*. Ohne das eine ist das andere nicht zu haben - eben: *Risikogesellschaft.*

Literatur

Bechmann, Gotthard 1993: Risiko als Schlüsselkategorie der Gesellschaftstheorie, in: ders. (Hg.): Risiko und Gesellschaft. Grundlagen und Ergebnisse interdisziplinärer Risikoforschung, Opladen, S. 237-276.

Beck, Ulrich 1986: Risikogesellschaft. Auf dem Weg in eine andere Moderne, Frankfurt/M.

Beck, Ulrich 1988: Gegengifte. Die organisierte Unverantwortlichkeit, Frankfurt/M.

Beck, Ulrich 1993: Die Erfindung des Politischen, Frankfurt/M.

Berger, Peter/Thomas Luckmann 1970: Die gesellschaftliche Konstruktion der Wirklichkeit. Eine Theorie der Wissenssoziologie, Frankfurt/M.

Bonß, Wolfgang 1991: Unsicherheit und Gesellschaft - Argumente für eine soziologische Risikoforschung, in: Soziale Welt 42, S. 258-277.

Douglas, Mary/Aaron Wildavsky 1993: Risiko und Kultur, in: Wolfgang

---

scheidungen zurechnen. Auch der Entscheider ist dann letztlich Betroffener, das Risiko wird zur Gefahr (vgl. Nassehi 1996b).

Krohn/Georg Krücken (Hg.): Riskante Technologien: Reflexion und Regulation. Einführung in die sozialwissenschaftliche Risikoforschung, Frankfurt/M., S. 113-137.
Evers, Adalbert 1993: Umgang mit Unsicherheit. Zur sozialwissenschaftlichen Problematisierung einer sozialen Herausforderung, in: Gotthard Behmann (Hg.): Risiko und Gesellschaft. Grundlagen und Ergebnisse interdisziplinärer Risikoforschung, Opladen, S. 339-374.
Evers, Adalbert/Helga Novotny 1989: Über den Umgang mit Unsicherheit. Anmerkungen zur Verwendung sozialwissenschaftlichen Wissens, in: Ulrich Beck/Wolfgang Bonß (Hg.): Weder Sozialtechnologie noch Aufklärung? Analysen zur Verwendung sozialwissenschaftlichen Wissens, Frankfurt/M., S. 355-383.
Ewald, François 1993: Der Vorsorgestaat, Frankfurt/M.
Gross, Peter 1994: Die Multioptionsgesellschaft, Frankfurt/M.
Japp, Klaus P: 1990: Das Risiko der Rationalität für technisch-ökologische Systeme, in: Jost Halfmann/Klaus P. Japp (Hg.): Riskante Entscheidungen und Katastrophenpotentiale. Elemente einer soziologischen Risikoforschung, Opladen, S. 34-60.
Kaufmann, Franz-Xaver 1970: Sicherheit als soziologisches und sozialpolitisches Problem, Stuttgart.
Kneer, Georg/Armin Nassehi 1994: Niklas Luhmanns Theorie sozialer Systeme. Eine Einführung, 2. Aufl., München.
Knorr-Cetina, Karin 1989: Spielarten des Konstruktivismus. Einige Notizen und Anmerkungen, in: Soziale Welt 40, S. 86-96.
Kohli, Martin 1985: Die Institutionalisierung des Lebenslaufs. Historische Befunde und theoretische Argumente, in: Kölner Zeitschrift für Soziologie und Sozialpsychologie 37, S. 1-29.
Krohn, Wolfgang/Georg Krücken 1993: Risiko als Konstruktion und Wirklichkeit. Eine Einführung in die sozialwissenschaftliche Risikoforschung, in: dies. (Hg.): Riskante Technologien: Reflexion und Regulation. Einführung in die sozialwissenschaftliche Risikoforschung, Frankfurt/M., S. 9-44.
Luhmann, Niklas 1990: Risiko und Gefahr, in: ders., Soziologische Aufklärung 5, Opladen, 131-169.
Luhmann, Niklas 1991: Soziologie des Risikos, Berlin/New York.
Lau, Christoph 1989: Risikodiskurse: Gesellschaftliche Auseinandersetzungen um die Definition von Risiken, in: Soziale Welt 40, S. 417-436.
Nassehi, Armin 1992: Wie wirklich sind Systeme? Zum ontologischen und epistemologischen Status von Luhmanns Theorie selbstreferentieller Systeme, in: Werner Krawietz/Michael Welker (Hg.): Kritik der Theorie sozialer Systeme. Auseinandersetzungen mit Luhmanns Hauptwerk, Frankfurt/M., S. 43-70.
Nassehi 1993: Die Zeit der Gesellschaft. Auf dem Weg zu einer soziologischen Theorie der Zeit, Opladen.
Nassehi, Armin 1996a: Das Problem der Optionssteigerung. Überlegungen zur Risikokultur der Moderne, in: Berliner Journal für Soziologie 6 (im Druck).

Nassehi, Armin 1996b: Risikogesellschaft. Gefahren und Risiken der anderen
 Moderne, in: Toru Hijikata/Armin Nassehi (Hg.): Riskante Strategien. Bei-
 träge zur Soziologie des Risikos, Opladen (in Vorbereitung).
Nassehi, Armin/Georg Weber 1990: Zu einer Theorie biographischer Identität.
 Epistemologische und systemtheoretische Argumente, in: BIOS 3, S. 153-
 187.
Perrow, Charles 1989: Normale Katastrophen. Die unvermeidbaren Risiken der
 Großtechnik, Frankfurt/M./New York.
Schimank, Uwe 1988: Biographie als Autopoiesis - Eine systemtheoretische
 Rekonstruktion von Individualität, in: Hanns Georg Brose/Bruno Hilden-
 brand (Hg.): Vom Ende des Individuums zur Individualität ohne Ende, Op-
 laden, S. 55-72.
Weber, Max 1994: Wissenschaft als Beruf, in: Studienausgabe der Max-
 Weber-Gesamtausgabe, Band I/17, hg. von Wolfgang J. Mommsen und
 Wolfgang Schluchter, Tübingen, S. 1-23.
Wohlrab-Sahr, Monika 1992: Institutionalisierung oder Individualisierung des
 Lebenslaufs? Anmerkungen zu einer festgefahrenen Debatte, in: BIOS 5,
 S. 1-19.

Klaus Kraemer
Marktgesellschaft

I. Einleitung

"Money makes the world go round". Kurz und prägnant illustriert diese Redewendung wie kaum eine andere, daß Geld im Hinblick auf Reichweite und Geschwindigkeit zu einem einzigartigen Treibmittel des ökonomischen und gesellschaftlichen Wandels geworden ist. Die industrialisierten Gesellschaften des 20. Jahrhunderts haben eine zuvor nicht für möglich gehaltene exponentielle Wachstumsdynamik des Produktionsoutputs und des Handelsvolumens erlebt. Die Steigerungsraten des Bruttoinlandsprodukts sind imposant; die weltumspannende Suche nach neuen Anlageobjekten, Investitionsmöglichkeiten und Absatzmärkten ist intensiviert worden und hat sich in zunehmendem Maße dem tertiären Sektor zugewandt; die privaten Haushalte sehen sich einer immer breiteren Palette von kommerziellen Freizeit- und Erlebnisangeboten gegenüber; mit der Ausweitung des internationalen Freihandelsabkommens (GATT) wurden die globalen Güter- und Kapitalströme schrittweise dereguliert und liberalisiert; *trans*nationale Produktionsnetzwerke sind entstanden, denen politische Institutionen gegenüber stehen, die in aller Regel noch ihren Bezugsrahmen in Nationalstaaten sehen; der Zusammenbruch der Staatsgesellschaften sowjetischen Typs brachte schließlich die marktwirtschaftliche Öffnung Mittel- und Osteuropas. Vor dem Hintergrund der voranschreitenden Globalisierung ökonomischer Strukturen ist nun in jüngster Zeit eine gesellschaftspolitische Großdebatte in der Bundesrepublik um die Zukunft des "Wirtschaftsstandorts" entbrannt: Die Marktkräfte sollen von politischer Steuerung und sozialstaatlicher Regulierung entlastet, die Produktion "verschlankt", neue technologische Innovationen rascher vermarktet, die Arbeitszeiten flexibilisiert und die Sozial- und Umweltstandards begrenzt werden, um die internationale Konkurrenzfähigkeit des nationalen Produktionsstandorts zu sichern.

Angesichts dieser und anderer Entwicklungstrends sind sozialwissenschaftliche Diagnosen der Ökonomisierung moderner Gesellschaften kaum überraschend. Im Vergleich zu traditionalen Gesellschaften wird der immense Einfluß ökonomischer Beziehungen auf moderne Kultur und Gesellschaft herausgestellt und die weitreichenden Strukturbildungseffekte der ökonomischen Sphäre im Hinblick auf das Profil und das Selbstverständnis moderner Gesellschaften untersucht. Die geldwirtschaftlichen Tauschbeziehungen haben, so wird argumentiert, den außerökonomischen Sozialbeziehungen ihren konkurrenzvermittelten Stempel aufgedrückt. Moderne, liberal-kapitalistische Gesellschaften - so hebt etwa Helmut Dubiel (1986: 278) hervor - verhalten sich zu den traditionellen Moral- und Kulturbeständen "wie die große Industrie zu den fossilen Brennstoffen": sie werden "im Zuge ihrer Expansion verbrannt". Die von allen sozialen Bindungen gelöste, "disembedded" (Polanyi 1978) Marktrationalität habe den utilitaristischen Individualismus befördert, instrumentelle Einstellungen zur Berufsarbeit begünstigt, sogenannte sekundäre Tugenden abgeschwächt, und die ästhetische Produktion sei mit dem Aufstieg der industriellen Massenkultur den Systemimperativen der Ökonomie unterworfen worden. Außerökonomische Wertbezüge, Motivstrukturen und Handlungsrationalitäten seien unter den Zweckvorgaben des Marktes sukzessive aufgebraucht und verzehrt worden.

Diese mehr oder weniger gleichlautenden Diagnosen der Kommerzialisierung des modernen Lebens werden nicht selten mit dem Label "Marktgesellschaft" verbunden, um die immense Bedeutung der Ökonomie in modernen Gesellschaften auf den Begriff zu bringen. Auffällig ist jedoch, daß dieses Label weder systematisch eingeführt noch in einen umfassenden gesellschaftstheoretischen Bezugsrahmen gestellt wird. Eine in sich konsistente Verwendung des Begriffs "Marktgesellschaft" wird erschwert, da mit dem Label zwar ein Trend der Ökonomisierung hervorgehoben werden soll, interessanterweise aber diese Diagnosen aus - theoretisch und politisch - grundverschiedenen Perspektiven vorgetragen werden, die zu entgegengesetzten Schlußfolgerungen führen. Albert O. Hirschman (1993: 192ff.) hat in einem instruktiven Beitrag diese diffuse Begriffsverwendung zum Anlaß genommen, um einen ideengeschichtlichen Überblick sozialwissenschaftlicher Betrachtungen zum Verhältnis von Markt und Gesellschaft zu geben. Hirschman unterscheidet grundlegend zwischen der *Zivilisations-* und *Destruktionsthese* des Marktes: Die Ausbreitung von Handel und Gewerbe ist bereits von prominenten Zeitgenossen des 18. Jahrhunderts nicht nur wegen der größeren ökonomischen Effizienz, sondern auch wegen der Auswirkungen auf die sozialen Verkehrsformen begrüßt worden. Unter dem Einfluß sachlicher Marktbeziehungen, so lauten diese Interpretationen, würden die moralischen und physischen "Leidenschaften" vom nackten Interesse an lohnenden Geschäften zurückgedrängt. Das Tauschmedium des Marktes (Geld) verbürge für Zuverlässigkeit und Beständigkeit, während Handel und Industrie die traditionellen Sitten und Gebräuche zähmen und die Tugenden wie Fleiß, Pünktlichkeit und Redlichkeit zum Durchbruch verhelfen würden. Von Montesquieu über Condorcet und David Hume bis zu Adam Smith ist im 18. Jahrhundert der Ausbreitung ökonomischer Marktbeziehungen immer wieder eine mächtige pazifizierende und zivilisatorische Wirkung auf die Sozialbeziehungen der entstehenden bürgerlichen Gesellschaft zugeschrieben worden. Damit wird der Institution des Marktes nicht nur eine Schlüsselstellung bei der Produktion und Mehrung des gesellschaftlichen Wohlstands zugesprochen. Dieser Anschauung zufolge bringt zugleich das moderne ökonomische Marktgeschehen - gewissermaßen als "Nebenprodukt" - den Habitus des rational temperierten, sachlich-nüchternen Erwerbsindividuums hervor, der irrationale Leidenschaften bändigt und eine triebunterdrückende Ethik begünstigt (vgl. auch König 1992: 32ff.). In Antithese zu dieser knapp skizzierten Zivilisationsannahme haben marxistische als auch romantisch-konservative Vertreter der Selbstdestruktionsthese behauptet, daß moderne kapitalistische Marktgesellschaften die moralischen Grundfesten, auf die sich jede Gesellschaft stütze, untergraben würden. Durch die systematische Begünstigung des Privat- oder Individualinteresses trage die sozioökonomische Ordnung des Marktes den Keim ihrer eigenen Selbstzerstörung in sich. Der "Moloch Markt" (Polanyi) habe Gewohnheiten durch Verträge, Gemeinschaft durch Gesellschaft, Traditionelles durch Modernes ersetzt und tendiere dazu, die normativen, moralischen und kulturellen Bestände des Sozialen aufzuzehren. Ganz ähnlich wie bei der Zivilisationsannahme werden somit auch von den Vertretern der Zerstörungsthese dem Markt - wenn auch mit umgekehrtem Vorzeichen - außergewöhnliche Expansions- und Durchdringungskräfte zugeschrieben.

In diesem Beitrag ist die zeitdiagnostische Tragfähigkeit des Labels "Marktgesellschaft" in kritischer Absicht zu erörtern. Dies geschieht in folgenden Schritten: Um die Annahme der Ökonomisierung der Gesellschaft differenzierter beurteilen zu können, sind in idealtypischer Weise einige wesentliche Merkmale des Marktes als Vergesellschaftungstypus herauszuarbeiten. Hierbei wird die Absicht verfolgt, den Markt jenseits von rein ökonomischen Bestimmungen als strukturbildenden Tauschmodus für Gesellschaft, Sozialstruktur und Kultur zu beschreiben (II). Eine idealtypische Konstruktion darf jedoch nicht mit der *empirischen* Differenzierung von Marktstrukturen und -prozessen in eins gesetzt werden. Auf der Folie von gesellschaftlichen Entwicklungstendenzen ist deswegen die zeitdiagnostische Tragfähigkeit des Labels "Markt*gesellschaft*" zu problematisieren. Von besonderem Interesse ist hierbei das Verhältnis von Markt und Individuum, Markt und Wirtschaft sowie Markt und Staat (III). Die zusammengetragenen Befunde werden abschließend in einem knappen Resümee zusammengefaßt (IV).

II. Der Markt als gesellschaftstheoretische Schlüsselkategorie

Die (neo)klassische ökonomische Theorie definiert üblicherweise den Markt als distributive Institution des Wirtschaftssystems, die die optimale Allokation von Gütern und Leistungen garantiert. Aus dieser Perspektive wird der Markt im Hinblick auf seine Funktion als Verbindungsglied zwischen der Produktions- und Konsumtionssphäre beschrieben, wobei die *invisible hand* (Adam Smith) des Preismechanismus die Koordination wirtschaftlicher Operationen sicherstellen soll. Der Markt ermögliche als optimales Produktions- und Verteilungsregulativ die zweckmäßige Abstimmung aller Teile (Anbieter und Nachfrager) zu einem funktional organisierten Ganzen. Er wird gewissermaßen als interner Steuerungsmodus der Ökonomie begriffen, der den Tausch markttauglicher Güter und Dienstleistungen regelt, wobei die Abstimmungsleistung zwischen Anbietern und Nachfragern *ex-post* erbracht wird.

Ökonomische Theorien tragen der gesellschaftlichen, sozialstrukturellen und kulturellen Bedeutung des Marktes jedoch nur selten Rechnung. Demgegenüber ist der Markt in *soziologischer* Hinsicht als spezifische Vergesellschaftungsform zu interpretieren, die weniger darüber informiert, wie der Markt als ökonomische Institution funktioniert bzw. wie wirtschaftliches Verhalten der Unternehmen und Haushalte entscheidungstheoretisch erklärt werden kann. Eine soziologische Analyse impliziert mehr, als daß die Verwendung von knappen Gütern durch die Preisbildung koordiniert und die Anpassung und Variation individueller Präferenzen und Pläne an objektive Marktdaten und monetäre Budgetrestriktionen erzwungen wird. Mit der hier vorgeschlagenen Perspektive wird das Marktthema konzeptionell weiter gefaßt, um die "Kulturbedeutung" (Max Weber) marktregulierter Tauschbeziehungen für moderne Gesellschaften thematisieren zu können.

1. Tauschtypus des Marktes

Auf einer grundbegrifflichen Ebene ist der Markt in der Moderne zunächst durch die besondere Struktur der sozialen Beziehung gekennzeichnet, die zwischen Marktteilnehmern gestiftet wird. Diese Beziehung ist als *formale* Freiheit und Gleichrangigkeit charakterisiert. Das Marktgeschäft hat die freiwillige Zustimmung der Austauschenden zur Voraussetzung, und zwar ganz unabhängig davon, ob es sich um eine Tauschkooperation zwischen Käufer und Verkäufer auf dem Gütermarkt, zwischen Arbeitgeber und Arbeitnehmer auf dem Arbeitsmarkt, zwischen Vermieter und Mieter auf dem Wohnungsmarkt oder zwischen Gläubiger und Schuldner auf dem Geldmarkt handelt. In jedem Fall können Leistungen gegen Geld grundsätzlich frei getauscht werden, womit umgekehrt auch die Chance der Ablehnung einer Tauschbeziehung besteht. Diese Tauschfreiheit, die in den bürgerlichen Rechtsinstituten der Vertragsfreiheit und Gewerbefreiheit ihren unmittelbaren Ausdruck findet, ermöglicht den Marktakteuren, in der Wahl des Tauschpartners und des Tauschobjektes wie auch in der Festlegung der Tauschmengen und Tauschrelationen formal ungebunden und frei zu entscheiden. Der Handel mit Gütern und Dienstleistungen, Grund und Boden, Geld und Wertpapieren wird nicht von ständischen Barrieren behindert, der Zugang zu Märkten und Produkten ist kein exklusives Recht, das an sozial, personal, politisch, ethnisch oder religiös legitimierte Schließungskriterien gebunden ist (Heinemann 1988).

Der formal freie, weil sakral oder ständisch ungebundene Markttausch stellt eine ökonomisch zweckgerichtete Beziehung dar, die durch jene Interessen strikt begrenzt sind, die dem sachlichen Transfer von Leistung und Gegenleistung dienen. Es werden lediglich die Tauschobjekte und die Konditionen des Austausches bewertet, also etwa Güterpreis und Zahlungsmodalitäten. Schließlich hat das Marktgeschäft seinen Tauschzweck erfüllt, wenn Leistung und Gegenleistung zu den vereinbarten Bedingungen des Kontraktes den Besitzer wechseln. Sobald das Dispositionsrecht über ein Tauschgut in die Hand des Nachfragers übergegangen und die Rechnung beglichen, die Arbeitsleistung erbracht und der Lohn gezahlt oder der Kredit gewährt und die Schuld samt Zinsen abgetragen ist, ist auch die Marktbeziehung beendet. Über den isolierten Tauschakt hinaus schulden die Marktakteure einander nichts - sie sind "quitt". Aufgrund seiner geringen Interaktionstiefe stiftet der funktionale Markttausch mehr oder weniger *flüchtige* Beziehungen zwischen monadischen Marktakteuren, denen jede "Verbrüderung in der Wurzel fremd" (Weber 1980: 383) ist. Ganz ähnlich hat Georg Simmel in der *Philosophie des Geldes* (1989: 450) diese soziale Indifferenz des geldvermittelten Leistungstransfers mit dem "Auseinandertreiben von Sache und Person" begründet. Der Marktkontrakt kann nämlich die rechenhafte Überprüfbarkeit des Tauschgeschäftes nur dann garantieren, wenn subjektive Faktoren aus der Kalkulation ausscheiden. Mit anderen Worten sind Kaufentscheidungen preisgesteuert: Ihr Referenzpunkt ist Effizienz, nicht Gerechtigkeit. Da Marktbeziehungen keine über den konkreten Tauschzweck hinausgehende Erwartung an den Tauschpartner stiften, reduziert sich der Konsensbedarf auf das Bedürfnis, den Tausch durch die Anerkennung allgemein gültiger Vertragsnormen abzusichern (vgl. Berger 1992: 165ff.).

2. Markttausch und reziproker Tausch

Idealtypisch betrachtet unterscheidet sich die funktionale Tauschbeziehung des Marktes vom Tauschmodus der sozialen Reziprozität grundlegend. Im Anschluß an die wegweisenden wirtschaftsanthropologischen Untersuchungen von Marcel Mauss (1990) zum reziproken Tausch von Geschenken in archaischen Gesellschaften hat Alwin W. Gouldner (1984: 79ff.) den besonderen Charakter dieser Tauschform betont und sie auf die gemeinschaftlichen Beziehungen der Verwandtschaft und Familie, Nachbarschaft und Freundschaft bezogen. Ihm zufolge basiert die soziale Reziprozitätsnorm auf spezifischen Rechten, die ego aufgrund seiner Zugehörigkeit zu einer sozialen Gemeinschaft besitzt und die zugleich mit Verpflichtungen und Diensten gegenüber alter verbunden sind, von dem ego Hilfe und Unterstützung empfangen hat. Soziale Reziprozität verpflichtet alter zur Annahme einer Leistung von ego und - entsprechend seines Sozialstatus - zur Erwiderung der empfangenen Leistung. Diese wechselseitige Austauschnorm des Gebens und Nehmens basiert auf einem alltagsweltlich verankerten und traditionell verbürgten Moralkodex, der das Vertrauen in die Verläßlichkeit des Tauschpartners gewährleistet. Dieses Vertrauen ist gesichert durch eine dauerhafte und stabile, an die innere Verbundenheit der Einzelnen appellierende Gemeinschaft.

In der reziproken Tauschbeziehung ist der Einzelne unausweichlich und mit Haut und Haaren an die Gemeinschaft gebunden, die dem Einzelnen eine "vorgegebene Form der Bedürfnisbefriedigung" (Heinemann 1988: 48) oktroyiert. Der Einzelne, der ganz Gemeinschaft ist, kann sich ihrem Zugriff auf die ganze Person höchstens partiell entziehen. Demgegenüber bringen Tauschbeziehungen, die über Märkte organisiert sind, keine personalen Abhängigkeitsverhältnisse hervor, in denen das Selbst mit der Gemeinschaft verschmilzt und eins wird. Diese Identität von Person und Gruppe, die schon Ferdinand Tönnies in *Gemeinschaft und Gesellschaft* (1979: 46) als unmittelbares "Verhältnis der Leiber" beschrieben hat, ist den Marktakteuren fremd. Vor diesem Hintergrund ist die befreiende, emanzipatorische Seite des funktionalen Markttausches in jener "nackte(n) Interessenlage" (Weber 1980: 23) begründet, die eine nüchterne Abwägung unterschiedlicher Handlungsoptionen zumindest potentiell ermöglicht. Mit der Ausbreitung des modernen Marktzusammenhangs werden nämlich Ware-Geld-Beziehungen aus der Enge patriarchalisch-hausrechtlicher Bindungen und gemeinschaftlicher Verpflichtungen herausgelöst. Dieser säkulare Wandel von Ökonomie und Gesellschaft ist in der Soziologie seit ihren Anfängen immer wieder als Freisetzung des Individuums aus traditionalen Haus- und Wirtschaftsgemeinschaften beschrieben worden.

3. Geld und Rationalisierung

Die Institution des Marktes ist als ein äußerst flexibler, leistungsfähiger und dynamischer Steuerungsmechanismus zu kennzeichnen, der zur Rationalisierung und Differenzierung arbeitsteiliger Güter- und Leistungsbewegungen maßgeblich beiträgt (vgl. Weber 1980: 38ff.; Simmel 1989). Komplexe Marktkonstellationen, in denen das isolierte Marktsubjekt schlicht überfordert wäre, hätte es alle entscheidungsrelevanten Informationen eigenständig auf ihre Verläßlichkeit zu überprüfen, können mit Hilfe des "rechnerischen Kalküls" (Weber 1988a: 61) der Geldökonomie rascher bearbeitet werden. Geld bündelt nämlich die unüberschaubare Fülle der Sachinformationen über Marktvorgänge und Güterbewegungen auf einen leicht handhabbaren quantitativen Informationsinhalt, auf ein und dasselbe Wertmaß, das sich im Preis ausdrückt und in Zahlungen systematisieren läßt. Preise signalisieren unzweideutig die Verkäuflichkeit einer Leistung für eine bestimmte Geldmenge und informieren unterschiedslos alle - ob Wirtschaftsexperten oder Wirtschaftslaien, Produzenten oder Konsumenten, Arbeitgeber oder Arbeitnehmer - über die Knappheit einer angebotenen Leistung, über Zahlungserwartungen wie über Preisschwankungen. Die schlichte Sprache des Geldes erleichtert zugleich die exakte Verrechnung von Leistung und Gegenleistung, Vorleistung und Rückvergütung auch über längere Handlungsketten zwischen anonymen Anbietern und Nachfragern hinweg. Darüber hinaus ermöglicht Geld als allgemeine Recheneinheit die Vergleichbarkeit qualitativ verschiedener Leistungen, indem ihre Wert- bzw. Tauschrelationen in Preisen bemessen werden. Dadurch werden *beliebige* Tauschtransaktionen mit *unbestimmten* Dritten möglich und die Tauschenden selbst zu einer Vereinheitlichung der Orientierung an dem Geldcode gezwungen. Mit anderen Worten ist die Reduktion des Tauschvorgangs auf die nackte Preisinformation Bedingung der Möglichkeit seiner Generalisierung und Universalisierung (vgl. Luhmann 1988: 18f.).

4. Machtressource Geld

Die herausragende gesellschaftliche Bedeutung des Geldes in der Moderne liegt in seiner Leistungsfähigkeit begründet, die soziologisch kaum hoch genug einzuschätzen ist: Mit der Aufhebung sozialer Tauschbarrieren durch die Institution der Vertragsfreiheit und des freien Gütermarktes wird Geld generalisiertes Tausch- und Zahlungsmittel. Geld signalisiert als objektiver, quantitativer Wertmaßstab die beliebige Tauschbarkeit der Güter. Unter Bezugnahme auf ein abstraktes Drittes (Geld) werden ihre Tauschrelationen selbständig zum

Ausdruck gebracht. Wenn von den wenigen Refugien nicht marktfähiger, d.h. nicht geldwerter Objekte abgesehen wird, kann mit Geld jedes tauschfähige Gut erworben, gemietet oder verpachtet und mit allen anderen wertmäßig verglichen werden. Sobald Geld als allgemeines Tausch- und Zahlungsmittel sowie als Verrechnungsinstrument akzeptiert ist, verfügt der Empfänger einer Zahlung über eine potente - weil allgemeine - *Kaufkraft für unbestimmte Zwecke*.[1] Diese Kaufkraft ist lediglich durch die Summe der Zahlung begrenzt, während das Geld hinsichtlich der Zweckverwendung offen ist. Dem Geldbesitzer wird damit ein *sachlicher Leistungsanspruch* zugesprochen, dessen Geltung nicht auf spezifische Besitzobjekte beschränkt ist. Simmel sieht etwa die immensen Verwendungschancen des Geldes in der Steigerung der allgemeinen Eigentumschancen begründet. Während das *Sach*eigentumsrecht auf die ausschließliche Nutzung *dieses* und *nicht* jenes Objektes verweist, bedeutet "Eigentum an Geld die Möglichkeit der Nutznießung unbestimmt vieler Sachen" (1989: 413). Die private Nutzungsermächtigung *eines* Gutes wird in den Grenzen der verfügbaren Geldmenge auf potentiell *beliebige* Wertobjekte ausgeweitet. Damit relativiert das Geld den gesellschaftlichen Stellenwert des Eigentums als Besitz von *Dingen*. So betrachtet ist Geld ein *generalisierter Eigentumstitel*, der die Institution des Sacheigentums transzendiert. Der Sacheigentümer stößt rasch an die "Schranken des Besitzens" (ebd.: 441) von physischen Objekten. Hingegen kann der Geldbesitzer vom Eigentum abgrenzbarer und zurechenbarer Objekte abstrahieren, *ohne* zugleich auf spezifische Eigentumschancen verzichten zu müssen.

Geringe Inflation und damit die wertstabile Einlösung angenommen, ist das im Geld verborgene Leistungsversprechen zudem "zeit-

---

[1] Genauer gesagt ist Geld nicht gleich Geld. Die *Kaufkraftpotenz* des Geldes in einfachen Marktbeziehungen (Kauf und Verkauf einer Leistung gegen Geld) ist von der *Kapitalbildungspotenz* in der erweiterten Warenproduktion für Märkte (Produktion von Mehrwerten) analytisch zu unterscheiden. Während im ersten stationär-kreisförmigen Fall ein Produktbesitzer eine Ware gegen Geld verkauft, um von diesem Geld Waren zu erwerben, die er benötigt, ist im zweiten akkumulativ-spiralförmigen Fall die Ware nur Vehikel der Erhöhung des Verkaufserlöses: Ware wird mit Geld gekauft, um Ware produzieren zu können, die gegen mehr Geld verkauft werden kann. Am prominentesten nach wie vor Marx (1983).

stabil" (Luhmann 1988: 253). Im Gegensatz zu anderen Leistungsdokumenten (Fahrschein, Theaterabonnement, Fußballdauerkarte) ist die Einlösung des Geldes nicht an bestimmte Termine und Fristen gebunden. Überhaupt kann die Nutzung von geldförmigen Leistungsansprüchen auf die Zukunft übertragen werden, wenn Geld als "sparfähige und ausleihbare Kaufkraft" (Fürstenberg 1988: 61) genutzt wird. In seiner Funktion als Wertaufbewahrungsmittel erleichtert Geld die Speicherung von Kaufkraft, wodurch in der Gegenwart erworbene Leistungsansprüche konserviert werden, um sie in der Zukunft einzulösen. Das Kreditgeschäft ermöglicht zudem den "intertemporalen Tausch" (Borchert 1992: 22), indem zukünftige Leistungen auf die Gegenwart diskontiert werden. Für den Kreditnehmer werden damit zeitliche Vorgriffe auf zukünftige Tauschchancen möglich. Diese und andere Funktionen des Geldes sichern dem Geldbesitzer ein "Höchstmaß an Verwendungsfreiheit" (Luhmann 1988: 248). Mit anderen Worten erweitert Geld in beispielloser Weise soziale, sachliche, zeitliche und räumliche Dispositionsspielräume respektive Tausch*chancen* seines Eigentümers.[2] Deshalb ist praktisch auch die *Monopolstellung* des Geldes bei der Aneigung des Sozialprodukts gesichert. Zwingend ergibt sich aus dieser Monopolstellung, daß der Nichtbesitzer von Geld von der Möglichkeit, Leistungen aller Art zu erwerben, ausgeschlossen ist. Geld signalisiert somit immer schon die Möglichkeit des privilegierten Zugriffs auf allgemeine Nutzungsrechte wie die Exklusion Dritter von diesen. Im folgenden ist darzulegen, daß die über Geldressourcen vermittelten Tauschchancen mit der jeweiligen Stellung auf dem Arbeitsmarkt verschränkt sind.

5. Arbeitsmarkt und Ungleichheit

Entgegen den geläufigen Annahmen der neoklassischen ökonomischen Theorie, die den Arbeitsmarkt als Markt wie alle anderen Güter- und Geldmärkte betrachtet, kann von einer Schlüsselstellung in einem doppelten Sinne gesprochen werden: *Erstens* sind die individuellen Reproduktions- und Konsumtionschancen von immer mehr Menschen

---

2 Zur Generalisierung von Tauschchancen vgl. bes. Heinemann (1969; 1987) und Luhmann (1968). Eine machttheoretische Perspektivierung der Geldthematik sucht man bei diesen Autoren allerdings vergeblich.

an die Bedingungen der modernen Lohnarbeit gebunden, auch wenn diese selbst nicht mehr länger als selbstverständlicher Mittelpunkt der subjektiven Lebensperspektiven anzusehen ist. Auf dem Arbeitsmarkt fallen die Entscheidungen über die Verteilung begehrter monetärer Ressourcen und damit über Art und Niveau der materiellen Versorgung. Nach Kreckel (1992: 153) ist deshalb auch nicht, wie seit Schelsky immer wieder angenommen wird, das Bildungssystem, sondern das über den Arbeitsmarkt vermittelte Erwerbsleben der zentrale Ort, wo die ungleiche Verteilung von Lebenschancen verankert ist. Der Arbeitsmarkt besitzt *zweitens* eine herausragende Stellung im System der Märkte, weil bereits hier eine strukturelle Machtdifferenz zwischen den Anbietern und den Nachfragern von Leistungsvermögen (Arbeitskraft) begründet wird, die im Erwerbsunternehmen als dem "unmittelbare(n) Schauplatz der Begegnung von Kapital und Arbeit" (ebd.: 168) ihre Fortsetzung findet.[3]

Die auf Arbeitsmärkten angebotenen Leistungsqualifikationen unterscheiden sich von allen anderen Tauschobjekten durch spezifische Besonderheiten, die ein prinzipielles marktstrategisches "Handicap der Arbeitskraft" (Offe/Hinrichs 1984: 51) vermuten lassen. Die Anbieterseite ist nämlich genötigt, ihre Arbeitskraft zu verkaufen, da alternative Erwerbschancen nur äußerst eingeschränkt oder überhaupt nicht vorliegen. Obwohl die moderne Arbeitsverfassung jede Form physisch aufgenötigter Zwangsarbeit kategorisch ausschließt, unterliegen die Anbieter von Leistungsqualifikationen auf längere Sicht einem *restriktiven Tauschzwang*. Abgesehen von den bescheidenen Erwerbsquellen der Subsistenzarbeit und der familialen Haushaltsproduktion, also der Herstellung von Gütern und Leistungen auf eigene Rechnung und für den eigenen Bedarf, ist nämlich das Arbeitsvermögen für sei-

---

3 Dieses Machtgefälle *zwischen* Anbietern und Nachfragern (primäre Machtasymmetrie) unterscheidet Kreckel (1992: 190ff.) von Segmentierungen und vertikalen bzw. horizontalen Schließungsstrategien *innerhalb* der Anbieterseite (sekundäre Machtasymmetrie), die je nach Berufsgruppen, Fachqualifikationen und Branchen bzw. Betriebszugehörigkeiten gänzlich unterschiedliche Interessenlagen und Verhandlungspositionen schaffen. Angesichts der Spaltung in "Kern-" und "Randbelegschaften", Hoch- und Geringqualifizierte, Inländer und Ausländer usw. entpuppt sich die Vorstellung eines kollektiven Klassenhandelns als illusorisch. Zur "Arbeitsmarktsegmentierung" vgl. Sengenberger (1987).

nen Besitzer außerhalb des Arbeitsmarktes nicht gegen Geld einlösbar. Ökonomisch wertvoll ist nur jenes Arbeitsvermögen, mit dem der Lebensunterhalt bestritten werden kann. Problemverschärfend kommt hinzu, daß in Zeiten des raschen technologischen Wandels Bildungszertifikate, traditionelles Berufswissen oder andere Fachkenntnisse schnell ihre Marktgängigkeit einbüßen - und veralten. Entwertete Leistungsqualifikation finden auf dem Arbeitsmarkt keine Nachfrage und entfallen somit als Quelle von Geldeinkommen. Der Verkaufszwang ist auch noch in anderer Hinsicht prekär: Die Arbeitskraft steht nämlich in einem komplementären oder substitutiven Verhältnis zur Kapitalinvestition. Arbeitskräfte können mit Technologie sowohl kombiniert als auch durch Technologie "freigesetzt", d.h. wegrationalisiert werden.

Die strukturelle Machtasymmetrie wird durch einen permanenten Verkaufszwang gestützt, der eine strukturell alternativarme Entscheidungslage konstituiert: Der Anbieter von Leistungsvermögen ist wirtschaftlich unselbständig und in weit höherem Maße von den Nachfragern abhängig als umgekehrt, da aufgespartes Konsumvermögen typischerweise rasch aufgezehrt ist. Die Anbieterseite kann mit dem Verkauf des Arbeitsvermögens auf Dauer nicht 'warten' (Offe/ Hinrichs 1984: 51). Im Falle der Erwerbsarbeitslosigkeit wird zwar in gewisser Weise das Arbeitseinkommen durch wohlfahrtsstaatliche Transfereinkommen kompensiert und dadurch der Zeitdruck abgemildert. Aber zyklische Wirtschaftskrisen und Phasen konjunktureller oder struktureller Arbeitslosigkeit verengen das relativ unelastische Zeitbudget der Angebieter. Demgegenüber ist das strategische Markthandeln der Nachfrageseite vergleichsweise *zeitelastischer*: Erwerbsbetriebe verfügen über Produktionsanlagen und Finanzreserven und besitzen selbst im Falle von Liquiditätsengpässen einen privilegierten Zugang zu Kreditmärkten. Sie können Neueinstellungen in gewissen Grenzen durch Mehrarbeit hinauszögern und Arbeitskräfte aufgrund des betrieblich verfügbaren professionellen Know-hows (Expertenwissen, wissenschaftliche Arbeitsorganisation) durch Rationalisierungsmaßnahmen ersetzen. Erst Arbeiterkoalitionen und gewerkschaftliche Streikfonds bieten die strategische Möglichkeit der kollektiven Arbeitsverweigerung, mit der die Erwerbsbetriebe in gewisser Weise auch unter Zeitdruck (Verlust von Kunden und Wettbewerbsfähigkeit) gestellt werden können.

Die vielfältigen Handlungsoptionen der Nachfrageseite basieren zu einem erheblichen Teil auf der Verfügung und Nutzung marktstrategischer Geldressourcen. Je nach Marktlage und Renditeerwartung können die Unternehmungen die variable Anlageform des Geldes äußerst flexibel nutzen. Geldkapital kann als Kredit oder Darlehen zinsbringend verliehen, im Aktiengeschäft gegen Eigentumsteilhabe Dritten überlassen oder im Devisengeschäft in ausländische Währungen konvertiert werden. Und vor allem: Geld kann zum Zwecke der Produktion unterschiedlichster Güter in Arbeitsmittel (Rohstoffe), Produktionsanlagen (Maschinenpark, Immobilien) und Arbeitskräfte investiert werden. Hierbei wechselt das zirkulierende Kapital unablässig seinen Aggregatzustand, indem es materialisiert (Anlageninvestition), entmaterialisiert (Gelderlös durch Güterverkauf, Kredit- und Spekulationsgeld) und wieder rematerialisiert (Reinvestition in Anlagen) wird. Wenn Geldinvestitionen in verschiedenen Marktsektoren getätigt werden, hat dies den Vorteil, daß wirtschaftliche Risiken, die nie auszuschließen sind, breiter getreut werden können; man kann sich bald der einen, bald der anderen Form von Geldanlage zuwenden, je nach dem, was gerade günstig erscheint und so die Verkaufserlöse, Zinserträge, Dividenden oder Kursgewinne optimieren. Während mobiles Geldkapital seinem Besitzer somit eine gewisse *sachliche* Ungebundenheit beschert, ist das Arbeitsvermögen des Anbieters unhintergehbar an die Physis seiner Person gebunden.

Strategische Flexibilitätsvorteile besitzt die Nachfrageseite schließlich auch in *räumlicher* Hinsicht. Großkonzerne, die über transnationale Produktionsnetzwerke verfügen, können beispielsweise Kapital exportieren bzw. Investitionsvorhaben und Fertigungssegmente in andere Weltregionen ("Billiglohnländer") verlegen. Hingegen ist die Anbieterseite vergleichsweise räumlich *indisponibel*. Diese - zeitlich, sachlich und räumlich bedingte - Ungleichheit von Handlungschancen zwischen der Anbieter- und Nachfragerseite begründet schließlich ungleiche Konflikneigungen. In Zeiten ökonomischer Rezession wird diese Ungleichheit noch vergrößert, da mit dem Anstieg der Massenarbeitslosigkeit die strategische Handlungsoption der "Abwanderung" (Hirschman 1993: 168ff.), des Wechsels auf alternative Arbeitsstellen, weiter eingeschränkt wird.

III. Marktgesellschaft - Zur Tragfähigkeit eines soziologischen Labels

In Abschnitt II ist der funktionale Markttausch in idealtypischer Weise vermessen worden, um die Überlegenheit dieser Tauschbeziehung gegenüber dem Tauschmodus der sozialen Reziprozität darlegen zu können. Hierbei wurde die Absicht verfolgt, die in der Soziologie immer wieder diskutierte Entbindung des modernen Individuums aus traditionalen Sozialverhältnissen auf der Folie der Ausbreitung moderner Marktbeziehungen zu erörtern. Hieran anschließend wurde der Fokus auf die Entlastungsfunktion des Geldes gerichtet, um das historisch einmalige Rationalisierungs- und Dynamisierungspotential der Marktinstitution für ökonomische und gesellschaftliche Modernisierungsprozesse aufzuzeigen. Sodann wurden die allgemeinen Geldfunktionen in der Absicht diskutiert, um auf die herausragende Bedeutung des Geldes als gesellschaftliche Machtressource hinzuweisen. Schließlich wurde die Schlüsselstellung des Arbeitsmarktes bei der Zuweisung allgemeiner Lebenschancen herausgestellt. Das Machtgefälle auf dem Arbeitsmarkt stellte sich für die Anbieterseite als restriktiver Tausch*zwang* dar, dem auf der Nachfrageseite weit flexiblere Tausch*chancen* gegenüberstehen. Die handlungsstrategische Beweglichkeit der Nachfrageseite korreliert mit den virtuellen Einflußchancen des Geldes, die auf den sozial, sachlich, zeitlich und räumlich weiten Nutzungshorizont zurückgeführt wurden. Diese Überlegungen, die die eingangs angesprochenen Befunde zur Ökonomisierung moderner Gesellschaften zunächst bestätigen, sollen im folgenden zum Anlaß genommen werden, um die strukturbildende Kraft des Marktes im Hinblick auf Reichweite und Ausmaß differenzierter abschätzen zu können. Von der Beantwortung dieser Frage hängt schließlich die zeitdiagnostische Tragfähigkeit des Labels "Marktgesellschaft" ab.

1. Markt und Individuum

Ohne übersteigerten Rationalitätsannahmen aufsitzen zu wollen, sind die Marktakteure dazu "verdammt", rechenhaft zu kalkulieren.[4] Bei

---

4   Das entscheidungstheoretische Problem, inwieweit den Akteuren im Marktgeschehen tatsächlich unterstellt werden kann, daß sie im strikten

Strafe des Scheiterns sind die sich bietenden Marktchancen gegenüber konkurrierenden Anbietern, Nachfragern oder Mitbewerbern wenigstens suboptimal auszunutzen. Weber (1988b: 140) hebt selbst die Gravitationskräfte des Marktes hervor, die dem Einzelnen oftmals nur die Wahl lassen "zwischen der Alternative: 'teleologische' Anpassung an den 'Markt' oder ökonomischer Untergang." Mit der modernen Geldwirtschaft entsteht ein "generalisierter Motivationshintergrund" (Heinemann 1987: 327), der alle ökonomischen Bestrebungen auf den Erwerb von Geldmitteln bündelt und verstetigt. Im damit aber schon gesagt, daß das Geld als zuverlässiges Instrument der ökonomischen Verhaltenssteuerung die Reproduktionssphäre des privaten Alltags einfärbt oder sogar "kolonialisiert" und den Individuen eine - alle Handlungsbereiche umfassende - Lebensführung im Sinne des *homo oeconomicus* aufnötigt?

Im Rationalitätsfall kann von einer funktionalen Integration der Marktakteure gesprochen werden: Die individuellen Motive und Absichten sind im Marktgeschehen auf wirtschaftlichem Aufstieg und Wettbewerbsfähigkeit, Einkommens- und Gewinnchancen ausgerichtet. Entscheidungen werden durch geldwerte Handlungsanreize motiviert und orientieren sich typischerweise an den objektiven Angebots- und Nachfrageparametern. Es sind jedoch nur jene Seiten des Subjektes in den Systemalltag des Marktes integriert, die für den Funktionsablauf ökonomischer Tätigkeiten bedeutsam sind. Hingegen werden subjektive Sinnbezüge und normative Geltungsansprüche durch die sachlichen Relevanzstrukturen des Marktes neutralisiert.

Ganz in diesem Sinne bemerkt Thomas Luckmann (1988: 82ff.), daß die personale Identität moderner Individuen in komplexen Industriegesellschaften immer weniger über die Zugehörigkeit zu Organisationsapparaten bzw. Institutionen, in denen sie spezielle Funktions-

---

Sinne des *homo oeconomicus* immer intentionalistisch und zielgerichtet agieren, kann nicht näher problematisiert werden. Ich möchte lediglich darauf hinweisen, daß gerade unter Bedingungen komplexer Risikolagen eher von der subjektiven *Annahme* oder *Erwartung* auszugehen ist, individuelle Entscheidungen auf zweckrationale Erwägungen und Motive abzustimmen. Diese Rationalitätserwartung verarbeitet irreduzible Informationsdefizite und Unsicherheiten und legitimiert *nachträglich* die Entscheidungsverfahren und Handlungsergebnisse (vgl. Bonß 1991: 266).

rollen ausüben, hergestellt wird. Wenn aber die Zuschreibung von Ich-Identität und subjektivem Sinn nicht mehr in den jeweiligen Funktionssystemen verankert ist, wird der Modus der Sinnkonstruktion und mehr und mehr zur individuellen bzw. privaten Angelegenheit. In Anlehnung an Luhmann (1993: 149ff.) kann diese Separierung der Handlungsmotivation als funktionale Inklusion bei gleichzeitiger Exklusion subjektiver Sinnstiftung beschrieben werden. Übertragen auf die Marktthematik folgt hieraus: Das Individuum ist gefragt als Anbieter beruflicher Qualifikationen oder als zahlungsfähiger Konsument, während Sinn- und Identitätsfragen ausgeklammert werden. Der doppelte Mechanismus von Inklusion und Exklusion trennt die Motivlage des Individuums auf und treibt es in eine "Mischexistenz" hinein, die es erlaubt, instrumentelle Einstellungen zur Erwerbsarbeit und die Suche nach unversehrter Individualität miteinander zu versöhnen. André Gorz (1989: 51ff.) beschreibt diese Trennung der individuellen Existenz in Erwerbstätigkeit und Freizeit als "Spaltung von Arbeit und Leben". Scheinbar unkompliziert wird diese Doppelexistenz gelebt, wobei sich die lebensweltliche Handlungsrationalität nicht mehr aus der Berufsrolle speist: "Der große oder kleine Angestellte will, nachdem er seinen Arbeitstag dem Dienst an den ökonomischen Werten von Konkurrenzfähigkeit, Leistung und technischer Effektivität gewidmet hat, am Feierabend eine Nische aufsuchen, in der die ökonomischen Werte ersetzt sind durch Kinder- und Tierliebe, Landschaftsgenuß und Bastelvergnügen." (Ebd., 59f.)

Zusammenfassend kann das Verhältnis von Markt und Individuum somit von zwei gegenläufigen Trends her bestimmt werden: Auf der einen Seite findet im anonymen Marktgeschehen aufgrund der funktionalen Anforderungen und der weitgehenden Austauschbarkeit von Personen eine Standardisierung und *Entindividualisierung* statt, die paradoxerweise von einem Zuwachs an *Individualisierungschancen* begleitet wird (Simmel 1989). Diese und andere Befunde zur Separierung der Handlungsmotivation werden mit dem Label "Marktgesellschaft", das den Einfluß des Marktes auf Kultur und Alltag im Sinne einer ökonomistischen Engführung überschätzt, vernachlässigt.

2. Markt und Wirtschaft

Schon allein wegen einer möglichst präzisen Begriffsverwendung sollte "Markt" nicht mit "Wirtschaft" synomym gesetzt werden. Das ausdifferenzierte Netzwerk von Marktbeziehungen kann nämlich nicht mit der Gesamtheit der Ereignisse des ökonomischen Systems gleichgesetzt werden. Die tendenzielle Gleichsetzung wirtschaftlicher Akte mit Tauschakten bzw. Zahlungsvorgängen läßt sich jedoch, darauf weist Berger (1992: 157ff.) hin, in prominenten soziologischen Theorien aufspüren, etwa bei Parsons/Smelser (1956), Habermas (1981) und Luhmann (1988). Gegenüber diesen Ansätzen ist die Differenz zwischen Märkten und Wirtschaftsorganisationen (z.B. Erwerbsbetriebe) als konstitutives Merkmal der modernen Ökonomie hervorzuheben. In soziologischer Hinsicht ist diese Unterscheidung allein schon aus folgendem Grund bedeutsam: Im Hinblick auf die Handlungskoordination hebt sich die *Tausch-* oder *Distributions*sphäre des Marktes nämlich grundsätzlich von der *Produktions*sphäre der Unternehmen ab. Wirtschaftliche Vorgänge kommen auf Märkten über Zahlungen zustande, während sie in Erwerbsbetrieben unter *Ausschaltung* der Marktgesetze über Hierarchie und Kontrolle, (mikropolitische) Aushandlung und Kooperation gesteuert werden. An die Stelle des für Tauschbeziehungen typischen Preismechanismus tritt im Erwerbsbetrieb das aus spezifischen Eigentumstiteln abgeleitete unternehmerische Dispositionsrecht über Arbeitsgegenstände, Arbeitsmittel und Arbeitskräfte. Erwerbsbetriebe zeichnet ein organisatorisches Innenleben aus, das nicht als Netzwerk von Zahlungsakten bestimmt werden kann.

Obwohl man diese grundverschiedenen Steuerungsmechanismen der Tausch- und Produktionssphäre nicht außer Acht lassen sollte, können einige Gründe benannt werden, die eine Zentralstellung des Marktbegriffs dennoch rechtfertigen. *Erstens* unterliegt man nicht der Gefahr, die gesellschaftliche Relevanz der Ökonomie auf den Sektor der unmittelbaren Begegnung von "Kapital" und "Arbeit" einzuengen, was für marxistisch orientierte Ansätze durchaus typisch ist. Mit der Thematisierung der Tauschsphäre werden jedoch *keineswegs* Wirtschaftsorganisationen wie z.B. Erwerbsbetriebe analytisch ausgeklammert. Im Gegenteil: Schließlich treten sie auf unterschiedlichen Märkten als Anbieter von Gütern bzw. als Nachfrager von Rohmaterialien, Krediten oder Arbeitskräften auf. Das innerbetriebliche Geschehen besteht aus einem Geflecht von Handlungen, die, ohne selbst Zahlungen zu sein, in Zahlungen *münden*. Obschon innerbetriebliche Handlungen nicht mit Zahlungen identisch sind, sind sie im Hinblick auf den Außenkontakt eines Betriebes darauf *zugeschnitten*, daß die Abnehmer der Güter zahlen und die betriebliche Zahlungsfähigkeit aufrechterhalten wird. Die Zentrifugalkraft des Marktgeschehens beeinflußt in jedem Falle die betriebliche Arbeitsorganisition, das Ausmaß von Investitions- und Rationalisierungsentscheidungen, Produktionserweiterungen und -verlagerungen, Produktinnovationen usw. (vgl. Berger 1992: 158).

Die sozialwissenschaftlichen Befunde zur "Krise der Arbeitsgesellschaft" sowie der vielzitierte "Wertewandel" legen *zweitens* nahe, den Blick über den Tellerrand des betrieblichen Geschehens auf die Tauschsphäre zu richten. Im Gegensatz zur Tauschsphäre ist die separierte Betriebs- oder Bürowelt ein Handlungsort, aus dem schon allein aufgrund hoher struktureller Arbeitslosigkeit mehr und mehr Individuen ausgeschlossen sind. Wie zudem der Bedeutungszuwachs des Konsumtionssektors zeigt, gibt der Betrieb als unmittelbarer Ort der Begegnung von "Kapital" und "Arbeit" nicht mehr zwangsläufig den alltäglichen Erfahrungsmittelpunkt ab. Nur ein - wenn auch immer noch erheblicher - Teil der Gesamtbevölkerung ist über Beschäftigungsverhältnisse in die gewerblichen Produktionskerne integriert. Hingegen stehen ausnahmelos *alle* Individuen im unmittelbaren Kontakt zum Marktgeschehen, etwa als Nachfrager von Konsumartikeln, Freizeitangeboten oder Kleinkrediten. Kurzum, jedes Individuum ist - in unterschiedlicher Weise und Funktion - in das Marktgeschehen involviert, und sei es nur als einfacher Konsument auf den Märkten des täglichen Grundbedarfs an Lebensmitteln und Gebrauchsgegenständen oder als arbeitsloser Anbieter von Leistungsvermögen auf dem Arbeitsmarkt.

3. Markt und Staat

Am Beispiel des Erwerbsbetriebes wurde im vorangegangenen Abschnitt die Differenz zwischen Märkten und Wirtschaftsorganisationen hervorgehoben, um auf grundverschiedene Koordinationsmechanismen der Tausch- und Produktionssphäre hinzuweisen, die bereits eine differenziertere Verwendung des Labels "Marktgesellschaft" nahelegen. Seine zeitdiagnostische Tragfähigkeit ist jedoch noch in einer grundsätzlicheren Weise zu problematisieren. Der Marktökonomie, unterteilt in die Sektoren Produktion und Distribution, steht nämlich mit der Herausbildung des modernen politisch-administrativen Systems eine Sphäre gegenüber, die eine unverzichtbare Grundbedingung jeder hochentwickelten Industriegesellschaft westlichen Typs darstellt. Ohne auf die historische Genese des modernen politisch-administratvien Systems und die mit seiner Geschichte verbundenen politischen Auseinandersetzungen und sozialen Konflikte näher eingehen zu können, kann man analytisch zwischen unterschiedlichen Funktionen des modernen Staatsapparates unterscheiden.

Die aus dem klassischen liberalen Staatsprinzip (John Stuart Mill) entstandenen *rechtsstaatlichen Kernfunktionen* bestehen zunächst darin, für alle Marktakteure ohne Ansehen der Person, der Herkunft, der Konfession und des Sozialstatus Vertragssicherheit zu gewährleisten, die Institution des Privateigentums zu garantieren, Gewerbe- und Berufsfreiheit sicherzustellen, ferner andere wirtschaftsrelevante Gesetze und Richtlinien (Schuldenhaftung, Börsen- und Kartellrecht usw.) zu erlassen, nach denen sich die Erwartungshaltungen wirtschaftlicher Akteure orientieren können. Über diese klassischen Ordnungsfunktionen hinausgehend werden dem modernen Staat *regulative Steuerungsaufgaben* zugeschrieben, denen im Prozeß der industriellen Entwicklung eine wachsende Bedeutung zukommt. Die Schaffung eines Reservoirs von hinreichend qualifizierten Arbeitskräften durch staatliche Bildungspolitik oder Infrastruktur- und Raumordnungsmaßnahmen sind beispielhaft anzuführen. Diese und andere Leistungen stellen unverzichtbare institutionelle Voraussetzungen dar, da sie in das Rationalitätskalkül von kapitalistischen Erwerbsbetrieben nur schwer integrierbar sind. In Antithese zum liberalen Staatsprinzip sind diese Funktionen wiederum in Richtung einer aktiven Intenvention in das Wirtschaftsgeschehen (Steuer-, Subventions-, Konjunktur- und Wachstumspolitik) erweitert worden, um unerwünschten ökonomischen Krisen (z. B. Erwerbsarbeitslosigkeit) entgegenzuwirken (vgl. Lange 1989: 254ff.).

Darüber hinaus ist mit der Herausbildung wohlfahrtsstaatlicher Institutionen eine Sphäre der *Redistribution* entstanden, die den Individuen - mit begrenztem Erfolg - "eine von ihrem 'Marktwert' unabhängige Quelle von Lebenschancen" (Marshall 1992: 47) garantieren soll. Dem redistributiven Tausch des politischen Sphäre kommt hierbei die Aufgabe zu, die Zuteilung monetärer Ressourcen von den Verteilungsergebnissen des Marktes zu lockern. Die staatliche Gewalt greift durch die selektive Steuer- und Abgabenbelastung der Bürger direkt in den ökonomischen Verteilungsprozeß ein, und zwar in der Absicht, die sozialen Kosten des Marktes abzufedern, extrem ungleiche Einkommens- und Vermögensrelationen zu entschärfen und allgemeine Teilhabechancen zu verbessern.[5] Einen herausragenden Stellenwert besitzt hierbei die Institutionalisierung des industriellen Arbeitskonfliktes bzw. die Verrechtlichung des Arbeitsmarktes. Für die Bundesrepublik sind exemplarisch das Tarifrechtssystem und Betriebsverfassungsgesetz, Arbeitsgesetzgebung und Arbeitsrechtsprechung, Sozialpolitik und Sozialversicherung, staatliche Arbeitsverwaltung und Arbeitsmarktpolitik zu nennen (vgl. Müller-Jentsch 1986). Gleichwohl beschränken sich die korporatistisch ausgehandelten Konfliktregelungs- und Normsetzungsverfahren zwischen Staat, Unternehmungen und Gewerkschaften ("Korporatistisches Dreieck") auf *korrektive* Funktionen. Neuerdings wird diese redistributive Funktion sukzessive durch die "Entsorgungsfunktion" (Jänicke 1986: 21) ergänzt, um die externalisierten Effekte der industriellen Produktion einzudämmen. Hierunter fallen die Schadstoffbelastungen der Umweltmedien Luft, Wasser und Boden sowie wie indirekten, nichtintendierten Folgewirkungen des Stoff-, Energie- und Flächenverbrauchs auf das globale Ökosystem. Diese Funktionen zusammengenommen schaffen einen gewaltigen Finanzbedarf, der die politischen Entscheidungskorridore einschnürt und die Handlungskapazitäten des Staatsapparates an die Wachstumsraten der Ökonomie rückkoppelt.

Der Staat greift in Unternehmen und Privathaushalten sowie auf den Märkten *aktiv* über Gesetze, Verordnungen und andere politische Interventionsmöglichkeiten ein. Umgekehrt wird dem Staat durch die ökonomischen Ergebnisse des Marktgeschehens über Steuern und Abgaben die finanzielle Grundlage für politische Gestaltungsmöglichkeiten gegeben. Anders formuliert sind in modernen Industriegesell-

---

5 Es wäre jedoch ein Mißverständnis, daß Redistribution die Verteilungsergebnisse des Marktes annulieren könnte. Die Individualisierung sozialer Risiken wird lediglich wohlfahrtsstaatlich abgefedert.

schaften Entwicklungstrends unverkennbar, die auf eine zunehmende Regelungsdichte des wirtschaftlichen Geschehens durch politische Entscheidungen und auf eine umgekehrte Abhängigkeit der politischen Sphäre von den Leistungen der Ökonomie zuweisen, sodaß die idealtypisch hypostasierten "eigenlogischen" Koordinationsmechanismen von Politik und Ökonomie an Eindeutigkeit verlieren. Vor diesem Hintergrund wird von einer wechselseitigen Durchdringung oder Überflutung von Politik und Marktökonomie, zuweilen sogar von einer strukturellen *Ent*differenzierung gesprochen. Ganz in diesem Sinne beschreibt Richard Münch (1995: 388) die institutionellen Arrangements des Arbeits- und Sozialrechts (Wohlfahrtsökonomie) bzw. der Umweltgesetzgebung (Umweltökonomie) als "Interpenetrationszonen", in denen Ökonomie, Politik und Moral eine gemeinsame "Schnittmenge" bilden.

Mit der Transnationalisierung ökonomischer Tätigkeiten und Geldbewegungen ist nun in jüngster Zeit eine neue internationale Arbeitsteilung entstanden, die alle Nationalstaaten des Globus nachhaltig beeinflußt. Sogar die Länder mit dem höchsten Grad an Industrialisierung können ihre wirtschaftlichen Tätigkeiten nicht in demselben Maße wie früher steuern und sind gezwungen, die globale Marktintegration zur dominanten Referenzfolie der eigenen politischen Entscheidungen zu machen. Die Konkurrenz der territorial gebundenen Nationalstaaten um Produktionsstandorte der transnationalen Konzerne (global player) unterminiert nämlich ihren politischen Gestaltungsanspruch in doppelter Hinsicht: Sowohl die staatliche Souveränität nach außen als auch die gesellschaftspolitische und administratvie Steuerung nach innen scheint dadurch prekär zu werden (vgl. exemplarisch Scharpf 1991). Als Folge dieser Entwicklung wird - so Narr/Schubert (1994: 153) - der "nach innen gerichtete Wohlfahrtsstaat" vom "nach außen gewandten Konkurrenzstaat" abgelöst. Diese Überforderung der nationalstaatlichen Problemlösungskapazität läßt das Vertrauen in die politische Regulationskompetenz ökonomischer Krisen weiter schwinden, macht allerdings das politisches System nicht funktionslos, sondern erzwingt eine Neubestimmung seines Verhältnisses zur Ökonomie. Ganz unabhängig davon, wie man im Einzelfall den Einflußfaktor Weltmarkt auf politische Entscheidungen einschätzt, kann mit dem Label "Marktgesellschaft" die Relation von Staat und Ökonomie konzeptionell nur höchst unzureichend erfaßt werden.

IV. Resümee

Wenn man die zusammengetragenen Befunde resümiert, scheint es durchaus berechtigt zu sein, das marktökonomische Geschehen als dominanten Einflußfaktor moderner Gesellschaften zu interpretieren. Gleichwohl sind einige grundlegende Sachverhalte angesprochen worden, die mit dem Label "Marktgesellschaft" kaum erfaßt werden können. *Erstens* übersieht eine einsilbige Diagnose der Ökonomisierung der modernen Kultur, daß mit der - in traditionalen Agrargesellschaften noch unbekannten - Trennung von Haushalt und Erwerbsbetrieb eine Sphäre der Privatheit und Intimität entstanden ist, die von wirtschaftlich zweckgerichteten Tätigkeiten (außerhäusliche Erwerbsarbeit, Güterproduktion) so weit wie möglich abgeschottet wird. Der Privathaushalt fungiert gewissermaßen als "ökonomisches Gehäuse der Familie" (Reichwein 1993: 118), das die Verfolgung nicht-marktökonomischer Handlungsrationalitäten in der Reproduktionssphäre ermöglicht. Selbst wenn man eine zunehmende Ökonomisierung der Privathaushalte annehmen würde, wäre deswegen die "Innenseite" der Privatsphäre noch lange nicht zwangsläufig ein schutzloses Einfallstor für die Systemimperative des Marktes. *Zweitens* wurde am Beispiel des kapitalistischen Erwerbsbetriebes auf die Differenz von Markt und Wirtschaftsorganisation hingewiesen, um zu verdeutlichen, daß wirtschaftliche Handlungen mit marktvermittelten Zahlungsvorgängen nicht gleichgesetzt werden können. Wie die sozioökonomische Netzwerkforschung zudem aufgezeigt hat, gibt es *jenseits* von Markttransaktionen reziproke Produktions- und Unternehmensnetzwerke und informelle Austauschformen, die mit dem idealtypisch gedachten atomistischen Marktmodell von Angebot und Nachfrage nicht kompatibel sind (vgl. Mahnkopf 1994). Auf vielen Märkten hat eine zunehmende horizontale, vertikale und diagonale Verflechtung von Unternehmen zu Vermachtungen und Konzentrationsgraden geführt, die die Preis- bzw. Produktkonkurrenz stark verringert haben. Und *drittens* existiert mit dem modernen politisch-administrativen System eine Sphäre staatlicher Akteure, die den Einfluß außerökonomischer Determinanten auf das Marktgeschehen ständig ausgeweitet hat. Im Zuge der Globalisierung der Märkte werden zwar die nationalstaatlichen Politiken in ein immer dichteres Geflecht transnationaler und innergesellschaftlicher Abhängigkeiten und Verhandlungszwänge eingebunden, die die politische Steuerung gesellschaftlicher Entwicklungen mehr und mehr in Frage stellen. Damit verschwinden jedoch keineswegs politische Akteure von der Bühne, sondern es verlagern sich lediglich ihre Bezugsgrößen und Interventionsmöglichkeiten. Mit dem Label "Marktgesellschaft" kann jedenfalls das spezifische Verhältnis von Politik und Ökonomie, das unter den Bedingungen der globalen Marktintegration eine neue Dimension annimmt, nicht hinreichend differenziert erfaßt werden.

Literatur

Berger, J. 1992: Der Konsensbedarf der Wirtschaft. In: Giegel, H.-J. (Hg.): Kommunikation und Konsens in modernen Gesellschaften, Frankfurt/M., S. 151-196.
Bonß, W. 1991: Unsicherheit und Gesellschaft. Argumente für eine soziologische Risikoforschung. In: Soziale Welt, S. 258-277.
Borchert, M. 1992: Geld und Kredit. Einführung in die Geldtheorie und Geldpolitik, München.
Dubiel, H. 1986: Autonomie oder Anomie. Zum Streit des nachliberalen Sozialcharakters. In: Berger, J. (Hg.): Die Moderne - Kontinuitäten und Zäsuren. Sonderband 4 der Sozialen Welt, Göttingen, S. 263-281.
Fürstenberg, F. 1988: Geld und Geldkritik aus wirtschaftssoziologischer Sicht. In: Reinhold, G. (Hg.): Wirtschaftssoziologie, München, S. 60-73.
Gorz, A. 1989: Kritik der ökonomischen Vernunft. Sinnfragen am Ende der Arbeitsgesellschaft, Berlin.
Gouldner, A.W. 1984: Reziprozität und Autonomie. Ausgewählte Aufsätze, Frankfurt/M.
Heinemann, K. 1969: Grundzüge einer Soziologie des Geldes, Stuttgart.
Heinemann, K. 1987: Soziologie des Geldes. In: Ders. (Hg.): Soziologie wirtschaftlichen Handelns. Sonderheft 28 der Kölner Zeitschrift für Soziologie und Sozialpsychologie, Opladen, S. 322-338.
Heinemann, K. 1988: Soziologie des Marktes. In: Reinhold, G. (Hg.): Wirtschaftssoziolgie, München, S. 45-59.
Hirschman, A.O. 1993: Entwicklung, Markt und Moral. Abweichende Betrachtungen, Frankfurt/M.
Jänicke, M.: 1986: Staatsversagen. Die Ohnmacht der Politik in der Industriegesellschaft, München.
König, H. 1992: Zivilisation und Leidenschaften. Die Masse im bürgerlichen Zeitalter, Reinbek bei Hamburg.
Kraemer, K. 1997: Der Markt der Gesellschaft. Zu einer soziologischen Theorie der Marktvergesellschaftung, Opladen (in Vorbereitung).

Kreckel, R. 1992: Politische Soziologie der sozialen Ungleichheit, Frankfurt/M.
Lange, E. 1989: Marktwirtschaft. Eine soziologische Analyse ihrer Entwicklung und Strukturen in Deutschland, Opladen.
Luckmann, T. 1988: Persönliche Identität und Lebenslauf. In: Brose, H.-G. u. B. Hildenbrand (Hg.): Vom Ende des Individuums zur Individualität ohne Ende, Opladen, S. 73-88.
Luhmann, N. 1968: Vertrauen. Ein Mechanismus der Reduktion sozialer Komplexität, Stuttgart.
Luhmann, N. 1988: Die Wirtschaft der Gesellschaft, Frankfurt/M.
Luhmann, N. 1993: Gesellschaftsstruktur und Semantik. Studien zur Wissenssoziologie der modernern Gesellschaft, Bd.3, Frankfurt/M.
Mahnkopf, B. 1994: Markt, Hierarchie und soziale Beziehungen. Zur Bedeutung reziproker Beziehungsnetzwerke in modernen Marktgesellschaften. In: Beckenbach, N. u. W. van Treeck (Hg.): Umbrüche gesellschaftlicher Arbeit, Sonderband 9 Soziale Welt, S. 65-84.
Marshall, T.H. 1992: Bürgerrechte und soziale Klassen. Zur Soziologie des Wohlfahrtsstaates, Frankfurt/M.
Marx, K. 1983: Das Kapital. Kritik der politischen Ökonomie. Erster Band, Berlin 1983.
Mauss, M. 1990: Die Gabe. Form und Funktion des Austausches in archaischen Gesellschaften, Frankfurt/M.
Müller-Jentsch, W. 1986: Soziologie der industriellen Beziehungen. Eine Einführung, Frankfurt/M.
Münch, R. 1994: Zahlung und Achtung. Die Interpenetration von Ökonomie und Moral. In: Zeitschrift für Soziologie, S. 388-411.
Narr, W.-D. u. A. Schubert 1994: Weltökonomie. Die Misere der Politik, Frankfurt/M.
Offe, C. u. K. Hinrichs 1984: Sozialökonomie des Arbeitsmarktes: primäres und sekundäres Machtgefälle. In: Offe, C.: "Arbeitsgesellschaft". Strukturprobleme und Zukunftsperspektiven, Frankfurt/M., S. 44-86.
Parsons, T. u. N. Smelser 1956: Economy and Society. A Study in the Integration of Economic and Social Theory, London.
Polanyi, K. 1978: The Great Transformation. Politische und ökonomische Ursprünge von Gesellschaften und Wirtschaftssystemen, Frankfurt/M.
Reichwein, R. 1993: Privatsphäre im Umbruch. Von der Familie zum Haushalt. In: Reichwein, R., A. Cramer u. F. Buer: Familie und Haushalt zwischen Politik, Ökonomie und sozialen Netzen, Bielefeld, S. 81-228.
Scharpf, F.W. 1991: Die Handlungsfähigkeit des Staates am Ende des zwanzigsten Jahrhunderts. In: Politische Vierteljahresschrift 32, S. 621-634.
Sengenberger, W. 1987: Struktur und Funktionsweise von Arbeitsmärkten, Frankfurt/M. 1987.
Simmel, G. 1989: Philosophie des Geldes, Frankfurt/M.
Smith, A. ^{6}1993: Der Wohlstand der Nationen. Eine Untersuchung seiner Natur und seiner Ursachen, München.

Tönnies, F. 1979: Gemeinschaft und Gesellschaft. Grundbegriffe der reinen Soziologie, Darmstadt.
Weber, M. 1980: Wirtschaft und Gesellschaft. Grundriss der verstehenden Soziologie, Tübingen.
Weber, M. 1988a: Gesammelte Aufsätze zur Religionssoziologie I, Tübingen.
Weber, M. 1988b: Gesammelte Aufsätze zur Wissenschaftslehre, Tübingen.

Harald Funke
Erlebnisgesellschaft

Man stelle sich vor: Ein Nachwuchssoziologe befindet sich in Oberhausen-Mitte im Jahre 1995 und schaut vom dortigen Gasometer auf eines der ehrgeizigsten Bauprojekte im Deutschland der 90er Jahre, die "Neue Mitte" Oberhausen. Auf dem ehemaligen Thyssengelände, einstige Arbeitsstätte Zehntausender und jahrzehntelanges Symbol der Industriegesellschaft, entsteht ein gigantisches Einkaufs-, Freizeit- und Erlebniszentrum. Man wird sich dort zukünftig mit all den Dingen versorgen können, die den Alltag zum "Erlebnis" machen, umgeben von "Erlebnisgastronomie" und "Erlebnisparks" mit kultureller und sportiver Rundumversorgung. An - und Abreise erfolgen über die "Erlebniswelt" Bahnhof oder via Automobil, in dem Fahren per se, laut Werbung, ein "Erlebnis" ist. Unser Standpunkt, der uns diesen symbolträchtigen Blick ermöglicht, ist ein Industriebau, umgewandelt zu einem Museumsraum, der es sich zur Aufgabe gemacht hat, die Arbeitswelt der verflossenen Industriegesellschaft "erlebbar" zu machen. Der Proletarier von einst begegnet uns als ästhetisches Artefakt in Fotografien, Klanginstallationen, Texten und funktionslos gewordenen Arbeitsutensilien.

Zweifelsohne vermittelt uns dieses Bild den Eindruck eines gesellschaftlichen Strukturwandels. Doch mit welchem soziologischen Begriffsinstrumentarium ließe sich dieses Bild eines Wandels am treffendsten beschreiben? Es lassen sich zunächst folgende Beobachtungen zusammentragen:

1. Industriebauten stellen kein Bild für das "Soziale" mehr zur Verfügung. Das Zusammenbrechen des industriegesellschaftlichen Paradigmas scheint augenfällig. Darüber hinaus ist die Sphäre der Arbeit selbst in eine ästhetisch verfremdete Dimension gerückt. Weder der Begriff "Industriegesellschaft" noch der Begriff "Arbeitsgesellschaft" scheinen gesellschaftliche Wirklichkeit noch voll und ganz zu treffen. Angesichts des sich uns bietenden Panoramas mag einen Unbehagen beschleichen: Verschwindet mit der Arbeitssphäre nicht auch "das So-

ziale" der Gesellschaft? Dem stehen zunächst folgende Erscheinungen gegenüber:

2. Aus dem Industrieraum wird ein Freizeitraum. Obwohl auch hier Arbeitsplätze entstehen, dienen doch nahezu sämtliche Einrichtungen den Freizeitbedürfnissen eines zahlenden Publikums. Demnach wäre es naheliegend, den sich vollziehenden Strukturwandel als Übergang der Arbeitsgesellschaft in eine Freizeitgesellschaft, (gar in einen "kollektiven Freizeitpark"?), zu beschreiben?

3. Darüber hinaus fällt die spezifische Ausgestaltung dieser Freizeitgesellschaft auf. Nahezu alle Bereiche des sich uns präsentierenden Panoramas sind ästhetischen Ansprüchen unterworfen. Entweder dienen sie direkt kulturellen Zwecken wie Konzerthallen, Kinos und Bühnen oder sie dienen dazu, Alltagsverrichtungen zu einem kulturellen Ambiente zu verhelfen. Demnach könnten wir uns in einer Kulturgesellschaft befinden? In diesem Sinne hätte der Begriff "Kultur" den Begriff der Arbeit abgelöst, aber betrachtet man sich

4. Die spezifische Ausformung dieses ästhetischen Raumes, so fällt die Dominanz der Kategorie "Erlebnis" ins Auge. Kultur in diesem Sinne setzt sich ab von der Erhabenheit der Kunstanstrengung, scheint stattdessen den Alltag gänzlich zu durchdringen. Ästhetisierung wird zu einem alltäglichen Stimulans zur Steigerung von "Erlebnissen". Gemäß dieser Beobachtung wäre es nur konsequent, zur Zeitdiagnose den Begriff der Erlebnisgesellschaft heranzuziehen. Aber bringt die Kategorie "Erlebnis" ernsthaft das "Soziale" zurück, so daß man von einer "Erlebnisgesellschaft" sprechen kann?

Gerhard Schulze hat diese Konsequenz gezogen und ist mit seinem Versuch einer "Kultursoziologie der Gegenwart" auch außerhalb der soziologischen Fachwelt auf breite Resonanz gestoßen. Das von ihm entwickelte zeitdiagnostische Etikett "Erlebnisgesellschaft" (Schulze 1992) ist der Ansatz einer Modernisierungstheorie, der in einen bestimmten soziologischen Diskussionszusammenhang eingebettet ist. Dieser Zusammenhang soll zunächst kurz skizziert werden (1), bevor Schulzes Theorieentwurf näher vorgestellt wird (2). Um eine fundiertere Einordnung seiner Forschungsarbeit vornehmen zu können, werden in (3) einige theoretische "Affinitäten" seiner These zu anderen Forschungsrichtungen wie der Freizeitforschung (3.1), der Theorie des Wertewandels (3.2), der Markt- und Wahlforschung (3.3) und einem Teil der neueren Kulturkritik (3.4) nachgezeichnet. Der kultursoziologische Ansatz Pierre Bourdieus stellt den expliziten Kontrast zu Schulzes Theorieentwurf dar. Dieser Ansatz soll in (4) Schulzes "Kultursoziologie der Gegenwart" gegenübergestellt werden. In (5) schließlich soll das zeitdiagnostische Etikett "Erlebnisgesellschaft" auf seine Gültigkeit hin überprüft werden.

1. Von Klassen und Schichten zu Lebensstilen?

Früher schien, nicht nur für Soziologen, zwar nicht alles besser, zumindest aber übersichtlicher zu sein. Orientierung im Raum der Gesellschaft war noch einfach.

Das Erscheinungsbild eines Menschen ließ noch zuverlässige Rückschlüsse darauf zu, welche Position innerhalb der hierarchischen Ordnung des Alltags diesem Menschen zukam. Eine bestimmte Art sich zu kleiden, sich zu bewegen, der Aussprache, kultureller Interessen, Essensvorlieben u.v.a. evozierte fast reflexartig Vermutungen über die berufliche Stellung des Betreffenden. Die Krawatte um den Hals eines Arbeiters kniff nicht nur wegen der fehlenden Gewöhnung, sondern vor allem, weil damit eine Stellung in der Hierarchie behauptet wurde, die ihm nicht zukam. Er bewegte sich in seinem Anzug möglicherweise "linkisch" und kam sich unter "feinen Leuten" deplaziert vor. Ebenso konnte sich ein Angestellter etwas auf seine Aussprache zugutehalten, die sich vom "Slang" des Arbeiters unterschied.[1] Der Angestellte, der seinen Anzug ängstlich sauber hielt, konnte allerdings bei entsprechender Gelegenheit mühelos von einem Angehörigen der feineren Leute eingeschüchtert werden; nicht etwa durch Vergleich der Kontoauszüge, sondern durch ein versiertes Gespräch über Kunst, Musik oder auch Lieblingsspeisen. Jeder schien zu wissen, wo sein Platz war; falls nicht, wurde ihm entsprechende Verachtung zuteil.[2]

Der soziologisch versierte Beobachter konnte dann anhand der beruflichen Stellung den jeweiligen Menschen einer bestimmten Schicht, oder, wenn sich die Beobachtung auf den vermuteten Besitz des Be-

---

1 Insofern ist George Bernhard Shaws Theaterstück "Pygmalion" durchaus ein Lehrstück über Schichtungssoziologie.
2 Man führe sich nur die Verachtung des "Emporkömmlings" vor Augen.

treffenden bezog, einer Klasse zuordnen (vgl. etwa Geiger 1932).
Heute scheinen die Kategorien in schändlichster Verwirrung zu sein. "Das Denken und Forschen in traditionalen Großgruppen-Kategorien - in Ständen, Klassen oder Schichten - wird fragwürdig." (Beck 1986: 139) Beträchtliche Steigerungen des gesellschaftlichen Wohlstandes scheinen eine Neuorientierung sowohl im Alltag als auch in der Soziologie zu erzwingen. Der Anstieg des Realeinkommens und der Vermögensausstattung breiter Schichten der Bevölkerung, die Zunahme arbeitsfreier Zeit, die Expansion von Bildungsgraden und viele andere sozialstrukturelle Entwicklungen lassen das Panorama einer "Überflußgesellschaft" entstehen, in der die Möglichkeitsspielräume individuellen Handelns eklatant erweitert sind. Eine gewisse Lässigkeit im Umgang mit der eigenen Erscheinung scheint heutzutage zum guten Ton zu gehören, man denke nur an den Siegeszug der Arbeiterhose "Jeans" durch alle Schichten der Bevölkerung. Designer beschäftigen sich damit, Löcher und Spuren der Arbeit an dieser Hose zu formen, was die betreffende Hose teurer macht als einen "Anzug von der Stange", der für fast alle erschwinglich ist. Selbst im Bundestag können heutzutage Turnschuhe keine Verlegenheit mehr auslösen, sie stehen vielmehr schon im Museum. Ein bestimmter "Stil" eines Menschen läßt keinen Rückschluß auf seine materielle Lage im sozialen Raum zu, was zum Beispiel die Orientierung auf dem Heiratsmarkt enorm erschwert. Gehört man nicht gerade einer "Problemgruppe" an (Wohnungslose, Dauerarbeitslose, Drogenabhängige, Asylbewerber, Anstaltsinsassen u.a.), so scheinen soziale Unterschiede nicht mehr ohne weiteres erkennbar zu sein. Jenseits dieser "Randgruppen" scheinen sich alle als Individuen "irgendwie" einer diffusen Mittelschicht zuzuordnen. Stefan Hradil diagnostiziert denn auch die Herausbildung einer "differenzierten Mittelstands- und Problemgruppengesellschaft" (Hradil 1995: 127). Die Problemgruppen bilden "Subkulturen" aus; innerhalb der riesigen Mittelschicht orientieren sich die Menschen in ihrem Alltag neu. Als Individuen scheinen sie nun in die materielle Lage versetzt, ihren Lebensstil frei wählen zu können, sich selbst zu stilisieren. Insofern kann der individuelle Lebenslauf sogar zu einem ästhetischen Projekt werden, das Leben zum Kunstwerk. Innerhalb dieser Hauptsphäre der Gesellschaft herrscht keine vertikale, sondern "expressive Ungleichheit" (vgl. Lüdtke 1989). Der Lebensstil wird auf diese Weise zu einer Möglichkeit, sich neu zu vergesellschaften, nach-

dem alte, hierarchische Orientierungen verlorengegangen sind. Die Soziologie hat auf diese "lebensweltlichen" Veränderungen reagiert und im letzten Jahrzehnt ein zunehmend differenzierteres Instrumentarium entwickelt, Lebensstile als Form nach-traditionaler, eben nicht mehr an Klassen und Schichten gebundener, Vergesellschaftung zu beschreiben (vgl. dazu u.a. Hradil 1992, Berger/Hradil 1990, Konietzka 1995: 11-100). Umstritten ist dabei das Verhältnis von Lebensstil und nach wie vor bestehender sozialer Ungleichheit, das uns auch bei der Bewertung der zeitdiagnostischen Leistungsfähigkeit des Etiketts der Erlebnisgesellschaft wiederbegegnen wird.

Im soziologischen Duktus läßt sich also der Ausgangspunkt der Überlegungen zur "Erlebnisgesellschaft" so formulieren: Die Zeitdiagnose einer individualisierten[3] und "ästhetisierten" Gesellschaft bei gleichzeitigem materiellen Überfluß und die damit einhergehende theoretische Inadäquanz traditioneller Schicht- und Klassenmodelle zur Gesellschaftsbeschreibung legt den Schluß nahe, daß sich neue Gruppenzugehörigkeiten bzw. Formen der Vergesellschaftung nach Gesichtspunkten der Selbststilisierungen individueller Akteure bilden. Der Grund liegt dabei im, mit dem Ansteigen individueller Wahloptionen einhergehenden, wachsenden Orientierungsbedarf im sozialen Raum.

Die von Gerhard Schulze 1992 vorgelegte Studie "Die Erlebnisgesellschaft" vermag zunächst zu beruhigen. Es herrscht keinesfalls Unübersichtlichkeit und Lebensstilchaos, sondern alltagsästhetische Ordnung. Wie kommt diese neue Ordnung zustande?

---

3   Zum Thema "individualisierte Gesellschaft" vgl. den Beitrag von Markus Schroer in diesem Band.

2. "Die Erlebnisgesellschaft"
- die kultursoziologische Perspektive
als subjektorientierte Strukturanalyse

Schulzes Studie versucht, nicht-traditionale Modi der Großgruppenbildung in der modernen Gesellschaft zu beschreiben. Diese "moderne" Form sozialer Großgruppenbildung vollzieht sich, so Schulze, nach einem neuen Prinzip. "Als zentrales regulatives Prinzip entsteht eine fundamentale psychophysische Semantik, die an die Stelle der früheren ökonomischen Semantik tritt." (Schulze 1992: 35) Dieses "zentrale Prinzip" ist dementsprechend Ausgangspunkt der "subjektorientierten Strukturanalyse" (Schulze 1992: 37), die davon ausgeht, daß soziale Struktur durch subjektives Handeln geschaffen wird, dem wiederum eine subjektive Grundorientierung vorausgeht. Der hier implizierte Gesellschaftsbegriff wird später noch eingehender zu diskutieren sein.

2.1 "Erlebnisrationalität" als Basiskategorie

"Kern der Erlebnisgesellschaft, *aus dem alles andere entsteht* (Hervorh. d. Verf.), ist ein bestimmtes Grundmuster des Denkens, das sich durch den Gegensatz von Außen- und Innenorientierung beschreiben läßt." (Schulze 1993: 408)

Dem *außenorientierten* Denken entspricht dabei die *sozialstrukturelle Situation des Mangels* und der *Handlungstyp des Einwirkens* auf die Situation. Gesellschaften wie die westdeutsche Nachkriegsgesellschaft, deren materielle Grundsituation die der Knappheit war, implizieren einen bestimmten Modus subjektiven Denkens und Handelns, von dem aus, so Schulze, Gesellschaft erst verständlich wird. Dem Handlungstyp des Einwirkens auf die Situation durch Arbeit entspricht folgerichtig ein außenorientierter Rationalitätstypus.

Dem *innenorientierten* Denken entspricht die *sozialstrukturelle Situation der Entgrenzung* und der *Handlungstyp des Wählens* der Situation. Diese Modi des Denkens und Handelns, hervorgerufen durch die erweiterten individuellen Handlungsspielräume, bilden nach Schulze die Grundlage der Strukturierung der Gegenwartsgesellschaft. Der "Wählende" wird somit zur "paradigmatischen Gestalt der Gegenwart" (Schulze 1993: 407). Er ersetzt die Arbeit an der Situation durch "Situationsmanagement" (Schulze 1993: 408). Diesem Handlungstyp entspricht der Rationalitätstyp der *Erlebnisrationalität*.

Wie muß man sich den Übergang vom außengerichteten Rationalitätstypus zur Erlebnisrationalität praktisch vorstellen? In Zeiten gesellschaftlicher Armut ist es rational, Handeln auf das eigene Überleben hin zu orientieren. Man ißt, um satt zu werden, kleidet sich, um vor Kälte geschützt zu sein, heiratet möglicherweise, um versorgt zu werden, der Körper dient zur Arbeit, Fortpflanzung oder Kampf. Die Ziele des Handelns liegen darin, jene Mittel zu erwerben, die das eigene Fortdauern sichern.

Hat man alle dazu nötigen Mittel zur freien Verfügung, ändert sich der Typus der Rationalität. Der Handelnde ist in Zeiten materiellen Überflusses in die Lage versetzt, zwischen mehreren Möglichkeiten wählen zu können. Dazu muß er wissen, was er will. Das Kriterium der Wahl ist dabei in der heutigen Gesellschaft der Erlebniswert eines Produktes. Man geht in ein bestimmtes Restaurant, um sein Essen zu genießen oder weil man es gemütlich findet. Kleidung erfüllt den Zweck, sich darin wohl zu fühlen oder genügt ästhetischen Ansprüchen. Auch die dauerhafte Partnerschaft dient nicht Versorgungsbedürfnissen, sondern will erlebt sein. Auf Langeweile folgt schnell die Trennung. Der eigene Körper, sogar das Leben selbst, will "erlebt" werden. Der Nutzen einer Wahl bestimmt sich durch die innere Wirkung, die diese hervorruft. Die Ziele des Handelns liegen also darin, inneres Erleben des handelnden Subjekts zu evozieren.

"Erlebnisrationalität heißt nun, die Ziele im Subjekt zu definieren. Man arrangiert die äußeren Umstände mit der Absicht, möglichst gute innere Wirkungen zu erzielen." (Schulze 1993: 409)

Schulze kennzeichnet den von ihm beschriebenen herrschenden Rationalitätstyp als "erkenntnistheoretisches Selbstmißverständnis" (Schulze 1993: 410). Erleben als Nutzendefinition ist nämlich mit einem hohen Enttäuschungsrisiko verbunden. Niemand kann garantieren, daß sich die gewünschte innere Wirkung, sei es Entspannung, Ekstase oder Glück u.s.w., tatsächlich einstellt. Alles hängt vom Erlebenden selber ab. Der Traumurlaub an sich oder das spektakuläre Fernsehprogramm garantiert keinesfalls das gewünschte Erlebnis. Im Gegenteil: Je intensiver man sich auf das Erlebnis konzentriert, desto weniger scheint es sich einzustellen.

"Erlebnisrationalität ist zweischneidig: Man versucht, sich möglichst geschickt selbst zu manipulieren, und gelangt aus genau diesem Grund nicht zu den Seinszuständen, die man auf dem Programm hat." (Schulze 1994: 115f.)

2.2. Die Ordnung des Sozialen in der Erlebnisgesellschaft

"Die Strukturen der Erlebnisgesellschaft lassen sich als Reaktion auf den besonderen Orientierungsbedarf innenorientiert handelnder und wählender Menschen begreifen." (Schulze 1993: 129)
Diese Strukturen werden gebildet, weil sich die einzelnen Subjekte keinesfalls vollkommen frei ihre jeweiligen Erlebnisse suchen. Sie orientieren sich vielmehr an bereits kollektiv schematisierten Erlebnismustern, für deren Beschreibung Schulze die Zeichentheorie heranzieht.

In diesem Sinne wählen die Individuen Zeichen, denen bestimmte Bedeutungen zugewiesen sind. Ein Zeichen kann dabei nahezu jede Manifestation sein (Objekte, Handlungen, Personen, Ereignisse aller Art), "sofern sie von Sendern als Zeichen gemeint und/oder von Empfängern als Zeichen interpretiert werden." (Schulze 1992: 95) Die diesen Zeichen zugeordneten Bedeutungen liegen auf drei verschiedenen Ebenen: Genuß, Distinktion und Lebensphilosophie. Lebensphilosophien verweisen auf die grundlegenden Wertvorstellungen eines Subjekts, auf der Bedeutungsebene der Distinktion verweisen die gewählten Zeichen auf soziale Unterschiede, während auf der Genußebene die sinnlich spürbare Bedeutung schöner Erlebnisse thematisiert werden. Letztgenannter Bedeutungsebene kommt mit Schulze in der bundesrepublikanischen Gesellschaft der 80er Jahre eine immer größere Wichtigkeit zu.

Die Zeichenmengen werden schließlich zu standardisierten Bedeutungsmustern verdichtet, den *alltagsästhetischen Schemata,* die auch als kollektive Erlebnisroutinen aufgefaßt werden können. Hierbei unterscheidet er zwischen dem *Hochkulturschema,* dem *Trivialschema* und dem *Spannungsschema,* die gemeinsam einen *Raum der Alltagsästhetik* bilden. Zum Hochkulturschema gehört der Museumsbesuch ebenso wie das Hören klassischer Musik, die Lektüre "guter" Literatur u.v.a. Dem Trivialschema kann man u.a. die Volksmusik, den Arzt- und Liebesroman und bestimmte Quiz- und Dauerwerbesendungen privater Fernsehanstalten zuordnen. Dem Spannungsschema entspricht z.B. die Rockmusik, das abendliche Ausgehen in Kinos, Discos und Kneipen und die Lektüreform des Thrillers (vgl. Schulze 1992:

163). "Fast alle Menschen in unserer Gesellschaft sind in diesem Raum verortet." (Schulze 1992: 162) Den *individuellen Stiltypus* kann man durch entsprechende Nähe und Distanz zu den genannten Schemata ermitteln, wobei auch Kombinationen möglich sind. Diese Stiltypen treten dennoch nicht wahllos gestreut auf, sondern verdichten sich in *milieuspezifischen Existenzformen*.

Milieus nach Schulze entstehen also durch Wahl seitens der Subjekte, wobei das Kriterium dieser *Beziehungswahl* das der *Ähnlichkeit* ist. Besonders signifikant und evident im Sinne der *wechselseitigen Orientierung durch Zeichenwahl* sind in diesem Zusammenhang die Zeichen, die am schnellsten und zuverlässigsten stabile Schlüsse auf die Subjektivität des Anderen zulassen: Der (bereits skizzierte) *Stiltypus*, das *Alter* und der *Bildung*sgrad.

Schulze zieht zur Bildung der Milieuklassifikation der Gesellschaft allerdings lediglich die Milieuzeichen Alter und Bildung heran, da das Zeichen des Stiltypus bereits Eingang in die Definition von Milieus selbst gefunden hat und eine Verwendung als milieukonstituierendes Zeichen somit tautologisch wäre. In letzter Konsequenz sind Milieus also, nach Schulze, *Alter-Bildungs-Gruppen,* die in Beziehung zu verdichtet auftretenden Stiltypen gesetzt werden.

Er identifiziert empirisch fünf solcher Alter-Bildungs-Gruppen, die eine alltagsästhetische Ordnung ergeben, welche an zwei Achsen verläuft.

Selbstverwirklichungs-milieu	Niveaumilieu
Unterhaltungs-milieu	Integrationsmilieu
	Harmoniemilieu

B ⇑

A ⇒

A: Alter
B: Bildung

Schulze gelangt also zu einer Milieu-Landkarte der bundesrepublikanischen Gesamtgesellschaft der 80er Jahre. Eine ausgewählte Kurzcharakteristik:

Das *Niveaumilieu* umfaßt die älteren Personen, die über höhere Bildungsgrade verfügen. Typisch sind u.a. die akademischen Berufe wie Ärzte, Rechtsanwälte oder auch Hochschullehrer. Man bevorzugt z. B. Restaurants mit "gehobener" Atmosphäre, kleidet sich konservativ oder elegant, bevorzugt Konzerte, Museen, Opern u.ä., liest überregionale Tageszeitungen, spricht Hochsprache, wohnt meist in den eigenen vier Wänden und hat nur in wenigen Fällen Übergewicht.

Das *Harmoniemilieu* rekrutiert sich aus dem älteren Personenkreis mit geringer Bildung. Hier findet man überwiegend ältere Arbeiter und Verkäuferinnen, viele Rentner und Hausfrauen. Man kleidet sich in der Regel billig und unauffällig, kauft im Billig-Supermarkt, sieht viel fern, liest häufig die Bild-Zeitung oder Illustrierte, ist meist Pauschaltourist und oft übergewichtig.

Das *Integrationsmilieu* setzt sich aus älteren Bevölkerungsgruppen mit mittlerer Bildung zusammen und stellt eine Mischform beider erstgenannter Milieus dar. Typische Berufe sind mittlere Angestellte oder Beamte. Man kleidet sich gediegen bis unauffällig, fährt meist einen Mittelklassewagen, ist häufig in Vereinen aktiv, überwiegend verheiratet und pflegt Nachbarschaftskontakte. Die ästhetischen Präferenzen sind weit gestreut.

Das *Selbstverwirklichungsmilieu* umfaßt die jüngeren Personen mit höherer Bildung. Typisch für dieses Milieu sind u.a. die aktive und passive Teilnahme an der Neuen Kulturszene (Kleinbühnen, Konzerte), das Frequentieren verschiedenster Kneipen, viele soziale und pädagogische Berufe, Individualtourismus, viel Freizeitsport, ein großer Freundeskreis und ein guter körperlicher Zustand. Man ist meist ledig.

Das *Unterhaltungsmilieu* schließlich rekrutiert sich aus der Gruppe der jüngeren Personen mit geringer Bildung. Man kleidet sich in diesem Milieu oft sportlich, aber mit billiger Massenware, ist oft Teil eines Sportpublikums, frequentiert Volksfeste, fährt gern mit dem Auto oder Motorrad durch die Gegend, spricht häufig dialektgefärbt, raucht relativ viel und interessiert sich wenig für öffentliche Angelegenheiten.

Die oben nachgezeichnete Gesellschaftsbildung durch Überfluß verliert ihre zentrale Orientierung an einer vertikalen Achse der Ressourcenverteilung. Schulze führt an dieser zentralen Scharnierstelle seines theoretischen Entwurfes die These der *gespaltenen Vertikalität sozialer Lagen* ein. "Der Vertikalisierungseffekt der Bildung wird durch den Horizontalisierungseffekt des Lebensalters konterkariert." (Schulze 1992: 401) Der gesamtgesellschaftliche "Fahrstuhleffekt" (Beck 1986: 124) bedingt eine abnehmende Spürbarkeit gesellschaftlicher Ungleichheit und damit auch die abnehmende ökonomisch-hierarchische Signifikanz des Konsums wie anderer kultureller Habitusformen. "Zwischen den Milieus herrscht ein Klima von Indifferenz oder achselzuckender Verächtlichkeit, nicht geregelt und hierarchisiert durch eine umfassende Semantik des Oben und Unten." (Schulze 1992: 405) Der sozial-kulturelle Konflikt hierarchisierter Schichten und Klassen ist abgelöst durch den "sozialen Frieden gegenseitigen Nichtverstehens" (Schulze 1992: 408) der gefundenen sozio-kulturellen Milieus. *Schulze leugnet also keineswegs die Existenz ungleicher Ressourcenausstattung und sozialer Ungleichheit, sie sind bloß nicht mehr im bisher gekannten Maße strukturbildend.*

3. Theoretische Affinitäten zu anderen Forschungsrichtungen

3.1 Freizeitsoziologie

Schulzes Studie trägt den ambitionierten Untertitel "Kultursoziologie der Gegenwart" und wurde bislang kontrastiert mit vertikalen Schichtungsmodellen, welche Milieubildung aufgrund beruflich vermittelter Ressourcen beschreiben. Dieser Kontrastierung entsprechend müßte innerhalb der Logik der Schulze-Studie dem Begriff der Freizeit überragende Bedeutung zukommen. Roland Eckert und Rüdiger Jacob kommen in ihrer Rezension zu Schulzes Studie folgenden Befund: "Was aber Schulze tatsächlich geleistet hat, ist die Grundlegung einer Soziologie der Freizeit, die heute mehr und mehr unsere Kultur bestimmt." (Eckert/Jacob 1994: 137) Diese Ineinssetzung der Kultur- und der Freizeitsphäre legt einen Blick auf die Befunde der Freizeitforschung nahe. Dabei überrascht deren Ähnlichkeit: Horst Opaschowski spricht von den neunziger Jahren als dem "Jahrzehnt des E-Menschen (des Erlebniskonsumenten)" (Opaschowski 1992: 23) und betont die rauschhafte Komponente des Erlebniskonsums in der Freizeit. Er untersucht dabei die wachsende Bedeutung der Erlebniskategorie im

Freizeitbereich in bezug auf Mediennutzung, Konsumgewohnheiten, Tourismus, Mobilität, und auch im Hinblick auf den Bereich der Kultur selbst. Umrissen wird dabei der Problemhorizont der "Übererfüllung als Normalität" (Opaschowski 1992: 45). Opaschowski kommt auch im Hinblick auf das Problem sozialer Ungleichheit zu gleichartigen Ergebnissen. "Subtile Wohlstandsgrenzen" (Opaschowski 1992: 48) entziehen sich der Wahrnehmbarkeit, weil sich die einzelnen Bevölkerungsgruppen in ´ihre´ Markt-Segmente zurückziehen. "Folge: Objektiv vorhandene Ungleichheiten werden durch die Angebots- und Aktivitätsvielfalt in der Freizeit sozial entschärft." (Opaschowski 1992: 48) Auch die psychischen Kosten der allumfassenden Erlebnisorientierung werden ähnlich beschrieben. Die Beschreibung der zunehmenden Verbissenheit auf der Jagd nach Erlebnissen von Extremsportarten über Reiseerlebnisse bis zum Fronttourismus verläuft nahezu deckungsgleich. "Der Zirkel von Langeweile und Genuß wird nicht durchbrochen, die Abhängigkeit von Erlebnissteigerungen wird eher größer." (Opaschowski 1992: 57)

Sind beide zeitdiagnostischen Befunde in bezug auf die Relevanz der Erlebniskategorie zwar nahezu deckungsgleich, so ist Schulze zugutezuhalten, daß er nicht, wie Opaschowski, bei Beschreibungen der Oberflächenphänomene verharrt, sondern seine Kategorien theoretisch stringent voneinander ableitet. Außerdem vollzieht in seiner Argumentation eine entscheidende Wende. Opaschowski konstatiert zwar ebenfalls das Ende der Klassenwelten und postuliert das Entstehen "individualisierter Freizeitwelten" (Opaschowski 1992: 48). Schulze gelangt aufgrund seiner Argumentation allerdings zu einer *Theorie der Restrukturierung auf der Grundlage der vorhergegangenen Entstrukturierung*. Die von ihm gefundenen soziokulturellen Milieus ergeben allerdings keine Milieu-Landkarte der Gesamtgesellschaft, sondern sind lediglich Freizeitmilieus. Der Bereich beruflicher Reproduktion ist, qua Definition, aus der Ableitung der Milieukonstituierung bei Schulze ausgeschlossen und für irrelevant erklärt. Die Erlebnisgesellschaft, wie sie sich bisher präsentiert hat, ist identifizierbar mit einer Freizeitgesellschaft, entsprechend bedient sich ihre Untersuchung freizeitsoziologischer Fragestellungen. Der Begriff der Erlebnisgesellschaft impliziert also eine Ausdehnung des Freizeitbegriffs auf die Gesamtgesellschaft und erlaubt auf diese Weise die Errichtung einer Universalperspektive auf der Basis des Totalitätsbegriffs der Kultur. Ist es auch

Erlebnisgesellschaft 317

unstrittig, daß Freizeitphänomene immer größere kulturtheoretische Relevanz beanspruchen, so sind sie doch nicht gleichsetzbar mit der "Kultur" einer Gesellschaft schlechthin. Insofern ist die These der Erlebnisgesellschaft der gelungene Versuch einer "Freizeitsoziologie der Gegenwart".

3.2 Theorie des Wertewandels

Will man trotz dieser Einwände an der Formulierung einer Kultursoziologie der Gegenwart unter dem Label der Erlebnisgesellschaft festhalten, so erscheint die Theorie des Wertewandels, wie sie u.a. von Inglehart vorgelegt worden ist, als die anschlußfähigste. Beide Ansätze stützen sich auf die "Maslowsche Bedürfnispyramide." Abraham Maslow ist 1954 in "Motivation and Personality" von einer hierarchischen Ordnung menschlicher Bedürfnisse ausgegangen, wobei Hunger und Liebe als grundlegend angenommen werden. Erst nach deren Befriedigung treten intellektuelle und sozial-kulturelle Bedürfnisse in den Vordergrund. Die Grenznutzenlehre der Wirtschaftswissenschaften bildet dabei den Ausgangspunkt der sogenannten *Mangelhypothese*, die auch im Zentrum des Schulzeschen Argumentes steht (vgl. Schulze 1992: 87). Das Ausmaß des Mangels an einem Gut bestimmt den Grad seiner Wertschätzung. In einer gesellschaftlichen Situation materiellen Mangels werden materiellen Gütern entsprechend hohe Wertschätzung zuteil. Der "homo oeconomicus" wird von rein materialistischen Zielen geleitet.

Inglehart kommt an dieser Stelle zu dem Befund einer "stillen Revolution" in den westlichen Gesellschaften. In Zeiten gesellschaftlicher Überversorgung verlieren materielle Güter ihren Wert und postmaterielle Motivationen gewinnen an Bedeutung. Zunehmender Wohlstand bringt also einen Zuwachs des Anteils von Postmaterialisten in der Gesellschaft. Postmaterielle Ziele werden in der Regel kulturell definiert. Auf diese Weise kommt "der Kultur", in deckungsgleicher Weise wie bei Schulze, Orientierungsfunktion in Wohlstands- oder gar Überflußsituationen zu. "In diesen (den entwickelten Industriegesellschaften, H.F.) ist also das Güterangebot weit über das Existenzminimum hinaus gestiegen, während die Nachfrage zurückgegangen ist. Folglich spielt die Wirtschaft in der entwickelten Industriegesellschaft zwar immer noch eine gewichtige Rolle, aber sie ist nicht mehr der entscheidende Faktor. (...) Kultur reagiert nicht nur auf Veränderungen in der Umwelt, sondern trägt auch dazu bei, die gesellschaftliche, wirtschaftliche und politische Welt zu prägen. Kultur schafft Landkarten des Universums. Diese Karten sind primitiv, aber wir benutzen sie, weil sie uns eine gewisse Orientierungshilfe bieten" (Inglehart 1995: 498/499).

Kultur wäre demnach einer "postmateriellen" gesellschaftlichen Sphäre zuzurechnen, die auf einer grundlegenden saturierten materiellen Basis aufruht und durch "Sinnstiftung" das individuelle Orientierungsvakuum ausfüllt. Die Affinitäten zu Schulzes Konzept einer "Gesellschaftsbildung durch Überfluß" sind augenfällig. Obwohl Schulze nicht von kulturellen Werten spricht, sondern von Erlebnisrationalität, sind die Basisannahmen beider Theorieentwürfe identisch. Schulzes soziokulturelle Milieus haben sich in einer postmateriellen Sphäre gebildet. Die Erlebnisgesellschaft wäre in diesem Sinne identisch mit einer durchgesetzten postmaterialistischen Gesellschaft im Inglehartschen Sinne.

3.3 Markt- und Wahlforschung

Schulze nahm im Zuge seiner Analyse des Erlebnismarktes bzw. öffentlicher Kulturpolitik an, daß subjektive Wahlentscheidungen durchaus gesellschaftlich präformiert sein können. Dabei ist davon auszugehen, daß die "Systeme" Wirtschaft und Politik ein Interesse daran haben, aussagekräftige "Landkarten der Lebenswelt" zu erstellen, um Marktsegmente bzw. Wählerpotentiale kalkulieren zu können. Das Erforschen sich wandelnder Werte, Einstellungen und Mentalitäten im Alltag liegt somit im vitalen Interesse der Markt-, Meinungs- und Wahlforschungsinstitute, um den entsprechenden Irrtumsanteil möglichst gering zu halten. "Mit der Methode von Versuch und Irrtum erteilt der Markt jedem Anbieter Soziologieunterricht." (Schulze 1992: 440)

Die erste große Lebenswelt-Studie des SINUS-Instituts (Becker/ Nowak 1984) dient denn auch folgerichtig der Vorhersagbarkeit von Konsumverhalten durch die Beschreibung soziokultureller Milieus. Das bisher dominierende Schichtenmodell, das durch die Soziologie bereitgestellt wurde, ist offensichtlich zur Analyse von Marktsegmentierungen weniger geeignet.

Auch Peter Gluchowski (1987) geht es in seiner Studie um eine bessere Vorhersagbarbeit subjektiven Verhaltens, nämlich des Wahlverhaltens anhand von empirisch ermittelten Lebensstilgruppen. Er untersucht dabei Wertorientierungen und Einstellungen und ermittelt durch Befragungen insgesamt neun Lebensstilcluster, vergleichbar den Milieus bei Becker/Nowak.

Beide Studien verstehen sich selbst allerdings nicht als völlige Überwindung der Schichtentheorie, sondern als deren Ergänzung. Sie konstruieren einen zweidimensionalen sozialen Raum, dessen eine Achse eine Wertachse, die andere dann doch wieder überraschender- und unerklärterweise eine Schichtungsachse ist. In diesen Raum werden dann die gefundenen acht bzw. neun Milieus eingepaßt. Schulze bezieht sich in seiner Erlebnisgesellschaftsstudie auf beide Studien und konstatiert eine überraschende Ähnlichkeit der Ergebnisse. Bei aller Kritik am empirischen Vorgehen beider Studien (vgl. dazu Konietzka 1995: 26-31) ergibt sich für Schulze: "Aus drei voneinander unabhängigen Studien treten uns hier ähnliche Milieusegmentierungen entgegen." (Schulze 1992: 392)

Insofern scheint Schulzes "Erlebnisgesellschaft" auch ein Einführungskurs in die Marktforschung zu sein, was durchaus ein Qualitätsmerkmal sein kann.

"Schließlich scheint die gegenwärtige soziologische Lebensstilanalyse Impulse weit mehr durch rege Aktivitäten in der kommerziellen Marktforschung als durch soziologische Traditionspflege erhalten zu haben." (Konietzka 1995: 19).

Inwieweit Schulzes Parallelisierungen allerdings legitim sind, ist in der soziologischen Forschung umstritten (vgl. Schnierer 1996).

3.4 Narzißmus - ein kulturkritisches Deutungsmuster

Schulze konstatiert das Entstehen einer neuen "Kultur der Subjektbezogenheit" (Schulze 1994: 125). Die Lebensphilosophie des kulturell dominierenden Selbstverwirklichungsmilieus kennzeichnet er mit dem Schlagwort "Narzißmus". Damit ruft er eine ganz bestimmte Linie der neueren Kulturkritik ab.

"Vieles, was heute über den Narzißmus geschrieben wird, ist pure Soziologie - aber den meisten Autoren bleibt das verborgen, sie tun so, als würden sie nur eben eine bislang unzureichend erfaßte Dimension des psychischen Lebens erschließen und erklären." (Sennett 1983: 408f.)

Die zentrale These der Erlebnisgesellschaft, daß äußere Situationen arrangiert werden, um innere Erlebnisse hervorzurufen, deckt sich mit der Analyse der "narzißtischen Persönlichkeit" unserer Zeit: "Mit der Frage 'Was fühle ich wirklich?' löst sich dieses Persönlichkeitsprofil zusehends von der anderen Frage 'Was tue ich'?" (Sennett 1983: 409). Sennett geht sogar so weit, den Narzißmus als "protestantische Ethik von heute" (Sennett 1983: 418) zu bezeichnen. Das überrascht zunächst, denn Max Webers Analyse der "innerweltlichen Askese" betont ja gerade die Verneinung des Genußerlebnisses als Teil dieser protestantischen Ethik.

Innerweltliche Askese und Narzißmus haben allerdings grundlegend gemeinsam, daß sie den Fokus überhaupt erst auf das individuelle Selbst richten. Der Mensch, der sein Leben "erleben" will, muß sich dabei eine ganz besondere Form der Askese auferlegen.

> "Das Selbst ist nur dann wirklich, wenn es stetig, unabgeschlossen ist; stetig ist es aber nur dann, wenn es ständige Selbstverneinung übt. Wo es zu einem Abschluß kommt, scheint sich das Erleben vom Menschen abzulösen, dieser scheint von einem Verlust bedroht." (Sennett 1983: 421)

Die narzißtische Grundorientierung scheint sich als Erklärung der zunehmenden Verbissenheit der Erlebnissuche geradezu aufzudrängen. Schulze ordnet zwar die Lebensphilosophie des Narzißmus lediglich dem Selbstverwirklichungsmilieu zu, seine Perspektive einer "Erlebnisgesellschaft" in toto legt allerdings die Parallelisierung zu dem gesamtgesellschaftlichen Befund eines "Zeitalters des Narzißmus" (vgl. Lasch 1982) nahe. Die Selbstrechtfertigung, sein Leben erleben zu wollen, kann so als asketisch-verbissenes Modell der Daseinsbewältigung begriffen werden. Nach Schulze ist Erlebnissuche tendenziell unabschließbar und potenziert lediglich das gefürchtete Gefühl innerer Leere und Abhängigkeit.

> "Man kann nichts erzwingen; je intensiver man sich auf Erlebnisziele konzentriert, je kompromißloser man sich dem erlebnisorientierten Denken überläßt, desto fragwürdiger wird der Erfolg." (Schulze 1994: 115)

Mangelnder Erfolg wiederum erhöht die asketische Anstrengung. "Damit sein Erleben 'entgrenzt' bleibt, muß sich der Mensch eine Form von Askese auferlegen" (Sennett 1983: 421). Erlebnisorientierung als Basiskategorie zur Beschreibung von Gesellschaft deckt sich mit dem kulturkritischen Befund des Narzißmus als psychischer Grundbefindlichkeit des modernisierten Menschen.

> "Die narzißtischen Regungen bekommen eine gesellschaftliche Dimension,

indem sie als asketische Selbstrechtfertigung formuliert werden" (Sennett 1983: 420).

Auf diese Weise ist die Diagnose der Erlebnisgesellschaft eingebettet in einen neueren kulturkritischen Diskurs, der die narzißtische Grundorientierung individueller Bewußtseine zum Paradigma moderner Gesellschaftsbeschreibung macht. An dieser Stelle muß allerdings deutlich gemacht werden, daß zwischen den Positionen Schulzes und Sennetts eine fundamentale Differenz besteht. Sennett analysiert den Narzißmus als gesellschaftliches Phänomen, um die Auswirkungen der Klassenstruktur auf die individuelle Psyche aufzeigen zu können. Er will letztendlich die "Psychologisierung von Herrschaftstrukturen in dieser Gesellschaft" entlarven. Auch Lasch konstatiert z.B.:

"Liberale der oberen Mittelschicht, unfähig, die Bedeutung von Klassenunterschieden für die Entwicklung der Lebenseinstellung zu begreifen, rechnen nicht mit der Klassendimension ihrer Gesundheits- und Fitneß-Obsession." (Lasch 1995: 38)

Bei den beiden genannten Autoren ist also deutlich geworden, daß zur Rückführung von Persönlichkeitsmerkmalen auf sozialstrukturelle Gegebenheiten doch der Klassen- und Schichtbegriff benötigt wird. Schulze hingegen konstruiert das Soziale aus den subjektiven Grundorientierungen heraus und verwirft die Möglichkeit einer vorgängigen Struktur. Er empfiehlt dagegen eine neue "Kultur der Situationsbezogenheit" (Schulze 1994: 125), um die Außenperspektive, im Unterschied zur "Subjektbezogenheit", wieder zurückgewinnen zu können.

4. "Die Feinen Unterschiede"
- die kultursoziologische Perspektive als strukturorientierte Theorie des Subjekts

Schulzes Befund der Erlebnisgesellschaft setzt sich explizit in einen konkurrierenden Bezug zum kulturtheoretischen Ansatz Pierre Bourdieus.

"Von dem Modell, mit dem Bourdieu Frankreich in den sechziger und siebziger Jahren porträtiert, kann man bei der Analyse der Bundesrepublik in den achtziger und neunziger Jahren einige analytische Mittel übernehmen, nicht aber auch nur eines der damit erzielten Ergebnisse." (Schulze 1992: 16)

Der Originaltitel der "Feinen Unterschiede", "La Distinction", verweist schon auf den hier interessierenden Hauptgegensatz beider Theorieentwürfe. Schulze legt sein Augenmerk in bewußter Abgrenzung zu Bourdieu auf die Produktion von Strukturen durch genußorientierte Subjekte, während Bourdieu, grob vereinfachend gesagt, subjektive Handlungsrepertoires als inkorporierte Sozialstruktur begreift. Einer hierarchisch angeordneten Klassenstruktur entspricht auf der Ebene der Subjekte das Bedürfnis nach Distinktion. Dazu einige Erläuterungen:

Bourdieu hält grundsätzlich an der Annahme einer *Klassenstruktur* der Gesellschaft fest. Sein spezifisches Erkenntnisinteresse liegt aber in der Analyse des praktischen Handelns "leibhaftiger Akteure". Der *Begriff des Kapitals* ist dabei der Zentralbegriff seines Theorieentwurfs, da die Kapitalverteilung die Struktur des Sozialen bestimmt. Der Kapitalbegriff ist allerdings wesentlich weiter gefaßt als es in herkömmlichen Klassentheorien üblich ist. Bourdieu unterscheidet das *ökonomische Kapital* vom *sozialen Kapital* (den Beziehungen, die sich aufgrund der Zugehörigkeit zu einer bestimmten Gruppe ergeben) und dem *kulturellen Kapital*. Innerhalb des kulturellen Kapitals unterscheidet er das *objektivierte* Kulturkapital (den materiellen Besitz von Kulturgütern), das *institutionalisierte* Kulturkapital, (sprich Bildungstitel) und das *inkorporierte* Kulturkapital (das zeitintensive Verinnerlichen von kulturellen Fertigkeiten und Dispositionen).

Schon an diesem Punkt zeigt sich die prinzipielle Unvereinbarkeit beider kultursoziologischer Entwürfe. Wählen die Subjekte nach Schulze ihre soziokulturelle Milieuzugehörigkeit nach dem Prinzip der Ähnlichkeit, hängt nach Bourdieu die Ausbildung subjektiver Geschmackspräferenzen von den Distinktionsbedürfnissen der Akteure ab.

Auch für Bourdieu ist das "Soziale" ein Raum. Bestimmte Gruppen sind definiert durch ihre Stellung innerhalb dieses Raumes, der sich wiederum in bestimmte Felder aufteilt. In den verschiedenen Feldern sind jeweils verschiedene Kapitalarten in Umlauf. Auf der Ebene der Akteure nimmt Bourdieu an, daß sich alle Erfahrungen in den menschlichen Körpern zu Wahrnehmungs-, Denk- und Handlungsschemata verdichten. Diese meist unbewußten Schemata fügen sich zu einem kohärenten, aber auch veränderbaren System. Dieses System stellt dem einzelnen Akteur ein bestimmtes Handlungsrepertoire zur Verfügung, es formt sich zu einem bestimmten *Habitus*.

Erlebnisgesellschaft 323

"Der Habitus fungiert so als ein *System von Grenzen*, sowohl der Wahrnehmungen, Gedanken, Vorstellungen als auch der praktischen Handlungen." (Fröhlich 1994: 38)

Der Habitus dient also dazu, Wirklichkeit strukturieren zu können. Er erfüllt also eine analoge Funktion zu Schulzes alltagsästhetischen Schemata, *ist aber immer selbst schon vorstrukturiert*. Oder, in Bourdieus Diktion:

"Der Habitus ist nicht nur strukturierende, die Praxis wie deren Wahrnehmung organisierende Struktur, sondern auch strukturierte Struktur: das Prinzip der Teilung in logische Klassen, das der Wahrnehmung der sozialen Welt zugrunde liegt, ist seinerseits Produkt der Verinnerlichung der Teilung in soziale Klassen." (Bourdieu 1987: 279)

Der Grad der Übereinstimmung des Habitus als Disposition eines Akteurs mit den objektiven Gegebenheiten eines spezifischen sozialen Feldes bestimmt den Grad der "Natürlichkeit" des individuellen Agierens. Der Habitus schlägt sich nieder in bestimmten Geschmackspräferenzen und Lebensstilen, so daß der Lebensstil keineswegs, wie bei Schulze, lediglich nur über freie Wahl der Subjekte zustandekommt.

Bourdieu konstatiert, daß mit der steigenden sozialen Stufenleiter der Stilisierungsgrad des Lebens zunimmt. Allerdings bedeutet zunehmender Stilisierungsgrad keinesfalls zusätzliche Stilisierungsarbeit für die oberen Schichten, da ihnen z.B. bestimmte Geschmackspräferenzen und Idiosynkrasien quasi-körperlich im Sozialisationsprozeß eingraviert werden und somit "natürlich" zur Verfügung stehen.

"Müssen die Oberen nur sein, wie sie sind, merkt man den Aufsteigern die Mühen der Kletterei an. Die Konkurrenz der Lebensstile führt bei den Unterlegenen zu sozialer Scham, einem wichtigen Moment der symbolischen Reproduktion sozialer Ungleichheit." (Fröhlich 1994: 47)

Mit Bourdieu ist davon auszugehen, daß Genußorientierung keinesfalls nur der kognitiven Orientierung in Überflußsituationen dient, sondern daß, wie auch schon in 2.4 gezeigt, durchaus eine moralische Verpflichtung zum Genuß bestehen kann. Diese Verpflichtung wird bei Bourdieu allerdings nicht, wie in der neueren Kulturkritik, auf die Gesamtgesellschaft bezogen, sondern einer fest umrissenen Klassenfraktion zugeordnet, dem "neuen Kleinbürgertum".

"Der Moral der Pflicht, die sich auf den Gegensatz von Vergnügen und Gutem stützt, Lust und Angenehmes generell unter Verdacht stellt, zur Angst vorm Genießen (...) führt, stellt die neue ethische Avantgarde eine Moral der Pflicht zum Genuß gegenüber, die dazu führt, daß jede Unfähigkeit sich zu ´amüsieren`, to have fun, oder, wie man heute mit leichtem inneren Beben zu sagen liebt, ´zu genießen`, als Mißerfolg empfunden wird, der das Selbstwertgefühl bedroht, so daß aus Gründen, die sich weniger ethisch als wissenschaftlich geben, Genuß nicht nur erlaubt, sondern geradezu vorgeschrieben ist" (Bourdieu 1987: 575/576).

Erlebnisorientierung auf die Gesamtgesellschaft auszudehnen hieße mit Bourdieu, die Teilperspektive des aufsteigenden Kleinbürgertums zur Gesamtperspektive auf die Gesellschaft schlechthin zu machen. Michael Vester u.a. kritisieren denn auch, daß Schulze trotz der Wiederkehr stärkerer sozialer Gegensätze nach 1989 die Dimension sozialer Ungleichheit ausblendet. Seine Perspektive sei die der "Modernisierungsgewinner", die lediglich 24% der Gesamtbevölkerung ausmachen (vgl. Vester u.a. 1993: 26). Sighard Neckel konstatiert sogar eine "Seinsvergessenheit, die in der Diagnose einer Erlebnisgesellschaft steckt" (Neckel 1995: 939). Und weiter:

"Gerhard Schulze indes entwirft eine Kultursoziologie über Leute, die Geld ausgeben, aber keines verdienen müssen. Daher dürfen sie ihre Erlebnisse wählen, brauchen aber keine zu ertragen." (Ebd.)

Auch Hans-Peter Müller unterscheidet "Reichtumsungleichheit" von "Knappheitsungleichheit" und ordnet erstere der alten Bundesrepublik zu (vgl. Müller 1995: 932). Dementsprechend nähme mit zunehmender Bedeutung materieller Knappheit die Relevanz der kultursoziologischen Untersuchung von Selbstentfaltungssemantiken ab. Die entscheidende Zäsur setzt Müller ebenfalls mit der Wiedervereinigung.

"Was vor kurzem noch in der Individualisierungsdekade der altbundesrepublikanischen Überflußgesellschaft als eine Sache individueller Distinktion zur Wahl des richtigen Lebensstils in der 'Multioptionsgesellschaft' erschien, wird in der neubundesdeutschen Knappheitsgesellschaft bei wachsender sozialer Ungleichheit eher wieder die Angelegenheit sozialer Unterschiede und kollektiver Distinktion je nach Statusgruppenzugehörigkeit." (Ebd.)

Die Kritik an Schulzes Theorie der Erlebnisgesellschaft ist plausibel, läuft allerdings ins Leere. Nach all dem bisher Ausgeführten dürfte deutlich geworden sein, daß Schulze selbst das kultursoziologische Panorama einer Überflußgesellschaft entwirft, dessen Strukturen unter Knappheitsbedingungen in sich zusammenfallen. Aber ist dem wirklich so?

Das jüngere, aufsteigende "neue Kleinbürgertum" verfolgt mit Bourdieu Genußinteressen keinesfalls nur aus freier Wahl, sondern auch aus der Pflicht heraus, seine eigene Stellung im sozialen Raum zu legitimieren. Dabei kommt ihm zur Beschreibung der modernen Gesellschaft durch seine Positionierung innerhalb großer Industrieunternehmen, vor allem aber in der "bürokratisierten Kulturproduktion" (Bourdieu 1987: 574) wie Rundfunk, Fernsehen, Planungsbüros, Presse, Befragungungsinstituten, aber auch in ihrer Tätigkeit als Sozialarbeiter und "Animateure", eine spezifische Machtstellung zu. Sie kolportieren bestimmte Lebensstile und Einstellungen und reproduzieren damit symbolisch die Machtstellung ihrer Klassenfraktion im sozialen Raum. "Genießen" ist keineswegs "natürlich", sondern setzt einen langwierigen Lernprozeß voraus und bedarf der Anleitung durch massenmediale Kolporteure der "Genußpflicht als Lebensstil". Durchaus etwas ängstlich verfolgen die "neuen Kleinbürger" Alfred Bioleks Koch- und Genußexerzitien, nicht aus Angst etwas zu verpassen, sondern um sich in den symbolischen Kämpfen des Lebensstils behaupten zu können. Eine umhäkelte Klorolle im Badezimmer oder auf der Rücksitzablage im Auto, bei Schulze wohl dem Harmoniemilieu zuzuordnen, kann in dieser Beziehung schon tödlich sein. Auf diese Weise bekommt der in der bisherigen Kultursoziologie unterbelichtete Aspekt der symbolischen Macht der Massenmedien seine Wichtigkeit. "All jene Ästhetisierungsmotive der Erlebnisgesellschaft, auf die sich Schulze immer wieder beruft, sind warenästhetische Instrumentalisierungen sozialer Erfahrung, käufliche Identifikationsangebote, bloße Erlebniskonserven." (Alheit 1995: 96) Fröhlich/Mörth (1994a: 28) betonen dabei, daß Massenmedien keine Medien im eigentlichen Sinne sind, sondern "symbolische Mächte", die in relativer Autonomie Gesellschaft inszenieren. Der Anteil der Wahlfreiheit von Lebensstilen ist dementsprechend nicht so ausgeprägt, wie es Schulze glauben machen will.

Darüber hinaus ist es kaum plausibel, Erlebnisorientierung lediglich bei höheren Schichten nachweisen zu wollen. Gerade die Gewaltdiskussion ist wenig sinnvoll, wenn sie nicht die Erlebnisqualität von Gewalt in Rechnung stellt. Gewalttätigkeit kann durchaus zum Bestandteil eines gewählten Lebensstils auch marginalisierter Jugendlicher werden. Nicht umsonst wird versucht, der Gewaltbereitschaft von "Problemgruppen" mit sogenannter "Erlebnispädagogik" zu begegnen, um andere Wege der Selbststilisierung aufzuzeigen. Gewalt kann durchaus ein Weg sein, das von Schulze beschriebene Projekt "Erlebe dein Leben" zu verfolgen. Erlebnisorientierung zieht sich wohl durch alle Schichten und ist unabhängig von einer materiellen "Basis". Sie ist somit aber auch nicht, wie bei Bourdieu, einem bestimmten Milieu bzw. einer Klassenfraktion zuzuordnen. So ist auch Müllers Einwand, daß die Thematisierung der Lebensstile von postadoleszenter Jugend die Schattenseiten gesellschaftlicher Entwicklung ausblende (Müller 1995: 934), nicht stichhaltig. Alheit zeigt in seiner Thematisierung des Stadiums der Postadoleszenz, daß aufgrund der Entkoppelung von Bildungs- und Beschäftigungschancen Erlebnisorientierung gerade eine Reaktionsform auf soziale Krisensituationen sein kann.

"Was auf den ersten Blick wie blinde Genuß- und Erlebnissucht aussieht, zeigt sich auf den zweiten Blick womöglich als kollektive Bearbeitungsstrategie einer aufgezwungenen Nachjugendphase." (Alheit 1994: 46)

Dementsprechend wäre Erlebnisorientierung eher ein Knappheits-, keinesfalls ausschließlich ein Überflußphänomen.

5. Die "Erlebnisgesellschaft" - aktuell oder passé?

Es konnte gezeigt werden, daß Erlebnis bzw. Genußorientierung *eine* wichtige Beschreibungskategorie modernisierter Gesellschaften sein kann.

Schulze betont ihre orientierende Funktion in Situationen des Sinnvakuums, welches durch Überversorgung entsteht. Eine neue Art zu denken, nämlich Erlebnisrationalität, sei entstanden mit all ihren mitlaufenden Paradoxien und Enttäuschungen.

Er zieht damit die fast schon reflexartige Kritik auf sich, mit dieser Perspektive soziale Ungleichheit oder gar Armut auf zynische Art auszublenden. Die Wiedervereinigung induziere eine Wiederkehr gesellschaftlicher Knappheit, was die Fragen nach sozialer Ungleichheit, Ausschließung und Ausbeutung revitalisiere. Schulze begegnet dem mit dem Hinweis, daß seine Zeitdiagnose eine Momentaufnahme der "alten" Bundesrepublik in den 80er Jahren darstellt und die von ihm gefundene Form der Modernisierung reversibel sei.

Beide Positionen teilen somit die Grundüberzeugung, daß Erlebnis- und Genußorientierung ein Phänomen gesellschaftlichen Reichtums ist, welches einhergeht mit der Steigerung individueller Wahloptionen.

Dem steht entgegen, daß mit Bourdieu für eine bestimmte Klassenfraktion, das "neue Kleinbürgertum", sogar eine Pflicht zum Genuß besteht, um die eigene soziale Stellung behaupten zu können. Diese sind in der Regel materiell befriedigend ausgestattet, trotzdem können sie ihre Genußorientierung nicht wählen. Gerade in dieser Genußorientierung kann sich somit die Klassenstruktur der Gesellschaft reproduzieren, so daß die Gegenüberstellung von Erlebnisgesellschaft und Klassen- bzw. Schichtengesellschaft nicht zwingend ist.

Einen überzeugenderen Entwurf einer "Landkarte" der Gegenwartsgesellschaft wurde in der Hannoveraner Sozialstrukturstudie von Vester und Mitarbeitern vorgelegt (Vester u.a. 1993). Die Datenbasis dieser Studie wird von den bereits erwähnten SINUS-Lebensweltstudien übernommen. Dieses Institut stellt zunächst rein empirisch neun (früher acht, vgl. Punkt 3.3) Milieus im Sinne von Merkmalshäufungen fest. Vester u.a. ordnen diese Milieus in den Bourdieuschen sozialen Raum nach den Kriterien des Oberklassen- , Mittelklassen- und Arbeiterhabitus. Es zeigt sich dort, daß sich die großen gesellschaftlichen Lager quantitativ kaum verschoben haben. Eliten und Unterschichten stellen nach wie vor einen Bevölkerungsanteil von 20%.

Vester u.a. zeigen nun, daß sich die drei klassischen Positionen modernisieren, so daß die traditionellen Milieus gegenüber den modernisierten schrumpfen und sich alle neun Lebenswelten in einem Raum der *pluralisierten Klassengesellschaft* verorten lassen.

Die lebensweltlichen Sozialmilieus der pluralisierten Klassengesellschaft (Vester u.a. 1995: 16):

Habitus	teilmodernisiert	modernisiert	traditionell
Oberklassen-Habitus (22% → 19%)	Technokratisch-Liberales Milieu (9% → 9%)	Alternatives Milieu (4% → 2%)	Konservativ-gehobenes Milieu (9% → 8%)
Mittelklassen-Habitus (58% → 59%)	Aufstiegsorientiertes Milieu (20% → 24%)	Hedonistisches Milieu (10% → 13%)	Kleinbürgerliches Milieu (28% → 22%)
Arbeiter-Habitus (18% → 22%)	Traditionsloses Arbeitermilieu (9% → 12%)	Neues Arbeitnehmer-Milieu (0% → 5%)	Traditionelles Arbeitermilieu (9% → 5%)

(Die Prozentwerte markieren die Veränderung von 1982 bis 1992)

Modernisierung zeichnet sich in diesem Zusammenhang durch ein spürbares Wachstum des Bildungsniveaus und die Ausweitung ästhetischer Alltagsorientierung aus. Auch hier lassen sich den Milieus bestimmte alltagsästhetische Schemata zuordnen. In den Strukturen der Erlebnisgesellschaft stellen die Kategorien Bildung, Alltagsästhetik und Alter das Koordinatensystem zur Beschreibung gesellschaftlicher Modernisierung zur Verfügung. Die lebensweltliche Ordnung der Erlebnisgesellschaft ist also durchaus in Beziehung zu setzen zu der der pluralisierten Klassengesellschaft. Erlebnisorientierung wäre in diesem Sinne Bestandteil aller von Modernisierung affizierten Milieus, könnte also 65% der Bevölkerung zumindest zum Teil charakterisieren und ist keinesfalls nur die Perspektive der 25% Modernisierungsgewinner, wie es Vester u.a. selbst umreißen. Die traditionellen Milieus werden von dieser neuen "Kapitalsorte" Genuß bzw. Erlebnis ebenfalls affiziert. Man denke nur an die Hunderttausende von freigesetzten Frührentnern, die ihre passable materielle Grundausstattung und ihr immenses Zeitquantum partout nicht "genießen" können.

Es stellt sich zum Abschluß die Frage nach den Anforderungen an eine Kultursoziologie, die den Kulturbegriff nicht jenseits materieller Sozialstrukturen zu beschreiben versucht, sondern zeigt, daß Kultur selbst Sozialstrukturen generiert. Das dies keineswegs nur unter luxurierenden Bedingungen stattfindet, wie von Schulze suggeriert, dürfte deutlich geworden sein. Kultur bleibt gerade unter Bedingungen gesellschaftlicher Knappheit ein "hartes" Thema. Der Diagnose der Erlebnisgesellschaft kommt, auf diese Weise reformuliert, ein dauerhafterer zeitdiagnostischer Wert zu, als Schulze selber es aufgrund der Anlage seines Argumentes sehen kann.

Es steht nicht die theoretische Entscheidung für die Erlebnis- *oder* die Klassengesellschaft an. Viele gute Gründe sprechen dafür, daß erstere lediglich eine modernisierte Form der letzteren ist.

Literatur

Alheit, Peter 1994: "Erlebniskultur" und neue soziale Milieus. Bewegungen im sozialen Raum moderner Gesellschaften, in: Kulturpolitische Mitteilungen, Nr.67 (IV/94), S. 43-48.

Alheit, Peter 1994a: Zivile Kultur. Verlust und Wiederaneignung der Moderne, Frankfurt/M., New York

Alheit, Peter 1995: Aufbruch in die "Erlebniskultur"? Kritische Überlegungen zur zeitgenössischen Kultursoziologie, in: Die Neue Gesellschaft. Frankfurter Hefte, S. 91-104.

Beck, Ulrich 1986: Risikogesellschaft. Auf dem Weg in eine andere Moderne, Frankfurt/M.
Becker, Ulrich/Horst Nowak 1984: Die sozialen Milieus der Bundesrepublik. Kurzcharakteristik. Bilddokumentation, Heidelberg
Berger, Peter A./Stefan Hradil (Hg.) 1990: Lebenslagen, Lebensläufe, Lebensstile, Soziale Welt, Sonderheft 7, Göttingen.
Beyme, Klaus von 1991: Theorie der Politik im 20.Jahrhundert von der Moderne zur Postmoderne, Frankfurt/M.
Bourdieu, Pierre 1987 (1979): Die feinen Unterschiede. Kritik der gesellschaftlichen Urteilskraft, Frankfurt/M.
Eckert, Roland/Rüdiger Jacob 1994: Kultur- oder Freizeitsoziologie? Fragen an Gerhard Schulze (Essay über die Erlebnisgesellschaft), in: Soziologische Revue 17, S. 131-138.
Elias, Norbert 1989: Studien über die Deutschen: Machtkämpfe und Habitusentwicklung im 19. und 20. Jahrhundert, Frankfurt/M.
Fröhlich, Gerhard/Ingo Mörth (Hg.) 1994: Das symbolische Kapital der Lebensstile: zur Kultursoziologie der Moderne nach Pierre Bourdieu, Frankfurt/M., New York.
Fröhlich, Gerhard/Ingo Mörth 1994a: Lebensstile als symbolisches Kapital? Zum aktuellen Stellenwert kultureller Distinktionen, in: dies. 1994, S. 7-30.
Fröhlich, Gerhard 1994: Kapital, Habitus, Feld, Symbol. Grundbegriffe der Kulturtheorie bei Pierre Bourdieu, in: Gerhard Fröhlich/Ingo Mörth (Hg.) 1994, S. 31-54.
Geiger, Theodor 1932: Die soziale Schichtung des deutschen Volkes. Soziographischer Versuch auf statistischer Grundlage, Stuttgart.
Güntner, Joachim/Thomas Leif 1993: "Innere Ziele mit äußeren Mitteln verfolgen". Gerhard Schulze und die "Erlebnisgesellschaft", in: Die Neue Gesellschaft. Frankfurter Hefte, S. 349-354.
Hradil, Stefan (Hg.) 1992: Zwischen Bewußtsein und Sein. Die Vermittlung "objektiver" Lebensbedingungen und "subjektiver" Lebensweisen, Opladen
Hradil, Stefan 1995: Die "Single-Gesellschaft" (Perspektiven und Orientierungen, Bd.17), München.
Inglehart, Ronald 1977: The Silent Revolution. Changing Vaues and Political Styles Among Western Publics, Princeton.
Inglehart, Ronald 1995: Kultureller Umbruch: Wertewandel in der westlichen Welt, Frankfurt/M.
Klages, Helmut 1984: Wertorientierungen im Wandel. Rückblick, Gegenstandsanalyse, Prognosen. Frankfurt/M.
Klages, Helmut 1993: Traditionsbruch als Herausforderung: Perspektiven der Wertewandelsgesellschaft. Frankfurt/M.
Konietzka, Dirk 1995: Lebensstile im sozialstrukturellen Kontext. Zur Analyse soziokultureller Ungleichheiten, Opladen.
Lasch, Christopher 1982: Das Zeitalter des Narzißmus, München.
Lasch, Christopher 1995: Die blinde Elite. Macht ohne Verantwortung, Hamburg.

Lüdtke, Hartmut 1989: Expressive Ungleichheit. Zur Soziologie der Lebensstile, Opladen.
Maslow, Abraham 1954: Motivation and Personality. New York.
Müller, Hans-Peter 1992: Sozialstruktur und Lebensstile. Der neuere theoretische Diskurs über soziale Ungleichheit, Frankfurt/M.
Müller, Hans-Peter 1993: Gerhard Schulze. Die Erlebnisgesellschaft (Rezension), in: Kölner Zeitschrift für Soziologie und Sozialpsychologie 45, S. 778-780.
Müller, Hans-Peter 1995: Differenz und Distinktion. Über Kultur und Lebensstile, in: Merkur 49.
Müller-Schneider, Thomas 1994: Schichten und Erlebnismilieus. Der Wandel der Milieustruktur in der Bundesrepublik Deutschland. Wiesbaden.
Neckel, Sighard 1991: Status und Scham. Zur symbolischen Reproduktion sozialer Ungleichheit. Frankfurt/M., New York.
Neckel, Sighard 1995: Krähwinkel und Kabylei. Mit Pierre Bourdieu durch Deutschlands Kultursoziologie, in: Merkur 49.
Opaschowski, Horst W. 1988: Zur Psychologie und Soziologie der Freizeit, Opladen.
Opaschowski, Horst W. 1992: Freizeit 2001. Ein Blick in die Zukunft unserer Freizeitwelt, Hamburg.
Schnierer, Thomas 1996: Von der kompetitiven Gesellschaft zur Erlebnisgesellschaft? Der "Fahrstuhl-Effekt", die subjektive Relevanz der sozialen Ungleichheit und die Ventilfunktion des Wertewandels, in: Zeitschrift für Soziologie 25, S. 71-82.
Schulze, Gerhard 1988: Alltagsästhetik und Lebenssituation. Eine Analyse kultureller Segmentierungen in der Bundesrepublik Deutschland, in: Hans-Georg Soeffner (Hg.): Kultur und Alltag. Soziale Welt, Sonderband 6, Göttingen, S. 71-92.
Schulze, Gerhard 1990: Die Transformation sozialer Milieus in der Bundesrepublik Deutschland, in: Peter A. Berger/Stefan Hradil (Hg.) 1990, S. 410-431.
Schulze, Gerhard 1992: Die Erlebnisgesellschaft. Kultursoziologie der Gegenwart, Frankfurt/M., NewYork.
Schulze, Gerhard 1992a: Situationsmodi und Handlungsmodi. Konzepte zur Analyse des Wandels sozialer Ungleichheit, in: Stefan Hradil (Hg.) 1992, S. 67-80.
Schulze, Gerhard 1993: Entgrenzung und Innenorientierung. Eine Einführung in die Theorie der Erlebnisgesellschaft, in: Gegenwartskunde 42, S. 405-419.
Schulze Gerhard 1993a: Soziologie des Wohlstands, in: Ernst-Ulrich Huster (Hg.): Reichtum in Deutschland: der diskrete Charme der sozialen Distanz, Frankfurt/M., S. 182-206.
Schulze, Gerhard 1994: Gehen ohne Grund. Eine Skizze zur Kulturgeschichte des Denkens, in: Andreas Kuhlmann (Hg.): Philosophische Ansichten der Kultur der Moderne, Frankfurt/M., S. 79-130

Sennett, Richard 1983: Verfall und Ende des öffentlichen Lebens. Die Tyrannei der Intimität, Frankfurt/M.
Veblen, Torstein 1986 (1899): Theorie der feinen Leute. Eine ökonomische Untersuche der Institutionen, Frankfurt/M.
Vester, Michael u.a. 1993: Soziale Milieus im gesellschaftlichen Strukturwandel: Zwischen Integration und Ausgrenzung, Köln.
Vester, Michael u.a. 1995: Soziale Milieus in Ostdeutschland. Gesellschaftliche Strukturen zwischen Zerfall und Neubildung, Köln.
Vetter, Hans-Rolf (Hg.) 1991: Muster moderner Lebensführung. Ansätze und Perspektiven, Weinheim, München.
Ziehe, Thomas 1979: Narziß. Ein neuer Sozialisationstypus, Bensheim.

Manfred Faßler

Informations- und Mediengesellschaft

1. Worum geht es?

1.1 Annäherung

Geht man die einschlägigen Handbücher soziologischer Begriffe durch, so findet man keine Ausführung der im Titel genannten Begriffe. Die sozialtheoretische Aufmerksamkeit gegenüber den konstitutiven Funktionen und Bedeutungen von Medien und Information ist relativ 'jung'. In den 1960ern tauchte das Konzept 'Informationsgesellschaft' verbreitet auf. Aufgegriffen wurde damit die Tatsache, daß, neben Arbeit und Technik, die *Information als Anlaß der Sozialisation und des Handelns* zu berücksichtigen war. Dies bildete den Anfang einer gerade seit der Durchsetzung des Personal Computers 1982 sich intensivierenden Forschung über die Eigendynamik der Systeme für die Erzeugung, Speicherung, Übertragung und Vermittlung von Information.

Heute gehen wir davon aus, daß *Informationen alle sozialen Prozesse des Agierens, Entwerfens, Gestaltens, Erinnerns und Überliefems prägen*. Informationen sind, im sozialtheoretischen Sinne, die *kleinsten Einheiten sozialer Ordnung*. Es sind Zusammenstellungen von Daten über Personen, Prozesse, Ereignisse o.ä., die so konstruiert sind, um in einem 'zweckmäßigen' Zusammenhang verwendet werden zu können. Information importiert also Ordnung oder Form (Arnheim 1993: 140) und ist, ganz gleich wie sie verwendet wird, Baustein einer weiteren Ordnung. Denkt man z.B. daran, daß Personendaten für Polizei, Ordnungsämter, Kaufhäuser, Banken, Versicherungen, Partnerschaftsvermittlungen usw. verwendbar sind, so wird deutlich, daß Information bereits spezifische Ordnungsdaten enthält. Wie aber ist zu verstehen, daß ein *Ordnungsmodul* erzeugt wird, das an ganz verschiedenen Orten eines sozialen Verbundes genutzt werden kann? Wie sind die allgemeinen Strukturen einer solchen zweckoffenen Erzeugung von Informationen aufgebaut?

Dieses 'wie?' führt notwendig zum Medienbegriff und damit zur Vermittlungssystematik von Informationen. Information und Medien sind heute in einem Atemzug zu nennen, will man die akuten Systematiken der Realitätsvermittlung und -verfassung darstellen. Die Doppelung der Begriffe im Titel dieses Beitrages bedeutet also nicht, daß zwei Gesellschaftssystematiken parallel behandelt werden. Medien sind die Verbreitungsstruktur von Information, da 'sich' Informationen nicht selbst verbreiten. Wie ist dies nun zu verstehen? C.J.Tully formulierte in 'Lernen in der Informationsgesellschaft' (1994): "Die Grundlagen der Informationsgesellschaft bestehen darin, daß die Subjekte weitgehend unter Absehung der stofflichen Voraussetzungen handeln. Wo traditionell handwerkliche Arbeit durch den Umgang mit Stoffen geprägt ist" werde nun "geschicktes Informationshandeln" entscheidend (75). 'Absehen von stofflichen Voraussetzungen' beschreibt das gut, was im weiteren *mediales Handeln* genannte wird. Die aufgehobene stofflich-gegenständliche Bindung mindert nicht die Anforderungen von sozialer Integration. Allerdings ändert sie diese. Raum-zeitliche Integration des einzelnen Menschen macht ihn erst handlungsfähig und sein Handeln anschlußfähig an den sozialen Verbund. Die Formen in denen dies möglich wird, werden zunehmend durch die elektronisch-medialen Prozesse der Tele-Existenz bestimmt (Tele-Graphie, Tele-Gramm, Tele-skop, Tele-Vision, Tele-Phon).

Augenscheinlich ist im 20.Jh. die *Nähe-Ferne-Koppelung* durch die *Wahrnehmung-Medium-Koppelung* tiefgreifend verändert worden (Faßler 1996). Es ist eine starke soziale Konkurrenz zwischen physikalisch-physiologischer Gegenständlichkeit (Körper, Geräte, Handwerkzeuge, Einrichtungsdinge, Produktionsmaschinen usw.) und medial verarbeiteter und angebotener Realität ('Unterhaltung', informelle Kultur, Information) entstanden. Diese massive Konkurrenz wird um die knappen, weil sehr begrenzten individuellen Güter der Aufmerksamkeit, des denkenden Wahrnehmens und der Reflexion geführt. Dabei durchleben die altindustriellen europäischen Gesellschaften Wechselbäder der Veränderung und des Verharrens.

Um den begrifflichen Zusammenhang von Medien- und Informationsgesellschaft adäquat beschreiben zu können, ist es erforderlich, die soziale und technologische Herkunft beider Konzepte zu bedenken. Ich beschäftige mich zunächst mit dem Themenbereich Medien (Vom Nutzen und Gebrauch der Medien), danach mit Information (Szenarien der Information). Im dritten Schritt werde ich eine Kurzauswertung vorlegen. Vorab werde ich noch einige Unterscheidungen zwischen Medium und Information vorschlagen.

1.2 Das Verhältnis von Medien und Information
Es sind mediale Gefüge entstanden, die nicht nur weltweit eingesetzt und genutzt werden. Sie stellen eine neue Art der Interpretationen von Realität dar. Diese Medien-Galaxien, - in Anlehnung an M. McLuhans 'Gutenberg-Galaxis' (1995) -, sind zu einem wichtigen Bereich unserer Sozial- und Realitätserfahrungen geworden. Allerdings stehen diese nicht für sich. Medien funktionieren in der gegenwärtigen Art und Weise nur deshalb u.a. als soziale Regulative, weil soziales Handeln mehrheitlich unter der bereits zitierten Absehung von stofflichen Voraussetzungen geordnet und weiterentwickelt wird. Für die einen zerrinnt die Welt zwischen den Fingern, für andere ist dies eine interessante, evolutionäre und kulturelle Herausforderung.

Mit Medien können nur deshalb soziale Realitäten vermittelt, erzeugt, stabilisiert oder auch verändert werden, weil sie auf Wahrnehmungs- und Glaubwürdigkeitsmustern beruhen, die einer nicht-stofflichen Darstellung von Zusammenhängen ebensosehr (oder noch mehr) vertrauen, als einer stofflich-gegenständlichen, angesichtigen Situation, an der man leibhaftig teilnimmt.

Medialität im gegenwärtigen Sinne setzt also die Glaubwürdigkeit von Informationen voraus rsp. die neutrale Anerkennung von 'sachlichen' Informationen. In jedem Fall verweist dies auf eine *soziale Verfassung*, in der die *Information den Zwischenraum von Individuum und Institution erweitert.* Umsomehr kommt der *Modularisierung* (der Verdichtung, der mehrschichtigen, fertigen Informationsangebote) *von Information* eine zentrale Funktion zu, oder der, wie es in der Informatik heißt, kombinatorisch vielfältigen Feinkörnigkeit, der Granularisierung. Gerade diese hier nur angedeuteten Aspekte sind bei der Verwendung von Medien und bei Theoriebildung unverzichtbar.

Ohne mediale Gegenwart könnten wir uns kaum Vorstellungen von den Ordnungen machen, in denen wir leben, handeln, arbeiten, phantasieren, uns verabreden, Neues planen oder uns mit anderen Menschen und sozialen Gruppen solidarisch erklären.

Dies ermöglicht eine erste These:
Medien sind immer Teil der Darstellungs- und Erhaltungsbedingungen sozialer Systeme. Es gibt keine sozial unabhängig zu bestimmenden Wahrheits- oder Trugmedien. Wird ein Medium, wie z.B. die Sprache in Form der Schrift (z.B. in christlicher Tradition die Bibel als Heilige Schrift) oder des Textes (Regehly et.al. 1993; Illich 1991) zu einem Wahrheitsmedium, so gelingt dies nur, wenn Nutzungsweisen, Interpretationen, Auslegungsfunktionen usw. verabredet, festgelegt oder durchgesetzt werden.

Dies ermöglicht eine zweite These:
Medien sind immer Machtspeicher in dem Sinne, daß ihre Nutzung, ihr Erwerb oder ihre Verbreitung an Verfügungsrechte oder Verfügungsmöglichkeiten gebunden sind. Kann ein Mensch nicht lesen, wird ihm das Buch verschlossen bleiben; kann einer sich keinen Personal Computer mit Modem leisten, so wird er von der Netzkommunikation ausgeschlossen.

Verteilung / Umgebung
Diese beiden Annäherungen verdeutlichen, daß bei der Rede von 'Mediengesellschaft' oder 'Informationsgesellschaft' die *beschreibbare Art und Weise gesellschaftlich verbreiteter und verarbeiteter Verteilungs- und Aufmerksamkeitsmuster* (Deutsch 1966) hervorgehoben wird. Allerdings muß das Reden hierüber nicht immer einhergehen mit einer materialen Analyse der angesprochenen Bereiche 'Medium', 'Medien' oder 'Information'. Jeder hat heute ein intuitives oder durch Erfahrungen geprägtes Verständnis von Medien. Zumeist werden damit Druckmedien, Rundfunk, Fernsehen oder Computer verbunden. Wenn von 'Medienmacht' oder 'Macht der Medien' gesprochen wird, so zeigt dies, daß der bildsprachlichen, der textsprachlichen und der tonlichen Vermittlung sehr viel zugetraut wird. Zu bedenken ist dabei, daß alle Arten der Informationsspeicherung und -verarbeitung historische Formen der Nutzbarkeit von Vermittlungsordnungen sind. Sie sind Teil sozialer Zusammenhangsszenarien und eigenständige Dramaturgien in sich. Ihre Handlungsrealitäten sind stets spezifisch zu untersuchen. Dabei ist, akzeptiert man den konstitutiven Zusammenhang von

Medien- und Informationsgesellschaft, die Schichtung der Nutzungs-Kontexte genau zu betrachten. Will man diese sozialwissenschaftlich diskutieren, so muß exakt unterschieden werden zwischen

(a) der Materialität des spezifischen Mediums,
(b) dem Modularisierungsgrad von Informationen,
(c) den physikalischen Gesetzmäßigkeiten des Mediums,
(d) der funktionalen Körnigkeit von Informationen,
(e) den Nutzungsregeln des jeweiligen Mediums,
(f) den Kompetenzen, Informationen in Handlung zu übersetzen,
(g) den erforderlichen Kompetenzen, Medien zu nutzen sowie der edukatorisch-sozialen Verbreitung,
(h) den Strukturen und den Hierarchien des Informationsbedarfs,
(i) den sozialen Funktionen des Mediums,
(j) der sozialen Inszenierung von Informationsgebrauch,
(k) den Konventionen und den unkonventionellen Entwicklungen des Gebrauchs von Medien,
(l) den konstitutionellen Beziehungen zwischen Individuum, Information und Institution und schließlich
(m) der Entstehungs- und Wirkungsgeschichte aller vorher genannten Ebenen.

Damit ist der Fragebereich auf den Zusammenhang der *soziokulturellen Inszenierung von Information* (Faßler/Halbach 1992) orientiert. Trotz dieser unterschiedlichen Ebenen sind begriffliche Verallgemeinerungen hilfreich und wichtig, um den Gegenstandsbereich zu benennen, auf den man sich sozialtheoretisch bezieht. Dies ist um so wichtiger, als es bei sozialwissenschaftlichen Analysen ja zentral um die Erklärung dessen geht, *wie* soziale Verbindungen hergestellt und erhalten werden und nicht allein darum zu erklären, *was* mediale Verbindung, Vermittlung oder mediale Verfassung sind.

Hieraus sind einige Unterscheidungen formulierbar.

* *Medium ist eine bestimmte soziale Umgebung*, in der über die geordnete Einbindung verschiedener menschlicher *Sinne* in *Zeichensysteme*, deren *Verwendungskonventionen* und kulturelle Ausdehnung individuelle und kollektive *Wahrnehmung*, *Reflexion* und *Entscheidung* mit geprägt werden. Medien befinden sich immer in einem Ko-Ordinationsgefüge. Ihre Nutzung und ihre Glaubwürdigkeit hängen von den sozial erzeugten Fähigkeiten ab, Konkretheit und Abstraktheit, Nähe und Ferne, Anwesenheit und Abwesenheit zu einem Realitäts-'Bild'zusammenzufügen.

* Der Stoff, mit dem dies geschieht, ist *Information*. Information ist das *bewegliche Eigentum sozialer Systeme*, welches Wissen ermöglicht, mit diesem aber nicht zu verwechseln ist. Wissen entsteht erst, wenn die medial nahegebrachte Information in sprachliches, organisatorisches, entwerfendes Handeln 'übersetzt' wird. Information ist quasi Wissen im Wartestand. Wir können also vorab unterscheiden zwischen Medien, die Umgebung sind, und Informationen, die Ereignisse innerhalb dieser Umgebung sind.

* Spricht man sozialtheoretisch von *Mediengesellschaft*, so meint man damit die Strukturen der Speicherung, Verbreitung, selektiven Verteilung und sozial differenzierten Nutzung von Aufmerksamkeitsmustern (was Erklärung, Aufklärung aber auch Manipulation, Propaganda usw. beinhalten kann).

* Spricht man von *Informationsgesellschaft*, so meint man sozialtheoretisch damit das 'vorsortierte' Angebot von differenzierten Auskünften über einen Sachzusammenhang, der dieser Informationen bedarf, um innerhalb der medialen Umgebungen, der ökonomischen Strukturen o.ä. bestehen zu können. Welche Sinnofferten aus der Verwendung der Information entstehen, ergibt sich erst durch die Nutzung oder den Gebrauch der Information.

* Insofern kann weder Information soziale Verhältnisse 'direkt' oder 'unmittelbar' steuern, noch sind Medien für sich stehende Auslegungsagenten von Gesellschaft.

Spricht man also von einem spezifischen Gesellschaftsformat, so muß bedacht werden, daß theoretisch stets mit sehr unterschiedlichen Systemanteilen von Allgemeinheit operiert wird. So spricht man nicht von einer Hausgerätegesellschaft, wenn man die Verbreitung von Waschmaschinen, Spülmaschinen, Toastern, Mikrowellen-Herden o.ä. untersucht, sondern von Rationalisierung der Hausarbeit. Oder man spricht nicht von einer Buch-, Zeitungs- oder Flugblattgesellschaft, wenn man auf den Zusammenhang von Industrialisierung und Alphabetisierung im 19.Jahrhundert eingeht. Andererseits kann es auch geschehen, daß über Jahrzehnte weitverbreitete technologisch-soziale

Vermittlungsweisen übersehen werden, ihnen der theoretische Begriffsstatus verweigert wird. So geht zwar seit Jahrhunderten die Post ab, aber eine sozialwissenschaftliche Analyse postalischer (Re-)Konstruktion sozialer Verbindlichkeit wird nicht begriffsprägend vorgenommen (Glaser/Werner 1990); so wird seit 70 Jahren in Deutschland telefoniert, aber erst vor kurzem eine systematische Arbeit wenigstens zur Technikgeschichte des Telefons in Deutschland vorgelegt (Thomas 1995); so gehört gerade zu modernen Gesellschaften die nationale und internationale Arbeitsteilung, die Globalität wissenschaftlicher Gemeinschaften und die Globalität des Waren- und Geldverkehrs, aber eine sozialanalytische Kategorie der Ferne wurde nicht entwickelt. (Flichy 1994)

An diesen wenigen Beispielen kann man zweierlei zeigen:
1.) Was als allgemein gilt, hängt sehr davon ab, welche vorherrschenden theoretischen Rahmenbedingungen gelten; ob also Produktion, Arbeit, Dienstleistung, Institution oder Lese-Schreibefähigkeit, Verbreitung von Radios, Fernsehen, Telefon o.ä. als zentral für die Analyse von sozialen Zusammenhängen erachtet werden.
2.) Daß Verallgemeinerungen auch erkenntnishindernd sein können, wenn mit ihnen Zustände theoretisch erhalten werden, die von anderen systemischen Verläufen längst in die Kulisse sozialen Handelns abgedrängt worden sind.

Dies weist auf ein grundlegendes Problem: *Gesellschaft* ist nicht als Ganze beschreibbar, weil wir sie als solche gar nicht wahrnehmen können. Wir wissen nicht, wie an einer Schule in Flensburg unterrichtet wird, wie sich die Arbeiter und Angestellten bei Ford/Köln verständigen, oder wie häufig Waldarbeiter in Oberbayern ein Handy benutzen, um ihre Arbeiten zu koordinieren. Es geht also nicht 'ums Ganze', sondern um die Annahme einer *zeitlich relativ stabilen Einheit*. Insofern ist die funktionale, materiale, ökonomische oder traditionale Verallgemeinerung theoretisch immer auch Moment, also bewegender, prägender Anteil von *Allgemeinheitshypothesen*. Die Hypothese bezieht sich vor allem auf 'Gesellschaft' und die sie erhaltenden Basissysteme der Vermittlung, Speicherung, Produktion oder Verteilung. D.h. sie beschreibt eine Einheit von individuellen, kollektiven Fähigkeiten mit sozialen, technischen, medialen, nicht-menschlichen Bedingungen.

Informations- und Mediengesellschaft 339

2. Vom Nutzen und Gebrauch der Medien

2.1 Medienmodelle

Über Medien zu sprechen, ist nicht gerade ein modernes Phänomen. Auch die Kritik an Medien ist nicht neu. Mit Medium verband sich immer die Frage, welchen Realitäts- oder Wahrheitsstatus die Inhalte haben, die 'über' ein Medium vermittelt, den Sinnen des Menschen nahegebracht wurden. Dabei oblag dem 'Medium' zumeist die Aufgabe, die Botschaft einer nicht-verfügbaren Welt dem einzelnen Menschen nahezubringen.

Es lassen sich folgende Konzepte modellhaft unterscheiden:

i: *Vermittlung von 'Außen' nach 'Innen'*
- Hierzu gehören alle religiösen, gottesbezogenen oder metaphysischen Gedankenordnungen, in denen ein spezifisches Medium (sei es Schrift/Text oder symbolisch-ästhetisch-gegenständliche Ordnung) die Existenz von Höherem und Nicht-Verfügbarem darstellt.
- Medium ist hierin ein Vermittlungsmodus, der dem Menschen nicht beliebig zur Verfügung stehen soll und deshalb von 'Medien-Priesterschaften' geschützt, gepflegt und tradiert wird, wie z.B. in Klöstern und Klosterschulen.
- Mit diesem Konzept von Medium verbindet sich eine feste, invariante oder nur in engen Auslegungsgrenzung variierbare liturgische Deutungsordnung und Bedeutungsverwendung.

ii: *Vermittlung zwischen 'Wirklichkeit' und 'Schein'*
- Hierzu gehören die seit Platon immer wieder geführten Debatten um die fälschende und trügerische Darstellung der Realität durch die Licht-Schatten-Projektion oder durch Bildhaftigkeit. Dabei lassen sich zwei Rhetoriken unterscheiden.

Die erste besteht darin, daß der Mensch nicht in Richtung der Ausgangsrealität und des Mediums schaut, sondern auf eine Projektionsfläche. Indem er seine Sinne auf sie ausrichtet, kehrt er der Ausgangsrealität den Rücken zu und nimmt nur den eigenen Schattenwurf, also die medial verursachte Projektionsrealität wahr (Platons Höhlenmodell).

Die zweite besteht darin, daß der Mensch bildlich, textlich, skulptural, begrifflich Bedeutungsordnungen entwickelt, sie in diesen Bildern, Texten oder Skulpturen speichert und diese Speicher als Realitätsaussage behandelt. Diese Bedeutungsspeicher zwingen dann nicht dazu, der Realität den Rücken zuzuwenden, sondern die Speicher stehen zwischen dem Menschen und der (zumeist religiös gedeuteten) Realität; sie stellen eine Art 'Werkzeug' der Wahrheit oder der Erkenntnis dar.
- Medium ist hierin ein Erklärungs- und Darstellungsmodus, der helfen soll, erfahrene, wahrgenommene, mit Sinnbezügen belegte oder (noch) nicht begriffene Realität sich verständlich zu machen oder auch neue Erkenntnis vorzubereiten.
- Mit diesem Konzept von Medium verbindet sich die grundsätzliche Idee, daß Medium zu Erkenntnis befähigt oder zu Erkenntnis führt

iii: *Medium ist ein kulturell abhängiger Teil sozialer Selbstbeschreibung*
- Hierzu gehört die methodische Grundposition, daß alles, was wir wissen, durch unsere Wahrnehmung und deren Überführung in Erkenntnis und Wissen entstanden ist, daß alles, über das wir verfügen und nicht verfügen 'Konstruktionen' sind. (H.Maturana; F.Varela; S.J.Schmidt) Jedes Medium ist ein Teil dieser Konstruktionen, wenngleich auch ein Teil, der durch die bestimmte Beschreibung des Medienaufbaus (Code, Speicher), der Verwendung (Verarbeitungs- und Nutzungsweisen) und der Veränderungsmöglichkeiten relativ dauerhaft ist.
- Medium ist hierin ein Teilsystem sozialer Selbstbeobachtung und -beschreibung. Es ist in seiner Verwendung und seiner Wirkungsweise nicht ein-für-alle-mal festgeschrieben. Es ist Moment der Gebrauchskultur eines sozialen Systems.
- Mit diesem Konzept verbindet sich die Idee, daß es keinen nicht-medialen Zustand sozialer Systeme gibt und daß folglich jedes Medium in seinen Verwendungs- und Erhaltungsbedingungen betrachtet werden muß.

iv: *Medium ist ein autonomes System der scheinhaften Realitätserzeugung*
- Hierzu gehören die Konzepte, die vor allem im 20.Jh. kritisch bis ablehnend die Entwicklung, Verbreitung und Etablierung der Medien-Macht Zeitung, Film, Radio und Fernsehen untersuchten. Dabei wurde Vermittlung hauptsächlich unter dem Aspekt der nationalsozialistisch-faschistischen Propaganda, der Zerstörung politisch-kritischer Öffentlichkeit (dies für Deutschland und Italien) oder der industriellen Erzeugung von Wahrnehmung durch das Fernsehen (dies zunächst in den USA) analysiert.

Seit kurzem werden diese historisch zurückliegenden Analysen erweitert von Modellen der Computertechnologien als autonome Medien oder der elektronischen Simulations-/Animations- rsp. Sampling-/Synthesizer-Technologie.
- Medium ist hierin ein relativ verselbständigtes System der Wirklichkeits-Beeinflussung, -Erzeugung und -Steuerung, in dem sich Anonymität, Technologie und unerfahrbare Vielfalt (= Komplexität) zu einer eigenen Realitätssphäre zu entwickeln scheinen. Diese erfaßt in ihrer eigenen 'Mächtigkeit' die Sinne des Menschen; sie 'okkupiert' diese 'total', wie es bei P.Fuchs, J.Markowitz, W.Halbach, N.Bolz u.a. heißt.
- Mit diesem Konzept verbindet sich die Befürchtung oder auch die beschreibende Anerkennung, daß Medialität eine eigene Realität erzeugt und mittels dieser andere Realitätsbereiche steuern, die mit nicht so 'mächtigen' Medien ausgestattet sind.

Medien/Manipulation

Zwischen den hier zur Erklärung unterschiedenen Modellen gibt es sicherlich Querverbindungen, die auch in der Theoriebildung gerne genutzt werden, um die Vieldeutigkeit mancher Medienentwicklung beschreiben zu können. Unbeschadet dieser Verbindungen beschrieb und beschreibt Medium immer noch ein Dreiecksverhältnis von Gegenstand-Vermittlung-Sinne, von Objektivität-Information-Sinn. Medium kann nicht schlüssig von seiner Verwendung getrennt werden. Es ist nicht trennbar
- von den sozialen Festschreibungen der zu verwendenden Codierungssysteme (Alphabet, numerische Systeme, bildhafte Zeichensyste-

me, sprachlich symbolische Ordnungen),
- von den zeitlichen Verfahren, in denen sie genutzt werden können (z.B. Bücher in Schulen, Aufsätze in wissenschaftlichen Zusammenhängen, Erzählungen in lebensgeschichtlichen Überlieferungen),
- von den konkreten raum-zeitlichen Ereignissen, in denen Vermittlung mit Gegenwärtigkeit, Anwesenheit, mit konkretem Bedarf oder Entspannung zu tun hat.

Wir haben es immer nur mit 'uns' durch 'uns' vermittelten Wahrnehmungsbedingungen zu tun. Ob als Lüge, Farce, Wahrheit, als Liebeserklärung, Poesie oder Rechtsordnung: stets kommt unsere reflektierte Wahrnehmung, unser wahrnehmendes Denken durch 'Andere' zustande (Nelson). Und dieses 'Zustandekommen' verweist auf kommunikativ hergestellte Vermittlung, also darauf, daß 'mir etwas nahe gebracht wird', daß 'ich mir etwas fern halte', daß etwas 'gegenwärtig' gemacht oder dem 'Vergessen' zugewiesen wird, oder mir schlicht 'auf den Geist' geht und ich 'abschalte'. Vermittlung bezieht sich demnach auf sehr unterschiedliche Medien und auf verschiedene Stile ihrer Nutzung. Dabei ist der entscheidende Gesichtspunkt, daß Vermittlung nicht allein als Verfahren der Verarbeitung besteht. Diese Verarbeitung zielt auf formale Festlegungen, Codierungen, die dann wieder gespeichert werden. Ein Medium ist also Teil kultureller Programmierung (Meyrowitz 1995).

2.2 Medienrealitäten
Herolde/Autoren

Das Phänomen, daß sich soziale Systeme darüber beschreiben, welche Medien sie wie auf sich anwenden, ist historisch relativ jung. Bis in das späte 18.Jh. galten absolutistische, klerikale, ständestaatliche und zünftige Ordnungen. Sie begründeten sich entweder durch eine 'Gabe', durch 'göttliche Berufung', durch Geburt oder durch sehr enggezogene Kompetenzhierarchien. In ihnen war die Verfügung über die symbolische und funktionale Selbstthematisierung (Luhmann) streng reglementiert. Ebenso war nicht nur die Anrede strikt, sondern auch die sprachliche, gestalterische oder ästhetische Darstellung waren katalogartig festgelegt. Die Überlieferung der Lese- und Schreibefähigkeit war auf Mönche, den Adel und auf ein klösterlich gebildetes städtisches Bürgertum begrenzt. Herolde, Verkünder von Bekanntmachungen, Nachtwächter, die die Zeit ausriefen usw. sowie das lizensierte gedruckte Wort waren Teil der hoheitlichen Medienrealität. (Giesecke 1991) Mit dem 19. Jh. verloren die überlieferten Ordnungen ihre Bedeutung. Arbeit, Produktion, Warenmarkt, Manufaktur und Fabrik überlagerten die alten Reproduktionsregeln; das gedruckte Wort wurde allmählich zu einem nach-hoheitlichen Medienbereich, zu einem begrenzt-freien Gut individueller Autoren, sozialer Gruppen oder entstehender politischer Parteiungen.

Elektrosphäre / Mediasphäre
Der Übergang in das, was wir eine Mediengesellschaft nennen können, erfolgte unter drei miteinander verbundenen Szenarien:
 - die erfindungsreiche Entwicklung im Bereich der angewandten Elektrizität und der allmählichen *Etablierung einer Elektrosphäre für Fernkommunikation* (Morse, Telegraph, Telegramm, Telephon, Rundfunk),
 - die fast vollständige Alphabetisierung der jeweiligen Bevölkerungen und die dem folgende *Kommerzialisierung des 'Schriftgutes'* (Zeitungen, Broschüren, Romane, sog. 'Trivialliteratur') und der Politisierung des Zeitungssektors,
 - die medien-technische Reproduktion nicht nur der Schrift (was ja seit Gutenberg geläufig war), sondern der Bilder, der Bewegung (Cinemascope), der Farben, des Tons usw. und der *Etablierung einer Mediosphäre*, die eng mit der Elektrosphäre verbunden ist.

Es ist klar, daß diese Gruppierungen der technikgeschichtlichen Phasen von ca. 1860-1940 und der komplexen sozialen Gewöhnungsprozesse nur ein erklärendes Grobraster darstellen. Ihr Gewicht liegt in der Betonung, daß für den Begriff der Mediengesellschaft wenigstens drei Prozesse aufeinander bezogen werden müssen: nämlich die Entwicklung einer Elektrosphäre (Garaudy), die Kommerzialisierung der Printmedien und die Entwicklung einer elektronischen Mediasphäre (deren derzeitiger Endpunkt der Computer ist).

Massen/Medien

Die Aufnahme des Medienbereiches in die sozialwissenschaftliche Theoriebildung erfolgte sehr langsam und zögerlich. Die Thematisierung von Medien erfolgte hauptsächlich über die Fragen, in welcher Weise die soziale Steuerung und Integration von 'Massen' praktiziert wurde. Woran lag dies?

Die großen theoretischen Debatten Anfang des 20 Jh. bezogen sich auf die Fragen, als was denn die großen Gruppen zu verstehen seien, die als unqualifizierte Industriearbeiterinnen und Industriearbeiter, als Landproletariat, als städtische Arme usw. Ballungszentren bevölkerten? Neben dem Begriff der Klasse, mit dem noch spezifische integrative Kulturen verbunden wurden, wurde der Begriff der 'Masse' eingeführt. Er wurde gleichlautend den Worten der Massenproduktion, des Massenkonsums, der Massenware gebildet.

Unklar war und ist bis heute, was denn eine unbegrenzbare soziale Gruppe als'Masse'ist, was soziale Massen zusammenhält oder welche Bedeutung sie im Gefüge der sozialen Systeme haben. Wichtige Sozialtheoretiker wie G.Simmel, Le Bon, R. Michels, Th.Geiger, R.Sombart, A.Vierkandt beschäftigten sich mit diesem Thema. S.Freud veröffentlichte 1928 seine Schrift "Massenpsychologie und Ich-Analyse". 'Masse' wurde von Th.Geiger als eine 'Verfallserscheinung' gedeutet und stellte für viele Theoretiker eine Bedrängnis, wenn nicht eine Bedrohung von 'Kultur' dar. Sie war zwar eingebunden in die "Epoche der Warenproduktion"(G.Simmel). Dennoch schien für sie ein spezieller Vermittlungsmodus erforderlich zu sein. 'Masse' schien abgetrennt von

- institutionell festgefügter Kulturvermittlung ('Bürgertum'/leitende Angestellte),
- oder politisch idealisierter Kultur-Gemeinschaft/Gemeinschafts-Kultur ('Arbeiterklasse'/facharbeitende Angestellte und Verwaltungsangestellte).

Die *Verbindung von Masse und Nachricht* tauchte zuerst im Ersten Weltkrieg auf, in dessen Verlauf über die nationalistische Propaganda vor allem von Deutschland und England das Weltnachrichtenkartell vom 1.2.1870 unterlaufen wurde. Jeder Staat, jedes Militär entdeckte 'seine Masse'. Der Bedarf an journalistisch-professioneller Verteilung politisch-militärischer Legitimation wuchs in den ersten Jahrzehnten des 20. Jh. Medien wurden als Teil der instrumentalen Politik bestätigt. Zugleich vertieften sich vor allem in den USA und Deutschland die Interessen an *Massenkommunikation*. Mit ihr etablierte sich Medienwirkungsforschung. Ihre Grundidee bildete ein "Omnipotenzmodell" (Dröge 1991), d.h. der Gedanke, 'Medien' (hier: die Verbindung von Nachrichteninteresse, Manipulationsabsicht, Verbreitungsgrad und fragloser Übernahme des Gesendeten) könnten direkt Meinungen und Haltung erzeugen; es war eine Ausprägung des stimulus-response-Konzeptes des Behaviorismus. In Deutschland wurde dies radikalisiert durch nationalsozialistische und durch Kriegspropaganda. Vermittlung wurde auf befehlsförmige Instruktion eingeschränkt. In der propagandistischen Politik der nationalistischen und faschistischen Gruppierungen schien der Modus der Vermittlung gefunden zu sein: die zentralistische Propaganda; die manipulierende Einwegversorgung durch Zeitungen und - ab den 1930ern - durch Rundfunk sowie Propaganda- und Spielfilm. Die Basis für eine theoretisch folgenreiche Verkoppelung war geschaffen: die zwischen gegenaufklärerischer, menschenverachtender Massenlenkung und modernen Medien.

Die historische Entstehung des Wortes "Massenmedien", das heute immer wieder verwendet wird, um einen großen Verbreitungsgrad inhaltlich identischer Nachrichten zu kennzeichnen, ist also kritisch zu bedenken. Vor allem aus zwei Gründen: Zum einen werden Medien wie Zeitungen, Rundfunk und Fernsehen über die Auflagenhöhe oder die potentiellen Empfängergeräte quantitativ zu 'Massenmedien' gemacht. Dadurch entfällt eine detailreiche Betrachtung der verwendeten Medialität. Zugleich wird so getan, als gäbe es noch mediale Bereiche, die, wenn nicht der Kommerzialisierung entzogen, so doch nicht an 'Masse' (als unklar strukturierte, aber weitgehend ungebildete Bevölkerungsgruppe) gerichtet und nicht Masse (im Sinne einer inhaltlichen Ödnis) seien.

Kanäle/Reize

Auf den ersten Blick nimmt sich der angelsächsische Begriff des 'broad-casting' demgegenüber so aus, als sei er näher an der Materialität des Mediums formuliert. Bezieht man ihn auf die frühen Medien- und Fernsehwissenschaften, so wird deutlich: Medium wurde als black box entworfen. In Anwendung der schlichten aber ungemein verbreiteten Skinnerschen verhaltenstheoretischen Idee, daß ein bestimmter Reiz zu einer Reaktion (zu 'effects' = Einstellungs- und Verhaltensänderungen) führt, wurden Medien zum Beeinflussungskern. Masse und Medien verband der 'Kanal', die störungsfreie Übernahme des Gesendeten. H.D.Lasswell (1948) formulierte dies: "Who says what in which channel to whom with what effect". Medium ist hier, fern aller Fragen der Übertragungsarten, der Inszenierungen, der Dramaturgien, der nicht-interaktiven Spektakel oder der Nutzerbeteiligung usw. auf Wirkung bezogen. Aber dies war Ende der 1940er schon nicht ausreichend. Weder der eindeutige Propaganda-Manipulations-Effekt, noch die ungestörte Rezeption ließen sich belegen. Forschungen verlagerten sich auf den 'uses-and-gratification'-Ansatz. Mit ihm sollte nicht die Sender-Wirkungs-Linie, sondern die Nutzen-Rezeptions-Linie gezogen werden. Untersucht wurde das Auswahlverhalten der Rezipienten oder die Einflußvariablen im Wirkungsprozeß (Hovland 1959) Auswahl bezog sich auf die Fülle der Angebote und bedeutete nicht die Selbstständigkeit des Umgangs mit diesen.

Die stimulus-response-Beziehung wurde umgekehrt zu response-stimulus-Beziehung. In die sog. Mittlerfunktion von Medien mußte die vielfältige, in sich sehr variable Rezeption aufgenommen werden. Ihr Maß war der Nutzen (Blumer/Katz 1974). Diese mikrosoziologischen Forschungen wurden durch makrosoziologische erweitert, in denen die Funktionen von Medien für den Bestandserhalt sozialer Systeme erfragt wurde. Masse konnte nicht mehr als - in seiner Undurchsichtigkeit - homogenes Gebilde beibehalten werden, sondern mußte zumindest verhaltens- und rezeptionstheoretisch unterscheidungsreicher entworfen werden. Merkwürdig genug, daß dennoch Masse(n)-Kommunikation ein Begriffsstandard blieb. Festzuhalten ist auch, daß nicht nach dem 'Stoff der Manipulation' gefragt wurde oder genauer: nach dem 'wie'. Obwohl alle Ansätze ausdrücklich oder verdeckt mit dem Sender-Empfänger-Modell arbeiteten, besaßen sie kein ausdrückliches Informationskonzept.

Kultur/Industrie
Theorie- und begriffsgeschichtlich markant ist die Tatsache, daß Masse, Medien und Kommunikation in den ersten Jahrzehnten des 20.Jh.s die Abgrenzungsbegriffe für Kultur, Zivilisation und Tradition bilde-

ten. 'Massenkommunikation' und 'Massengesellschaft' führten zur "einsamen Masse" (D.Riesmann); Sendboten, Selbstdarstellung und Wiedererkennen waren gerade für die Kritiker auf die sich ausdehnende elektronische Medienwelt bezogen. Begriffsgeschichtlich verstärkt sich die kritische Haltung gegenüber neuer Mediosphäre im Rahmen der Forschungen, die das in die USA emigrierte Frankfurter Institut für Sozialforschung, vor allem Th.W.Adorno und M.Horkheimer, durchführten. Unter dem Eindruck der kommerzialisierten Fernsehsendungen (1953/1954), der Nutzungsdichte, der propagandistischen Wirkungen und der intellektuellen Schlichtheit von 'soap operas' usw. entwickelte Th.W.Adorno das Konzept der 'Kulturindustrie'.

Dieser Begriff bezeichnete nicht vorrangig die industriellen Produktionsarten von Kulturbereichen, sondern die errechnete, durchkalkulierte und variationsarme Wirkung der Produkte. Kultur wurde also durchaus noch in einem umfangreichen Sinne verwendet, allerdings als Erscheinungseinfalt der Nutzungschancen. Der Begriff der Kulturindustrie spricht über den (Fernseh-Rundfunk-)Medienbegriff, wie M. Kausch es formuliert, eine "nach-autonome Kultur" (1988) an. Sie ist Medialität, die nach dem Muster reiner Vermittlung abläuft. Hierdurch entsteht ein innerhalb des Medialen nicht mehr aufzudeckender "Verblendungszusammenhang". Die bezogene Gegenwelt waren das Buch, das natürlich-sprachliche Gespräch, die Aura der Ästhetik, das 'wahre' Bewußtsein. Dies prägte gerade die deutsche Medien- und Kulturdiskussion der 1960-1980er.

television culture

Ein anderer Ansatz, industrielle Kulturentwicklung und Medialität anzusprechen und beobachtbar zu machen, ist das Konzept 'Populärkultur'/popular culture von L.Löwenthal (1972). In diesem Modell geht es nicht mehr um die reine Abgrenzung von Kultur/Zivilisation, Hoher-/Volkskultur. Vielmehr geht es um Lokalisierung, vorläufige Positionierung, bei denen die Medien helfen. *Perspektivierung* ist das eine Stichwort hierfür; *Massenmedien* das andere; *Kommunikation* das dritte. Man brauche nur "die Organisation, den Inhalt und die sprachlichen Symbole der Massenmedien zu untersuchen", um über die "typischen Verhaltensweisen, die gängigen Glaubensvorstellungen, Vorurteile und Sehnsüchte einer großen Zahl von Menschen" (ebd.: 12) etwas zu erfahren. Ein Konzept der 'Mediengesellschaft'ist damit aber noch nicht durchformuliert. Schaut man sich die Forschungsliteratur der 1970er und 1980er an, so fällt auf, daß es eher theoretische Wechselbäder sind. H.M.Kepplinger (1975) unterscheidet Realkultur von Medienkultur, womit noch ein Unterschied zwischen 'wahr-falsch', 'real-täuschend' ähnlich zum theoretischen Ausgangspunkt genommen wird. E.J Epstein (1974) weitet die Mediale am Beispiel des Fernsehen aus in "news from nowhere", als sei Nachricht kein kulturelles Produkt. J. Fiske (1987) zieht dann mit einigen anderen Theoretikern einen Schluß aus der medialen Durchdringung und spricht von "television culture". Damit wird anerkannt, daß viele soziale Handlungszusammenhänge von den Informationen durch Television geprägt werden und Television ein eigener kultureller Handlungsverlauf geworden ist. Allerdings fehlt hier auch noch die Bestimmung einer Tele-Kultur, wie sie M.McLuhan in "Magische Kanäle" beschrieb. Mit dieser Entwicklung rückt die Frage nach der Stellung von Information und ihrer Präsentation, d.h. der Art und Weise der Rezeption ins Forschungszentrum (Keppler 1985).

Kybernetik/Informatik
Aus diesen Debatten und vor allem aus den Entwicklungen, die mit der Kybernetik und der Informatik verbunden sind, entsteht am Wechsel von 1960-1970 ein neuer Diskussionsschwerpunkt, der hier nur angedeutet werden kann: Kommunikation. Im Zentrum der zum Teil grundlagentheoretischen Kontroversen stehen die immensen Probleme: Können makrosoziale Medien Sinn erzeugen, erhalten und weitergeben (Systemtheorie)? Oder können diese nur vorinterpretierte Reservoirs sein, deren Sinn oder Un-Sinn erst im angesichtigen (mikrosozialen) Kommunikationsprozeß benannt und mit Bedeutung belegt werden? Letztlich geht es um die Frage, in welchem Verhältnis menschliche und nicht-menschliche Kommunikationsbedingungen zueinander stehen. Hier seien nur zwei in sich kontroverse Theorieforen benannt: Die Frage nach der systemischen oder subjektiven Nutzung von Medien prägt die Debatte zwischen J.Habermas und N.Luhmann; die Frage nach der Verbindung von Medien und Gegenständlichkeit zu kognitiven Lernprozesse prägt die Debatten zwischen H.v.Foerster, P.Watzlawik, H.Maturana, F.Varela, H.U.Gumbrecht u.a.

Zunehmend wird theoretisch berücksichtigt, daß die Vermittlungs- und Kommunikationsfunktionen von Medien mit den Bedeutungsbildungen zu tun haben, die der einzelne Mensch bei Gebrauch von Medien herstellt. Immer mehr rücken in den letzten Jahren auch Fragen nach den Dienstleistungsfunktionen (Unterhaltung und Information), den Integrationsleistungen und dem Handlungsbezug von Medien in den Vordergrund. Entsprechend den systematischen Ausdifferenzierungen werden Fernseh-, Radio-, Musik-Theorien entwickelt (Flavel 1985; Flavel/Green/Flavel 1986; Fiske 1987; Hickethier/Schneider 1992) oder die Transformation des Computers vom Gerät zu Medium untersucht (Bolz/Tholen/Kittler 1994; Nake/Schelhowe 1994).

Dabei löst sich die Begrifflichkeit 'Medien' und 'Mediengesellschaft' rasch
* von den ursprünglichen Massen-Bindungen,
* von den verhaltenstheoretischen Stimulus-Response-Modellen,
* von den Wirkungs- und Nutzenkalkülen und in Teilbereichen auch
* von den Manipulations- und Kulturindustrieverbindungen.

Eine neue Begriffsgruppe erfordert nun theoretische Anstrengung: Medium-Information-Kommunikation. Einige Aspekte des sozialtheoretisch bedeutenden Informationsbegriffes sollen kurz vertieft werden.

3. Szenarien der Information

Es ist sinnvoll bei der Behandlung von Information vier Verwendungsbereiche zu unterscheiden:
* das *sozialtheoretische,*
* das *mathematisch-technologische,*
* das *planungs- und steuerungstheoretische* und
* das *medientheoretische Informationskonzept.*

Für die hier vorgelegte Fragestellung ist es nicht vorrangig erforderlich, den mathematisch-techologischen Konzeptrahmen darzustellen. Zur Orientierung sei hier auf die lesenswerte Darstellung von H. Völz (1994) verwiesen. Dennoch sind einige Grundüberlegungen unverzichtbar.

Datum/Information
Information ist sozialtheoretisch ein häufig gebrauchter und breit gefächerter Begriff. Nimmt man die allgemeinste Annäherung, so ist *Information ein Meßwert für noch nicht eingetretene Ereignis-, Zustands- oder Unterschiedswahrnehmung.* Sie ist schlicht: etwas Neues ist. Wie schillernd dieses 'Neue' zwischen objektiv/subjektiv, 'neu aufgetreten' oder 'bislang nicht erfaßt' angesiedelt ist, ist leicht zu skizzieren:
- der eine weiß 'es', der andere noch nicht (Grenze des Neuen: zeitliche Verschiebung des 'informiert Seins');
- der eine hat etwas übersehen, der andere war aufmerksam (Grenze: situative oder strukturelle Wahrnehmungsschwächen oder abgelenkt sein);
- es war zwar immer schon vorhanden, konnte aber bisher nicht gemessen werden (Grenze: instrumentelle technologische Entwicklung);
- Institutionen können Daten so selektiert haben, daß sie spezifische Informationen gar nicht zur Verfügung stellen (Grenze: Steuerungs- und Herrschaftswissen sowie Hoheits- oder Sicherheitsargumente).
In der trivialen Benennung, 'etwas Neues' darzustellen, steckt zugleich die große sozialtheoretische Problematik. Denn Information ist "negative Entropie"(Arnheim), da sie Ordnung und Form in Wahrnehmung und Handlung 'importiert'.

Informationsgesellschaft: einige Definitionen
Der bislang skizzierte Zusammenhang von Medium und Information ermöglicht nun, einige Verallgemeinerungsebenen anzusprechen. Ich tue dies über acht definitorische Annäherungen, die nur einen kleinen Ausschnitt der zunehmend reicheren Forschungslandschaft geben.
a) K.W.Deutsch (1984: 33) beschreibt Informationsgesellschaft: "Es ist eine Gesellschaft, die mehr als die Hälfte ihres nationalen Einkommens aus der Verbreitung von Information bezieht und in der mehr als die Hälfte aller Erwerbstätigen in Informationsberufen beschäftigt sind." Dieses empirische, *reproduktionsbezogene Modell* überträgt die Dominanzkonzepte von Arbeit, Produktion und Technik auf den postindustriellen Zusammenhang der ökonomisierten und kommerzialisierten Informationserzeugung und -verbreitung.

b) P. Otto und P. Sonntag (1985: 49) betonen den technischen Aspekt: "Eine Informationsgesellschaft ist eine stark von Informationstechnik geprägte Gesellschaft. Die Prägung zeigt sich in der Bedeutung, welche Informationstechnik in Arbeit, Freizeit und Rüstung einnimmt." Auch hier wird der Allgemeinheitsgedanke über das Argument eines *vorherrschenden Modus, hier Technik*, eingeführt.

c) K. Brepohl (1986: 47) bezieht sich auf die Transformation durch elektronische Übermittlungssystematik: "Und zur Zeit erleben wir den Übergang von der materiell geprägten zur elektrisch bzw. elektronisch vermittelten, verarbeiteten und gespeicherten Information. Zum ersten Mal in der Geschichte konzentrieren sich die Bemühungen nicht mehr überwiegend auf die körperliche Entlastung des Menschen, sondern auf die geistige Unterstützung und die Erweiterung dieser Möglichkeiten." Diese *erweiterungs- und entlastungstheoretische* Argumentation ist gerade gegenüber jenen Positionen zu betonen, die in den Strukturen von Informationsgesellschaft den Verlust von Körperlichkeit, die Übermacht von Technik sehen.

d) D.A. Zimmermann und B. Zimmermann (1988: 161ff.) greifen die Festigung der Elektrosphäre unter dem Stichwort "Bildschirmwelt" auf und untersuchen die unterschiedlichen Forschungsergebnisse, die bezüglich der *Auswirkungen auf den Lebens- und Arbeitsalltag* haben. Neben der Informationsfülle, den informationellen Dienstleistungen, Minderung der durchschnittlich notwendigen lebendigen Arbeitszeit für die Produktionsektoren werden auch Aspekte der Vernetzung, Kontrolle, Maschinisierung untersucht.

e) W. Halbach (1994) definiert Informationsgesellschaft über die Art und Weise, wie der Übermittlungs- und Übersetzungsprozeß von Datum, Information, Wissen sowie von Speicherung, Wahrnehmung und handlungsbezogene Auswahl stattfindet. Er beschreibt die Nutzungsstrukturen über das *Interface*, über das potentiell eine direkte Einbindung des Menschen in informationstechnologische Prozesse erfolgen kann.

f) H. Scheidgen (1990) oder auch R. Weingarten (1990) greifen gegenüber dem Technikargument die Frage auf, in *welcher Weise mittels Information die Strukturierung sozialen Handelns* vorgenommen werden kann. Sie betonen dabei, daß die zunehmende Menge von Informationen insofern soziales Handeln beeinflußt, als die Kompaktheit der Angebote auf Verhalten einwirkt, ohne daß im reflektierten Sinne Kommunikation stattfindet. Sie stehen damit dem von mir vorgeschlagenen Ansatz, sich die Modularisierung von Information genauestens anzuschauen, nahe. Ebenso beziehen sie sich auf den Grundsatz, daß Information nicht mit Wissen zu verwechseln ist.

g) M.Faßler (1996) bestimmt Informationsgesellschaft auf der Grundlage der informations- und kommunikationstechnologischen Prozesse über die *Herstellung von sozialen Zusatzräumen*. Sie sind bestimmt über die handlungsgebundene Wahrnehmung von computerverstärkten Kommunikations*umgebungen*. Ihr Ort ist die Mensch-Computer-Interaktion. Diese Umgebungen von menschlichen und nicht-menschlichen Kommunikationspotentialen verändern tiefgreifend die Bedeutungs-, Sinn- und Orientierungssysteme überlieferter Industriekulturen. Neben den verabredeten kulturellen Selbstbeschreibungen entstehen Fragmente und fließende Ordnungen einer Interface-Kultur.

h) C.J.Tully (1994) sieht in der Informationsgesellschaft eine grundlegend neue Ordnung der "*Sequenzialität von Aktion und Interaktion*". Sie verändert nicht nur die Tätigkeitsstrukturen, sondern greift tief in den Aufbau von Lernprozessen, von Sozialisation, von Identität. Im Umgang mit Informationen "emanzipiert sich das Lernen ... von physischen und konkret benennbaren Lernorten" (ebd.: 75).

Mit diesen Kurzbestimmungen wird deutlich, wie breit der Begriffsrahmen für Informationsgesellschaft ist. Zugleich verdeutlicht dies, daß die jeweiligen Konzepte den unaufhebbaren Zusammenhang von Technologie, Information, Medialität und Nutzung aufweisen. Dies ist eine sehr fruchtbare Basis, um die Forschungen weiterführen zu können. Allerdings sind Forschungen zur 'Kultivierung einer neuen Technik' (Rammert 1991) in weiten Teilen ein noch ungeklärtes Erkenntnisfeld (für die frühe Debatte: Pirker 1963; Pöhler 1969).

In allen definitorischen Ansätzen ist zugrunde gelegt: Über Informationen werden Wahrnehmungen geordnet und reproduziert. D. h. auch, daß wir 'Informationen' aufnehmen, ohne sie als 'Informationen' zu erkennen, daß uns im Gesichtsfeld Daten erreichen, die uns nicht bewußt zur Verfügung stehen, daß wir hören, ohne alles sequenziell (= in Reihe nacheinander) zu verarbeiten, daß wir lesen, ohne die subtilen Wirkungen der Hintergrund- und Zwischen-Texte zu entziffern. *Information als Datenkomplex* erfordert also, die reflektierbaren und nicht der Reflexion (zum Zeitpunkt der Informations-Nutzung) zugänglichen Muster des 'Moduls' genau zu untersuchen. Insofern muß den bisherigen definitorischen Ansätzen der Gedanke hinzugefügt werden, daß eine sozialtheoretische Beschäftigung mit Informationsgesellschaft, eine Theorieebene entwickeln muß, die ich vorab mit Software-Interaktions-Analyse bezeichne. Es muß eine Analyse des Verwendungsaufbaus, der Relationalität, der Hypertextstrukturen, der electronic-agents usw. sein, um die Manipulations-, Lenkungs- oder Veränderungs'bandbreite' empirisch und strukturell erfassen zu können. Information ist also ohne ein sozialtheoretisches Konzept von Software und Programmierung (im Sinne von modularisierender Organisation von Daten = Information) nur begrenzt sinnvoll.

Nun wird die Sache noch komplizierter, da inzwischen elektronische Systematiken entwickelt sind, die datentechnische Zustände der Realität speichern (Satellitenbilder, Materialanalysen, Einkäuferbewegungen, Warenströme via Barcodes), die der Mensch nicht wahrnimmt und also auch nicht modellhaft abbilden kann. Neben Information weitet sich ein Bereich der programmierten Datenverarbeitung aus, der zwar für Handlung von Bedeutung ist, aber einer mehrheitlich verabredeten Geltungsbreite oder gar kritischen Reflexion nicht zugänglich ist.

Steuerung/Planung

Betrachten wir kurz die Verwendungsgeschichte des Informationskonzeptes. In den 1960ern war das Interesse durch die Notwendigkeit geprägt, Planungs- und Steuerungsmodelle entsprechend der vielfachen und dynamischen Ausdifferenzierungen neu zu formulieren. Vor allem politikwissenschaftliche Modelle griffen auf die Kategorie der Information zurück. Sie wurde als klassen- und schichtunabhängiger Datenbestand gefaßt, als Grundlage für Bedeutungsbildung und Entscheidungsverfahren. Den erkenntnistheoretischen und entscheidungsprägenden Hintergrund bildete die Kybernetik. In den Planungsmodellen von C.West Churchman, G.Kade, A.Etzioni oder G.Fehl, M.Fester oder N.Kuhnert (1972) wurde die kybernetische Planungstheorie mit Informationskonzepten verbunden. Information bildete den 'Rohstoff' für die Stabilität des Systems. Sie stellt damit zugleich dessen Lernfähigkeit her.

Information stellt immer eine konventionalisierte Auswahl aus Daten dar, eine beabsichtigte Reduktion. Im Falle der Planungstheorien ist sie nach einem Grobraster von 'planungsbedeutend' ausgewählt. Während dem Signal absoluter Charakter zukommt, weil es eine Form der physikalischen Organisation der Materie ist, ist Information relativ. Information ist grundsätzlich störungsanfällig. (Degen/Friedrich/Sens/Wagner 1972) Oder, wie man heute sagt: Sie muß verstärkt, übersetzt und mit Bedeutung versehen werden.

D.h. aber auch, daß Information stets ein Grenzphänomen zwischen uninterpretierten Daten einerseits und Wissen andererseits ist. Sie ist Ordnung im Schwebezustand. Auf Gesellschaft bezog sich die Aussage von C.W.Churchman: "Information ist eine Ware mit ihrem eigenen Preis, eine Ware, die von Individuen oder Gruppen dazu verwendet wird, andere Individuen oder Gruppen zu beeinflussen; Information dient daher dazu, gesellschaftliches Handeln zu formen." (1969: 5) Diese Grundidee wurde zu dieser Zeit durchaus schon auf Computertechnologie hin bezogen; allerdings waren die Rechner eingefügt in die hoheitliche Struktur von Regierungen oder in Wirtschaftsstrukturen (personal computer kamen erst 1982 auf den Markt).

Information/Sachzwang

Die enge Verbindung von Information und Steuerung geht auf Arbeiten von N.Wiener zur *Kybernetik* während des Zweiten Weltkrieges, auf L.v. Bertalanffys Arbeiten zu einer Allgemeinen Systemtheorie oder auf W.R.Ashybys Kybernetische Systemtheorie zurück. Sie bekommen aber in den 60ern/70ern keine mediale Bedeutung. Information wird gerade durch den festen Planungsbezug, durch die Erhebung von Informationen durch öffentliche Verwaltung, durch polizeiliche Informationssysteme negativ belegt. Sie durchbricht als soziale Kategorie nicht den hoheitlich-institutionellen Bezug; sie bleibt Teil des kritisch betrachteten Herrschaftshandelns. In der Verbindung von Kybernetik und Information kündigt sich ein neues Kommunikations- und Handlungsverständnis an. Aber zu dieser Zeit, also in den 1970ern, ist dies nicht gesamtgesellschaftlich zu erkennen. Es fehlt die verbreitete/verbreitende Medialität, die Information prozessiert; d.h.

der Personal Computer und die elektronisch-mediale Vernetzung (intensiv erst ab den frühen 1990ern). Zu dieser Zeit erscheint *Information sowohl als eine Neufassung der Theorie des Sachzwanges* (Schelsky), wie auch als bloße *Herrschaftstechnik*. Von einer Informationsgesellschaft zu sprechen, also von einer Art kultureller und nicht nur verfahrenstechnischer Selbstbeschreibung, legt dies noch nicht nahe.

D.Bell, K.W.Deutsch, A.Etzioni (1967) oder J.G.March/H.A.Simon (1958) sprechen in ihren organisations- und planungstheoretischen Publikationen auch eher von *technological, technotronic (technological + electronic) society*. 'Information ist alles' lautet eine der alltäglich und wissenschaftlich verwendeten Floskeln dieser Zeit. Information war synonym für "effiziente Planung", "geordnete Strukturpolitik" , "langfristig gesicherter internationaler Wettbewerb" o.ä. Sie war das "societal feedback" (Bauer:1970). Von Information als materiale Voraussetzung für Freiheitszuwachs oder für eine medientechnologische Freiheitsdefinition waren diese international verbreiteten Konzepte noch weit entfernt. Mit dieser Art des Informations-Einsatzes ging eher die 'formierte Gesellschaft' als die Informationsgesellschaft einher: "mit dem Staat als Regler und der Gesellschaft als Regelstrecke", wie es G.Fehl formulierte (266).

Die Debatte um den Stellenwert von Information änderte sich, als die technologische Entwicklung im Bereich der Computer diese aus den militärischen Silos, den magnetisch abgesicherten Kellern der Versicherungen und Banken und aus den Räumen der Großforschungsanlagen herausholte, d.h. mit der Markteinführung des Computers und seiner sozialen Durchsetzung als integralem Medium oder, wie es heute heißt, als 'Multi-Medium'. Mit dem Computer wird die übergroße Mehrzahl der Nutzerinnen und Nutzer nicht nur aus der Regelstrecke (dem Kanal und den potentiellen Störungen) herausgezogen, sondern auch aus den Reglern (Speichern, Festplatten, CD-ROM etc.). Und mehr noch: Sie sind aus der Entscheidung, in welcher Weise heute und in näherer Zukunft, die Zugriffe auf Daten, die Auswahl von Informationen und die Bildung von Wissensumgebungen geordnet werden, d.h. wie sie programmiert und in relationalen Netzen aufbereitet werden, ausgeschlossen. Die computergestützten Informationssysteme erzeugen Umgebungen menschlicher Wahrnehmung, deren Entstehung, Veränderbarkeit und Herkunft immer schwieriger zu entziffern sind. Sozialwissenschaften müssen sich dringend den entstandenen Leerräumen zwischen Datenverarbeitung, Information und Wissen widmen, wollen sie nicht den Anschluß an ihren ureigensten Gegenstandsbereich verlieren: von Menschen erzeugte, genutzte und entworfenen Sozialverbände.

4. Mittel und Gebrauch von Kommunikation. Kurzkritik an der Trennung von Interaktions- und Medientheorie

Die sozialtheoretische Beschäftigung mit Medien ist keine dekorative Strömung für Handlungs- oder Interaktionstheorie. Es wird aus den kurzen Erläuterungen deutlich geworden sein, daß sich gerade im 20. Jh. neue mediale Sphären herausgebildet haben, die die Verfassung von Handlung und Interaktivität grundlegend verändern oder bereits verändert haben. Die Anforderung an die Soziologie ist, die *Neubegründung für Handlungstheorien* zu liefern, letztlich eine *Theorie des Gebrauchs von Kommunikation* zu entwickeln. Ansätze hierfür sind, wie angesprochen, bereits vorhanden. Diese Neufassung eines sozialtheoretischen Konzeptes kommunikativen Handelns muß in die Sprachpragmatik die Referenzen pluraler, herkunftsungleicher, system- und zielungleicher, anonymer Kommunikationsträger einfügen (Habermas).

D.h. sie muß vor allem auch die *Systematik nicht-menschlicher Kommunikationsbereiche* (wie elektronische Speicher und Prozessoren, elektronische Agenten und programmierte virtuelle Sozialformen) begrifflich erfassen. Gegenüber einer Handlungsbegrifflichkeit, die aus dem Nahbereich, der 'narrow-action' entstanden ist, ist ein Konzeptrahmen erforderlich, der über die *konstitutionelle Bedeutung der Ferne und der angewandten Abstraktion (Algorithmus, Heuristik)*, der 'tele-action' begründet ist. Diese *Tele-Aktion* wendet sich den Handlungsattributen der Programmierung, der digitalen Speicherungen und Verarbeitung, dem unterritorialen Raum, dem Ort im elektronischen Netz, dem 'generalised elsewhere' (Meyrowitz) zu.

Soziales Zusammenleben beruht heute in einem sehr differenzierten Maße auf Kooperation, kommunikativer Reflexivität und Lernen. Es gibt keine dauerhaften, überzeitlichen oder institutionell verselbständigten Regulierungszentren. Die Möglichkeiten, daß 'die Familie', 'die Schule', 'der Staat', 'die Partei' oder auch 'die Technik' und 'der Computer' die Monumente von Ordnung, Integration, Bestandserhalt sind, sind ausgereizt. In allen Bereichen muß Integration als Vermittlung oder als Austausch erfolgen. Dies schließt Hierarchisierung, Kommunikationsgefälle zwischen Innen-Außen einer Gruppe oder grundlegende Ablehnungen nicht aus. Was von Dauer sein soll und was nicht, muß genannt werden, muß bezeichnet und bedeutet sein. Was hier etwas abstrakt klingt, läßt sich rasch übersetzen. Um etwas wichtig zu finden, ihm Glauben schenken zu können, seiner Funktion und seiner Funktionalität zu vertrauen, muß ich es handelnd in meine Wahrnehmung, in mein Denken und in meine Entscheidungen einbeziehen. Andere müssen, will man sich verständigen, dasselbe in ihrer Art und Weise tun. Die gemeinsamen Bezugsordinaten sind dann die oben schon angedeuteten Dimensionen von Technologie/Infrastruktur - Kompetenz/Wissen - Wahrnehmung/Vernunft.

Sozialtheorie bedarf einer *Reformulierung des Gebrauchs als eines Gebrauchs von Ordnungsmodulen unterschiedlicher Nutzungsmöglichkeiten*. Dies meint Gebrauch von Kommunikation. Im Verlauf dieser Reformulierung müssen die hier nur ausschnittweise dargestellten Aspekte in ein breiteres Konzept von Informationsgesellschaft eingebracht werden. Das *Struktur-Aktor-Konzept*, das in der Soziologie gut ausgearbeitet vorliegt, könnte hier weiterführen. Ich verstehe dies allerdings unter dem rekonstruktiven Vorbehalt: as Verhältnis von Struktur und Akteur muß so gefaßt werden, daß es die Programmierung der Verarbeitungsstrukturen von Daten und die Modularisierung von Daten zu Informationen als wichtigstes Element der 'Gebrauchskultur' Informationsgesellschaft zur Grundlage macht. Und dies zieht methodisch nach sich, Interaktionsanalysen im Bereich Mensch-Computer-Interfaces eng mit Medientheorie zu verbinden.

Akzeptiert man diesen differenzierten Entwurf von Gebrauch der Kommunikation, so ergibt sich allerdings auch, daß sich die Ordinaten Kapazität (Technologie), Kompetenz und Kommunikation nicht aufeinander reduzieren lassen. Es bleibt eine Anforderung an die Sozialwissenschaften, eine *materiale Theorie der Entstehung und des Gebrauchs von Information* zu entwickeln. Nur so wird auch der Kommunikationsbegriff sinnvoll fortführbar sein.

Literatur:

Adorno, Th.W. 1953: Prolog zum Fernsehen. In 'Rundfunk und Fernsehen', Frankfurt/M. (hier: ders.: Eingriffe, 1971).

Adorno, Th.W. 1954: Fernsehen als Ideologie, Frankfurt/M. (hier: ders.: Eingriffe 1971).

Adorno, Th.W. 1976: Resume über Kulturindustire, in: Prokop, D. (Hg.) : Massenkommunikationsforschung Bd.1., Frankfurt/M.

Arnheim, R. 1993: Gestaltpsychologie und künstlerische Form, in: Henrich, D/Iser, W. (Hg.), Theorien der Kunst, Frankfurt/M.

Baudrillard, J. 1987: Der symbolische Tausch und der Tod, München.

Berking, H. 1984: Masse und Geist, Berlin.

Blumer, J.G./Katz E. 1974: TheUses of Mass Communications, Beverly-Hills / London.

Bolz, N., Kittler, F., Tholen, Ch. (Hg.) 1994: Computer als Medium, München.

Brepohl, K. 1986: Neue Medien - Auf dem Weg zur Informationsgesellschaft. In: Arbeitswelt 2000, München.

Churchman, C.W. 1969: Realtime Systems and Public Information, Internal Working Paper, No 144 UCLA.

Cassirer, E. 1987: Zur modernen Physik, Darmstadt.

Deutsch, K.W. 1966: Politische Kybernetik. Modelle und Perspektiven, Freiburg i. Breisgau.

Deutsch, K.W. 1984: Bildung in der Informationsgesellschaft, in: Computer + Bildung, Bonn, S. 32-42.

Dierkes, M./ Hoffmann, U./ Marz. L. 1992: Leitbild und Technik. Zur Entstehung und Steuerung technischer Innovationen, Berlin.

Dröge, F. 1974: Medien und gesellschaftliches Bewußtsein, in: Baacke, D. (Hg.), Kritische Medientheorien, München.

Dröge, F. 1991: Massenkommunikation, in: Kerber, H./Schmieder, A. (Hg.) Handbuch Soziologie, Reinbek b. Hamburg.

Eckert, G. 1953: Die Kunst des Fernsehens, Emsdetten.

Epstein, E.J. 1974: News from nowhere. Television and the news, New York.

Etzioni, A. 1967: Soziologie der Organisationen, München.

Faßler, M./Halbach, W. (Hg.) 1992: Inszenierungen von Information. Motive elektronischer Ordnung, Gießen.

Faßler, M. 1996a: Mediale Interaktion, München.

Faßler, M. 1996b: Privilegien der Ferne, in: ders., J. Will, M. Zimmermann (Hg.): Gegen die Restauration der Geopolitik, Gießen.

Fiske, J./Hartley, J. 1978: Reading television, London/New York.

Fiske, J. 1987: Television culture, London/New York.

Flavell, J.H. 1985: Cognitive development, Englewood Cliffs.

Flichy, P. 1994: TELE.Geschichte der modernen Kommunikation, Frankfurt/M.

Förster, H.v. 1985: Das Konstruieren einer Wirklichkeit, in: Watzlawik P.

(Hg.): Die erfundene Wirklichkeit, München/Zürich.

Gehlen, A. 1961: Anthropologische Forschung, Reinbek b. Hamburg.

Geiger, T.1926: Die Masse und ihre Aktion, Stuttgart.

Giesecke, M. 1991: Der Buchdruck in der frühen Neuzeit, Frankfurt/M.

Glaser, H./ Werner Th. 1990: Die Post in ihrer Zeit. Eine Kulturgeschichte menschlicher Kommunikation, Heidelberg.

Gumbrecht, H.U./ Pfeiffer, K.L. (Hg) 1988: Materialität der Kommunikation, Frankfurt/M.

Habermas, J. 1981: Theorie des kommunikativen Handelns, 2 Bde., Frankfurt/M.

Habermas, J. 1988: Nachmetaphysisches Denken, Frankfurt/M.

Halbach, W.R. 1994: Interfaces, München.

Herder, J.G. 1952: Abhandlung über den Ursprung der Srpache, in: ders., Zur Philosophie der Geschichte, hg. v. W.Harich, Berlin.

Hessen 80 1970: Großer Hessenplan, Wiesbaden.

Hickethier, K./Schneider, I., (Hg.) 1992: Fernsehtheorien, Berlin.

Horkheimer, M./ Adorno, Th.W. 1975: Kulturindustrie: Aufklärung als Massenbetrug, in: diess.: Dialektik der Aufklärung, Frankfurt/M.

Hovland, C.J. 1959: Effects of Mass Media of Communication, in: Lindzey, G. (Hg.), Handbook of Social Psychology, Bd.2, Reading (Mass.) London.

Illich, I. 1991: Von der Prägung des Er-Innerns durch das Schriftbild, in: Assmann, A./ Harth, D. (Hg.), Mnemosyne. Formen und Funktionen der kulturellen Erinnerung, Frankfurt/M.

Kausch, M. 1988: Kulturindustrie und Populärkultur. Kritische Theorie der Massenmedien, Frankfurt/M

Keppler, A. 1985: Präsentation und Information, Tübingen

Kepplinger, H.M. 1975: Realkultur und Medienkultur, Freiburg München

Kiefer, M.L. 1987: Massenkommunikation 1964-1985, in: Media Perspektiven

Lasswell, H.D. 1948: The structure and function of communication in society, in: Bryson, L. (Hg.), The communication of ideas, New/York.

Le Bon, G. 1895/1919: Psychologie des Foules, Paris/Leipzig.

Löwenthal, L., 1972: Literatur und Gesellschaft, Neuwied/Berlin.

Luhmann, N. 1975: Soziologische Aufklärung 2, Opladen.

Luhmann, N. 1980: Gesellschaftsstruktur und Semantik, Bd.1. Frankfurt/M.

Mambrey, P./ Tepper, A. 1992: Metaphern und Leitbilder als Instrument, GMD Schloß Birlinghofen.

March, J.G., Simon, H.A. 1958: Organizations, New York/London.

Maturana, H.R./ Varela, F.J. 1990: Der Baum der Erkenntnis. Die biologischen Wurzeln des menschlichen Erkennens, Bern/München.

McLuhan, M. 1992: Die magischen Kanäle. Understandig Media, Düsseldorf Wien New York Moskau

McLuhan, M. 1995: Die Gutenbeg-Galaxis. Das Ende des Buchzeitalters, Bonn Paris Reading Mass.

Merten, K. 1977: Kommunikation. Eine Begriffs- und Prozeßanalyse, Opladen
Meyrowitz, J. 1985: No Sens of Place, Oxford.
Michels, R 1926: Psychologie der antikapitalistischen Massenbewegungen, in: Grundriß der Sozialökonomik, Abt. IX, Teil 1, Tübingen.
Nake, F., Hoppé, A. 1995: Das allmähliche Auftauchen des Computers als Medium. Ergebnisse einer Delphi-Studie, Uni Bremen - Fachbereich Mathematik und Informatik, Bremen.
Otto, P./Sonntag, P. 1985: Wege in die Informationsgesellschaft, München.
Papadakis, A./ Steele, J. 1991: Architektur der Gegenwart, Paris.
Pirker,Th. 1963: Bürotechnik. Zur Soziologie der maschinellen Informationsverarbeitung, Stuttgart.
Pöhler, W. 1969: Information und Verwaltung, Stuttgart.
Postman, N. 1988: Die Verweigerung der Hörigkeit, Frankfurt/M.
Postman, N. 1992: Das Technopol, Frankfurt/M.
Rammert, W. /Böhm, W. u.a. 1991: Vom Umgang mit Computern im Alltag. Fallstudien zur Kultivierung einer neuen Technik, Opladen.
Regehly, Th./ Bauer, Th. (Hg.) 1993: Text-Welt. Karriere und Bedeutung einer grundlegenden Differenz, Gießen.
Scheidgen, H. (Hg.) 1990: Information ist noch kein Wissen, Weinheim/Basel.
Schmidt, S.J. 1994: Kognitive Autonomie und soziale Orientierung, Frankfurt/M.
Simmel, G. 1908: Soziologie. Untersuchungen über die Formen der Vergesellschaftung, Leipzig.
Sombart, W. 1913: Der Bourgeois; zur Geistesgeschichte des modernen Wirtschaftsmenschen, München/Leipzig.
Stehr, N. 1994: Knowledge Societies, London/Thousand Oaks/New Delhi.
Stieler, G. 1929: Person und Masse, Leipzig.
Thomas, F. 1996: Telefonieren in Deutschland, Franfurt/M.
Tully, C.J. 1994: Lernen in der Informationsgesellschaft, Opladen.
Varela, F.J. 1990: Kognitionswissenschaft - Kognitionstechnik, Frankfurt/M.
Vierkandt, A. 1931: Kultur des 19.Jh.s und der Gegenwart, in: Handwörterbuch der Soziologie, Stuttgart.
Vleugels, W. 1930: Die Masse. Ein Beitrag zur Lehre von sozialen Gebilden, München.
Völz, H. 1994: Information verstehen. Facetten eines neuen Zugangs zur Welt, Braunschweig/Wiesbaden.
Weingarten, R. (Hg.) 1990: Information ohne Kommunikation, Frankfurt/M.
Zimmermann, D.A./Zimmermann, B. 1988: Bildschrimwelt. Die neuen Informationstechniken und ihre Folgen, München.